张大可 著

史记疑案

争议千年的十大疑案研究

中国出版集团有限公司

研究出版社

图书在版编目（CIP）数据

史记疑案：争议千年的十大疑案研究 / 张大可著
. —北京：研究出版社，2023.12
　　ISBN 978-7-5199-1560-5

　　Ⅰ.①史… Ⅱ.①张… Ⅲ.①《史记》-研究
Ⅳ.① K204.2

　　中国国家版本馆 CIP 数据核字（2023）第 167104 号

出 品 人：赵卜慧
出版统筹：丁　波
责任编辑：安玉霞

史记疑案：争议千年的十大疑案研究

SHIJI YIAN: ZHENGYI QIANNIAN DE SHIDA YIAN YANJIU

张大可　著

研究出版社 出版发行

（100006　北京市东城区灯市口大街 100 号华腾商务楼）

三河市中晟雅豪印务有限公司　新华书店经销

2023 年 12 月第 1 版　2023 年 12 月第 1 次印刷

开本：710 毫米 ×1000 毫米　1/16　印张：27.5

字数：360 千字

ISBN 978-7-5199-1560-5　定价：98.00 元

电话（010）64217619　64217652（发行部）

题　记

　　《史记》书成，司马迁题称《太史公书》，正本呈奏朝廷，副本留在家中。司马迁死后，副本由其外孙杨恽在西汉宣帝时公布于外，称书名为《太史公记》（见《汉书·司马迁传》和《杨恽传》）。由于《史记·太史公自序》与《汉书·司马迁传》两书对司马迁的生卒年以及成书相关资料缺载，《史记》自公布之始，便留下四大疑案：其一，司马迁生年与卒年；其二，司马谈作史；其三，《史记》断限与附记；其四，《史记》倒书。只是这些疑案在当时并未引起人们的注意。伴随着《史记》的流传，在两汉及其后又新增四大疑案：其一，《史记》残缺；其二，《史记》补窜；其三，"太史公释名"与《史记》书名；其四，《史记》中的抵牾与《史记》文本的衍倒讹脱相杂。三国时蜀汉谯周作《古史考》已是纠正《史记》文本中史事记载的抵牾与疏漏专书，惜已失传。其后有金人王若虚的《史记辨惑》、清梁玉绳的《史记志疑》崔适《史记探源》等专书研讨。不过"辨惑""志疑""探源"等书，涉及校勘、考证等多方面的专门学问，不是一般意义上的"史记疑案"。本书下编第七章"《史记》中的抵牾与疏漏"专题，只是一个提示性的附论。此外，《史记》取材与司马迁所见书，以及《报任安书》的作年和《史记》体例等专题，都是现当代《史记》研究中提出的新问题。司马迁所见书，《太史公自序》只有一句交代："绌史记石室金匮之书。"这对于《史记》成书关系极为重大，近人金德建先生作了系统的考证。本书将《史记》取材与司马迁所见书共列为一个专题来谈。《报任安书》的作年，学术界有多种说法，主要是两说：清人赵翼主"征和二年说"，王国维考证主"太始四年说"。论争中还生出许多枝节。其实《报任安书》作年，早两年、晚两年均对《史记》的成书与司马迁的生卒年没有多少影响，故本书只在上编第七章作简要附论，并提出一个新说来讨论，不作专题考论。

综上所述，《史记》中的疑案总计十余项，本书归并为十大疑案作全面、系列研讨，尚属首次。何为疑案？一部伟大著作，由于作者经历坎坷，以及该书在写作与流传中产生了一些疑难；由于文献缺失，一些基本史实不明，难以稽考，这些疑难问题就统称某书疑案。《史记》创作，是司马谈、司马迁父子两代人共同完成。起初一帆风顺，父子两代相继为太史令，得到官家之助，《史记》的撰述是私撰公助，如同《汉书》。由于司马迁草创未就而受李陵案株连，于是命运产生了坎坷，《史记》成书，在当时两汉刘姓政权时期受到压制，在统治阶级上层差不多是一部禁书。西汉成帝时，东平王刘宇上疏，求《太史公书》，成帝召见，口敕不予。大将军王凤认为："《太史公书》有战国纵横权谲之谋，汉兴之初谋臣奇策，天官灾异，地形厄塞，皆不宜在诸侯王。不可予。"班固更是批评史公有三失："论大道则先黄老而后六经，序游侠则退处士而进奸雄，述货殖则崇势利而羞贱贫，此其所蔽也。"由是，书与人均运交华盖，产生坎坷，疑案由是而起，这些是客观的存在。而有一些疑案，则是研讨者主观的过度探求，无疑而疑，把猜测当事实，以至于真假莫辨。例如"太史公释名"，原本是司马迁祭奠其父发凡起例，题书名为"太史公书"，即"太史令所记"之书。"公"乃是对"太史令"之尊称，卫宏猜测"太史公"为二千石官名，位居三公之上，这就是无疑而疑了。又如，"司马谈作史"，如同班彪作《史记后传》，启动《汉书》创作，只可作课题探讨，不可求实证。过分的探求，只是一种猜测，当了真，就是无病呻吟。由于《史记》"自成一家之言"，司马氏父子效圣人著《春秋》，获得了巨大的成功，成为全社会一部人人必读的国学根柢书，统治阶级无法长久压制，魏晋以后脱颖而出。到了唐代，马、班比较，《史记》胜出，形成了三家注，"史记学"大兴，确立了其在史学史和文学史上的地位。司马迁和《史记》地位的尊显，使一些隐而不宣的事受到重视，于是疑案一个一个浮出水面，受到人们关注。笔者 20 世纪 80 年代在兰州大学开设《史记》专修课十年，从那时起就潜心研究《史记》，对于《史记》疑案断断续续一一作了专题研讨，从 1982 年首发《司马迁生卒年考辨辨》到 2018 年发表《解读"虚妄论"提出的一些问题》止，积淀约四十年，发表专题论文十五篇①。其中有六篇是研讨司马迁生年的，可见这是疑案的重中之重。

　　一个一个专题研讨《史记》疑案，认识停留在"只见树木，不见森林"的境界上。2019 年 8 月，笔者受聘于陕西师范大学人文社会科学高等研究院作特聘研究员。笔者与研究院李继凯院长对话交流。李院长指出，本院特聘研究员，特别是年长者，不一定要去开发新课题研究，能够总结以往的研究成果，推陈出新，或许能胜过对新课题的开发。和李继凯院长的交流，使笔者豁然开朗。于是笔者决定把这几十年来对《史记》疑案零星研究的论文串辑起来，形成一本全面、系列研究的专书，这就是这本《史记疑案》的编纂缘起。《史记》疑案归类为十个方面、十余个问题，而"生年疑案"如前文所说是重中之重。因为司马迁生年两说，且有十年之差，对于影响《史记》成书至为巨大。司马迁生于公元前 145 年与生于公元前 135 年，至元封元年（前 110）司马谈临终遗命司马迁时，司马迁生于公元前 145 年是三十六岁，若生于公元前 135 年是二十六岁。司马迁二十南游，奉父命在大江南北全国范围做文史考察，行程轨迹涉及当今陕、鄂、湘、皖、苏、浙、赣、鲁、豫等九大省区，当有数年之久。就按三年来计，

---

　　①　十五篇论文目录如次：1.《司马迁生卒年考辨辨》；2.《评司马迁生于建元六年说之新证》；3.《司马迁生年十年之差百年论争述评》；4.《司马迁生年十年之差论争的意义》；5.《评司马迁生年前 135 年说后继者的新证》；6.《解读"虚妄论"提出的一些问题》；7.《司马谈作史考论述评》；8.《太史公释名》；9.《简评史记论赞》；10.《史记断限考略》；11.《太史公释名考辨——兼论史记书名的演变》；12.《史记残缺补窜考辨》；13.《论史记十表之结构与功用》；14《论史记取材》；15.《史记体制义例简论》。以上十五篇疑案研究专题论文发表时间及杂志，见本书后附录"《史记》疑案研究论文索引"两表，兹从略。

二十六岁减去二十三，只有三年时间的青年时代，也就是说，如果减了司马迁的十岁生年，等于砍掉了司马迁的十年青年时代。一个没有了青年时代的司马迁，少了十年的修史见习期，少了历经十年大时代的熏陶与阅历，司马迁如何能接班，完成《史记》的修撰？这是不可想象的。司马迁生于公元前145年，在元朔三年（前126）二十岁壮游，紧接着的元狩、元鼎年间，到元封元年其间十六年，恰好是汉武帝征伐匈奴的伟大时代，也是司马迁壮丽的十六年青春诗篇，也才与《史记》二十余篇"太史公曰"留下的时代记录相符。因此，本书把"司马迁生年疑案"列为上编，用八章的篇幅来评述。其他九个专题疑案并列为下编，只占全书的一半篇幅，这也是客观情势所决定。既然是研讨"《史记》疑案"，就必须与《史记》相结合。由于《史记》是司马迁生前已完成的著作，至于《史记》成书之后，司马迁生存年岁之长短对《史记》几乎没有什么影响，所以对司马迁的卒年无须多着笔墨，故只在上编第七章作一个附论。

　　本书不是新课题的开发，是老生常谈话题的汇辑与梳理，全书用章节体结构，以便于做教学参考书。由于"《史记》疑案"是谁都不可回避的老生常谈，当笔者编纂成一部独立的论著之后，自我感觉有别开生面之感。在编纂中对旧题作了逐篇的审核，再稽考时贤的一些新论，似乎产生新的自信，历经数十年的时间考验，至今仍处于前沿。本书上下编各有一个附录。上编附录论文六篇，用以彰显司马迁生年百年论争第三次论争高潮所取得的百年阶段性成果总结。司马迁生年疑案最为20世纪学术界所关注。自1917年王国维发表《太史公系年考略》至2018年，整整一百年，学术界形成三次争论高潮：第一次，20世纪50年代中；第二次，20世纪80年代初；第三次，21世纪10年代中。百年论争参与的学者约80人，发表学术论文140篇，专论两部，盛况空前。三次学术大讨论，均为双方学者隔空喊话，在报刊杂志上交流。2019年5月，由北京《史记》研究会与北京师范大学历史学院联合举办了"司马迁生年十年之差百年论争疏理学术研讨会"，双方学者首次面对面，真诚相见，回顾百年论争，冷静思考，双方论辩直指核心，作出百年论争阶段性成果总结，与会学者获益良多，具有特别的意义。《渭南师院学报》紧接研讨会之后，在 2019 年第 10 期以"司马迁生年疑案研讨百年论争专题"集中刊发了五篇百年论争阶段性总结文章，《史学月刊》发了一篇，包括笔者在内一共六位学者的六篇文章收录为本书上编附录，以资备查与纪念。各位论文作者介绍于相应论文之后。下篇附录"《史记》疑案研究论文索引"（共 258 篇），系朱枝富先生协助整理的十大疑案百年间的争议论文。本书出版，一并致以谢意。以上的论述，权作本书的开场话，是为"题记"

张大可

2023 年 1 月于北京

内容提要

本书是一部全面系统地研讨《史记》相关疑案的论著，在学术界尚属首次。

《史记》的相关疑案归纳起来有十个方面：其一，司马迁生年与卒年；其二，司马谈作史；其三，"太史公释名"与《史记》书名；其四，《史记》断限与附记；其五，《史记》残缺；其六，《史记》补窜；其七，《史记》倒书；其八，《史记》中的抵牾与疏漏；其九，《史记》取材与司马迁所见书；其十，《史记》体制义例考论。

学术界对《史记》疑案的研讨，历来均是作个案研究。本书作者自20世纪80年代起，在兰州大学任教，开设《史记》专修课，从那时起也是一一作个案研究。作者从1982年首发《司马迁生卒年考辨辨析》以来，到2018年发表《解读"虚妄论"提出的一些问题》止，积淀近四十年，发表专题论文十四篇，涉及了《史记》全部疑案。其中关于"司马迁生年疑案"的专论有六篇，约占半数，可见生年疑案是重中之重，故在本书中专设为一编，即上编，其他九大疑案总列为下编。

司马迁生年两说，且有十年之差，影响《史记》成书至为巨大，也是学术界研讨最为激烈的话题，尤其是近一百年来呈现出三次全国性学术大讨论。本书作者回顾一百年来学术界对司马迁生年两说的论争，以不可辩驳的事实为依据，以及坚强的逻辑论证，司马迁生年两说只存在于唐代三家注，而百年论争的总结，则呈现王国维说真实可靠，郭沫若说伪证不实，司马迁生于公元前145年可以为定论。这一结论是本书的一大亮点。

目 录

◉

上编　司马迁生年疑案

下编 《史记》疑案

上编

司马迁生年
疑案

引 言

一

司马迁生年并存两说，源于唐代形成的《史记》三家注。《史记索隐》司马贞说，汉武帝元封三年，即公元前108年，司马迁二十八岁，上推生年为公元前135年。《史记正义》张守节说，汉武帝太初元年，即公元前104年，司马迁四十二岁，上推生年为公元前145年。两说年差正好整十年。两说并存，分别省称为"前135年说"与"前145年说"。

1917年[①]，王国维开启了对司马迁行年的研究，从此，司马迁生卒年成为一个学术论争的课题。至2015年纪念司马迁诞辰2160周年，司马迁生年的十年之差，又一次成为论争的话题，自王国维以来正好一百年，可以说是一个百年论争的老话题。王国维考证主"前145年说"，论证内容定格在《太史公行年考》中。本编"司马迁生年疑案"，分为八章，承接王国维的《太史公行年考》，专题考察司马迁一生的行年。而以"司马迁生年疑案"为题，旨在凸显司马迁"生年疑案"四个字，有两大意义：一是司马迁行年中的生年两说有十年之差，论争已历百年，几代人的殚精竭虑，应该有一个阶段性的总结；二是定案司马迁的生年，必须考订司马迁一生的行年来验证，任何孤立地考证司马迁的生年，或者寄希望于地下的铁证，都是

---

① 1917年王国维发表《太史公系年考略》（据袁英光、刘寅生《王国维年谱长编》第196页，天津人民出版社，1996年），学术界一直误传为1916年。

徒劳的。因为司马迁在《史记》与《报任安书》中，留下了较为丰富的行年资料，据之可以定案司马迁的生年。只有无解的问题留下成为悬案，无可奈何地期待地下文物某天冒出铁证。例如"司马谈作史"就是一个无解的悬案（详本书下编本题考论），某一天地下出土了司马谈的手迹，这就是铁证。"司马迁生年疑案"，经过百年论争回顾，通过对司马迁行年资料的考察，已经有解，还说什么等待地下铁案，实属无稽、无趣，可以说是荒诞的遁词。对于司马迁的生年，任何一条孤立的所谓"铁证"，也不能违背《史记》留下的司马迁行年资料呈现的人生轨迹。司马迁为《史记》而生，为《史记》而死，他的生命化成了《史记》，他的行年资料伴随《史记》的成书过程而遗留，离开《史记》成书，抽象考察司马迁的行年和生年，不会有定论。学术贵歧，但要征实，固执己见，用力愈勤，愈将步入歧途。这一点，通过司马迁生年十年之差的百年论争梳理，给我们留下深刻的经验和教训。

司马迁自己不能写下他的卒年，但也没有记下自己的生年。由于班固在《汉书·司马迁传》中也没有记载生卒年，于是留下千年疑案。学术界推论司马迁生年有六种说法①，卒年有八种说法②。司马迁生年定格他的人生经历，直接涉及《史记》写作的时代背景，对于《史记》成书有极大的影响，因而也成为司马迁行年研究的重中之重。司马迁卒于《史记》完成之后，因而他的卒年对于《史记》成书的直接影响，比起生年要小得多，所以《史记》三家注只对司马迁生年作了注释，而对卒年未予关注。但是，司马迁

---

①　司马迁生年有六种说法，除众所周知的王、郭两说外，另外四说为：其一，生于景帝四年戊子（前153）说，此说见王鸣盛《十七史商榷》卷一"子长游踪"条；其二，生于汉景帝后元戊戌（前143）说，此说见周寿昌《汉书注校补》卷四十一；其三，生于武帝元光六年壬子（前129）说，此说见张惟骧《太史公疑年考》；其四，生于汉武帝元朔二年甲寅（前127）说，此说为华山道士所主张，见康熙《韩城县志》载翟世琪《重修太史庙记》。这四种说法，持说者均无论证与文献依据，大抵出自臆断，皆无讨论价值，可以不论。

②　司马迁卒年的八种说法，详见本题第七章的附考。

的卒年涉及他一生的年岁，毫无疑问也是一个行年研究的重大问题，本编只在第七章予以附论，作出交代。司马迁一生的重要行年关节点，对于《史记》成书，以及考证司马迁生年都是至关重要的因素，因此本编八章一一关注，而最终成果编定"司马迁行年表"，用以验证和定案司马迁生年，这就是本编研讨的宗旨。

二

学术界第一个考定司马迁行年的学者是王国维。1917年，发表《太史公系年考略》（收在《广仓学窘丛书》中），据《正义》推定司马迁生年为景帝中元五年，即公元前145年，故学术界通称为"景帝中元五年说"，或"前145年说"，又省称"王说"。1923年，王氏针对日本学者桑原骘藏司马迁生于公元前135年的新说①，重发他的考证文章，收入《观堂集林》卷十一，改换题目叫《太史公行年考》，全文不变，仅在题目上改"系年"为"行年"。这一字之改，用以昭示考证司马迁生年的方法，即排比行年为论据，十分自信。

1944年，李长之撰《司马迁生年为建元六年辨》②，据《索隐》立说，举证十条论证司马迁生年为公元前135年，即汉武帝建元六年。根据王国维的考证，1955年是司马迁诞辰2100周年。郭沫若在当年《历史研究》第六期上发表《〈太史公行年考〉有问题》，支持李长之主张，学术界通称

---

① 桑原骘藏《关于司马迁生年之一新说》，1922年刊于日本《东洋文明史论丛》，1929年重发于日本《史学研究》第一卷第一号，后收入《桑原骘藏全集》第二卷。该文以"早失二亲说"证司马迁生年为公元前135年。中国学者李长之将其引入《司马迁生年为建元六年辨》之中，列为第一条立说证据，郭沫若则引入他的《〈太史公行年考〉有问题》中为立论基石，称其为王国维的"致命伤"。

② 李氏文章最早刊发在《中国文学》第一卷第二期（1944年5月），后收入李氏专著《司马迁之人格与风格》（开明书店1948年版）一书中。

"建元六年说"或"前135年说"，又省称"郭说"。

"郭说"阻止了1955年学术界纪念司马迁诞辰2100周年学术研讨会的召开，引发了20世纪50年代中期的学术大讨论，这是第一次，重心集中在司马迁生年王、郭两说的十年之差上。之后，由于历史的原因，讨论沉寂了近二十年。到了改革开放的20世纪80年代初，争论再起，这是第二次，重心仍集中在生年问题上。两次论争，势均力敌，于是司马迁生年由《史记》三家注并存"两说"，转而成为近代以来百年论争并存王、郭两说。本书为了便于行文，以下论说以"前145年说"与"前135年说"，分别指代王说与郭说。

纵观百年论争，"前135年说"论者多为以辨代考，论文数量占优；"前145年说"论者以考据为主，论文理据占优，故成为主流论说。1985年，中国历史文献研究会在南京召开年会，率先以"前145年说"为据，隆重纪念司马迁诞辰2130周年。1995年，陕西省司马迁研究会在西安召开纪念司马迁诞辰2140周年国际学术研讨会。2001年中国《史记》研究会成立，于2005年、2015年两次在司马迁故里陕西省韩城市、陕西渭南师范学院召开纪念司马迁诞辰2150周年、2160周年学术研讨盛会。特别是2015年由中国《史记》研究会与陕西渭南师范学院联合主办的纪念司马迁诞辰2160周年国际性学术研讨盛会召开后，中国《史记》研究会推出了《史记论著集成》二十卷、《史记论丛》专辑六卷、《史记通解》全九册三大论丛，以及《中国〈史记〉研究会十五年》专集，总字数两千余万字，可以说是对1955年缺失的纪念司马迁诞辰2100周年学术盛会的一次补课。正是在这一背景下，"前135年说"后继论者，近年来不断发声，再次提出所谓"新论"，连续有五六篇论文论证《太史公自序》写有司马迁生年，并要求在2015年纪念司马迁诞辰改2160周年为2150周年，于是司马迁生年的话题重启。中国《史记》研究会、北京《史记》研究会两个学会在2016年召开的年会上，同时展开司马迁生年十年之差的研讨。两会秘书处组成联合编委会，相继编辑了《史记论丛》第十三集①、《史记研究》第一辑②，发表论辩文章。《渭南师范学院学报》也于 2016 年至 2018 年为论辩提供研讨阵地。此次论争是第三次，可称之为 21 世纪 10 年代中的论争，规模虽然不及前两次宏大，但质量更高。从王国维启动司马迁行年研究的 1917 年，到 2016 年开展司马迁生年十年之差百年论争疏理，恰好整一百年。

本次论争的特点不是寻求新证据来立论与驳论，而是回头看，系统疏理司马迁生年十年之差两说百年论争的论点与论据，作一个阶段性总结，力图在百年论争疏理的基础上作出对司马迁生年的定案。也就是说，本次论争是对司马迁生年研究在现有存世文献基础上的终结论争与总结。

三

"司马迁生年疑案"百年论争呈现的三次研讨高峰，均是"前 135 年说"论者向"前 145 年说"论者发起的挑战。20 世纪 50 年代中的第一次是郭沫若发表《〈太史公行年考〉有问题》，置疑王国维而引发，直接目的是取消学术界依据王国维说纪念司马迁诞辰 2100 周年。20 世纪 80 年代初的第二次是兰州大学李伯勋教授发表《司马迁生卒年考辨——驳王国维〈太史公系年考略〉》而引发。21 世纪 10 年代中的第三次由安徽师范大学袁传璋教授与南京师范大学赵生群教授反对中国《史记》研究会在 2015 年纪念司马迁诞辰 2160 周年学术研讨会而引发。百年论争过程清晰地勾勒出司马迁生年与《史记》成书直接关联，十分有趣的是中华书局点校本《史记》也被动卷入。1959 年中华书局出版点校本《史记》，在"出版说明"中对

---

① 《史记论丛》第十三集（中国文史出版社，2016 年），载司马迁生年研究研讨论文 10 篇。

② 《史记研究》第一辑（商务印书馆，2016 年），载司马迁生年研究研讨论文 3 篇。

司马迁生年是这样介绍的："司马迁字子长，汉左冯翊夏阳（今陕西韩城县）人，生于汉景帝中五年（公元前一四五）或者更后一些。"这一处理是并存两说，以"前 145 年说"为主流认识，以"前 135 年说"存异，故曰"或者更后一些"。没有定论的疑案并存两说或多说，是审慎的、科学的态度。2013 年中华书局出版《史记》点校修订本，其"修订前言"，对司马迁生年作如下介绍："司马迁……生于汉武帝建元六年（公元前一三五年）。"文后引宋人王应麟《玉海》引用的三家注为所谓"铁证"，造成司马迁生年定案的假象，于是袁、赵两人在 2013 年修订本出版的当年，致函中国《史记》研究会，提出反对在 2015 年纪念司马迁诞辰 2160 周年，企图重演郭沫若阻止 1955 年纪念司马迁诞辰 2100 周年的那一幕。

　　笔者参与了百年论争第二次大讨论，在 20 世纪 80 年代初撰写了《司马迁生卒年考辨辨》[①]、《评"司马迁生于建元六年说"之新证》[②] 两文，旗帜鲜明支持"前 145 年说"。笔者为何写这两篇论争文章，也有许多故事，不妨写出与读者分享。20 世纪 60 年代笔者在北京大学中文系古文献专业学习，由于《史记》是专业必修课，所以当年笔者就对"《史记》疑案"，尤其是"司马迁生年"予以关注。当时功力有限，王国维的《太史公行年考》读了三遍也似懂非懂，而郭沫若、李长之两人文章似乎一读就懂，其实仍没有读懂。其标志是笔者当年支持"前 135 年说"，即赞成郭沫若、李长之说。1973 年我调入兰州大学历史系任教，主讲《中国历史文选》，故在 1980 年开出了《史记》专修课。这时兰州大学中文系主任李伯勋副教授发表了驳王国维《太史公系年考略》的文章，列举五大证据为说。李伯勋文章发表被举报为剽窃郭沫若、李长之文。这一举报在兰州大学引发一场

---

　　①　该文原载 1982 年《甘肃省历史学会论文集》，部分内容以《关于司马迁生年的考辨》为题，载《上海师范学院学报》1984 年第 2 期。全文收入《史记研究》（甘肃人民出版社，1985 年）论文集。

　　②　该文首发《求是学刊》1984 年第 3 期，亦收入《史记研究》论文集。

学术风波。校党委派出著名教育家辛安亭校长（时称革委会主任）亲自带领一个高水平的学术团队调查此事。学术团队由中文、历史两系各抽三名资深教师共六人组成。其中五人均有二十余年教龄的资深教师，例如祝敏彻是20世纪50年代初北京大学王力教授的研究生，在王力主编的高校教材《古代汉语》中为参编作者之一；马植杰是1954年翦伯赞的研究生。六人中唯有笔者是中年讲师，教龄不足十年，因开设《史记》选修课而被指定为调查组成员。校党委给六人团队的调查组三个月时间彻底查清这一公案，必须在"诬告"与"剽窃"二者之间作出结论。调查组成员每周必须有一次的集体研讨，互相督促学习，研讨交流，确实有不少收获。洞察司马迁生年疑案的来龙去脉，多亏了这次几个月的集体研讨。最后由团队推举，领导批准由笔者写出调查报告，由校党委作为定案文件下达相关单位及相关人员。调查报告一万余字，据事实讲道理，最后的结论是李伯勋没有剽窃，举报人没有诬告，双方都是赢家。李伯勋文的论点及证据皆是郭沫若、李长之两人论点、论据的翻版，因此举报人没有诬告。李伯勋无新观点、新论据，而演绎文章是自己写的，所以文章是李伯勋的，没有剽窃。可以说这场风波是一场闹剧。推而广之，百年论争亦是一场闹剧。证据在哪里？证据就在"前135年说"论者的文章里。概括为两句话："'前135年说'之源，郭沫若、李长之两人的文章，郭文三条证据，李文十条证据，无一考据"；"'前135年说'后继论者层出不穷的'新证'无一实据"，皆为效法郭、李两人以辨代考的演绎文章，一言以蔽之，"前135年说"论者对司马迁生年的所谓证据，没有一条成立。所谓《玉海》的那条"铁证"，是一条伪证。即便是写入了中华书局《史记》点校修订本的"修订前言"中仍然是"伪证"。如果"前135年说"论者，不能驳斥笔者的两个"无一"，即郭沫若、李长之的十三条论证"无一考据"；后继论者层出不穷的"新证"，"无一实据"，难道不是一场闹剧吗？

书归正传，回到百年论争疏理中来。笔者作为中国《史记》研究会会长，在 2011 年就提出在 2015 年隆重纪念司马迁诞辰 2160 周年，毋庸讳言，笔者自然成为"前 135 年说"后继论者挑战的重点对象。笔者无意对百年论争作总结。既然"前 135 年说"论者提出了挑战，因此决定在 2015年办好纪念司马迁诞辰 2160 周年学术研讨会，之后用三年时间开展"司马迁生年十年之差百年论争疏理"的研讨，不开展新证据的讨论，因为任何一个孤立的论点、论据，都可以公说公有理、婆说婆有理，无休无止的争辩，伪证也可以说得头头是道，毫无意义。回顾一百年的论争，把双方论争的论点、论据进行疏理，必须亮剑，作出阶段性结论。所谓阶段性结论，就是对百年论争作出结论。可以说笔者被"逼上梁山"，不得不对司马迁生年疑案作出定性的结论了，这就是本编"司马迁生年疑案"写作的缘起。

四

百年论争疏理从 2016 年到 2018 年，"前 145 年说"论者主要有三人，作如下分工。笔者着重从方法论疏理百年论争，撰写论文三篇；国防大学陈曦教授针对"前 135 年说"代表论说者撰写驳论三篇；江苏海外发展协会常务副秘书长朱枝富撰写若干问题辨正一篇。上述共七篇，加上笔者在上一次论争中撰写的论文两篇，合计九篇论文。九篇论文各自针对具体的专题立论。笔者于是综汇九篇论文并进行了系统的勾勒与补充，疏理司马迁生年十年之差百年论争几代人的成果，以"司马迁生年研究"为题成书，分列为八讲。北京师范大学历史学院将这一课题列为系列学术讲座之一，笔者受邀为主讲人，十分感谢北京师范大学历史学院提供的这一神圣的学术平台，深化了这一课题的研究。八讲作为正文，为正论，九篇论文选列七篇为附录，题名《司马迁生年研究》，由商务印书馆在 2019 年元月推出，作为当年 5 月由北京《史记》研究会与北京师范大学历史学院联合举办的"司马迁生年十年之差百年论争疏理学术研讨会"大会研讨用书。本书《史记疑案》的上编即是移用的《司马迁生年研究》正论的八讲内容，作为总体"史记疑案研究"的一部分，只是改讲座之"讲"为学术论著之"章"与全书统一。这里特别作一个交待。

《司马迁生年疑案》八章内容分为三个部分。第一部分前三章正面疏理"前145年说"的论点、论据。第一章评说王国维考证的得失。得，指王国维开启了司马迁行年研究，指明了方向、方法；失，指王国维若干论据的瑕疵，予以纠正。第二章，疏理定案司马迁行年研究的文献资料。第三章，汇集百年论争"前145年说"的论据，系统考证司马迁的行年轨迹。第二部分为第四、第五、第六三章，对"前135年说"之源郭沫若、李长之的论说，以及后继论者各时期代表人物的论说予以疏理。"前135年说"其源，无一考据；其流，无一实证，其中最精制的考证终结于循环论证，故"前135年说"不成立。第三部分为第七、第八两章。第七章总论，疏理十年之差论争的意义以及双方总成果，制定"司马迁行年表"，作出简洁的定案结论。司马迁生年两说只并存于《史记》三家注；百年论争王、郭两说，王真、郭伪不并存，司马迁生于前145年可以为定案。司马迁卒年与《报任安书》作年本章作一个简洁的附论。第八章"司马迁创作系年"，实即司马迁行年简谱。

司马迁生年十年之差百年论争的三次学术大讨论，参与论争的学者前后有48人，笔者搜集到的学术论文目见就达96篇①，双方学者提出的各种推理论据以百条计，尤其是"前135年说"的论说，重复与雷同者居多。因此，本书疏理百年论争，引据双方学者的论点、论据，一般只称引甲说乙云，没有必要一一注明出处，有兴趣的读者可以在书后附录的"论文索引"中按核。重点评说与称引的是百年论争双方的代表者。"前145年说"

---

① 笔者搜集目见的48位作者，96篇论文，详书后附录一："司马迁生卒年疑案研究百年论争论文索引"。

论者，首发者王国维，后继论者，20 世纪 50 年代主要有钱穆、郑鹤声、程金造，20 世纪 80 年代有张大可、施丁、徐朔方。"前 135 年说"论者，首发者为李长之、郭沫若，后继论者，20 世纪 50 年代为施之勉、王达津、赵光贤，20 世纪 80 年代为李伯勋、苏诚鉴、吴汝煜、袁传璋。当前论争的核心代表者，主"前 145 年说"论者为张大可、陈曦、朱枝富；主"前 135 年说"论者为袁传璋、赵生群。袁传璋是"前 135 年说"后继论者的集大成者，本编第六章特立专章评说。

　　以上是为引言。

第一章　王国维考证司马迁生年的贡献与疏失

第一节　王国维考证司马迁生年为公元前 145 年，论点坚实，方法正确，逻辑严密

考证司马迁的生年，王国维和郭沫若两家都是根据《太史公自序》的三家注来推算的。

一、《史记》三家注并存司马迁生年两说，有十年之差

司马谈卒于元封元年。《太史公自序》云："卒三岁而迁为太史令。"司马贞《索隐》在这一句下注云：

> 《博物志》："太史令茂陵显武里大夫司马〔迁〕，年二十八，〔元封〕三年六月乙卯除，六百石。"

元封三年，即公元前 108 年，司马迁年二十八，据此推算，生于汉武帝建元六年，即公元前 135 年。

司马迁当了五年太史令，汉武帝改元太初，颁布新历，这是一件划时代的大事，司马迁参与其事，十分兴奋，正式定稿《史记》，故张守节《正义》就在"五年而当太初元年"下加按语说：

> 案迁年四十二岁。

太初元年是公元前 104 年，迁年四十二，据此推算，当生于汉景帝中

元五年，即公元前 145 年。

司马贞与张守节均为初唐同时代人，又师出同门，都是张嘉会的学生，两人的记载都值得关注，于是司马迁有了两个生年，即"前 145 年"与"前 135 年"，且有十年之差。王国维启动司马迁行年研究，首发《太史公行年考》，主"前 145 年说"。郭沫若驳难王说，撰文《〈太史公行年考〉有问题》，主"前 135 年说"。双方后继论者展开论争，历经百年，有三次高潮：即 20 世纪 50 年代中、20 世纪 80 年代初、21 世纪 10 年代中，迄今无定论，司马迁生年两说并存。三次论争高潮，均为"前 135 年说"向"前 145 年说"发起挑战，因为每次论难均由"前 135 年说"论者发起，这恰恰彰显了"前 145 年说"的主流地位。本书专题梳理百年论争，从头说起，故以"王国维考证司马迁生年的贡献与疏失"为题开篇，是为第一讲。

二、王国维考证有三长：论点坚实，方法正确，逻辑严密

司马迁生年两说并存，逻辑上就有三种可能：一是两说皆误；二是两说均不误，数据各有所系；三是两说一真一假。《索隐》语出有据，取《索隐》舍《正义》也似乎说得过去。例如赵光贤就说，《正义》按语"来历不明"，怎能凌驾于《索隐》所引"《博物志》所载有最高价值的原始材料之上呢"①？王国维毕竟是大家，他思维缜密，用考证在三种情况中作出最正确的选择。王国维的考证分为三步：第一步，首先调查十年之差的原因在哪里？有两个可能：其一，两说的材料来源是否不同，是否可靠，这是头等大事；其二，两说同源，十年之差是在流传中发生了数字讹误。王国维依据汉简的书法行文款式，证明《索隐》所引西晋《博物志》保存的《茂陵中书》是可靠的先汉记录，说明《索隐》所引文献可靠，材料有据，没

---

① 赵光贤《司马迁生年考辨》（写成于 20 世纪 50 年代末，发表于 20 世纪 80 年代初），原载《北京师范大学学报》1983 年第 3 期。

有问题。由于《索隐》与《正义》两说并无辩驳关系，《正义》直以按语出之，乃必然的逻辑，两说引据材料同源，或《正义》直接的依据就是《索隐》。王国维认为《索隐》《正义》资料来源同为《博物志》，十年之差是其中一说在流传中数字发生了讹误。这一考证可称为"数字讹误说"，直接排除了《索隐》《正义》两说皆误或两说均不误的两种可能，只能在第三种一真一假中作决断。第二步，王国维用数字讹误常理说推断："三讹为二，乃事之常；三讹为四，则于理为远。"认为《索隐》的"年二十八"为"年三十八"之误。"三讹为二"史籍中有许多实证。推论孤证不立，王国维第三步考证司马迁行年来验证，这不仅是正确的方法，而且在没有发现古代版本以及地下文物证据的现实情况下，是唯一正确的方法。综上所述，王国维的考证有三长：一是立论坚实，"数字讹误说"不可动摇；二是用司马迁行年验证，是唯一正确的考证方法；三是逻辑严密，指其提炼论据由已知推未知。王国维考证三长，再具体条列如次。

1. 论点坚实

即立论基石"数字讹误说"不可动摇。王国维考证《索隐》《正义》两说依据同源，皆为西晋张华《博物志》所引《茂陵中书》。司马迁生年十年之差，是两说在流传中数字发生了讹误造成，即《索隐》《正义》两说必有一误。"数字讹误说"分为论点、论据两个方面。司马迁生年的"十年之差"，是《索隐》《正义》两说在流传中发生"数字讹误"，导致两说必有一误，即《索隐》《正义》两说一假一真，此为论点。数字分书的"鲁鱼亥豕"常理："三讹为二，乃事之常；三讹为四，则于理为远"，是用于推理的工具，是无可辩驳的常理。王国维用数字分书"鲁鱼亥豕"常理推论《索隐》的"年二十八"，乃"年三十八"之讹，此为论据。即便是王国维的这一推论不成立，只是一个论据不立，而其论点"数字讹误说"并未推倒。"前135年说"论者袁传璋，发现两位数字合写的"鲁鱼亥豕"

常理："'二十'与'三十'，罕见相讹；'三十'与'四十'，经常相讹。"以此为工具推论，则《正义》按语"年卌二"，乃"年卅二"之讹，这仍然合于王国维的"数字讹误说"，此为"论点坚实"四字的反证。可是袁传璋却别有用意地混淆"数字讹误说"的论点与论据，声称他发现的两位数字合写的"鲁鱼亥豕"推倒了王国维的"数字讹误说"，用他自己的话说，此乃"大言欺人"，后面还将详细论说。

2. 方法正确

王国维的考证细密，方法正确，要点有三，也是《太史公行年考》中的三大亮点。

其一，以证据为根本。考证的第一要义是"考"。考的方法就是调查研究，广搜博采文献资料，挖掘史事，披沙拣金，拿出文献和史实的证据说事。王国维"数字讹误说"论点的提出，进行了如下四步考证：第一步考证《索隐》《正义》"两说"的来源，文献依据是西晋张华《博物志》；第二步考证《博物志》所引汉时簿书《茂陵中书》，经与地下物证汉简比对，可以确定为"当本先汉记录，非魏晋人语"；第三步，确认《茂陵中书》的"三年"为"武帝之元封三年"；第四步，用数字分书的"鲁鱼亥豕"常理推断。王国维在四证基础上才提出"数字讹误说"的论点，确立了《索隐》与《正义》两条注文的价值，是考证司马迁生年并存的两个假说。从此，其他生年说法黯然失色，无余地立足。"数字讹误说"是《太史公行年考》的一大亮点，王国维的一大贡献，历经百年论争而坚不可摧，这就是考证以证据为根本的力量。《太史公行年考》对司马迁交友、拜师、游历、撰述等多个方面行年关节点的考察，力求列举证据支撑，还具体列出了十五篇"太史公曰"的行年资料昭示读者。

其二，排比司马迁行年来验证《索隐》《正义》的假说。已历百年论争再看这一方法，可以说这是考证司马迁生年唯一正确的方法。王国维舍《索隐》而取《正义》，他在《太史公行年考》中用了最大篇幅考证司马迁行年，其轨迹与《正义》说相合。百年论争生动证明，数字讹误本身无法证实司马迁生年，而司马迁行年轨迹为"前145年说"提供了大量证据，本编第三章"司马迁生年前145年说之证据"和第七章中的"司马迁行年表"作了系统梳理。这一方法，也是王国维指引的方向，是《太史公行年考》的第二大亮点。

其三，以推论为辅助。所谓考证，就是要有"考"有"证"。考，是搜求证据，指实实在在的史料、文献；证，是推论，上升为理论，形成结果。证据和推论，是考证的两根支柱，不可或缺，相辅相成。有考无证，只是一堆资料，不能上升为理论，抓不住本质，无果而终；有证无考，即以辨代考，则不是正论，是歪论或邪说，是信口开河的文字游戏。司马迁生年研究的本质就是考证。王国维是考据大家，《太史公行年考》通篇离不开"考证"二字，给后学做出了有"考"有"证"的示范，也是本书追步的样板。驳难王国维而主张"前135年说"的论者，举证无考，即"以辨代考"，无一实证，玩弄文字游戏达于巅峰，二者形成鲜明对比。本编七章，即依循二者的鲜明对比而展开。考证的本质是"考"，即证据是第一性的根本，而推论的"证"，是辅助手段，推论必须是科学的，即正确推断才有价值。科学的推断要义有二：一是已知推未知，二是合于逻辑。《太史公行年考》的推论合于科学的推断，是第三大亮点。释例详下文"3.逻辑严密"的论说。

3. 逻辑严密

王国维的推论总是依循用已知推未知，逻辑严密，为科学的推论提供示范。例如，王国维对卫宏《汉旧仪》说"元朔二年，司马迁十三岁"的订正，用的就是推论，全文如下：

案：《汉旧仪》（《太平御览》卷二百三十五引）："司马迁父谈，世为太史。迁年十三，使乘传行天下，求古诸侯之史记。"（《西京杂记》卷六略同）考《自序》云："二十南游江、淮。"则卫宏非也。或本作二十，误倒为十二，又讹二为三欤？

王国维用《太史公自序》的"二十而南游江、淮"这一已知，推论卫宏说"迁年十三"当是"迁年二十"之讹，十分有力。王国维推论《索隐》"迁年二十八"，是"迁年三十八"之讹，用的是校勘学数字分书"鲁鱼亥豕"这一已知常理来推论，并不是李长之的用语"但我想""的确可能"。为了谨慎，王国维加了一个"疑"字。疑者，可能也，不作定论，这正是科学性的表现。袁传璋扭曲为王国维"先天不足""改字立说"。"年二十八"为"年三十八"之讹，即"二"为"三"之讹，这一推论还须进一步论证，可以成立，可以不成立，用考证说话，而不是贴一个标签，叫"改字立说"，就可以推倒，此乃诬罔语，有失考证风范。

《太史公行年考》中推论的最大亮点是运用逻辑推论《正义》与《索隐》同源。因为《正义》按语是结论，它必有前提，必有所依，或是赞同，或是补充，或是驳难。《正义》按语是一种赞同语，但数据不同，所以结论是二者同源，数据不同是数字讹误。如果二者不同源，则《正义》必是批驳《博物志》，注文中没有批驳痕迹，所以只能是同源。此处正见王国维识见高人一筹，不是表面上看谁有据、谁无据，而是用严密的逻辑推论出《正义》与《索隐》二者同源。

必须指出，推论证据，不仅孤证不立，而且还须证实，在没有实证之前，只是假说。新的考据，证实了推论证据，它才是实证。同理，新的考据即使推翻了推论证据，也只是推翻了一个论据，并不能说推翻了立论。离开了这一公正原则侈谈研讨，即为"虚妄"。

第二节　"前135年说"论者对王国维立论基石的驳难均不成立

王国维考证的立论基石有两个方面：一为数字讹误说，一为数字分书常理说。"前135年说"论者对这两个方面的驳难均不成立。

一、郭沫若、李长之对"数字讹误说"的驳难不成立

王国维考证"论点坚实"，即指立论基石"数字讹误说"不可动摇。《索隐》《正义》既然材料同源，否认这一论点，必然的逻辑就要承认司马迁有两个生年，这当然是荒谬的。郭沫若、李长之皆否认数字讹误说，其说法是给《正义》的按语"迁年四十二岁"找出路，主张《索隐》《正义》皆不误，两说数据各有所系，逻辑成立，但说《正义》按语是指司马迁一生只活了四十二岁。由于这一推论违反了汉时簿书论述行年的文例，所以不成立。王国维引据的敦煌汉简两例，郭沫若补充的居延汉简十例，《博物志》所引《茂陵中书》司马迁以茂陵显武里大夫为太史令"年二十八"，皆指行年的年岁，而不是一生的年寿，只有人死的时候才会说他一生的岁数。例如《史记·孔子世家》："孔子年七十三，以鲁哀公十六年四月己丑卒。"如果一个人的一生无事迹可述，或事迹不值得记述，只写他一生活了多少年，人死已包含其中，这当然是指一生的年寿。仍以《史记·孔子世家》为例："子思生白，字子上，年四十七。子上生求，字子家，年四十五。子家生箕，字子京，年四十六……"皆为记述终止语，所记数字才是指一生的年寿。《正义》按语"迁年四十二岁"与《索隐》所引《博物志》"司马迁，年二十八，三年六月乙卯除，六百石"同例，皆非终止语，"四十二"与"二十八"都指的是行年岁数，而不是一生的年寿。

二、"数字不讹"直接排斥《索隐》说

由于《索隐》《正义》两说均为司马迁的行年, 而且是行年基准点, 可以直接推导出司马迁有两个生年, 年差正好整十年。又由于一个人只能有一个生年, 所以《索隐》《正义》两说必有一误, 即纪年数字在传抄中发生了讹误, 这是司马迁生年的"数字讹误说", 为王国维所提出, 并用数字分书的常理"鲁鱼亥豕"推导为《索隐》之误。郭沫若、李长之否认王国维的"数字讹误说", 推论《正义》是指司马迁一生年寿的终止语。从纪年书法与史实两个方面证明郭沫若、李长之的推论不成立, 已如前文所述。要推倒王国维的"数字讹误说", 只有一种可能, 即考证《索隐》《正义》两说是指两个人的生年。《太史公自序》的上半篇包括了司马谈、司马迁两代人的传记, 均是围绕《史记》的创作。汉武帝元封元年, 司马谈临终遗命司马迁接力修史, 《索隐》《正义》是否分别解说司马谈、司马迁两代人的生年呢? 学术界王重九、施丁两人做出了考证的尝试。

王重九先生在《从王国维、郭沫若共认的"先汉纪录"考定司马迁父子的生年》① 一文中, 将《索隐》说"年二十八"系于建元三年以推计司马谈生年, 得出司马谈生于汉文帝前元十五年 (前 165) 的结论; 而以《正义》说"案迁年四十二岁"推计司马迁生年为景帝中元五年 (前 145)。王重九据此断言司马谈长于司马迁二十岁。

王重九考证的依据, 即《太史公自序》"卒三岁而迁为太史令"下的《索隐》注: "《博物志》: '太史令茂陵显武里大夫司马口, 年二十八, 三年六月乙卯除, 六百石。'"《史记》各种版本, "司马"二字下原本缺一字, 清人张文虎校刊的"金陵局本"才补一"迁"字, 王重九认为应补"谈"字, 以太史丞任太史令是司马谈的事, 证据有二: 一是《太史公自序》"谈为太

---

① 原载《陕西师范大学学报》1985 年第 3 期。

史公"下《集解》引臣瓒曰："《百官表》无太史公。《茂陵中书》司马谈以太史丞为太史令。"王重九认为这是一条"价逾连城"的珍贵史料。汉武帝建元二年建茂陵邑，"勘定陵址，预卜吉凶"，正是"太史"职分以内之事，故司马谈临时住址为茂陵邑。二是司马谈除官以太史丞为太史令在建元三年。由于汉武帝初年无年号，最早的四个年号"建元""元光""元朔""元狩"是元鼎年间追加的。《博物志》引文在"三年六月乙卯"前无年号，当为建元三年。施丁撰文《〈史记索隐注〉"太史令"有问题》引据五十条《居延新简》写有年号的材料支持王重九的说法，"三年"应为"建元三年"。但建元三年六月无"乙卯"，六月二十六日为己卯。而元封三年六月初二为乙卯。王重九认为"三年六月乙卯"，日期"乙卯"是"己卯"之误，以此合于建元三年。

王重九、施丁二人的考证如果成立，即可推倒王国维的"数字讹误说"，但同时也排斥了《索隐》的司马迁生年说，消除了十年之差的分歧，也就没有了争论，仍然证明了《正义》张守节按语无误，即司马迁生于公元前145年。不过王重九、施丁的考证还缺少史实佐证，自然不能定案，只能是一种假说。我们还要回到百年论争的现实中来进行梳理。

三、袁传璋驳难，自相矛盾

袁传璋考证司马迁生年最为得意之作有两篇。其中之一为：《从书体演变角度论〈索隐〉〈正义〉的十年之差》①（以下简称《书体演变》），驳难王国维，洋洋万余言，其价值就是他自己概括的两句话："今本《史》《汉》中，'二十'与'三十'，罕见相讹；'三十'与'四十'经常相讹。"王国维概括数字分书的"鲁鱼亥豕"常理，即："三讹为二，乃事之常；三讹为四，则于理为远。"袁传璋考证的实质就是概括了两位数字连体书写的"鲁

---

① 载（台湾）《大陆杂志》1995年4月刊。

鱼亥豕"常理，依王国维的用语表述，即"卅讹为卌，乃事之常，卅讹为廿，则于理为远。"袁传璋标新立异的用语是不科学的，或者是不准确的。汉字书写相似字的"鲁鱼亥豕"比例是很低的，它只是百分之几或百分之零点几，王国维概括的于理"为近""为远"，是指"三、二"与"三、四"两组数字的"鲁鱼亥豕"讹误概率比较而言，用语极为精准。袁传璋用"罕见相讹"与"经常相讹"来描述"卅、廿"与"卅、卌"两组数字的"鲁鱼亥豕"，只是分别描述，失去比较意义，且"经常相讹"是什么意思？"鲁鱼亥豕"的讹误概率是百分之几十，还是百分之七八十才叫"经常相讹"呢？用语不明，极其粗糙，所以是不科学的。袁氏考证惯用含混语言，乃"另有目的"，将随文提示。

袁传璋的考证成果，实质就是说"卅与卌"相讹的概率大于"卅与廿"，即《正义》的"年四十二"是"年三十二"之讹的概率较大。到此为止，袁氏的"常理说"十分得体而合理。但袁传璋不满足于此，放大自我，用他自己的话说，叫"大言欺人"，也就是说，他的常理推倒了王国维"不堪一击的逻辑"的常理推导的司马迁生年而陷入了自相矛盾。王国维、袁传璋两人的"常理说"，本身就是总结数字书写的"鲁鱼亥豕"，即数字相讹，袁传璋确又高调抨击王国维的数字讹误说，这才是真真正正的"不堪一击的逻辑"而自相矛盾。此乃袁传璋含混用语的目的之一。当我们在用透明简洁的科学语言转换了袁传璋的含混用语之后，恰如放大镜凸显了某一事物的原形，包含了至少两层袁传璋所不能容忍的意蕴，用袁传璋的话说叫"内涵"，今解析之如次。

第一层：

王国维的立论基石"数字讹误说"，指《索隐》《正义》二者必有一误。袁传璋考证高调抨击"数字讹误说"不成立，而自己考证的实质就是说《正义》数字讹误，自相矛盾，讳莫如深。

第二层:

简洁的语言无形地拆穿了袁传璋考证巧设标靶的谬误。王国维运用"鲁鱼亥豕"数字分书的常理,作为一个已知条件推论《索隐》数字"二十八"疑为"三十八"之讹。非常明显,这只是王国维证明数字讹误说的一个论据,而非立论本身。袁传璋故意混淆王国维的立论基石"数字讹误说"与一个推论论据常理说的推论,偷梁换柱,移花接木,把数字分书常理的推论偷换成王国维的立论基石而设为标靶,还衍生出什么"大前提""小前提"强加在王国维头上。此乃袁传璋含混用语的目的之二。

四、袁传璋巧设标靶,用不实之词批驳王国维

袁传璋在《书体演变》一文中说王国维的论证逻辑"大前提是:《索隐》'年二十八'系'年三十八'之讹;小前提是:'年四十二'绝不可能由'年三十二'讹成"云云,完全是袁传璋的自编自导,用来自娱自乐,在梦幻中驳倒了王国维也就罢了,可袁传璋是用来诬罔王国维,欺蒙读者,用他自己的话说是他巧设的"标靶",不能不揭穿。

王国维依据数字分书的"鲁鱼亥豕"常理:"三讹为二,乃事之常;三讹为四,则于理为远。"其推论逻辑是:大前提"三十八讹为二十八"讹误概率大于"三十二讹为四十二";因此,小前提"《索隐》'年二十八'"系"年三十八"之讹。

袁传璋认为两位数字合写的"鲁鱼亥豕"常理:"卅讹为卌,乃事之常;卅讹为廿,则于理为远。"其推论逻辑是:大前提"卅讹为卌"讹误概率大于"卅讹为廿";因此,小前提"《正义》'年四十二'"系"年三十二"之讹。

对比两个常理说,各自独立,平行相向,互不交叉,"风马牛不相及"(袁传璋语)。按两个常理推导的结论,也各自独立,依然是"风马牛不相及",两者没有辩驳关系。合则互补,分则片面,即《索隐》《正义》两者

的数字均有可能讹误。两个常理并存，这就是历史的真实，真理的边界。

　　而袁传璋却要用他不科学的含混语言，以便制造"标靶"诬罔王国维。王国维推论根本就没有涉及两位数字的合写，袁传璋巧设的大前提、小前提，恰恰是按照自己用不科学语言概括的两位数字合写的"鲁鱼亥豕"常理的反说，用以混淆是非，是极其不严肃的学风，尤须自省。

五、施丁的新发现，丰富了数字书写历史演变的内容

　　施丁《〈史记索隐〉注"太史令"有问题》①一文，不具名回应袁传璋的《书体演变》。施丁发现《居延汉简甲乙编》已有数字分书之例，而《居延新简》则提供了大量例证。据施丁统计，在《居延新简》中：

　　书"二十"而非"廿"者85条；

　　书"三十"而非"卅"者47条；

　　书"四十"而非"卌"者22条。

　　施丁还从北魏正光三年（522）到北宋景祐二年（1035）仅在十四条碑刻文字中统计数字分书之例：

　　书"二十"而非"廿"者9条；

　　书"三十"而非"卅"者5条；

　　书"四十"而非"卌"者19条。

　　对此，施丁评论说：郭沫若说汉人沿袭"殷周以来的老例"，写"二十、三十、四十"为"廿、卅、卌"的连体书"并不确切"，"有依据一般、无视个别的片面化之嫌"。施丁针对"有人"评论说："可是，至今还有人在'廿''卅''卌'问题上做文章，步郭老的后尘，不仅坚信汉人沿袭殷周以来的老例之说，而且还进一步推演与发展，提出隋唐至北宋也是照旧未变。"

　　施丁的发现无损王国维与袁传璋两人的常理，数字只要那样写，就必

---

① 载《中国社会科学院研究生院学报》1996年第2期。

然有那样的"鲁鱼亥豕",但施丁的发现丰富了数字书写历史演变的内容,由汉至唐,数字的书写并不只是沿袭殷周的老例,而是两位数字连体书写分化出了单体分书,北宋以后,数字的书写被单体分书全面代替了。施丁的结论是:"承认这两种事实的存在,就不能以此否定彼,也不能以彼否定此;更不能以彼来证郭老之是、王说之非,也不必以此来证郭老之非、王说之是。"十分中肯。

六、各种数字讹误的可能推测

《正义》《索隐》记载司马迁生年两说一真一假。百年论争推理论证,提出了三种数字讹误的可能,还有潜在的两种数字讹误的可能,共存五种数字讹误的可能,总括如下。

王国维用数字单写的"鲁鱼亥豕"常理推论数字讹误,谓《博物志》在唐以前的流传中发生了数字讹误,十年之差,是唐代流行两种《博物志》抄本,一作"年三十八"为张守节《正义》所据,一作"年二十八"为司马贞《索隐》所据。《太史公行年考》的原文是:"疑今本《索隐》所引《博物志》'年二十八',张守节所见本作'年三十八'。"王国维此说若成立,则数字讹误是西晋至唐时期《博物志》在流传中发生了数字讹误。

张守节与司马贞为同时代人,两人各自为《史记》作注,必广搜博采,恰好两人分别见到两种《博物志》抄本,而不是两人都能看到两种抄本而取舍不同,世间有这等巧事,似不合情理。程金造在《从〈史记〉三家注商榷司马迁的生年》一文中修正王国维说,提出晚出的《正义》修正《索隐》,列出若干《正义》修正《索隐》的例证。既然《正义》修正《索隐》,却没有驳正《索隐》所注司马迁生年,此必然的逻辑是,唐代只有一种《博物志》抄本,作"年三十八",《索隐》也作的是"年三十八",张守节的按语"迁年四十二",是依据《索隐》作出的,十年之差,是《索隐》在唐以后的流传中发生了数字讹误,"年三十八"讹为"年二十八"。

　　袁传璋总括汉唐时期两位数字合写的"鲁鱼亥豕"，"卅与卌"相讹的概率大于"卅与廿"相讹，十年之差，是《正义》在流传中发生了数字讹误，"年卌二"是"年卅二"之讹。

　　此外，按程金造的说法，唐代只有一种抄本的《博物志》还可能有两种潜在的数字讹误。如果《博物志》原本作"年三十八"，《索隐》作注时，司马贞抄讹成"年二十八"；如果《博物志》原本作"年二十八"，则是《正义》作按语时，张守节误看成"年三十八"。

　　数字讹误有如上述五种可能，即《博物志》与《正义》《索隐》均有可能讹误，司马贞、张守节两人转引讹误，共五种可能。由于《博物志》失传，又经过百年论争，王、郭两说均未找到在存世的《史记》三家注各种版本中，《正义》《索隐》直接发生数字讹误的例证，所以五种数字讹误，既不能推倒，也不能落实。也就是数字讹误的推理论证，不能找出《正义》《索隐》两者何者为真，何者为假，只能两者并存，皆为假说，即司马迁生年两说并存。定案司马迁的生年，必须另辟蹊径。

七、如何评价王国维、袁传璋两个常理说的价值和意义

　　客观评价王国维数字分书常理说与袁传璋考证两位数字合写常理说，两者的价值和意义如下。

　　两者的价值是：袁氏常理说有利于《索隐》，适应于汉唐数字连体书写为主流的时代；王氏常理说有利于《正义》，适应于数字单体书写的整个时代，更适用于唐代以后数字单体书写独占的时代。两说并存，相辅相补；两说各自独立，正如袁传璋所说"风马牛不相及"。

　　引申价值是：既然"风马牛不相及"，两者没有依存与辩驳关系。袁传璋宣称用他的常理说驳倒了王国维"不堪一击的逻辑"常理，乃是自相矛盾和大言欺人。两说都是常理，常理者，客观存在之公理也，它是不可辩驳的，由此可见袁传璋驳的既不是王国维的立论基石数字讹误说，也不是

王国维的常理说，而是他自设的标靶——"大前提""小前提"。

两者的意义有二：一是袁氏常理押在了《索隐》一方，打破王氏常理单方押在《正义》一方，使两说天平重归于平衡；二是两说双方穷尽文献均未找到《索隐》《正义》直接的数字讹误，在没有新的材料发现之前，不可能从数字讹误本身找突破，还应回到王国维指引的方向——"排比行年是考证司马迁生年唯一正确的方法"。

第三节　王国维《太史公行年考》的疏失

王国维的考证筚路蓝缕，加之用力不够，其中的推论论据多有瑕疵，必须修正。有一些"前135年说"论者，以实用主义手法，对王国维考证的疏失，即对有瑕疵的论据，不是堂堂正正加以驳正，而是能利用的充分利用，不能利用的则放大缺陷以为标靶，甚至无中生有编制标靶，必欲置之死地而后快。有一位"前135年说"论者，在《司马迁生年及其回乡葬父新证》中，以句句按时间先后顺序记事读《太史公自序》，称司马谈先做官后生儿子司马迁，满纸伪考，而对王国维的考证——司马迁生于前145年——不是驳难，而是谩骂，说王国维的考证"是脱离《自序》本证的呓语，是荒谬的"，"他的推论是虚妄的、生硬的、主观的，长期误导史公生年研究"，"实为误导人们的谬论制造者"。更多的"前135年说"论者则是利用或放大缺陷，试举数例如次。

其一，"年十岁则诵古文"。王国维考证云：

> 案《自序》："年十岁则诵古文。"《索隐》引刘伯庄说，谓即《左传》《国语》《世本》等书是也。考司马谈仕于建元、元封间，是时，当已入官。公或随父在京师，故得诵古文矣。自是以前，必已就闾里书师受小学书，故十岁而能诵古文。

王国维的考证，解释"诵"字为学习与阅读两义。阅读古文书籍，首先要学习识读和书写古文字。王国维认为司马迁"自是以前"，即十岁之前，"必已就闾里书师受小学书"，即蒙童教育已在故里出生地完成。司马迁聪颖好学，"故十岁而能诵古文"，指十岁时能阅读古文书籍，释义极为精准。王国维"画蛇添足"，又用"或"字推论说："公或随父在京师，故得诵古文矣。"此处"诵"字当作学习解，指司马迁十岁时到了京师父亲身边系统学习《左传》《国语》《世本》等古文书。对"十岁"这一时间点的把握仍然精准。"公或随父在京师"，此一句为"蛇足"，给"年十岁则诵古文"的正确考证蒙上了缺陷。不过王国维还留有余地，"或"者，"疑"也，这只是推论，存在可能性，也就是假说。司马迁是否在十岁入京，还须考证。袁传璋承袭王国维的这一缺陷，给"年十岁则诵古文"添加了"庄肃"口吻与"句句"按时间顺序记事，误读《史记》，把"十岁"这一时间点拉伸为从十岁到二十岁"整十年"的时间段。对照王国维与袁传璋两人对"年十岁则诵古文"的解读，抓住"十岁时"这一时间点，不是"整十年"的时间段这一"七寸"，袁传璋的虚妄考证即可排除。袁传璋虚妄的考证，详本书第六讲。

其二，"于是迁仕为郎中"。王国维考证说：

> 案《自序》云："于是迁仕为郎中。"其年无考，大抵在元朔、元鼎间。其何自为郎，亦不可考。

王国维的这一考证是已知推未知，大体无误。王国维已考证司马迁二十南游在"元朔三年"，又把"于是迁仕为郎中"系于元鼎元年，因为王国维又考证出元鼎五年司马迁已扈从武帝"西至空同"。所以王国维的推论，司马迁仕为郎中"大抵在元朔、元鼎间"，是指在元朔末至元鼎初之间，即元朔六年至元鼎元年之间共八年，中间元狩有六年，司马迁出仕的最大概率在元狩年间。大体无误即指此。推论论据不精确，不可能推出"仕为郎中"

之年，所以说是一个粗糙的论据。王国维未能考出司马迁何年为郎、何自为郎，应当说："司马迁何年为郎、何自为郎，以待贤者。"到此为止，这条推论论据就完全成立。王国维自己未尽全力，却再次"画蛇添足"说："其何自为郎，亦不可考。""亦"字包括"何年为郎，皆不可考"。这是王国维主观武断留下的缺陷。

对于王国维考证的这一缺陷，有多个"前135年说"论者大做文章，把王国维推论司马迁"仕为郎中"，大抵在元朔末至元鼎元年之间的八年，加以放大说成是元朔、元狩、元鼎三个年号相加的"十八年"。其目的就是要扰乱王国维考证司马迁出仕的最大可能在元狩年间，而"前135年说"论者必须把司马迁出仕之年延后到元鼎元年之后，因为按"前135年说"，元鼎元年司马迁才二十岁，所以司马迁出仕之年绝不能在元鼎元年及之前的元狩年间。又有"前135年说"论者赵光贤扭曲王国维的这条考证，说王国维考定司马迁二十南游，游了整十年，在元鼎元年出仕为郎。赵光贤的原话是这样说的：

> 王国维的《太史公行年考》说元朔三年，迁年二十，开始南游。照此说法，至元鼎元年，三十岁，中间无事可记，南游无论如何不会有十年之久，显然这是个大漏洞。

这里，赵光贤也玩了一把语言游戏，埋藏了两个隐语。一是把王国维推论的司马迁仕为郎中之年"大抵在元朔、元鼎间"定格在"元鼎元年"，于是无端地生出了"南游整十年"；二是把"前135年说"的立论基石，即根本不成立的"司马迁南游归来即仕为郎中"的虚妄推论强加在王国维头上，以便制造"大漏洞说"。赵光贤的"大漏洞说"，其实就是承袭李长之"空白说"的翻版，毫无新意。

其三，王国维《太史公行年考》最大的失误是说司马迁问故孔安国、师事董仲舒在十七八岁至二十岁之前。①"前135年说"论者如获至宝，充分利用。又《刺客列传》《樊郦滕灌列传》《郦生陆贾列传》三传所涉人物夏无且、董生、樊他广、平原君子与"太史公曰"云云，王国维说："然则此三传所记，史公或追记父谈语也。"均计算有误，导致推论错误，亦为"前135年说"论者所利用。详本编第三章中第三节目"司马迁交游提供的旁证"，兹不赘述。

　　王国维考证的疏失与缺陷，不足以动摇他的考证成果。由于王国维考证方法正确，逻辑严密，考证成果无大误，立论基石与结论都坚不可摧，所以成为学术界的主流认识。我们今天梳理百年论争，是积累了几代人的成果，因此对王国维筚路蓝缕之功遗留的缺陷，理应纠正，但不必苛求，更不应纠缠于此而否定其贡献。纠正王国维的疏失，彰显历史事实，恰恰是为了进一步证成王说。

---

　　①　王国维此一失误还陷入循环论证，详本编第三章第二节"司马迁问故孔安国、师事董仲舒之考证"。

第二章 考证司马迁行年的文献资料

本编开篇"引言"有如下一段话：

> 定案司马迁的生年，必须考订司马迁一生的行年来验证，任何孤立地考证司马迁的生年，或者寄希望于地下的铁证，都是徒劳的。因为司马迁在《史记》与《报任安书》中，留下了较为丰富的行年资料，据之可以定案司马迁的生年……任何一条孤立的所谓"铁证"，也不能违背《史记》留下的司马迁行年资料呈现的人生轨迹。司马迁为《史记》而生，为《史记》而死，他的生命化成了《史记》，他的行年资料伴随《史记》的成书过程而遗留，离开《史记》成书，抽象考察司马迁的行年和生年，不会有定论。

这段话是总结百年论争的体验，也是本编各章评说的指南。王国维指引的方向："排比行年是考证司马迁生年唯一正确的方法。"精言要义即在此。本章集中研讨司马迁行年的文献资料，下分四节来说。

第一节 《太史公自序》和《报任安书》
留下了最直接的司马迁行年资料

读万卷书，行万里路，司马迁是一个忠实的践行者。他为了撰述《史记》而"网罗天下放失旧闻"，从"二十南游江、淮"起，一生都在游历，分为三个阶段，有三种形式。《太史公自序》作了极其生动的记载，"迁生龙门"一节说：

> 迁生龙门，耕牧河山之阳。年十岁则诵古文。二十而南游江、淮，上会稽，探禹穴，窥九疑，浮于沅、湘；北涉汶、泗，讲业齐、鲁之都，观孔子之遗风，乡射邹、峄；厄困鄱、薛、彭城，过梁、楚以归。于是迁仕为郎中，奉使西征巴、蜀以南，南略邛、笮、昆明，还报命。是岁天子始建汉家之封。

这段话是司马迁回顾他青少年成长的足迹，也是怀念他父亲对他特殊的培养。司马迁是司马谈的独子。司马谈为了培养司马迁成为修史接班人，没有将年幼的司马迁带在身边，留在京师染习仕途习气，而是将他留在出生地乡间，在龙门"耕牧河山之阳"，培养司马迁自幼热爱山川，健身强体，成年后走入社会有一个高起点。司马迁年二十，奉父命到广阔天地的全国范围去游历，目的明确，"网罗天下放失旧闻"，主动进行人文考察，搜求史料。司马迁足迹踏遍大江南北、淮河两岸，所以史称"二十而南游江、淮"。这是司马迁第一阶段的游历，因时年二十，所以学术界称其为"二十壮游"，王国维又称之为"宦学之游"，意谓为了仕宦前途而游历、交友，许多士人出仕诸侯王，这是那时风靡全国的一种风气。司马迁没有出仕诸侯王，而是一心一意"网罗天下放失旧闻"，后来写史回忆，一一载入"太史公曰"中。王国维"宦学之游"的说法不准确。二是扈从汉武帝之游，陪伴皇帝巡视山川，此为职务伴游。"于是迁仕为郎中"，从此开始了扈从之游，伴随汉武帝终身。三是奉使西征，征略西南夷。此游，公务在身的司马迁为钦差大臣，独当方面，监军平定西南夷，并设郡置吏，在西南夷地区设置了六个新郡：牂柯、越嶲、益州、沈犁、汶山、武都。连同早先设置的犍为郡，汉武帝开拓西南夷，共设七个郡。

再看，《报任安书》云：

> 仆赖先人绪业，得待罪辇毂下，二十余年矣。

又云：

　　仆少负不羁之才，长无乡曲之誉，主上幸以先人之故，使得奉薄技，出入周卫之中。

　　上引《太史公自序》和《报任安书》留下的行年线索，通过考证找到行年关节点，然后串联行年关节点用以推论验证"前135年"与"前145年"两个假说，从而确定司马迁的生年。行年关节点，就是把握司马迁行年中几个关键的时间、空间节点，用考证方法把行年线索转为确切已知的纪年或年岁时间节点，然后串联若干个行年关节点，通过它们的互相关联，就可由已知推未知了。

　　上引的两段话，提供了九个行年关节点，即：（1）迁生龙门，也就是待考的生年；（2）耕牧河山之阳；（3）年十岁则诵古文；（4）二十南游……以归；（5）于是迁仕为郎中；（6）奉使西征巴蜀以南；（7）还报命，是岁天子始建汉家之封；（8）《报任安书》作年；（9）得待罪辇毂下二十余年，指已仕为郎中的年数，一个"余"字，又提供了一至九的九个伸缩年。其中（1）、（3）、（5）、（6）、（7）、（8），六个行年关节点均是时间点，指某一年；（2）、（4）、（9），三个行年关节点是时间段，可以是数月、数年或数十年。例如（9）就明确地指出由"仕为郎中"到《报任安书》作年的合理时间段是二十一年到二十九年。此外，《索隐》所引《博物志》提供了第十个行年关节点，即"太史令茂陵显武里大夫司马迁"，表示"迁生龙门"的司马迁"家徙茂陵"，这是极其重要的一个行年关节点，列为第（10）。

　　严肃的科学的求证是一一考证和落实上述各个行年关节点，还要搜求更多的行年旁证资料，再排比导入历史事实的行年表，制成"司马迁行年表"，用以对照王国维"前145年说"与郭沫若"前135年说"，比较两说哪一个行年排比的说法呈现的人生轨迹最合理，与历史事实相符，那么最合理的一说就是司马迁的生年。换一句话说，就是"司马迁行年表"中依据《索隐》《正义》两说推导的两个生年假说，哪一个合于司马迁自述的行年轨迹，就确定哪一个为司马迁的生年。是否遵循以上原则，是检验"前135年说"与"前145年说"谁是谁非的试金石，本书将多次反复提及。

对上述行年关节点的考证与串联，制作"司马迁行年表"，排比验证两个生年假说，定案司马迁生年，详见本编第三章和第七章。

第二节　司马迁记述交游涵盖的行年资料

一、在二十四篇"太史公曰"中遗留的行年资料

司马迁遗留在"太史公曰"中的行年资料，除《太史公自序》之外，还有二十四篇，王国维搜求列举了十五篇，遗漏了九篇。兹将二十四篇"太史公曰"行年资料悉数引录如次，以供研讨。

《五帝本纪》太史公曰："余尝西至空桐，北过涿鹿，东渐于海，南浮江、淮矣，至长老皆各往往称黄帝、尧、舜之处，风教固殊焉。"

《周本纪》太史公曰："学者皆称周伐纣，居洛邑，综其实不然。武王营之，成王使召公卜居，居九鼎焉，而周复都丰、镐。至犬戎败幽王，周乃东徙于洛邑。所谓'周公葬于毕'，毕在镐东南杜中。"

《封禅书》太史公曰："余从巡祭天地诸神名山川而封禅焉。入寿宫侍祠神语，究观方士祠官之意，于是退而论次自古以来用事于鬼神者，具见其表里。"

《河渠书》太史公曰："余南登庐山，观禹疏九江，遂至于会稽太湟，上姑苏，望五湖；东窥洛汭、大邳，迎河，行淮、泗、济、漯洛渠；西瞻蜀之岷山及离碓；北自龙门至于朔方。曰：甚哉，水之为利害也！余从负薪塞宣房，悲《瓠子》之诗而作《河渠书》。"

《齐太公世家》太史公曰："吾适齐，自泰山属之琅邪，北被于海，

膏壤二千里，其民阔达多匿知，其天性也。"

《赵世家》太史公曰："吾闻冯王孙曰：'赵王迁，其母倡也，嬖于悼襄王。'"

《魏世家》太史公曰："吾适故大梁之墟，墟中人曰：'秦之破梁，引河沟而灌大梁，三月城坏，王请降，遂灭魏。'"

《孔子世家》太史公曰："《诗》有之：'高山仰止，景行行止。'虽不能至，然心乡往之。余读孔氏书，想见其为人。适鲁，观仲尼庙堂车服礼器，诸生以时习礼其家，余祇回留之不能去云。"

《伯夷列传》太史公曰："余登箕山，其上盖有许由冢云。"

《孟尝君列传》太史公曰："吾尝过薛，其俗闾里率多暴桀子弟，与邹、鲁殊。问其故，曰：'孟尝君招致天下任侠，奸人入薛中盖六万余家矣。'世之传孟尝君好客自喜，名不虚矣。"

《魏公子列传》太史公曰："吾过大梁之墟，求问其所谓夷门。夷门者，城之东门也。"

《春申君列传》太史公曰："吾适楚，观春申君故城，宫室盛矣哉！"

《屈原贾生列传》太史公曰："适长沙，观屈原所自沈渊，未尝不垂涕，想见其为人。"

《刺客列传》太史公曰："世言荆轲，其称太子丹之命，'天雨粟，马生角'也，太过。又言荆轲伤秦王，皆非也。始公孙季功、董生与夏无且游，具知其事，为余道之如是。"

《蒙恬列传》太史公曰："吾适北边，自直道归，行观蒙恬所为秦筑长城亭障，堑山堙谷，通直道，固轻百姓力矣。"

《淮阴侯列传》太史公曰："吾如淮阴，淮阴人为余言，韩信虽为布衣时，其志与众异。其母死，贫无以葬，然乃行营高敞地，令其旁可置万家。余视其母冢，良然。"

《樊郦滕灌列传》太史公曰："吾适丰沛，问其遗老，观故萧、曹、樊哙、滕公之家，及其素，异哉所闻！方其鼓刀屠狗卖缯之时，岂自知附骥之尾，垂名汉廷，德流子孙哉？余与他广通，为言高祖功臣之兴时若此云。"

《郦生陆贾列传》太史公曰："世之传郦生书，多曰'汉王已拔三秦，东击项籍而引军于巩、洛之间，郦生被儒衣往说汉王'，乃非也。自沛公未入关，与项羽别而至高阳，得郦生兄弟。余读陆生《新语》书十二篇，固当世之辩士。至平原君子与余善，是以得具论之。"

《张释之冯唐列传》："武帝立，求贤良，举冯唐。唐时年九十余，不能复为官，乃以唐子冯遂为郎。遂字王孙，亦奇士，与余善。"

《田叔列传》太史公曰："孔子称曰'居是国必闻其政'，田叔之谓乎！义不忘贤，明主之美以救过。仁与余善，余故并论之。"

《李将军列传》太史公曰："余睹李将军悛悛如鄙人，口不能道辞。及死之日，天下知与不知，皆为尽哀。彼其忠实心诚信于士大夫也！谚曰：'桃李不言，下自成蹊。'此言虽小，可以谕大也。"

《卫将军骠骑列传》太史公曰："苏建语余曰"云云。

《游侠列传》太史公曰："吾视郭解，状貌不及中人，言语不足采者"云云。

《龟策列传》太史公曰："余至江南，观其行事，问其长老，云龟千岁乃游莲叶之上，著百茎共一根。"

以上二十四条"太史公曰"，直接与间接讲游历，其中有六条讲交友。交友亦是间接讲游历。交友或在旅行中，或在京师，其主题是一个，即"网罗天下放失旧闻"。司马迁将三个阶段的三种游历交融在一起记述，旨在突出"网罗天下放失旧闻"这一共同主题。换句话说，司马迁扈从之游与奉使之游，均不忘为了述史而搜求史料的目的。开篇《五帝本纪》"太史公曰"即已揭明其旨。其言曰："余尝西至空桐，北过涿鹿，东渐于海。"三者皆指扈从之游。"南浮江、淮矣"为"二十壮游"，其范围是全国，东至大海，西到空桐（崆峒），北达涿鹿，南至江、淮。司马迁在全国范围，接触各地不同的族群民众，风俗习惯都不同，但一致称颂黄帝。司马迁在数十年的游历考察中，从全国各地长老的叙述中，形成了黄帝是人文始祖的理念，写在《史记》开篇，非同凡响。这只是一个示例。

二、司马迁二十壮游，在全国范围深度考察文史内容，当有数年之久

这里重点说"二十南游"的考察，举其大端，主要有五个方面。

1. 游历访问，实地调查

司马迁二十壮游，实质进入了修史的见习期，是司马谈的助手。二十壮游，就是司马迁奉父命周行天下，以搜求史料为目的，所以像"余南登庐山，观禹疏九江，遂至于会稽太湟，上姑苏、望五湖；东窥洛汭、大邳，迎河，行淮、泗、济、漯洛渠"，这样大范围的考察，必在二十壮游之时。像考察春申君宫室，寻访屈原放逐的遗迹，了解韩信少时落魄和葬母的故事，亦当是二十壮游之事。至于听冯王孙讲赵国故事；听樊他广述说鸿门宴以及汉高祖、萧何、曹参、夏侯婴等起义丰沛的故事；听平原君子详说郦食其、郦商兄弟追随汉高祖的故事；特别是调查荆轲刺秦王，访问公孙季功、董生，得到许多"异哉所闻"的真实口传历史，司马迁认为特别珍贵，来之不易，所以郑重其事地写入"太史公曰"。

司马迁游历访问，实地调查，搜集了有关上古历史的传说，记述了人文始祖黄帝，树立了大一统历史观的标杆。考察了西周建国定都镐京，营建陪都洛邑的情况，纠正了学者所传之误。至于调查战国故事、汉初故事、古战场形势、个人轶事，至为详悉。司马迁十分重视普通老百姓的口述、传颂，并在《史记》中留下了记载。如适大梁之墟，求问夷门及秦灭魏，"墟

中人曰"云云。载樗里子事迹，"秦人称其智"云云；至淮阴，"淮阴人为余言"云云。此类例证，不胜枚举。这说明司马迁的调查深入到社会下层，有时甚至冒着生命危险。例如他在齐鲁考察，就曾"厄困鄱、薛、彭城"，但最终了解到薛地风俗，"其间里率多暴桀子弟，与邹、鲁殊"。司马迁问其故，乡人曰："孟尝君招致天下任侠，奸人入薛中盖六万余家矣。"

2. 取资金石、文物、图像及建筑

《秦始皇本纪》载录了《泰山石刻》《琅邪石刻》《之罘石刻》。《孔子世家》"太史公曰"，司马迁适鲁观孔子庙堂车服礼器。《留侯世家》"太史公曰"，司马迁考察留侯张良画像。《春申君列传》"太史公曰"，司马迁观春申君故城宫室。《蒙恬列传》"太史公曰"，司马迁观蒙恬所筑长城、亭障、直道。此外，司马迁对人物的描写，如说秦始皇"蜂准，长目，挚鸟膺"[1]，汉高祖"隆准而龙颜，美须髯"[2]，陈平"为人长大美色"[3]，公孙弘"状貌甚丽"[4]，李广"为人长，猿臂"[5]，等等。有的人物为司马迁所亲见，大多是得之于传闻或见之于文物图像。如说越王勾践"长颈鸟喙"[6]；孔子"长九尺有六寸"，"其颡似尧，其项类皋陶，其肩类子产，然自腰以下，不及禹三寸"[7]。这些地方的描写，表现了司马迁搜求史料的广泛兴趣，除得之于传闻外，当有古代的文物图像为司马迁所亲见，留侯图像就是一例。

---

[1] 《史记》卷六《秦始皇本纪》。
[2] 《史记》卷八《高祖本纪》。
[3] 《史记》卷五六《陈丞相世家》。
[4] 《史记》卷一一二《平津侯主父列传》。
[5] 《史记》卷一〇九《李将军列传》。
[6] 《史记》卷四一《越王勾践世家》。
[7] 《史记》卷四七《孔子世家》。

3. 考察各地风俗物产

《货殖列传》对全国都市经济、各地物产、物流交通、贸易往来、习俗等的记载，可以说是一部经商指南，生动详悉，信息主要来源于游历考察。前文引录的"太史公曰"资料，有二十个篇目直接讲到游历，计有《五帝本纪》《周本纪》《封禅书》《河渠书》《齐太公世家》《魏世家》《孔子世家》《魏公子列传》《屈原贾生列传》《蒙恬列传》《淮阴侯列传》《樊郦滕灌列传》，此外《伯夷列传》《龟策列传》《太史公自序》三篇传文也涉及游历。

4. 采集歌谣诗赋、俚语俗谚

《史记》中载有歌谣诗赋、俚语俗谚共五十八条，可分为三类。其中，第一类，乐府歌谣、名人诗赋十五条；第二类，民歌童谣七条；第三类，俚语俗谚三十六条。这些资料，司马迁特别标明"谚曰""语曰""鄙语曰"云云，以示采集得来，并大量引入"太史公曰"中，用以褒贬人物，就像引用经典一样郑重。例如《淮南衡山列传》载《淮南民歌》："一尺布，尚可缝；一斗粟，尚可舂。兄弟二人不相容。"此歌讽喻汉文帝不能容其弟淮南厉王刘长，以法逼迫至死。《苏秦列传》鄙语云："宁为鸡口，无为牛后。"意谓宁可做一个独当一面的小官，也不愿做一个仰人鼻息的副职高官。《刘敬叔孙通列传》"太史公曰"语曰："千金之裘，非一狐之腋也；台榭之榱，非一木之枝也；三代之际，非一士之智也。"此言谓帝王将相不可能独占智慧，民间有能人，要广泛听取民众意见。《李将军列传》"太史公曰"谚曰："桃李不言，下自成蹊。"此言赞誉李广不善言，不钻营，受屈而死，他的高风亮节得到全军和广大民众的认可。民间流传的歌谣俚语，朴实透明，寓有平凡的真理，是人民大众生活实践的结晶。司马迁在游历中深入下层，体察社会大众的质朴情感，引用歌谣俚语写历史，也是他史识过人的一种表现。

5. 搜求诸侯史记

《六国年表序》说，秦焚《诗》《书》，诸侯史记尤甚，"而史记独藏周室，以故灭。惜哉，惜哉！独有《秦记》，又不载日月，其文略不具"。秦只焚灭了官家之藏，而民间尚存有"诸侯史记"残篇。如《燕召公世家》载，燕孝王"三年卒，子今王喜立"；又载，"今王喜四年，秦昭王卒"。司马迁称"今王"，是依据燕国史记的明证。又如《廉颇蔺相如列传》载秦赵会渑池，赵王鼓瑟，秦御史书"某年月日，秦王与赵王会饮，令赵王鼓瑟"。蔺相如胁秦王击缶，亦召赵御史书"某年月日，秦王为赵王击缶"。赵御史所书必不载于秦史记，而是据赵史记写下的。又年表、世家各诸侯国史事凡用第一人称"我"，不可能全部据秦史记回改，秦史记"文略不具"，六国史事亦当据有诸侯史记。这些例证是《史记》取材于"诸侯史记"的有力佐证。

此外，司马迁未予交代的许多考察史事，还有很多。司马迁把遗闻细事列入历史研究与记叙范围，当得之于游历考察的体悟，这是不言而喻的。

第三节　"太史公曰"皆为"司马迁说"

"太史公曰"是否为"司马迁说"，要解决两个问题。一是，"太史公"为官名，还是尊称？再是，若是尊称，是司马迁尊称其父，还是杨恽尊称外祖父司马迁以及司马谈？"太史公"释名，是《史记》又一个疑案，两千年来聚讼不绝，有十种说法，纠缠于此，毫无意义。王国维考证引臣瓒说，《汉书·百官表》无"太史公"官名，《茂陵中书》称"司马谈以太史丞为太史令"，而司马迁为"太史令"，见于《太史公自序》。论从史出，王国维否定了卫宏《汉仪注》"太史公"为秩二千石高官之妄说，认为"太史公"是杨恽尊称司马迁及其父司马谈，采自《孝武本纪·集解》所引韦昭说。若此说成立，则《史记》书中一百五十余处"太史公"皆为杨恽所加，不可思议。笔者考证,"太史公"为书名,司马迁用此祭奠、尊称其父。[①] 书名既为"太史公",作者论说自当称"太史公曰"。《太史公自序·索隐》司马贞曰:"案《茂陵书》,谈以太史丞为太史令,则'公'者,迁所著书尊其父云'公'也。然称'太史公'皆迁称其父所作,其实亦迁之词。"张守节《正义》赞同司马谈任官"太史公"说,也明白无误地指出,《史记》全书的"太史公曰"皆为司马迁所写,当然是指"司马迁说"。

第四节 由司马迁交游与文史考察的内容 给予生年考证的重大启迪

综上三节所述,司马迁在《史记》和《报任安书》中留下了丰富的行年资料,在司马迁生年研究中不可忽视和阙如。而考证司马迁行年关节点,要放在他一生游历做人文考察的大背景上,尤其要放在"二十南游"以及青年时段所处的历史大背景上,从繁杂交错的文献资料中披沙拣金,论从史出,才能取得真经。任何脱离如何撰写《史记》这一大主题,将不可避免地陷入伪证伪考。如何考证司马迁的交游与行年关节点,提炼司马迁的生年证据,本书上编第三章予以详说。这里概括本章由司马迁交游与文史考察的内容给予生年考证的重大启迪,有以下三个方面。

其一,司马迁"二十南游"为了修史而"网罗天下放失旧闻"。二十四条"太史公曰"绝大多数均说的是二十南游的见闻,本章第二节集中解读"二十南游"作为文史考察的内容,大要有五个方面,丰富多彩,是有目的、有计划地搜求,绝不是猎奇与感情冲动,表明司马迁已是司马谈的修史助手,到广阔社会中去做调查研究,既是学识修养,也是修史历练。那种所

---

① 见本书下编第二章《太史公释名考论》,原题《太史公释名考辨》(载《人文杂志》1983 年第 3 期)。

谓司马谈临终遗命才导致司马迁人生转轨，从仕途转向学术的说法是想当然的推测，是站不住脚的。

其二，司马迁"二十南游"，当有数年之久。司马迁南游范围和路线，王国维首次作了描绘，这里参以己意，转述如次。司马迁从京师长安出发东南行，出武关至宛，南下襄樊到江陵。渡江，溯沅水到湘西，然后折向东南到九疑。窥九疑后北上长沙，到汨罗屈原沉渊处凭吊，越洞庭，出长江，顺流东下，登庐山，观禹疏九江，辗转到钱塘。上会稽，探禹穴，还吴游观春申君宫室。上姑苏，望五湖。之后，北上渡江，过淮阴，至临淄、曲阜，考察齐鲁地区文化，观孔子留下的遗风，受困于鄱、薛、彭城，然后沿着秦汉之际风起云涌的历史人物故乡、楚汉相争的战场，经沛、丰、砀、睢阳，至梁（今开封），回到长安。以今地言之，司马迁南游，又称壮游，跨越了陕、鄂、湘、赣、皖、苏、浙、鲁、豫九大省区，行程数万里，历时数年，至少二三年，长则四五年。或许司马迁是数次考察，"二十南游江、淮"是终极总叙，亦未可知。

其三，"太史公曰"提及的交游，皆为司马迁。前文已论说《史记》全书"太史公曰"，皆为司马迁所写。而二十四条"太史公曰"行年资料的集中排列，更加凸显了交游目的，以及"网罗天下放失旧闻"的主题。司马谈任太史令，一生都在京师。所以《刺客列传》《樊郦滕灌列传》《郦生陆贾列传》等篇，"太史公曰"为司马迁所说。

以上三个方面，皆与考证司马迁生年密切相关，将在以下各章的相关内容中随文展开。

第三章 司马迁生年"前 145 年说"之证据

本章依王国维指引的方向,"排比行年是考证司马迁生年唯一正确的方法",梳理百年论争"前 145 年说"论者考证的司马迁行年成果、提供的司马迁生于公元前 145 年之证据。下面分三节来谈。

第一节 几个重要行年关节点之考证

本节集中考证《太史公自序》和《报任安书》留下的最直接的司马迁行年关节点,具体说,即前文第二章第一节所列十个行年关节点的九个,得到六个支撑"前 145 年说"的证据。

一、司马迁年十九之前"耕牧河山之阳"。此为"前 145 年说"之第一证

司马迁"十九岁之前耕牧河山之阳"证据在哪里?证据就在《太史公自序》"迁生龙门"一节前四句中:"迁生龙门,耕牧河山之阳。年十岁则诵古文。二十而南游。"句句是已知。我们要用这四句已知推论一个未知,即"耕牧河山之阳"这一时间段。"迁生龙门,二十南游",这是司马迁明明白白写的已知行年:司马迁属士人阶层,不是务农吃饭,他的耕牧只是体验生活,热爱山川,为二十南游打基础,少年儿童时代仍以读书为主,年十岁就已达到可阅读古文的学识,所以"年十岁则诵古文"是一句插入语,它没有中断耕牧河山之阳的时间段。"年十岁""年二十",字面意义毫无疑问是指蒙童时段、少年时段、步入青年时段的一个分界点。"二十南

游"，学术界又通称"二十壮游"，表明司马迁步入青年时段，离开故乡踏上新征程。司马迁《报任安书》说"长无乡曲之誉"，就是指少年时段耕读于故里而未在京师生活的有力旁证。不怀偏见的任何一位读者，包括初通古文的中学生，只有这么一个读法，绝不可能读为：九岁以前耕牧，十岁至二十岁在京师读书。正如钱穆所说："十岁幼童，如何说'耕牧河山之阳'呢？这是第一证。"钱氏说详后"仕为郎中"之考证。

二、年十岁则诵古文

这一行年关节点只有某岁，作为行年轨迹，只表明是童年与少年两个时间段的分界点。作为时间点，只表明司马迁年十岁时的学识状态，导入两个生年假说，没有比较价值。又由于没有旁证资料可以考证出"年十岁则诵古文"在某年，所以这一行年关节点对于推导生年与验证生年均无直接关系。袁传璋把"年十岁则诵古文"定为推导司马迁生年的三个"标准数据"之一，也只是虚晃一枪，障人眼目，在推导时不见踪影，他大做文章乃"另有目的"，将在第六章评析袁文时再详说。

三、司马迁元朔二年"家徙茂陵"，年十九岁。此为"前145年说"之第二证

《索隐》引《博物志》，元封三年司马迁为太史令，属籍"茂陵显武里"，这一史料引出了变数，司马迁不是"二十南游"离开故乡，而是"家徙茂陵"时离开故乡，这就必须用考证来回答，"家徙茂陵"之年在哪一年？

考证"家徙茂陵"有两种方法。其一，用排除法推理考证。据《汉书·武帝纪》，徙郡国豪杰于茂陵，前后三次：一在建元二年，一在元朔二年，一在太始元年。若在建元二年司马迁就"家徙茂陵"，那就一并排除了两个生年假说。一是建元六年在建元二年之后被直接排除；二是建元二年上距景帝中元五年只有七年，七岁幼童何以耕牧河山之阳呢？也就是景帝中元五

年被间接排除。大前提是建元六年与景帝中元五年，两个生年一真一假，两个生年均被排除，就是悖论，不成立，即"家徙茂陵"在建元二年不成立。当然，更不可能在司马迁四五十岁的晚年太始元年家徙茂陵。因为任太史令时的司马迁，不是二十八，就是三十八。排除了"建元二年"和"太始元年"，唯有元朔二年家徙茂陵了。其二，引据文献作史实考证。《汉书·武帝纪》元朔二年，汉武帝大移民十万口充实朔方新郡。主父偃建言移豪富家资三百万以上于茂陵，可"内实京师，外销奸猾，此所谓不诛而害除"①，一箭双雕。这是政治性移民，带有强迫性。郭解不中赀亦被强行移民就是生动的例证。司马谈六百石，也是在此背景下家徙茂陵的，这已是学术界的共识。

元朔二年是公元前 127 年，把这一时间点导入司马迁生年"前 135 年说"，司马迁九岁家徙茂陵；导入生年"前 145 年说"，则司马迁十九岁家徙茂陵。也就是说，按"前 145 年说"，司马迁少年时代十九岁以前耕牧河山之阳，合情入理；按"前 135 年说"，司马迁九岁前蒙童耕牧河山之阳，按钱穆的说法，即实属荒诞。也就是元朔二年司马迁年十九岁，家徙茂陵，此为司马迁生于公元前 145 年之第二证。

四、"二十南游"在元朔三年，司马迁行年基准点呼之欲出。此为"前 145 年说"之第三证

司马迁元朔二年"家徙茂陵"年十九，即可推知"二十南游"在元朔三年，司马迁的行年基准点呼之欲出。

"二十南游"这一行年关节点极为重要，它是司马迁少年与青年两个年龄段的分界点，晚生十年等于砍掉了司马迁十年的青年时段。南游又有数年之久，按"前 135 年说"，司马迁奉使在虚岁二十五岁之前，等于没有了

---

① 《史记》卷一一二《平津侯主父列传》。

青年时段。没有"二十南游"这一句，二十五岁的青年司马迁奉使可称为"少年得志"[1]，与三十五岁中年司马迁奉使，无法辨其是非。有了"二十南游"，加之，南游有数年之久，不待分辨而是非立现。李长之、赵光贤、袁传璋等"前135说"论者，对此心领神会，编造"二十南游时间很短"，而且"归来即仕为郎中"，所谓"空白说""大漏洞说"，尤其是"于是"无缝连接"二十南游"与"仕为郎中"，其因盖出于此。

五、仕为郎中之考证。此为"前145年说"之第四证

钱穆第一个考证司马迁"仕为郎中"在元狩五年，依据文献为《封禅书》汉武帝置"寿宫"。《封禅书赞》："余从巡祭天地诸神名山川而封禅焉，入寿宫侍祠神语，究观方士祠官之意。"《资治通鉴》系于元狩五年。钱穆说："若依《正义》，迁年二十八，时已为郎中，故得从巡祭天地鬼神。若依《索隐》，迁年十八，尚未为郎中，便无从驾巡祭之资格，这是第二证。"钱穆还以《报任安书》作于征和二年（前91）推理论证，元狩五年"仕为郎中"合于"待罪辇毂下二十余年"。钱文《司马迁生年考》列举五证支持王国维的"前145年说"。[2] 钱氏五证为：第一证，司马迁年十九岁之前"耕牧河山之阳"；第二证，元狩五年，迁年二十八"仕为郎中"；第三证，迁年十九，家徙茂陵见郭解；第四证，李广死于元狩四年，迁年二十七岁，比《索隐》说迁年十七岁见李广更合理；第五证，奉使西征，迁年三十六[3]，比《索隐》说迁年二十六更合理。钱氏五证为驳难友人施之勉的"前135年说"，条条精准。钱文第二证"仕为郎中"依序在本章列为第四证。

---

[1] 《报任安书》中"长无乡曲之誉"，以及"固主上所戏弄，倡优畜之"的牢骚话头，驳斥了"前135年说"论者的少年得志说。

[2] 载（台湾）《学术季刊》第1卷第4期，1953年6月。

[3] 按实年计司马迁虚年35岁，还报命才是36岁，钱氏乃终其奉使为说。

施丁 1984 年撰文发挥钱氏之说，考证司马迁元狩五年"仕为郎中"①，补充论证，指出司马谈未参与封禅，因此"余从巡祭天地诸神名山川而封禅焉"之"余"，只能是司马迁。这一补充十分必要。"前 135 年说"论者解读这个"余"为司马谈，就完全错了。施丁还考证，任安与司马迁是知交，当在同一年仕为郎中。汉武帝元狩五年重病痊愈，在行宫中建寿宫神祠，大赦天下，诏令赵禹选郎，有如后世科举行恩科，选举不够恩荫条件的寒门士子为郎，任安、田仁、司马迁在这一背景下于元狩五年仕为郎中也没有错。施丁为了多列论据，失检引用了《三王世家》司马贞《索隐》的误注，认为元狩六年任安为太子少傅，而据《卫将军骠骑列传》，任安元狩四年尚在大将军府，因而出仕为郎则在元狩五年，实乃画蛇添足，应予纠正。详本编第六章"余论三题"。

六、"奉使西征"与"还报命"之考证。此为"前 145 年说"之第五证

《太史公自序》云："奉使西征巴、蜀以南，南略邛、笮、昆明，还报命。"一个"征"字，一个"略"字，表明了司马迁的身份是特命的钦差大臣②，以郎中将的职衔去监军③，命巴蜀之军征讨西南夷。司马迁去传达军令并设郡置吏。建元六年（前 135）唐蒙首开西南夷置犍为郡，以郎中将的职衔行事，司马迁亦当如是。司马迁出发时间和地点，据《汉书·武帝纪》是在元鼎六年（前 111）春正月，出发地点在今河南省获嘉县，在扈从汉

---

① 施丁《司马迁生年考——兼及司马迁入仕考》，《杭州大学学报》1984 年第 3 期。
② 司马迁此次奉使是朝廷重大事件，史家特别记载，如《汉书·东方朔传》"武帝既招英俊，程其器能，用之如不及。时方外事胡越，内兴制度，国家多事，自公孙弘以下至司马迁，皆奉使方外"云云。
③ 汉武帝从建元六年至元鼎六年经略西南夷前后长达 25 年，历经唐蒙、司马相如、司马迁三位大臣，唐蒙为一千石的郎中将，司马相如则为二千石的中郎将奉使，推知司马迁最低亦当为一千石的郎中将。

武帝的巡幸途中，目的地是汉军受阻的且兰国，在今贵州西境。传达军令的司马迁快马加鞭，当从获嘉经洛阳，返长安，南下汉中至巴郡，溯长江经犍为到达且兰境内的汉军驻地，用时约两个月。汉军平定西南夷，设置牂柯、越嶲、益州、沈犁、汶山、武都，连同原先设置的犍为郡，共七个郡。司马迁"还报命"，在元封元年四月赶到河洛，受父遗命后上泰山参加封禅典礼，向天报告称成功。司马迁从武都出发"还报命"至泰山，亦当是风驰电掣，用时两个月。汉时从昆明到长安，正常行程三个月，司马迁身负特殊使命，来回四个月足够。元鼎六年春正月到元封元年夏四月，共十六个月，减去行程四个月，司马迁在西南夷地区生活和活动了整十二个月，也就是一年时间，司马迁有足够时间做调查研究，了解民族地区的风土人情，对创立民族史传意义极为重大。司马迁此行所历地域，当今豫、陕、川、甘、云、贵六大省区，行程万余里，设郡置吏，立功边陲，可以说是司马迁人生旅程的一大亮点。

对司马迁"奉使西征"与"还报命"的准确时间，以及职任的考定，为"前145年说"之第五证。司马迁奉使在元鼎六年（前111）春，导入"前145年说"，虚岁三十五，周岁三十四，也就是元朔三年"二十南游"与元鼎六年"奉使西征"，其间十四年，即公元前126年到公元前111年。元狩五年，即公元前118年，司马迁"仕为郎中"，上距"二十南游"八年，下距"奉使西征"六年，恰好是司马迁"南游"，问学于孔安国、董仲舒，扈从武帝积淀人生阅历的时间。导入"前135年说"，司马迁奉使虚岁二十五，周岁二十四，再减去王国维考证元鼎五年司马迁已扈从武帝西至空桐一年，只剩下二十至二十三共四个实年，请问司马迁如何南游、问学与出仕、奉使？换句话说，司马迁奉使之前的十四年的青年时段，被"前135年说"论者砍掉了十年，所以司马迁南游、问学、出仕、扈从、奉使等十四年的青年时段经历要挤压在四年之中，不仅时间安排左支右绌，而且把司马迁青年时段问学孔安国、董仲舒，搬到少年时段，必然陷入伪证、伪考。

七、《报任安书》"作年"之考证，验证了"仕为郎中"之年。此为"前145年说"之第六证

王国维《太史公行年考》否定传统的《报任安书》作于征和二年说，考定作于太始四年（前93），其言曰：

> 案公《报益州刺史任安书》在是岁十一月。《汉书·武帝纪》：是岁春三月，"行幸太山；夏四月，幸不其；五月，还，幸建章宫"，《书》所云"会从上东来"者也。又冬十二月，行幸雍祠，五畤，《书》所云"今少卿抱不测之罪，涉旬月，迫季冬，仆又薄从上上雍"者也。是《报安书》作于是冬十一月无疑。或以任安下狱坐受卫太子节，当在征和二年，然是年无东巡事。又行幸雍在次年正月，均与《报书》不合。《田叔列传》后载褚先生所述武帝语曰：任安有当死之罪甚众，吾常活之。是安于征和二年前曾坐他事，公《报安书》自在太始末，审矣。

王国维此一考证，文献、史实、推理，一一俱备，是《太史公行年考》中一大亮点，没有充分根据是不能推倒的。汉武帝在一年之中既东巡又西巡，只有太始四年。且接信在年初，回信在年尾，可以说是迟迟没有回信，因此《报任安书》一则曰"曩者辱赐书"，再则曰"迫贱事，相见日浅"，即忙于事务，加之我们不久就要见面了，所以才没有回信。"相见日浅"，指刺史任安或秋觐，或年尾回京陈述政务，司马迁就可与之相见了。这些条件加起来，《报任安书》作于太始四年无可置疑。1981年，苏诚鉴教授在《司马迁行年三事考辩》中，以"曩者辱赐书"定位司马迁接任安信在太始四年春三月"行幸泰山"之时，而《报任安书》作于征和三年（前90）一月"行幸雍"之时，一个"曩"字曩了三年，其实是一个不成立的推论。过了七年，袁传璋也将苏先生的论说接过来大做了一番文章，还指责对方没读懂"曩"字，说"曩者，久也"。不过这种以辨代考是徒劳的。

此处解"曩"为"久",长达近三年,与《报任安书》内容和历史事实均不符合。《报任安书》曰"书辞宜答,会东从上来,又迫贱事"云云,指没有及时回信的理由。假如司马迁三年没回信,这"会东从上来,又迫贱事"两条理由是讲不通的。正是这两条理由证成了王国维的考证,接信与回信应当在同一年,年初接信,年尾才回信,这两条是说得过去的。再看历史事实,袁传璋说,任安太始四年刺史任满,征和元年(前92)回京任北军使者护军。司马迁任中书令,汉武帝身边的大秘书,任安任汉武帝身边的禁军首领。司马迁与任安既为知交,又近在咫尺,两年间没有来往,也不回信,除非两人断交。既然断了交,又何来《报任安书》?袁传璋用苏先生一个"曩"字的推论,间隔同在汉武帝身边的任安与司马迁近三年之久,根本不成立。

《报任安书》作于太始四年,即公元前93年,上溯元狩五年仕为郎中,即公元前118年,共二十六年,与"待罪辇毂下二十余年"完全吻合,即使在征和二年,乃至三年也吻合,可证钱穆、施丁对"仕为郎中"的考证完全成立。

第二节　司马迁问故孔安国、师事董仲舒之考证

考证司马迁的社会活动,师承、交友、接触名人,提供考证生年的旁证,这也是王国维开拓的方法。由于司马迁不是在《太史公自序》《报任安书》,以及《史记》其他纪传中专门交代他的社会活动与师友,而是在叙写史事以及在"太史公曰"中涉及,所以要梳理提供出与行年相关的论据,往往要用考证与推理相结合的方法得出。其中最重要的旁证是问故孔安国、师事董仲舒。

司马迁何时师承两位国家级学问大师,是极为重要的行年资料。王国维据《汉书·儒林传》《兒宽传》《张汤传》,以及《史记·孔子世家》考证

孔安国为博士在元光、元朔间，董仲舒在元狩、元鼎间尚存，"然已家居不在京师"，将两位大师在京师的时间误判为在元光、元朔间。这一误考使王国维作出了两个错误的推论：一是"或"言推论司马迁十岁入京；二是循环推论司马迁生于前 145 年。王国维说："以此二事（指司马迁师承孔、董两位大师）证之，知《博物志》之'年二十八'为太史令，'二'确为'三'之讹夺也。"司马迁在元光、元朔间师事孔、董两位大师，导入"前 145 年说"，即用生于前 145 年推出司马迁年岁在元光、元朔间为二十岁前后，现在又以元光、元朔间师事孔、董两位大师在年十七八岁以证司马迁生于前 145 年，所以是循环论证，这是《太史公行年考》的最大失误。考证与推论均错误。"前 135 年说"论者，对王国维的这一重大失误讳莫如深，没有一个"前 135 年说"论者出来驳难。因为"前 135 年说"论者不仅要利用王国维的这一错误为其考证烟幕铺路，而且循环论证是"前 135 年说"的命根、立论基石，所以对王国维考证的双重错误反而讳莫如深。

历史事实是，孔安国、董仲舒两人，整个元狩年间均活动在京师。程金造据《资治通鉴》，考证孔安国为博士在元朔二年。王达津据《汉书·地理志》，元狩六年初置临淮郡，孔安国早卒，当为第一任临淮太守，元狩六年离京。钱穆考证，元朔五年董仲舒为胶西相，元狩二年免归居家茂陵。施之勉考证，董仲舒卒于元狩六年或元鼎二年①。据此，司马迁问故孔安国、师事董仲舒均在元朔末和整个元狩年间，导入"前 145 年说"，正当二十南游归来的二十三四岁至二十七八岁之时。导入"前 135 年说"，则当十三四岁至十七八岁之时。两者比较，司马迁当生于前 145 年。若生于前 135 年有三个不利因素：其一，少年学习尚在打基础之时，尤其是十三四岁时师事国家级学术大师，学知识与年龄身份均不相宜；其二，与《太史公自序》

---

① 施之勉《董子年表》谓董仲舒卒于元狩六年，而在《太史公行年考辨误》中说约死于元鼎二年。总之，董仲舒元狩年间在京师。

所载年十九岁以前耕牧河山之阳不合，所以必须要年幼十岁的司马迁入京，对此没有文献支撑；其三，问故孔安国，指学习绝学《古文尚书》，非少年求仕进之所学。据《汉书·儒林传》，司马迁问故孔安国，将古文说载入《史记》，必当二十南游归来已为司马谈修史助手的青年司马迁。以此三点，司马迁问故孔安国、师事董仲舒不当生于前135年。司马迁师承孔安国、董仲舒两位大师，在整个元狩年间于京师，正当司马迁二十壮游归来的二十三四至二十七八岁之青年时段。此为"前145年说"最有力的旁证。

第三节　司马迁交游提供的旁证

一、司马迁与《刺客列传》《郦生陆贾列传》《樊郦滕灌列传》所载长者交游，可证司马迁生于前145年

王国维《太史公行年考》认为：《刺客》等三传"太史公曰"提到的长者，司马迁年齿不相及。其言曰：

> 公孙季功、董生（非仲舒）曾与夏无且游。考荆轲刺秦王之岁，下距史公之生，凡八十有三年。二人未必能及见史公道荆轲事。有樊他广及平原君子辈行，亦远在史公前。然而此三传所纪，史公或追记父谈语也。

王国维这里计算与推断均失误，他的这一失误为"前135年说"论者充分利用。赵光贤借力还加上《李将军列传》，说这四个列传是司马谈所作，把"转父谈语"加力为"司马谈所作"。又一"前135年说"论者走得更远，用年齿不相及来论证"司马谈作史"，反过来又用司马谈作史来论证司马迁不生于前145年，大搞循环论证。只要稍加计算，弄清司马迁与诸位长者交游的年齿差距，"前135年说"论者的种种想当然之说，不攻自破。

在这一具体问题上，无论是王国维，还是赵光贤等"前135年"说论者，既未作逻辑推理，也未作年齿计算，完全错误。逻辑推理，司马谈只在京师做官，他没有个人旅行的机会，综观"太史公曰"记录的考察资料，明显交代是从交游中得来，因此是司马迁本人的记述，转述父谈语之说不成立。年齿计算，冯王孙、樊他广、平原君子、公孙季功、董生，与生于公元前145年的司马迁差四十五到五十五岁之间，一个二十岁的青年去访问六十五岁至七十五岁之间的长者，那是可以相及的。如果晚生十年的司马迁，有的就不能相及了。

如何计算年齿，徐朔方对司马迁交游，包括上述三列传长者做了最为精确的考证。《刺客列传》载荆轲刺秦王在公元前227年，下及司马迁生年前145年间距八十二年。秦王御医夏无且以药囊掷荆轲，假定当年二十岁，又假定他在七十岁左右把自己的事迹告知二十岁左右的公孙季功、董生，两人七十岁左右得遇二十岁壮游的司马迁来访，完全可以相及。[①] 如果把岁差扩大五年，为二十岁青年与七十五岁老人也可相及，则有十年伸缩差，也就是二十岁的司马迁与七十五岁的公孙季功、董生也可以相及。晚生十年，就不一定能与八十五岁的公孙季功、董生相及了。《樊郦滕灌列传》中的樊他广，徐朔方考证樊他广年岁大于司马迁三十四岁到四十四岁之间，即岁差三十四到四十四之间，按最大岁差四十四年计，二十壮游的司马迁与六十六岁的樊他广完全能相及。《郦生陆贾列传》中的平原君子，徐朔方考证，平原君朱建有好几个儿子，长子与司马迁的岁差也只有五十多岁，与其他诸子的岁差小于五十岁，当然相及。徐氏原文是："长子被封为中大夫而死于匈奴，应该都发生在文帝时。同司马迁有来往的应该是另外年纪

---

① 计算方法：按岁差五十年，公元前227年减五十年为公元前177年，即七十岁的夏无且与二十岁的公孙季功、董生相及。公元前177年再减五十年为公元前127年，也就是七十岁的公孙季功、董生与二十壮游的司马迁相及。余类推。

较小的儿子。退一步说，即使是长子，司马迁同比他大五十多岁的人有来往，且向他了解他父辈有关的历史事实，也是完全可能的。"上述诸人对于晚生十年的司马迁，那可就真的是不相及了。

最后，徐朔方对他的考证作了理论的总结[1]，说：

> 从司马迁的交游以及他曾经会见的人可以看出：司马迁只有生于汉景帝中元五年（前145年），这些交游才可能全部实行，司马迁所写的会见某些人物的印象才可能是真实的。司马迁如果迟生十年，即生于汉武帝建元六年（前135年），某些交游就不可能实行，他所会见的某些人物的印象就会是不真实的。

二、其他列传所载交游，可证司马迁生于前 145 年

司马迁见郭解。程金造考证，汉武帝元朔二年徙郡国豪杰及家赀三百万以上于茂陵，郭解、司马迁均家徙茂陵邑。十九岁的司马迁在关中见郭解。《游侠列传》太史公曰："吾视郭解状貌不及中人，言语不足采者，然天下无贤与不肖、知与不知，皆慕其声。"程金造说："这正是一个十九岁将及成年人的心理。若使司马迁生于'建元六年'，则元朔二年，时方九龄幼童去观察别人，绝不能有这样的心理活动的。"[2] 此为"前145年说"之一旁证。"前135年说"论者说司马迁九岁见郭解，晚年回忆加入了成年人心理，此乃巧言不成立。

司马迁见冯遂。《张释之冯唐列传》，建元元年举贤良，冯唐被举时年九十余，不能再举为贤良，时年九十余，也不能再为官，于是以其子冯遂为郎。太史公曰："遂字王孙，亦奇士，与余善。"如果司马迁生于建元六

---

① 徐朔方《司马迁生于汉景帝中元五年考》，《杭州大学学报》1983年第3期。

② 程金造《从〈史记〉三家注商榷司马迁生年》，收入《司马迁与史记》论文集（中华书局1957年版）。

年，冯唐比儿子冯遂大三十岁或四十岁，则司马迁与冯遂两人岁差六十六年或五十六年，那么二十壮游的司马迁与八十六岁或七十六岁的冯遂相及的可能性较小，"如果司马迁生于景帝中元五年，那两个年龄差距就减少十年，他们的友谊就合理得多了。"（徐朔方语）也就是二十岁壮游的司马迁与六十六或七十六的冯遂是可以相及的。

司马迁见李广。《李将军列传》载李广自杀于元狩四年，司马迁生于前145年，时年二十七岁，晚生十年为十七岁。元狩年间李广为卫尉在京师，司马迁壮游归来亦在京师，自然有见李广的机会。十七岁的司马迁"耕牧河山之阳"，没有见李广的机会。设若司马迁十岁已入京，还是二十七岁的青年司马迁比十七岁的少年司马迁相遇李广合理得多。

以上一、二两项交游提供了六个列传的六大旁证。徐朔方指出："一条孤立的例证，可能版本文字有出入，年代推算有误差，或者另外有意想不到的情况，因此难以得出结论。可是上面举的例证是六条，不是一条。总结起来不难看出，司马迁生于武帝建元六年的这个说法是很难说通的。"徐氏的评说十分中肯。

本章综上所考，合于"前145年说"的行年关节点考证有六大证据，师承孔安国、董仲舒两大旁证，以及交友六条例证，共十四条证据，足可以定案司马迁生于前145年。本编第七章，将"前145年说"的考证与"前135年说"的主张，共列于一表，编制"司马迁行年表"，也就是把司马迁生年十年之差的百年论争核心成果纳入一表之中，两说鲜明对照，即依王国维指引的方向，"排比行年是考证司马迁生年唯一正确的方法"，所得结论"司马迁生于公元前145年"可为定论，至为明晰。

第四章 "前 135 年说"之源，
郭沫若、李长之的举证无一考据

郭沫若《〈太史公行年考〉有问题》，举证三条驳难王说；李长之《司马迁生年为建元六年辨》，举证十条以立其说。郭、李两文以主观认定当事实，以辨说代考据，如果硬要加一个标签，可称之为"在字缝中作考证"；说文雅点，可称为"文学虚构考证法"，在学术界开了一个不好的先例。对郭、李两文的考辨，分述于次。

第一节　郭文驳难王说，举证三条，皆有辨无考，不能成立

郭文第一条用汉简记录数字连体书写的殷周老例，驳难王国维的常理说，虎头蛇尾，无果而终。郭文说：

> 汉人写"二十"作"廿"，写"三十"作"卅"，写"四十"作"卌"。这是殷周以来的老例。如就"廿"与"卅"，"卅"与"卌"而言，都仅一笔之差，定不出谁容易、谁不容易来。

既然定不出谁优谁劣，必然的逻辑，《索隐》与《正义》在天平的两端是平衡的，在理论上，《索隐》与《正义》都有可能发生讹误，或都不讹误，到底讹与不讹或是谁家讹误要做考证，拿出证据。郭文未作考证，拿不出证据，效法李长之，笔锋一转："因此，这第一个证据便完全动摇了。"此指王国维说《索隐》"三十八"讹为"二十八"完全动摇了。岂止"动摇"，而且是"完全"地动摇。客观地说，郭沫若的驳难的确"动摇"

了王国维的推论，使《索隐》《正义》回到了天平的两端。郭沫若、李长之主张《索隐》《正义》均不讹误，那是另一回事，立论基石不同。而以"完全动摇"四字来推倒王国维的推论，意指《索隐》讹误是不成立的。

郭文第二条，未加考证就主观认定"年十岁则诵古文"即是向孔安国问故，证明司马迁晚生十年正好与王国维说"迁年二十问故于孔安国"吻合。这也是未作考证的主观认定，取巧借力王国维之说以立说，王错郭亦错，是没有讨论价值的。

郭文第三条说董仲舒元朔、元狩间已家居广川，司马迁向董仲舒学习不知在何处，"在京有可能，在广川也有可能"，"年幼时曾见董仲舒"，"如在广川，那就更晚几年（按：指司马迁十七八更晚几年）也没有问题了"。郭文以此驳难王国维"司马迁年十七八向董仲舒学习"。此处仍未见郭文有任何考证，而且十分有趣，郭文承袭王国维的错误以驳王国维。董仲舒晚年家居茂陵，《汉书·董仲舒传》明确记载："家徙茂陵。"王氏、郭氏均不察，可证郭文匆忙草就。郭文的第二、第三两条驳难没有自己的考证，借王说以为辨，再说一遍，王错郭亦错，没有讨论价值。

司马迁向孔安国问故，向董仲舒学习，在二十南游归来的二十三四至二十七八岁之时，当元朔末至元狩间。[①] 王国维并未说司马迁年十岁向孔安国问故，但说"年十岁随父在京师诵古文"，"年二十左右向孔安国问故"，见董仲舒"亦当在十七八以前"，也是以推论代考据，是不成立的。郭文借势辩驳，亦未作考证，当然不成立。

郭文开篇用了三分之一以上篇幅补充了十条居延汉简证明《索隐》所引《博物志》为"最可信之史料"，可以肯定这是有价值的，但对于考证司马迁的生年没有超出王国维一步，只是给人一个印象，王氏考证"证据不够"，为自己紧接的三条驳难做铺垫。而郭文的三条驳难，只是给读者造成

---

① 参见张大可《关于司马迁生年的考辨》，《上海师范大学学报》1984年第2期。

一个错觉，似乎有三条考证，而三条证据，其实哪一条都不是考据。

第二节　李文十证，亦无一考据

李文发表未受社会关注，由于郭文引为奥援，才声名鹊起。陈曦教授撰有专论《李长之关于司马迁生于前 135 年之说举证十条无一考据》[①]，对李文作了逐条解读，简洁明快，力透纸背。这里参以己意，兼引陈文，申说如次。

第一条：“早失二亲说”

郭、李两文均声称，二十六岁时父亲去世可以说“早失”，三十六岁时父亲去世不可说“早失”。这一条如果成立，只是一个论点，为什么二十六岁可以说“早”，三十六岁不能说“早”？要用考证来说明。李长之未作考证，说“他（指司马迁）决不能把父母是否早死也弄不清楚”，偷换概念，转移视线，避开了回答“早失二亲”，把待证的论点转换成证明“前 135 年说”的证据。

“早失二亲”，断章取义可以有多种解释。这个句子主语为“二亲”，即“二亲早失”，指双亲走得早，为了突出“早失”而倒装。双亲走得早，在个人感情上可以有三种解读：一是双亲走得早，当儿子的没有尽孝，感到失落；二是双亲走得早，儿子很孤独；三是双亲早已走了，儿子已无牵挂。视语法环境确定其义，或语义双关，三者皆有，《报任安书》正是如此。如果“早失二亲”为无主语句，添加说话人为主语，即“仆早失二亲”，主语承上省，指年纪轻轻就失去了双亲。有人形容汉语是一种飘动的语言，词

---

① 陈文刊于《史记研究》第一辑，商务印书馆 2016 年版。陈文又载《史学月刊》2017 年第 10 期，改题为《李长之“司马迁生于公元前 135 年说”驳论》。

性可以活用，在不同的语法环境里就有不同的解释，但语法环境确定了就只能有一种解释。《报任安书》中的"早失二亲"，前后共是五句话，连贯起来只能是一种解释，指双亲走得早。让我们共同来分析。

《报任安书》云："今仆不幸，早失二亲，无兄弟之亲，独身孤立，少卿视仆于妻子何如哉？"

语译为：

现在我很不幸，父母早已死了，又没有兄弟，孤身一人，少卿，你看我是一个怀恋妻子、孩子的人吗？

司马迁遭遇不测之冤，交游莫救，左右不为一言，没有了父母兄弟，身边无一个亲人可诉衷肠，感到十分孤独。在这一语法环境中，"早失二亲"只能有一个解释，指双亲走得早。按王国维说，《报任安书》作于太始四年，上距司马谈离世的元封元年是十八年；如果按清赵翼说作于征和二年，则上距元封元年是二十年，当然可以说"早失"，这与"三十六岁"或"二十六岁"有何干系？

郭沫若、李长之不顾语法环境，断章取义，"早失二亲"在他们的笔下成了年纪轻轻失去父母。按这一解释，愈是年幼愈是孤苦，当然"二十六岁"比"三十六岁"更贴近情理。但在古代讲究礼制的社会，如果儿子比父母走得早，即便是六十、七十、八十都可以说"早失"。抛开父子关系，一个有作为而未尽天年的人去世得早令人惋惜，多大年岁是一个界限呢？"颜渊早夭"，一说颜渊死时三十二岁，一说四十二岁，无论哪一说均已超过二十六岁。20世纪50年代中的大讨论，郑鹤声、程金造就以此驳难郭沫若、李长之的"早失二亲说"不成立。于是，又有"前135年说"后继论者出，一个争辩说，郭、李说的是"早失二亲"，郑、程讲的是"儿子早失"，偷换了概念。① 由于古代文献找不到"早失二亲"为年纪轻轻死了父母的解说例证，郑、程不得已从礼制中替郭、李找依据，反向说为证，这不叫偷换概念。又一个后继论者说，古人称"三十而立"，"二十六"未到而立之年可以说"早"；"三十六"已过而立之年就不可说"早"。② 只可惜这一"雄辩"是"前135年说"后继论者的附会，不是《报任安书》要表达的意思。

本文不惜笔墨分析"早失二亲"，因为郭沫若声称这是王国维的"致命伤"，同时还是李文十条的第一条论据，又是"前135年说"后继论者津津乐道的论据，必须说透。在此还有两点补充：第一点，郑鹤声、程金造两人的驳论就事论事，没有抓住要害。以年纪轻轻失去双亲来解释"早失二亲"是郭、李断章取义的强加，是一种错误的解读，这才是要害。郭、李两位大学者怎么会读不懂中等水平的古文句子呢？这就是本文的第二点补充：有意错解，至少李长之是有意错解。证据在哪里？证据就在李文同一条的偷换概念中。李文第一条的全文如下：

> 司马迁《报任少卿书》明明说："早失二亲。"（据《汉书》）如果生于前145年，则司马谈死时，迁已经三十六岁，说不上早。他决不能把父母是否早死也弄不清楚。假若生于前135年，迁那时便是二十六，却才说得过去。

三十六岁死父亲，"说不上早"；二十六岁死父亲，"却才说得过去"，这是指年纪轻轻父亲去世。什么年龄可以说"早"，什么年龄不可以说"早"，"早"与"不早"主体指说话人。"他决不能把父母是否早死也弄不清楚"，这一句的"早"与"不早"，主体是指死者，即父母离去时间的长短。这一句才是正解，说明李长之是读懂了"早失二亲"的。"早失"的两种概念，

---

① 罗芳松《司马迁生年问题辨析（续完）》，《成都大学学报》1987年第3期。
② 刘大悲《司马迁生年探源》，《西昌师专学报》1997年第4期。

即两种解释是不兼容的。李长之是作文高手，他巧妙地用文字连接起来，偷换概念，仿佛成了一条证据，还理直气壮指问读者，这是司马迁自己写的，你们难道不懂吗？郭沫若引援李文，斩钉截铁地说这一证据是王国维的"致命伤"，郭氏是误读"早失二亲"而引援，还是有意而引援，那就不得而知了。其实郭、李两人的理直气壮恰恰是虚张声势，这一方法为"前135年说"后继论者袁传璋发挥到极致，详本编第六章。

第二条："待罪辇毂下二十余年"

李长之采用王国维的《报任安书》作于太始四年说，即公元前93年。上距司马迁生年前145年是五十三年。减去司马迁二十南游是三十三年，与"待罪辇毂下二十余年"不符。李长之说："那末，他就该说待罪辇毂下三十余年了。"接着李长之说："他不会连自己做事的岁月都记不清楚。晚生十年，这话却才符合。"乍一听，李长之说得头头是道，其实是烟幕，他在振振有词中偷梁换柱。因为"待罪辇毂下二十余年"是指《报任安书》作年上溯到"仕为郎中"之年，而不是减去司马迁二十南游之年。确切的考证是落实"仕为郎中"之年。李长之无任何考证，只是一句"他做郎中又是二十岁遨游全国以后不久的事"，请问，"这不久的事"，是多长时间？李长之没有说，就把"仕为郎中"之年转换为"二十南游"之年。这不仅无"考"，连"辩"都无理，是一种诡辩。

第三条："年十岁则诵古文"

李长之利用王国维考证的疏失，说司马迁年十岁，"随父在京师，故得诵古文矣"，"孔安国在元光、元朔间为博士"，李氏自己又添加为司马迁年十岁，以博士弟子向孔安国问故，又假定在元朔三年，正好与生于前135年相符合。王国维的疏失，加上李长之的假设，可以说是错上加错。"十岁则诵古文"，只表明司马迁年少十岁时的学养，与推导生年毫不相干，与向孔安国问故也毫不相干。

第四条：空白说

此条"空白说"最受"前135年说"后继论者的追捧。李文是怎么讲的呢？李文说：

> 如果照郑鹤声的《年谱》（他也是主张生于前145的），司马迁在元朔五年（前124年）仕为郎中，一直到元封元年（前110年），前后一共是十五年，难道除了在元鼎六年（前111年）奉使巴蜀滇中以外，一点事情也没有吗？这十几年的空白光阴恐怕就是由于多推算了十年而造出的。

李文的"空白说"不能成立，有施丁和笔者两人的考证[①]，自元朔三年南游至元封元年奉使还报命，即公元前126年至公元前110年之间17年，司马迁行年有如下内容：

> 元朔三年（前126），开始南游。
>
> 元朔五年（前124，张说）或元狩元年（前122，施说），此年左右，"过梁楚以归"。
>
> 元朔末至元狩五年，司马迁二十三四至二十七八，问故于孔安国，受学于董仲舒。
>
> 元狩五年（前118），"仕为郎中"，"入寿宫侍祠神语"。
>
> 元鼎五年（前112），扈从武帝，"西至空桐"。
>
> 元鼎六年（前111），春，"奉使西征"。
>
> 元封元年（前110），四月，"还报命"。

---

① 施丁《司马迁生年考——兼及司马迁入仕考》，《杭州大学学报》1984年第3期；张大可《关于司马迁生年的考辨》，《上海师范大学学报》1984年第2期。

如上考证，根本不存在的"空白说"，却受到众多"前135年说"论者的追捧，包括赵光贤、袁传璋、赵生群等若干"前135年说"后继论者，不过他们在文章中绝口不提"空白说"，用袁传璋的话说"另辟蹊径"演绎"空白说"。后继论者以赵光贤为先导，其后以袁传璋用力最勤，并在"于是"二字上大做文章，立足于字缝中作考证，亦一奇也。袁传璋解"于是"为介词词组，指"就在此时"，谓司马迁南游归来不久就"仕为郎中"。其实，"于是"当解为连词，即今汉语之"于是"，作文言解应释为"在这之后"，指司马迁南游归来之后值得大写的事件是"仕为郎中"，前后两者相隔数年不是空白，是史笔的略写。此处的关键是要考证"仕为郎中"之年。王国维说"其年无考，何自为郎，亦不可考"，有些难度，但并非不可考，钱穆、施丁考证"仕为郎中"在元狩五年，即公元前118年，司马迁28岁。迎难而上，乃治学严谨之态度。

第五条：《太史公自序》写有生年，司马谈先做官后生儿子说

李长之据《自序》记载："太史公仕于建元、元封之间，……太史公既掌天官，不治民。有子曰迁。迁生龙门。"推断说："看口气，也很像是他父亲，任为太史公之后才生他。"可是这"看口气，也很像"，根本就不是考证，连推论都不是。于是袁传璋赋予了理论，提出了"'句句'按时间先后叙事"，谓"迁生龙门"写在"太史公仕于建元、元封之间"的后面，所以是先做官后生儿子，似乎很有说服力。袁氏的这一理论使得近年来"前135年说"论者有五位争相撰文说《太史公自序》中写有司马迁生年[①]，甚

---

① 有五位"前135年说"后继论者撰文称《太史公自序》写有司马迁生年。论题为《司马迁生年及其回乡葬父新证》《从文内文外读史记》《司马迁生年新证》《司马迁生年新证之旁证》《司马迁自叙生于建元年间》。

至以"司马迁自叙生于建元年间"这样的伪命题撰文立论。[①]

第六条：司马谈临终遗言，"宛然"是告诫青年说

第七条：司马迁元封三年致信友人挚峻劝进，为"少年躁进"说

第八条：司马迁夏阳见郭解说

第九条：司马迁年幼见李广说

第十条：《正义》按语"迁年四十二岁"为司马迁终生年寿说

李文的后五条，力度显然不如前五条，似有拼凑之嫌。一个"宛然"形容词，就把"俯首流涕"转化成司马迁生于公元前135年的论据；贴一个"少年躁进"的标签，就断定了劝进人是青年；郭解作为在逃犯，偷偷摸摸去夏阳安置母亲，怎能被一个九岁小孩认出来？[②]年幼的司马迁生活在夏阳，又怎能见李广？至于司马迁年寿，按古人虚岁纪年法，从建元六年（前135）到太始四年（前93）是四十三年，而不是四十二年，更何况纪年法就没有在叙说一个人行年的中途冒出一生年寿的书法。由此可见，李氏的后五条，不仅无一考据，而且辩说也十分软弱。陈曦的文章有透晰的驳难，此不赘述。

综上所述，李长之考辨司马迁生年在公元前135年的十条论据，不仅

---

　　①　该文作者吴名岗，继又撰《"二十南游江、淮"证明司马迁生于建元年间》仍是《太史公自序》记载司马迁经历，涉及行车轨迹，可据此考证司马迁生年，并没有直接用隐语写有生年。说《太史公自序》写有生年，隐匿在字缝间，排除考证，当然是伪命题。驳难说本编第五章。

　　②　司马迁年十九，家徙茂陵，在关中见郭解，参见张大可《关于司马迁生年的考辨》（《上海师范大学学报》1984年第2期）。

无一考据，而且也违背了由已知推未知的推理原则。而用"假如""看口气，也很像""宛然是""但我想""的确可能"云云，整个就是想当然的猜想。李长之为何要写这样的考辨？他在文章的结束时做了直率的陈说。李氏认为《史记》是一部充满浪漫色彩的诗史，应当出自一个"血气方刚、精力弥漫的壮年人"之手，年龄应当在"三十二岁到四十几岁"，不能是"四十二岁到五十几岁"的"成人"之手。这就是李氏要司马迁晚生十年，而又要早死，一生只活了四十二岁的原因。这是一种浪漫情怀，若冠以雅语，如前文所说，可称之为"文学虚构考证法"，形象地说，咬文嚼字以辨代考，可称之为"在字缝中作考证"。李长之作为文学家，提出一种浪漫假说可以理解，但若作为考据，那就不是很合适了。

1955年郭沫若援引李长之文为己助力，没过多久，1956年3月间，李长之宣布放弃前说①，这是怎么一回事呢？原来以刘际铨之名重发的李文，李长之并不知情。李长之先生的学生，北京师范大学于天池教授与夫人李书女士（李长之先生之女），两人在生活·读书·新知三联书店1984年重版的《司马迁之人格与风格》一书撰写的《序言》中说，化名刘际铨的人是一个"抄袭者"，这可为郭文匆忙草就提供了又一条旁证。李文十条考辨，是抒发作者的一种浪漫情怀，那么郭文匆忙草就来发表是为了什么呢？还用化名强拉李长之文来作奥援，这是发人深思的一个谜。由于李长之先生的揭发，《历史研究》刊物编辑部在1956年第1期专门发了"致歉申明"。随后1956年3月，李长之宣称放弃十条论据，可否视为对刘际铨化名剽窃事件的一个抗议呢？这也是一个谜。

---

① 李仲均在《读程金造先生"从〈史记〉三家注商榷司马迁的生年"》（载《文史哲》1957年第8期）一文中说："李长之先生曾主张司马迁生年为建元六年，举证十条以立其说，去年（1956）三月间相晤谈及此问题，自云论据不巩固，已放弃前说，但并非即承认生于汉景帝中五年。"

第五章　"前135年说"后继论者的
"新证"无一实证

有文献依据而又合于史事情理者的论据即为实证。只有辩难而无文献佐证的论据即非实证，郭沫若、李长之两人的考辨做了示范。虽有文献依据而不合于史事情理，甚或"别有用意"地扭曲误读史文，亦非实证，乃是伪证。在郭沫若、李长之后的"前135年说"后继论者有二十三人，在百年论争的三次讨论中，他们发表的论文有五十篇，所谓"新证"层出不穷，而实质没有超出李长之的十条范围，也是无一实证。本书梳理百年论争，一条一条地实证指陈，一是求历史之真，二是纠学术风气之偏。当然只能择要商榷各次论争代表人物的"新证"。主要人物有王达津、赵光贤、李伯勋、苏诚鉴、吴汝煜、袁传璋、赵生群等人。在以上诸人中，袁传璋用力最勤，又以考证见长，单列一章，即在第六章中评说。本章下分四节来说。

第一节　王达津、赵光贤的"新证"

王达津、赵光贤是20世纪50年代中第一次论争"前135年说"的坚定支持者。

一、王达津的"新证"

王达津全面支持郭说，故论题为《读郭沫若先生〈太史公行年考有问题〉后》①，列举六证谓史公生于公元前135年，列举三证谓史公死于太始四年，即公元前93年，一生年寿四十二。

王达津所列六证的核心是以时代背景导入"二十南游"及"问故孔安国"两事。其中列举三证谓"二十南游"在元鼎元年，另三证谓"问故孔安国"在元狩六年前后。王达津宣称："在以上二十南游及何时从孔安国问故之时代明证，当足佐证郭先生之说为不可移了。"

事实果真如此吗？

先看王达津考证"二十南游"在元鼎元年的三条论据：其一，元朔三年，淮南王谋反已具，天下还未安定，司马迁不宜"率尔南游"；其二，元狩元年，武帝"治淮南、衡山狱，死者数万"，天下安定，中央集权稳固，故司马迁南游，在元鼎元年；其三，司马迁家贫"不足以自赎"，无旅游经费，只能在元鼎元年随博士褚大巡风，借公费出游。

王国维称"二十南游"为"宦学之游"，即出游交友，切磋学问，出仕做官。文景及武帝初年，天下安定，诸侯王势盛，招聚天下宾客游士，成为风气。淮南王刘安"招致宾客方术之士数千人"，衡山王刘赐"招致宾客"。司马迁"网罗天下放失旧闻"，目的不是交友出仕，而是交友长知识，求旧闻，发生在游士交游风靡的时代是十分自然的，故王国维比拟为"宦学之游"。正如何直刚指出，元狩元年淮南王谋反案，虽然诛杀数万人，但并没有大规模军事行动，也就是没有发生社会动乱，天下安定。武帝诛杀甚众，是极为痛恨诸侯王招聚宾客，随之制定左官附益之法，严禁诸侯招聚宾客、自置官吏。是后宦游之风绝迹，而在淮南王谋反案发生之前的元朔年间，"正是主父偃游燕、赵、中山后的几年，这时左官附益之法未设，诸侯王还有权自置官吏和招致宾客游士，司马迁只有此时，才可能有作长期的大规

---

① 载《历史研究》1956年第3期。

模游行的可能。"结论是："司马迁生于汉景帝中元五年，是没有疑问的。"①

对照王达津与何直刚两人的形势分析，王达津完全搞颠倒了，其一、其二两条论据是不符史实的假证；其三，无旅游经费更是想当然。

再看"问故孔安国"在元狩六年间的三条论据。其一，司马迁元狩六年"问故孔安国"，而元狩五年十八岁，正当为博士弟子的年龄，即便"史缺无文"而"问故时代却可考"，"恰足以证生于前135年之是，此其一"；其二，褚大巡风的诏书虽下于元狩六年，而司马迁元鼎元年归来，"于是仕为郎中"，即使"史不记载"，"这推理无疑是唯一可能的，此其二"；其三，司马迁奉使西征，"其时使者有王然于等，太史公亦未记载随从何人，与南游江、淮，不记从谁是相同的，此其三"。

王达津的这三条考证，看似是"问故孔安国"，其实是论证司马迁为博士弟子，于元鼎元年随博士褚大巡风，归来的当年即元鼎元年"仕为郎中"。司马迁在《报任安书》中明白无误自述是因父恩荫为郎，在整部《史记》中没有半个字与博士弟子有关。王达津说，以博士弟子成绩优秀为郎，"虽为博士弟子，史缺无文"因是"汉代很普通的事，所以史不记载"。既然"史缺无文""史不记载"，王达津凭的是什么？他说："这推理无疑是唯一可能的。"王达津的推理是在玩文字游戏，且看第一证。司马迁为孔安国的博士弟子，与第二证司马迁随博士褚大巡风，皆无从证实。王达津说："虽为博士弟子，史缺无文，然而问故时代却可考，恰足以证生于前135年之是。"请问，"博士弟子"与"问故时代"是不相干的两件事，关联在哪里？王达津考证司马迁是向"谏大夫孔安国问故"，与博士弟子何干？为什么王达津不直说司马迁向博士孔安国问故呢？用王先生自己的话说，因为"史缺无文"。再看第三证，司马迁奉使西征，"未记载随从何人"与"问故孔安国"一点关系都没有。细细琢磨，王达津要说的是，司马迁奉使西征，不记载"随从

---

① 何直刚《司马迁生于景帝中元五年之一证》，《河北学刊》1982年第4期。

何人",所以二十南游不记载"随从褚大"。事实上"随从使者"是无中生有。司马迁"二十南游江、淮",是"网罗天下放失旧闻",不依从巡风使者;而司马迁奉使西征,是到达苴兰去向受阻的巴蜀之师传达诏命,平定西南夷。"王然于等",即指巴蜀之师的将领王然于、驰义侯何遗等。司马迁是钦差大臣,是去监军并设郡置吏,王然于等是受命将帅,与"随从使者"何干?

综上所述,王达津列举司马迁生于公元前135年之六证,无一实证,不能成立。但王达津把时代背景引入考证司马迁生年,这是王先生高于其他"前135年说"论者的地方,也有所收获。王先生考证"问故孔安国"的时间在元狩六年前后,虽不精确,但无大误,必须肯定王达津先生的这一贡献。王先生据《汉书·百官公卿表》考证,谏大夫置于元狩五年;又据《汉书·地理志》,临淮郡置于元狩六年;再据《汉书·儒林传》:"安国为谏大夫,授都尉朝,而司马迁亦从安国问故。"于是推断司马迁"问故孔安国"在元狩六年前后,地点自然在京师。孔安国出任临淮郡守,又早卒,那就可以肯定司马迁"问故孔安国"在元狩六年之前。《史记》多载古文说,可证司马迁为了创作《史记》而"问故孔安国",应有相当长的时间,大约是整个元狩年间,而不是只在元狩六年前后,时当司马迁南游归来的二十三四岁至二十七八岁的五六年间。"问故孔安国",就是向孔安国学习《古文尚书》绝学,当时未立于学官,不是博士弟子的功课,也不宜于少年儿童所学,所以王达津安排司马迁在元狩五六年,也就是十八九岁时"问故孔安国"。其实十九岁以前的司马迁"耕牧河山之阳",不在京师,晚生十年的司马迁即使十八九岁也见不到孔安国。王达津是以司马迁十八九岁"问故孔安国"来证明司马迁晚生十年,则前提条件是司马迁必须十岁就要入京,而且入太学为博士弟子,既然如此,就不能晚到十八九岁才"问故孔安国"。袁传璋对王达津之说作了修正,说翩翩十二岁的司马迁已"问故孔安国",与整个元狩年间"问故孔安国"相符。说司马迁"十岁入京""少年问故""博士弟子",均与史实不符。如果少年司马迁是追求功名读书,又为博士弟子, 理应去学习立于学官的五经, 而不是"问故"学习《古文尚书》绝学。

二、赵光贤的"大漏洞"说

赵光贤撰文《司马迁生年考辨》①, 据本人声明, 文章写于20世纪60年代初, 是驳难持"前145年说"论者程金造的, 应与王达津先生并列。

赵文细目分为两题。第一题, "司马迁生于建元六年说", 列举三证以立其说; 第二题, "司马迁生于景帝中五年说辨", 列举司马迁交游与问故两证来驳难。赵文的核心是申证李长之的"空白"说, 改称为"大漏洞"。

赵文第一题列举的三证如次。其一《索隐》注引据"先汉记录", 而《正义》张守节按语"未说明出处", "怎能把这样一个来历不明的说法, 竟凌驾于《博物志》所载有最高价值的原始材料之上呢?"其二, 赵氏"细读《自序》", 按司马迁生于建元六年, 下推二十年在元鼎元年, 二十南游二三年, 元鼎三年归来"仕为郎中"。赵文说, 《太史公自序》"文中'于是'二字表明时间很短, 很可能即在同一年中"。其三, 《报任少卿书》作于征和二年, 书中说: "得待罪辇毂下二十余年矣。"上距"仕为郎中"的元鼎三年"是二十四年"正符合。若按生于景帝中五年, "按《自序》南游归来之后, 不久即仕为郎中", 不仅"与《报任少卿书》不合", 而且"中间有十四五年的空白"。

赵文声称: "这三条根据, 第一条是司马迁的户籍, 是当时的官方文书; 第二、三条是司马迁自己写的东西。这都是最原始的材料, 价值最高。"我们按赵文告知的"细读"方法, 发现赵文的三条论据完全是师法李长之的辨而无考。第一条, 赵文绕开了王国维的数字讹误说, 称《索隐》的根据是"官方文书", 这恰恰是王国维考辨证实的; 第二、第三两条, 看似依据了《太史

公自序》和《报任安书》，事实则是元鼎元年二十南游依据待证的假说建元六年推出的；"仕为郎中"是假定司马迁南游了两年，在元鼎三年归来的当年出仕，也不是有依据的考证。赵文先是称"文中'于是'二字表明时间很短，很可能即在同一年中"，隔了几行字变成"按《自序》南游归来之后，不久即仕为郎中"。先是假定，随即肯定，并说成是"司马迁自己写的"。

在此，我们特别指出，"于是"二字，抽象解读有两义。一是作介词结构，应解为"就在此时"，表明时间很短没有错；再是作连词，当解为"这之后"，指前后两事相承，时间有很大伸缩性，几天、几月、几年、十几年都成立。司马迁南游，"过梁楚以归。于是迁仕为郎中"，应该分别考证"过梁楚以归"与"仕为郎中"的时间，才能决定"于是"的解读，而不是简单地用"于是"的某一种解读来推论"过梁楚以归"与"仕为郎中"。放大一个单词的片面含义来推论史实，也叫作考证，贴一个标签，就叫在字缝中作考证。赵文发表数年后，袁传璋接力用于考证，使"于是"二字大出风头，本编在第六章中详说。

赵文第二题驳难"司马迁生于景帝中五年说"的两大论据，毫无新意。其一，以年齿不相及推论《李将军传》《刺客列传》《樊郦滕灌列传》《郦生陆贾列传》为司马谈作，交游李广、公孙季功、董生、樊他广、平原君朱建子的人是司马谈，不是司马迁。这是承袭王国维考证疏失的延伸。其二，借力王达津残缺的考证，以司马迁"问故孔安国"在元狩五年，即公元前118年，上推至建元六年，即公元前135年，司马迁十八岁，"正是青年向前辈求教的年龄"。若上推到景帝中五年，即公元前145年，司马迁二十八岁，若此时才问故，"中间有十四五年的空白"，这是一个"大漏洞"。直白地说，就是赵文转换手法演绎李长之不成立的"空白说"。司马迁为修史而"问故"，当在二十南游归来的青年时期，而非少年为仕宦向前辈求教的年龄，因为"问故"的是《古文尚书》绝学。至于袁传璋把"问故"与"年十岁则诵古文"相搓捏，把司马迁"问故"的年龄降低到十二岁，并无依据。

书归正传，赵光贤为了证明"大漏洞说"成立，他制作了一个"司马迁行年新旧对照表"，以王说排列的行年为旧表，以郭说排列的行年为新表。元朔三年至元鼎六年这十六年间，赵文是怎样排列的呢？

赵光贤"司马迁行年新旧对照表"

纪　　　年	王说旧表	郭说新表
元朔三年前 126 年	20 岁，南游	10 岁，诵古文
元朔五年前 124 年	22 岁仕为郎中	
元狩五年前 118 年		18 岁，问故孔安国
元鼎元年前 116 年		20 岁，南游
元鼎三年前 114 年		22 岁，仕为郎中
元鼎六年前 111 年	35 岁，奉使巴蜀	25 岁，奉使巴蜀

这个新旧行年对照表（压缩了原表的十个空格），是赵光贤解读李长之"空白说"，或者说是承袭"空白说"而编制的伪证伪考表。伪在何处？请看下面的解析。

其一，两表时间跨度元朔三年至元鼎六年，其间十六年。旧表内容只有三条，新表内容反有五条。两表各除去头尾，旧表只剩下一条：元朔五年仕为郎中。赵文原表为十六格，还有十格空白，于是乎给读者制造了一个强烈的视觉冲击，一片空白，一个大漏洞。赵光贤为了追求这一个视觉冲击、视觉假象，故意不把元鼎五年，即前 112 年司马迁扈从武帝西至空桐这一条列出。

其二，新、旧两表只有头尾两条，共三项内容是真实的，即司马迁年十岁诵古文、元朔三年年二十南游、元鼎六年奉使巴蜀，这三项为真实史事，有考据支撑。两表除去头尾之外的全部内容，皆为编造，没有考据支撑。新表中的三项内容是表列李长之的"更合情理"的感觉内容，而旧表中的一条内容，司马迁元朔五年仕为郎中是借用郑鹤声已经声明放弃的"想当然"。请注意新、旧两表记载司马迁南游隔一年即二十二岁出仕，完全相同，这也是赵先生完全想当然地强加，既非王说，亦非郭说。

其三，李长之的"空白说"逻辑不成立，他用了一句反诘语模糊了是非，赵光贤全盘继承，列表彰显了是非。李长之说："司马迁元朔五年仕为郎中，一直到元封元年，前后一共十五年（按：应为十六年），难道除了在元鼎六年奉使巴蜀以外，一点事情也没有吗？"于是，司马迁"过了十四年的空白光阴（原括注：算至奉使以前）"。既然司马迁已出仕为郎，这就有了公务，即使一个字没有写，也不是"空白"。如同《太史公自序》写司马谈"仕于建元、元封之间"，一句话写了三十年，所以，李氏的"空白说"逻辑不成立。赵光贤列表，又是一把双刃剑，既彰显了一片视觉空白，也同时彰显了逻辑不成立，这是赵光贤列表时始料未及之事。此外，既然司马迁只早生了"十年"，为什么出现了"十四年"的空白，这也是作伪的又一痕迹：逻辑紊乱。

第二节 李伯勋、苏诚鉴、吴汝煜的"新证"

李伯勋、苏诚鉴、吴汝煜三位学者是 20 世纪 80 年代百年论争第二次大讨论"前135年说"后继论者的代表人物，李伯勋是论争的发动者。三人的论文分别是：李伯勋《司马迁生卒年考辨——驳王国维〈太史公系年考略〉》①、苏诚鉴《司马迁行年三事考辨》②、吴汝煜《论司马迁的生年及与此有关的几个问题》③。笔者撰文两篇与之商榷，《司马迁生卒年考辨辨》驳难李伯勋④，《评司马迁生于建元六年之"新证"》⑤，与苏诚鉴、吴汝煜两先

① 载《兰州大学学报》1980 年第 1 期。
② 载《秦汉史论丛》第一辑，陕西人民出版社 1981 年版。
③ 载《南开大学学报》1982 年第 2 期。
④ 1982 年载《甘肃省历史学会论文集》，部分内容以《关于司马迁生年的考辨》为题载《上海师范学院学报》1984 年第 2 期，全文收入拙著《史记研究》（甘肃人民出版社 1985 年版）。
⑤ 原载《求是学刊》1984 年第 2 期，亦收入《史记研究》。

生商榷。这两篇论文是笔者参与百年论争第二次大讨论时的评说，也收入本书为附录。这里兼采当年的"前145年说"论者的评说，做简明的综述。

一、李伯勋的"新证"

李伯勋列举五证以驳王国维说。第一条，《正义》张守节按语无据，《索隐》司马贞据汉时原书《茂陵中书》为有据。第二条，司马迁二十南游在元鼎元年，下距元鼎六年奉使时二十五岁，再过三年即元封三年正好二十八岁，与《索隐》说正好相合。第三条，《报任安书》说："仆赖先人绪业，得待罪辇毂下二十余年矣。"司马迁元鼎六年以郎中身份出使到征和二年作《报任安书》是二十一年，与二十余年合，王国维模棱两可说司马迁仕为郎中在元朔、元鼎间共十八年，取上、中、下三限均不合。第四条，否认王国维数字讹误说，认为数字写法二、三都是一笔之差，二可以讹为三，三也可以讹为二。王国维说"二十八"是"三十八"之讹，反过来，也可以说"三十八"是"二十八"之讹，可见王国维的推理是片面的。至于汉简，"把二十写作廿，三十写作卅，四十写作卌"，"不仅卌二难以误写为卅二，就是卅八，也不会误写为廿八"。第五条，以"早失二亲"，合于二十六不合于三十六驳王国维。

李伯勋的五条"新证"毫无新意，完全是重新拼凑郭沫若、李长之的旧说用以驳王国维，由于李伯勋用语直白，以及对史实的生疏，反而把郭沫若、李长之含糊隐晦的地方暴露无遗。第一个驳难的是黄瑞云，黄瑞云《司马迁生年考》[①]，逐条驳难李伯勋的五条。第一条，有据无据，王国维已经说清楚了，张守节、司马贞两人同时，所据材料同源，均为《博物志》，或依程金造说后于司马贞的张守节直接依据司马贞，十年之差是流传中数字讹误造成的。第二条，司马迁二十南游，但没说在元鼎元年；司马迁只

---

① 载《安徽大学学报》1980年第3期。

说"为郎中，奉使西征巴蜀"，但"没有说为郎中时刚好二十五岁，更没说当了郎中马上就出征巴蜀"，可见，司马迁的行年是李伯勋安排的，生于建元六年是依据《索隐》推出的，司马迁的行年是李伯勋"从建元六年推算下来的"。黄瑞云指出："正好当然是正好的，但这样的'正好'能说明什么呢？"这"正好"就是"前 135 年说"论者的循环论证，李伯勋在此暴露无遗。第三条，"迁仕为郎中，奉使西征巴蜀"，绝对不能理解为当郎中与奉使在同一年，是未经证明的。而且从元鼎六年到征和二年虚算才二十一年，未必符合"二十余"的语言习惯。第四条，数字讹误，黄瑞云说："怀疑'二十八'是'三十八'之讹，或'四十二'系'三十二'都是允许的，但都不能以怀疑为定论。"这是一个中肯的说法。第五条，"早失二亲"，黄瑞云先生一针见血指出："'早失'是相对于遇祸的时候说的，可以理解为'早已失去'，而并非通常情况下的'早年失去'。因此由这句话并不能证明司马谈死的时候，司马迁正好二十六岁。"

魏明安的驳难题为《"司马迁生卒年考辨"的考辨——考辨文章必须尊重前人的成果》[①]，魏氏文草于 1980 年，起初以揭发形式向行政管理领导提出李伯勋五条——抄自郭沫若、李长之，由是而引发一场学术风波。笔者当年介入这场学术风波，写了《司马迁生卒年考辨辨》。笔者认为，学术问题应通过学术论争解决，魏氏之文与拙文由是而产生。李伯勋的五条，问题有二，一是袭用郭沫若、李长之的论据，既无新意，也不说明出处；二是他提出的一些新的论证方法完全背离事实不成立。拙文对李伯勋的五条"考辨"之辨，从宏观视角归纳为三个方面。第一、第四两条是一个问题，驳王国维的考证方法，核心是以数字不讹驳"数字讹误说"；第二、第三两条是一个问题，辨正司马迁为郎是否与《报任安书》吻合；第三，"早失二亲"说。重复的话不再说，这里对李伯勋不尊重事实的离奇考辨谈两个方面。

---

① 载《固原师专学报》1986 年第 4 期。

其一，数字不讹说。李伯勋说王国维推论"二十八"为"三十八"之误，为什么不说"三十八"是"二十八"之误呢？同样都是"二"与"三"相讹，逻辑成立。但说"卅二难以误写为卌二，就是卅八，也不会误写为廿八"，凭的是想当然的辨说。《司马迁生卒年考辨辨》从《史记》《汉书》《三国志》中提出五例，证明"廿、卅、卌"之间互相讹误，推倒了李伯勋"数字不讹"的说法，同时也修正了王国维只说数字"二、三"易相讹，补充了两位数字合写的"廿、卅、卌"之间的相讹。

其二，关于司马迁为郎与《报任安书》吻合的问题。王国维推论"大抵在元朔、元鼎间"，并系司马迁为郎在元鼎元年，是指从元朔末到元鼎元年的八年之间，概率最高应在元狩的六年之间。李伯勋罔顾事实，以元朔、元狩、元鼎三个年号共十八年论说，指王国维的推论不靠谱，假说上限在元朔元年、下限在元鼎六年、中限在元狩四年，认为上下限均不合。王国维已考证，司马迁元朔三年才二十南游，哪来上限在元朔元年为郎？王国维又考证元鼎五年司马迁已扈从武帝西至空桐，又何来下限在元鼎六年为郎？李伯勋三限说的假设，是脱离王国维考证事实的故弄玄虚。依据钱穆和施丁的考证，司马迁元狩五年仕为郎中，《报任安书》作于太始四年或征和二年、三年，均吻合，因为九个伸缩年的余地是很大的。经过考证的史实才是靠谱的。李伯勋的想当然考辨，可以说是"前135年说"的通病，其源盖出于师从李长之的以辨代考，源不正则流不直，必然之理也。

二、苏诚鉴的"新证"

苏诚鉴先生的《司马迁行年三事考辨》，其一，以司马迁二十南游证生于武帝建元六年；其二，论《报任安书》作于征和三年一月；其三，论司马迁卒于汉武帝后，非"死于狱"。卒年，此处不讨论。苏先生论证《报任安书》作于征和三年最有力的证据是"曩者辱赐书"，认为任安接信在太始四年春，《报任安书》作于征和三年正月"行幸雍"，"曩者"间隔近三年之久，这的确是一"新说"与"新证",此说为袁传璋所承袭,在第六章评析袁氏论说中再详说。这里只对苏先生的"建元六年说"之"新证"作评析。

苏文"新证"是以"二十南游"为依据,与博士褚大等六人"循行天下"这一历史事件相搓捏,有两大失误。其一,方法是循环论证,即因果互证。苏先生说:"要确定此次行动,可试先选定司马迁生年是武帝建元六年。"既然是"试先"选定的,也就是有待证明的。可是,苏文在论证过程中把假定的建元六年当作已知的因,以因推果,以果证因,陷入了循环的因果互证中。姑按建元六年计,至元狩六年为十九岁,而不是二十岁,苏先生争辩说,此"取其成数而言"。由此可知,推论证明原是不讲求严格依据的。其二,有违史事。据《汉书·武帝纪》,元狩六年六月,遣博士褚大等六人循行天下,存问鳏寡,惩治奸猾,查处盗铸铜钱,以及私卖盐铁,公务紧急,定时定地,及时返京报告。司马迁二十南游,漫游大江南北,目的明确,"网罗天下放失旧闻"。太史公曰"余至江南,观其行事"云云;"适长沙,观屈原所自沈渊"云云;"吾适楚,观春申君故城"云云;"适鲁,观仲尼庙堂车服礼器"云云;"吾适齐,其民阔达多匿智"云云;"吾尝过薛,其俗间里率多暴桀子弟,与邹、鲁殊"云云;"吾入淮阴,淮阴人为余言"云云;"吾适丰沛,问其遗老,观故萧、曹、樊哙、滕公之家"云云;"吾过大梁之墟,求问其所谓夷门"云云。两种游历,完全不可相提并论,若司马迁参与褚大巡风,《史记》全书无丝毫反映,岂非咄咄怪事?可见司马迁为博士弟子巡风之说,完全是无中生有。

三、吴汝煜的"新证"

吴汝煜先生的《论司马迁生年及与此有关的问题》,列举《史记》中十条纪年资料证明《正义》纪年十误。这里不一条一条展开,只引拙文《评司马迁生于建元六年说之"新证"》的结论,文中说:

总上十例，第①例《正义》引书纪异；第②⑤⑩三例显系传写夺误；第⑥⑦两例《正义》不误，吴文自误；第⑧例《正义》误引。以上七例都与数字的讹误无关。只有第③④⑨三例存在数字讹误，均为"卋"与"卅"相讹，以及"二"与"三"相讹，并无"四"与"三"相讹之例。从这个分析中，可以说吴文的引例，非始料所及地再次证明了王国维的立论基石，司马迁生年的十年之差为传抄流传中数字讹误造成，从而进一步推倒主建元六年说者的数字不讹说。

第三节　评近年来"前135年说"后继论者的用伪命题立说

一、"前135年说"之伪证伪考层出不穷

《司马迁自叙生于建元年间——兼论张守节〈史记正义〉不可尽信》[①]，《"二十南游江、淮"证明司马迁生于建元年间——兼答张大可先生〈司马迁生年述评〉》[②]，两文作者均为吴名岗。这两篇论文是典型的伪命题，为何是"伪"？众所周知，《太史公自序》没有直接记述司马迁生年，于是留下千年疑案。吴氏两文公然标明《太史公自序》写有生年，第一篇标题用"自叙"，指司马迁自己写了生年，用的是隐语。第二篇更直说"二十南游"证明了《太史公自序》写有生年。一个伟大作家用隐语写自己的生年，古今中外除此之外，还有例证吗？而这个"此"，也是伪造的，人间根本就不会有伟大作家用隐语写自己生年的事，这居然由中国的"前135年说"论者制造了出来，真是咄咄怪事！

近年来在司马迁生年问题上如此的伪证论文有高涨之势，以下各篇论文也是论证《太史公自序》写有生年的：《司马迁生年及其回乡葬父新证》

---

① 载《渭南师范学院学报》2016年第21期。
② 载《渭南师范学院学报》2018年第5期。

《从文内文外读史记》《司马迁生年新证》《司马迁生年新证之旁证》《司马迁生年及二十南游考》。

这五篇伪证论文没有用伪命题，单看标题还蛮像是在研讨学问，而内容都是千篇一律：《太史公自序》写有生年，此呼彼应，这股风是怎么刮起的？先理出一个头绪，再剖析这些伪证伪考的内容，可能更清晰一些。

二、《太史公自序》写有生年的始作俑者是李长之

《太史公自序》写有生年，始作俑者是李长之。李长之《司马迁生年为建元六年辨》十条之五，就是说《太史公自序》中有生年，李氏说得既含混，又清晰，因此长期未能引起重视。重抄李氏全文如下：

> 五、《自序》上说："太史公仕于建元、元封之间……太史公既掌天官，不治民。有子曰迁，迁生龙门。"看口气，也很像他父亲任为太史公之后才生他。那么，这也是他生于建元六年，即公元前135年，较比提前十年更可靠的证据。

李长之的这一条证据，直白地说就是司马谈先做官后生儿子。既然司马谈先做官是在建元年间，最早莫过建元元年，司马迁自然只能出生在建元元年之后，也就是生于建元六年。作为证据的"先做官后生儿子"，李长之说得很含混："看口气，也很像。"但李长之用"那么"二字，笔锋一转，结论却说得很清晰，指为"生于建元六年"之一证。

三、司马迁"句句"按时间先后叙事

《太史公自序》中写有生年，推波助澜的理论就是司马迁"句句"按时间先后叙事。此一理论提出者为以考据见称的"前135年说"论者袁传璋的发明。袁氏在1995年发表的《太史公"二十岁前在故乡耕读说"商酌》一文中说：《太史公自序》"迁生龙门，这段文字，是依照时间的先后，分

叙自身儿时、少时和青年时代的经历"。袁文1995年刊于（台湾）《大陆杂志》第1卷第6期，影响不大。此文收入2005年安徽人民出版社《太史公生平著作考论》中，影响扩大，成为"前135年说"论者制作伪证伪考的理论，以致近年来连篇累牍的伪证伪考文章涌出。袁传璋的论说是为他误读《史记》，做伪证伪考提供基础，将在本编第六章中详说。《司马迁生年及其回乡葬父新证》的作者在运用这一理论时进一步发挥说：

> 司马迁是严格按照时间的顺序来记述他的家世和个人经历的，远没有现代文学的"倒叙""插叙"等手法。

"句句"按时间先后叙事这一理论，给"前135年说"论者解读《自序》写有生年的论点，提供了两个依据。其一，《太史公自序》把"迁生龙门"写在"太史公仕于建元、元封之间"的后面，就明明白白地说先做官后生儿子。其二，《太史公自序》又说："太史公既掌天官，不治民，有子曰迁，迁生龙门。""既"字作副词表示已经、不久。"有"字应作"生"字解。意思是，司马谈已经任职天官，不理民政，生有儿子司马迁。走得更远的"前135年说"论者，发挥想象，说什么《论六家要指》写在"迁生龙门"前面，"既掌天官"指从太史丞升官太史令。因此司马谈是先做官太史丞，发表《论六家要指》，接着升官太史令，这时又生儿子司马迁，真是双喜临门。所持理论竟是一个"句句"按时间先后叙事，在字缝中作考证，实属荒诞。

"太史公既掌天官司，不治民。有子曰迁"，这三句话如何解读？这里，"既掌天官，不治民"，与"有子曰迁"是关联的两件事，三句话合成一个承上启下的过渡段。"既掌天官，不治民"两句承上，是对司马谈"仕于建元元封之间"任职的说明，指达到心愿，做了不治民的天官，有许多清闲时间用于修史。"既"字作"已经""完成"解，没有错，它直接关联是"不治民"。"有子曰迁"，开启下文"迁生龙门"一节。承上与启下两件事，中华书局点校本用句号隔断，十分得体。"前135年说"论者，指责中华点校本断句有误，改"有子曰迁"前后句号为逗号，把"既"字越过"不治民"，直接关联"有子曰迁"，又改"有"字读"生"，于是"既掌天官，不治民，有子曰迁"，就成了司马谈"先做官，后生儿子"，还成了司马迁生于建元六年的所谓"铁证"。

其实，"既掌天官，不治民，有子曰迁"，即便改句号为逗号，意义仍然一贯，因为承上启下关联一件大事，那就是一切为了修史。司马谈的心愿就是要任职"不治民"的天官，以便利用清闲一心扑在修史上，为了培养儿子接班，没把独生儿子司马迁带在身边去染习官场仕途习俗，而是留在乡间，培养亲近社会、热爱山川的人身修养，也就是少年时代的耕读修养，既要读万卷书，更要行万里路。"迁生龙门"一节重点就是概述司马迁在其父司马谈的特殊培养下行万里路。司马迁一生有三种游历，一是"二十南游"，二是仕为郎官的扈从之游，三是奉使之游。此皆为"网罗天下放失旧闻"。司马迁为修史而生，解读《太史公自序》必须联系《史记》的撰述。"前135年说"论者，脱离修史这一大业，抽象解读《太史公自序》，在字缝中作考据，扭曲解读史文，乃是先入为主的意识，必然陷入伪证伪考。

四、吴名岗两篇伪命题论文的考辨

吴名岗撰文两篇，径直以伪命题行文，但吴文的第一篇是同类论文中写得最有条理的，而第二篇只能称之为文字游戏，因此作两个分论专题述评。

吴文第一篇《司马迁自叙生于建元年间》，提出的伪证有三。伪证之一，吴文说，"司马迁为什么不直写自己的生年"，"是因为受作为国家历史这样的官方书籍自身体制所限制，不能明显交代自己的生年"。伪证之二，吴文说，古代"以事记年，以大记小的记事方法"为司马迁采用，因此记父亲的卒年用此笔法："是岁天子始建汉家之封，而太史公留滞周南，不得与从事，故发愤且卒。"因此，司马迁没说父亲死于元封元年，而是"把父死系于汉武帝的封禅泰山之下，这就便于记忆和查找了"，以此证明《太史公自序》把司马迁生年隐没在字缝之中。伪证之三，吴文说："司马迁作为历史学家，时间顺序观念是很强的……'有子曰迁'在司马谈建元入仕之后，在写出《论六家要指》之后，在其执掌天官之后。"

对于吴文的三条伪证，张奇虹针锋相对的驳难文题直白地称为：《〈太史公自序〉中没有记载司马迁生年——兼与吴名岗等先生商榷》①，作出如下的驳正。古代史官，"左史记言，右史记事"，国家档案记录，只侧重"言"与"事"。对于个人参与活动，重在记录活动本身这件事，至于个人的生年、参与活动的年龄等都不予重视。但史官认为重要的生卒年及年岁，将之当作大事的予以记载，至于哪些重要、哪些不重要，很大程度上依赖史家判断，因此个人的纪年无规律可循，这是客观事实，可以说是纪年不规范的缺陷，而不是有一条国家的书法"体例"规定，不准记载生年。吴文所说的这条"体例"规定是无中生有，不能成立。古代史官对于个人的纪年往往从记事中带出，因此吴文说"以大记小的记事方法"没有错，可以说这是史官记事的基本功。但这种"以大记小的记事方法"，具体操作并无规律可循，也是一种客观缺陷，吴文说成是主观规定，"便于记忆和查找"，也是一种臆测的想当然。难道司马迁直接记父死于元封元年，不是更便于记忆和查找吗？"前135年说"论者有一个共同的伎俩，列举几条似是而非的事实，将之说成是确定的证据，用以粉饰自己的巧言；还惯于抽象出什么"体例"，或夸大某些惯例，把客观缺陷说成主观规定，目的是为了塞进私货。吴文的其一、其二两条伪证旨在说《太史公自序》主观用隐语纪年，为《太史公自序》中记有生年这个伪命题作铺垫，也就是为第三条伪证放

---

① 载《渭南师范学院学报》2017年第1期。

烟幕。张奇虹驳难文列举六证驳难吴文的第三条"句句"按时间先后叙事的伪证,具有普遍性,故副题为"兼与吴名岗等先生商榷",可以说吴文的其三这条伪证,基本集中了"前135年说"论者同类文章的论说,故张文列举六证予以辩驳。

张文六证,文长不具引,大要有三点,简括如下。

其一,《太史公自序》"太史公学天官于唐都,受《易》于杨何,习道论于黄子。太史公仕于建元、元封之间,愍学者之不达其意而师悖,乃论六家之要指曰"云云。这段话中,"太史公仕于建元、元封之间"这一句是其核心,一句话写了司马谈三十年。其下"论六家要指""培养司马迁""临终遗命"都是倒回来写。司马谈执掌天官三十年,参与了多少朝议,起草了多少文件,是否阿从武帝,司马迁一概没写,为何只写了"论六家要指""培养司马迁""临终遗命"这三件均与职务无关的事呢?因为这三件事讲的是一个问题,即司马迁父子怎样写《史记》,这三件事是集中写司马谈与《史记》。《论六家要指》是司马谈的述史宣言,当写于元狩元年,其时司马迁已二十四岁。

其二,"太史公学天官于唐都,受《易》于杨何,习道论于黄子",这三句话写在"太史公仕于建元、元封之间"的前面,按吴名岗等"新证"论者们一根筋的"时间顺序",也只能是司马谈在出仕之前向他们请教。而事实是,司马谈为了修史,出仕后向三位大师请教的。《历书》记载:"至今上即位,招致方士唐都,分其天部。"据此,唐都出仕,当与司马谈同在汉武帝即位,建元元年举贤良出仕,司马谈学天官于唐都,是为了重振天官学向同事学习。杨何,菑川人。《儒林列传》载:"何以《易》,元光元年征,官至中大夫。"司马谈学《易》于杨何,是在元光元年以后。只有黄子是老前辈,景帝时已为博士,也当是司马谈出仕后在京师向黄生请教的。

其三,《太史公自序》云:"喜生谈,谈为太史公。"这句话更是写在"太史公学天官于唐都"之前，何时出仕是无法知道的。正是有了"太史公仕于建元、元封之间"这句话才明白的。司马迁为什么要把"谈为太史公"这句话写在"太史公仕于建元、元封之间"的前面呢？按吴名岗等"新证"论者们一根筋的"时间顺序"是无法解释的。按"时间顺序"，这是倒置的；而这种倒置恰恰是按时间叙事。司马迁先写司马氏家世，从远祖写到司马谈，然后开始细说司马谈，于是"谈为太史公"就写在了"太史公仕于建元、元封之间"的前面了。一支笔不能同时记述几件事，只能一桩一桩写，所以"时间顺序"就有了交错。所有历史典籍叙事，都不存在吴名岗等"新证"论者们一根筋的"句句"按"时间顺序"从《太史公自序》中读出了"司马迁自叙生于建元年间"的说法，这只能是杜撰的，或有意误读史文的伪命题，当然是不成立的了。

此外，吴文列举四例驳难《史记正义》不可尽信，其中三例是吴文自误，《正义》不误，只有一例解读"耕牧河山之阳"，指梁山之东、黄河之西，补充了《正义》只解为在龙门山南，可算吴文的一得之见。

五、吴文第二题之三重伪考，伪在哪里

吴文第二篇《"二十南游江、淮"证明司马迁生于建元年间》，又是一个伪命题。前文所论，2016 年，吴名岗参与司马迁生年讨论，提供了《司马迁自叙生于建元年间》的伪命题论文，大题管小题，既然《太史公自序》记载"生于建元年间"已被驳难为伪命题，《太史公自序》中"二十南游江、淮"这一句岂能证明"司马迁生于建元年间"，因此更加是一个伪命题。吴名岗用了三重证据：排比行年法、数学求解法、原文解读法，三重解法证实司马迁生于公元前 135 年。只看包装的三重标题，煞有介事，似在考证，但实际的文章内容，却是伪证手法。王国维指引的唯一正确方法，袁传璋叫"唯一出路"，指的就是"考证"这条路。吴名岗说，不止一条路，他一篇文章就展示了三条路，把"排比行年法""数学求解法""原文解读法"，

称为三条路。如果这三种方法中均有"考证",仍是一条路,只是多样的考证,如果三种方法中全无考证,那就是只有伪证了。

1. 吴文的排比行年法

吴名岗没有去梳理和考证行年,他取巧借"司马迁行年表"说事。吴文将王、郭两说直接比较,肯定郭说,必然归谬王说。吴名岗没看清楚,"司马迁行年表"列入的王说与郭说之两说比较,指分别与客观存在的历史事实,即"司马迁行年表"中的"大事记""考证""备注"比较,而不是王说、郭说两者直接比较。比如,张三与李四打嘴仗,张三说是,李四说非,没有一个合于客观事实的评判,怎么定是非?只能是两人胡搅蛮缠一顿。拿司马迁的行年来说吧,"二十南游"这一行年坐标点就极为重要,他是司马迁少年与青年的分界点。没有这一分界点,司马迁二十五岁奉使与三十五岁奉使,哪一个更合理无法评判;有了这一分界点,二十南游,又当有数年之久,两者不用分辨,而优劣立现。有了"二十南游"这一坐标点,司马迁晚生十年,等于砍掉了十年的青年时段,再加南游数年,等于没有了青年时段,仅此一件就足可证明"前135年说"不成立。

吴名岗还有一个混乱思维,他分不清坐标点与基准点。年十岁诵古文、二十南游、元鼎六年奉使、元封元年父卒(指还报命见父河洛),均为坐标点没错,又均为基准点大错。行年基准点要有两个因素,即某年某岁,缺一不可。《正义》注,太初元年迁年四十二岁;《索隐》注,元封三年迁年二十八岁。此为基准点,凡能直接推导司马迁生年之点,即为基准点。"年十岁诵古文""二十南游",只有某岁,而无某年;"元鼎六年奉使""元封元年还报命",只有某年,而无某岁,均不是基准点。由此看来,吴名岗是真没有看懂"司马迁行年表",他指责"司马迁行年表"有三个错误,其一,建元六年按王说司马迁年岁为十一岁,"司马迁行年表"排版为十岁。就事论事,这一年之差是计算错误,还是排版错误,修正就是,这一年之差无助于生年的推导。① 吴名岗视为"救命稻草",将王说与郭说自身比较,扭曲说:"王说十岁那年是建元五年,司马迁尚未出生。"又说:"司马迁一岁诵古文,十岁南游江淮,是荒诞的,不合情理,不能成立。""此表以王国维说推出的最荒谬之处就是司马迁没出生就'诵古文'。""司马迁行年表"中哪来建元五年,如果"司马迁行年表"列出了建元五年十岁,下一年建元六年怎么会还是十岁?"司马迁行年表"原本按年排列,为省篇幅,列入行文时压缩了三分之二的无记事的表格,所以《司马迁行年表》无建元五年。按照吴名岗的归谬法,反过来说,肯定了王说,吴名岗的推导不正好归谬为郭说了吗? 由此可知,吴名岗将王说与郭说直接比较的归谬方法根本就是错误的,是毫无讨论价值的文字游戏。其他两个所谓错误,无中生有,不予置评。②

2. 吴文的数学求证法

此乃演示循环论证。二十南游数据为"20",没有错。奉使西征到父卒姑定为一年③,数据为"1"。求证南游到奉使西征为 x。吴名岗的数学公式为:

$$20+x+1=26$$

答案: $x=26-(20+1)=5$,即"二十南游"与"奉使西征"之间的时间段为五年,也就是司马迁年二十五岁奉使。

这是一个没有考证依据的伪证公式,请问"26"数据何来?"26"就

---

① 《述评》中的"司马迁行年表"建元六年一栏王说司马迁行年 11 岁,排版或笔误为 10 岁,吴氏借机说事。

② 吴文指责"司马迁行年表"的第二个错误是未列入元鼎元年。"行年表"列入了元狩六年,即指代元鼎元年,当然可以再把元鼎元年列入。至于第三个错误"未知推未知"更是妄说。

③ 司马迁奉使西征在元鼎六年春正月,见父于河洛在元封元年四月初,前后十六个月,超过了一整年,它不是一年而是两年,余数 x 不是五年而是四年,以周年计即二十四岁时奉使,二十五岁奉使为虚岁。

是待证的《索隐》说，元封三年二十八岁，上推生年为建元六年，再从建元六年回推到元封元年为二十六岁，即此公式为"26"证"26"，实质就是"28"证"28"。不必再去演示《正义》说，它必然就是"36"证"36"。请问吴名岗，这有意义吗？依王国维指引的正确方向，数学公式必须有考证，即正确的考证数学公式应当是：

20+ 考证已知年 +1=x

要证的 x 是建元六年，即元封六年 26 是要证的未知，而不是已知。吴名岗的伪证公式，用循环论证回避了考证，当然是伪考。循环论证是"前135年说"论者的命根，也可以说是解读"前135年说"论者伪证、伪考的一把钥匙。

3. 吴文的原文解读法

此又回到他的第一篇伪命题《司马迁自叙生于建元年间》，运用"句句"按时间先后叙事说事，已见前文，兹不赘。

第四节　一条被视为"铁证"的伪证

一、事件的缘起与过程

《光明日报·历史周刊》2000年3月2日发表"前135年说"论者赵生群《从〈正义〉佚文考定司马迁生年》一文，称南宋王应麟《玉海》卷四十六载"《史记正义》：《博物志》云'迁年二十八，三年六月乙卯除，六百石'"。于是信心满满以为找到铁证，亦认为已经证明了《索隐》。赵生群还把这条材料与《索隐》注引《博物志》杂糅改造成一条注文，写入2013年中华书局出版的点校本《史记》修订版的"修订前言"中，制造司马迁生于汉武帝建元六年，即前135年已成定案的假象，误导读者。

自诩"另辟蹊径"，以考证见长的"前135年说"论者袁传璋更为活跃，他在2005年出版的《太史公生平著作考论》中说：

> 王应麟撰《玉海》，其资料来源于南宋皇家藏书，他曾亲见未被删节的古注本所引《博物志》都作"年二十八"。张守节按语，正是据《博物志》"年二十八"推算而来，必定是"按迁年三十二岁"。

袁传璋在这段高论中所说，王应麟"亲见未被删节的古注本"，指单行的《史记正义》本，还断言来源于"皇家藏书"，完全是自编的谎言。2013年商务印书馆出版渭南师范学院编纂的《司马迁与〈史记〉研究年鉴》（2011年卷），刊发了袁传璋《〈玉海〉所录〈正义〉佚文为考定司马迁生年提供确证》（以下行文省称为《确证》）的文章，把他编造的谎言又上升一步为唐写本或其抄本。其言曰：

> 王应麟纂辑《玉海》，他所征引的《史记正义》与《史记索隐》，均为南宋馆阁所藏的单行唐写本或其抄本。

袁传璋按照唐写本复原写了《史记正义》按语如下：

> 卒三岁而迁为太史令　《博物志》云：迁年廿八，三年六月乙卯除六百石。按迁年卅二岁。　　紬史记　徐广曰：紬音抽。
>
> 五年而当太初元年　李奇曰：迁为太史后五年，适当于武帝太初元年，此时述《史记》。

2018年，袁传璋在《渭南师范学院学报》第1期发表《王国维之〈太史公行年考〉立论基石发覆》中对"张守节《史记正义》写本旧貌的复原"（原注：原格式为《史》文大字，注文小字，双行夹注），又改头换面作如下表述：

> 卒三岁而迁为太史令《博物志》云："迁年廿八，三年六月乙卯除，六百石。"
>
> 五年而当太初元年《集解》李奇曰："迁为太史后五年，迁当于武帝太初元年，

此时述《史记》。"按：迁年卅二岁。

清人王鸣盛《十七史商榷》卷一，开卷第二条标题："索隐正义皆单行"，其言曰：

> 《索隐》三十卷，张守节《正义》三十卷，见《唐志》，皆别自单行，不与正文相附，今本皆散入。

《索隐》《正义》的单行本或唐写本只见于《唐志》，各为三十卷，"皆别自单行，不与正文相附"。王鸣盛慨叹，明人王震泽、清初毛晋翻刻三家注，只有北宋时的《集解》《索隐》有单刻本，《史记正义》的北宋单刻本都没有，哪来"唐写本或其抄本"？袁传璋却能复原双行小注唐写本。双行小注，只是到了北宋翻刻将三家注散于正文之后才有的，"唐写本或其抄本"的文字，"皆别自单行，不与正文相附"，哪来双行小注？袁传璋特别注有"原格式为《史》文大字，注文小字，双行夹注"，有鼻子有眼，只能是王鸣盛说的"今本"，也就是刻本，绝不是"唐写本"与"或其抄本"。又单行的《史记正义》，即使在王应麟时有刻本，也不可能有《集解》的"徐广曰""李奇曰"；更不可能"按：迁年卅二岁"，一会儿在"卒三岁而迁为太史令"句下，一会儿又在"五年而当太初元年"下。如此多的错误，皆为袁传璋作伪考的"铁证"，用袁传璋的话说叫"确证"。2013年，中华书局《史记》点校修订本出版，《玉海》的《正义》佚文上了"修订前言"。袁传璋、赵生群挟以自重，反对中国《史记》研究会在2015年纪念司马迁诞辰2160周年，要更正为"2150周年"，从而开启了司马迁生年十年之差百年论争的第三次争论。所以本题把袁传璋、赵生群发现的《正义》佚文伪证称之为"事件的缘起与过程"。本节只揭示了袁传璋提出的《正义》按语复原，此乃伪考。将袁传璋的两次复原对照，提供了白纸黑字的现身说法。读者要问，《正义》佚文是伪证，伪在哪里，请看下一小节详说究竟。

二、袁传璋提示的"铁证"实为伪证

事物皆有一个度，伪与不伪也有度，有相对的伪，有绝对的伪。《玉海》的《正义》佚文是相对的伪，把它作为宋人王应麟所见，不失为一条证据，是宋代的一个历史痕迹；袁传璋、赵生群夸大为订正张守节的《正义》按语，说成"铁证"，过了度就是伪证。袁传璋编造为皇家藏本、唐写本，还想当然复原《正义》按语，就是绝对的作伪证伪考，因为是想当然的编造。至于《正义》佚文是"伪"的证据在哪里？证据就在袁传璋晒出的两张《玉海》书影中。也就是《玉海》原文。袁传璋的目的是揭示"铁证"，经查验实为伪证。请看书影（见下图）：

日本京都建仁寺两足院藏元至正刊本《玉海》书影（一）

日本京都建仁寺两足院藏元至正刊本《玉海》书影（二）

书影（一）见《玉海》卷四十六"汉史记"条；书影（二）见《玉海》卷百二十三"太史令"条。袁传璋说明为"日本京都建仁寺两足院藏元至正刊本"。至正为元朝末年的年号，共二十八年，元年为1341年。笔者查核中国国家图书馆馆藏元庆元路儒学至元六年刻本，行文款式及每页行数字数，与袁传璋提供的至正刊本完全一致，至元六年，即1340年，可以推断日人所藏至正刊本，就是流入日本的至元刊本。袁传璋在《太史公生平著作考论》中晒出的两页书影，为明初南监刻，清康熙补刊《玉海》，行文款式及每页行数字数也完全相同。说明《玉海》流传下来的元、明、清刻本相当稳定，行文可靠。我们就借用袁传璋晒出的两页书影研讨问题。

袁传璋晒出书影，要说明什么呢？请看袁传璋的说辞：

考《玉海》卷四十六载："《史记正义》：《博物志》云迁年二十八,三年六月乙卯,六百石。"又《玉海》卷一百二十三载："《索隐》曰:《博物志》:太史令司马迁年二十八,三年六月乙卯除,六百石。"

《玉海》提供了《史记正义》与《史记索隐》引《博物志》完全一致,皆作"迁年二十八"。袁传璋据此断言张守节《正义》按语是依据"迁年二十八"作出的,应当是"迁年卅二",错讹发生于《正义》,是"由唐人写本到宋人刻本的转换期"。

乍一看,袁传璋似乎说得有些道理,但只要核查《玉海》原文来源,我们发现,《玉海》的词条,不是征引的原始文献,《玉海》卷四十六的"汉史记",卷百二十三的"太史令"条目,皆为王应麟自己改编。这两个条目皆以《汉书·司马迁传》为核心文献,再摘抄《史》《汉》注文以及其他典籍相关材料,按王应麟自己的理解和意愿重新改写,也就是王应麟自己所写的词条,除只代表《玉海》版本外,不具有任何其他版本价值,因为不是原始资料。下面再做三个方面的具体分析,以供研讨。

其一,书影(一)"汉史记"条,是一条评介《史记》的词条,王应麟标明是改编《司马迁传》,即班固的《汉书·司马迁传》。全文约一千五百字。引录文献有《汉书》颜注,《史记》三家注裴骃、司马贞、张守节三家书序,《艺文志》《隋志》《唐志》《史通》,以及宋人吕祖谦之言。《汉书·司马迁传》是转录的《太史公自序》,文字略有变动即是《汉书》之文。王应麟不用《太史公自序》而用班氏传,表明他更重视《汉书》。王应麟转录改编,就是《玉海》之文而不是班书原始资料,不具有任何《汉书》的版本价值。"䌷史记金镦石室之书"句下的注文,与《史记》三家注无关,有三条内容:《汉官仪》《西京杂记》《史记正义》,皆为王应麟引用对司马迁承继父亲述史行迹的补充。《史记正义》引自何处,单凭《玉海》行文则不可知,是否是《史记索隐》之误,亦不可知。正文"金镦石室",《汉书》原文作"石室金镦",可能就是王应麟抄录时发生的笔误。

其二，书影（二）"太史令"条，所引《史记索隐》注文置于"晋灼"云云之下。王应麟摘引《汉书·司马迁传》及颜注形成以下一节正文，曰：

> 《司马迁传》谈为太史令。注：如淳曰："《汉仪注》太史公，武帝置，位在丞相上。天下计书先上太史公，副上丞相，序事如古《春秋》。迁死后，宣帝以其官为令，行太史公文书而已。"师古曰："谈为太史令，迁尊其父，故谓之公，如说非也。"晋灼曰："《百官表》无太史公在丞相上。又卫宏所说多不实，未可以为正。"

王应麟把《汉书》注写入正文，又颠倒了"晋灼曰"与"师古曰"的次序，亦有个别文字改动，而把《史记索隐》云云置于"晋灼曰"云云之下为注，这表明《玉海》资料为王应麟所改编，此处改编的中心意思就是驳正卫宏说。王应麟不认可汉武帝置"太史公"，秩二千石，引《史记索隐》司马迁为太史令，秩六百石，为颜师古、晋灼驳正卫宏提供佐证。袁传璋是盲从卫宏说的，认同司马谈任职二千石的太史公，此处王应麟驳正卫宏说，不知袁传璋有何感悟，此为题外话。

其三，今本《史记索隐》不同于《玉海》王应麟所写。中华点校修订本行文如下：

> 索隐 《博物志》："太史令茂陵显武里大夫司马迁，年二十八，三年六月乙卯除，六百石。"

《玉海》引用的《史记索隐》在"司马"前少了"太史令茂陵显武里大夫司马"十二个字，而多了一个"迁"字。修订本校勘记列出六个版本"司马"下夺"迁"字，有耿本、黄本、彭本、柯本、凌本、殿本。张文虎校勘金陵本添加"迁"字。王应麟改造《史记索隐》，焉知《史记正义》不是经王应麟之手改造过的。

综上三点查核《玉海》原文，并不是如赵生群、袁传璋所说王应麟转录的《史记》及三家注有版本依据的原件，更不是什么唐写本，而是王应麟自己所写词条"汉史记"，掐头去尾转引的一条《博物志》，张守节的按语也已删去。赵、袁两人只是证明了同出于王应麟一人之手的《索隐》《正义》所引《博物志》为"年二十八"，没有任何考据证明张守节按语有误，也没有任何考据证明《索隐》不误，两人断章取义，误导读者。袁传璋走得更远，编造皇家藏本、唐写本，其考证学风，乃至如此。

赵生群文刊出一月后，《光明日报·历史周刊》2000 年 4 月 28 日发表易平对赵文的评析文章《司马迁生年考证中的史料鉴别问题》，该文指出，《玉海》转录的《正义》佚文，旨在存《博物志》的材料而非张守节说，王应麟的这一做法，只能是"将这条《正义》佚文的史料价值降低到只能说明《索隐》引言正确无误而已"。按逻辑推断，如果《玉海》所引《史记正义》佚文是真实的，恰恰是张守节在驳正《博物志》，也就是驳正《索隐》，那么张守节按语必另有所据。由于三家注合刻删除了依据，又由于王应麟转引将张守节按语一并删除，则《正义》的驳难依据也就无考，但不能说无据。依王国维说，《博物志》原文作"年三十八"，《索隐》错为"年二十八"；依程金造说，《博物志》《索隐》均为"年三十八"，不误，《正义》据此推断为"年四十二"，也不误，十年之差是《索隐》在唐以后流传中导致数字讹误。《玉海》是唐以后，晚至南宋末，材料转引四五手，岂不验证了程金造的说法？袁传璋的巧辩，非始料所及，恰恰证成了王国维说。

三、袁传璋考证的双重标准

从版本找依据来打破两说并立。施丁 1984 年在《司马迁生年考》中指出，《史记会注考证校补》中有日藏南化本《索隐》引《博物志》作"年三十八"，也找到了文献依据。袁传璋先生考证，这条《正义》是日藏中国南宋黄善夫本栏外批注，只代表批注者的观点，若作论据，就是伪证。《史记会注考证》所存一千余条《正义》佚文，皆来源于栏外批注，这就是程金造指责不可靠的逻辑，袁传璋予以驳正，单单这一条就是伪证，可见袁传璋的考证也有随意性，双重标准看事物，显然是不科学的。而且同一条《正义》佚文，在《玉海》中作"二十八"，日人所见为"三十八"，我们相信谁呢？按科学考证原则，施丁的考证与赵生群的考证又是一对一。我们同意袁传璋的观点，施、赵两人发现的材料，只能代表栏外读者、王应麟个人的观点。作为材料，均应存疑待考；若作为"铁证"，皆为伪证。

第六章　"前135年说"论者袁传璋
在考证烟幕下精制伪证伪考

"前135年说"后继论者袁传璋以考证见长，自20世纪80年代中以来至2018年三十余年间撰写了多篇研讨司马迁行年的论文，也是百年论争第三次论争的导火者。因他对中国史记研究会以"前145年说"于2015年举办纪念司马迁诞辰2160周年学术研讨会提出异议，从而重启了司马迁生年十年之差论争的话题。经核查，袁先生的考证论文，每到关键处完全师法李长之笔锋一转，以辨代考，擅长在考证烟幕下精制伪证、伪考，特设本章专题评说，下分三节来评析。余论三题一节，则是评析袁传璋相关的伪说。

第一节　编织理论为"前135年说"弥缝补漏

一、用力甚勤，颇有收获

袁传璋先生研讨司马迁生卒年的论文，前后共有十四篇，关于卒年的论文四篇，姑置不论，属于生年的论文十篇，依发表时间列目于次。

1.《〈报任安书〉"会东从上来"辨证》[①]

2.《从任安的行迹考定〈报任安书〉的作年》[②]

[①]　载《安徽师范大学学报》1987年第1期。

[②]　载《淮北煤炭师院学报》1987年第2期。

3.《司马迁生于武帝建元六年新证》①

4.《〈史记·三王世家〉"太子少傅臣安行宗正事"为刘安国考》②

5.《从书体演变角度论〈索隐〉〈正义〉的十年之差——兼为司马迁生于武帝建元六年说补证》③

6.《太史公"二十岁前在故乡耕读说"商酌》④

7.《〈玉海〉所示〈正义〉佚文为考定司马迁生年提供确证》⑤

8.《司马谈临终遗命与司马迁人生转向》⑥

9.《王国维之〈太史公行年考〉立论基石发覆》⑦

10.《"司马迁生年前145年论者的考据"虚妄无征论》⑧。

前七篇论文的基本论点、论据,以及论证方法最终积淀在《太史公生平著作考论》(安徽人民出版社,2005年)一书中。袁先生的得意之作,是3、5两篇。《司马迁生于武帝建元六年新证》集中表述对司马迁生年的考证,支持"前135年说";《从书体演变角度论〈索隐〉〈正义〉的十年之差》,驳难王国维,提出了两位数合写"鲁鱼亥豕"常理说。

上述论说目录及历年,表现了袁先生的执着与孜孜以求,用力甚勤,颇有收获。对学术的贡献有四个方面:其一,对任安的行迹作了系统的考证,从正面证实了王国维的考证,任安在益州刺史任上致书司马迁"推贤进士",时在太始四年春。其二,考定《史记·三王世家》中"太子少傅臣安行宗正事"之"臣安"为汉宗室刘安国,而不是任安,纠正了司马贞《索

---

① 载《陕西师范大学学报》1988年增刊。

② 载(台湾)《大陆杂志》第89卷第1期,1994年7月15日。

③ 载(台湾)《大陆杂志》第90卷第4期,1995年4月30日。

④ 载(台湾)《大陆杂志》第91卷第6期,1995年12月5日。

⑤ 载《司马迁与〈史记〉研究年鉴》(2011年卷),商务印务馆2013年版。

⑥ 载《渭南师范学院学报》2016年第1期。

⑦ 载《渭南师范学院学报》2018年第1期。

⑧ 载《渭南师范学院学报》2018年第5期。

隐》注之失，砍掉了施丁考证司马迁元狩五年仕为郎中的一条"蛇足"论据。其三，从数字书写的书体演变，袁传璋发现两位数字合写"鲁鱼亥豕"的常理，即"卅"与"卌"经常相讹，廿与卅罕见相讹。此为最大的贡献，可与王国维的数字分书常理之"三讹为二，乃事之常；三讹为四，则于理为远"并行，合则全面，分则片面。其四，袁传璋关于司马迁行年考证涉及一些历史掌故，丰富了读者的阅读知识。例如，袁传璋对"年十岁则诵古文"的考证，虽然与推导司马迁生年没有关系，但对于汉时青少年的从学掌故的回顾，丰富了阅读知识。

从总体上看，袁传璋对司马迁行年的考证，无论是生年还是卒年的考证，由于迷失了方向，步入伪证、伪考的歧途，令人唏嘘。特别是后两篇论文，即 2018 年刊发的 9、10 两文，重抄旧说，无一新意，只是增加了不少的非学术语言的调料，丢弃了学术研讨的平和心态，不无遗憾。

二、先入为主，迷失方向

所谓"先入为主"，是指带着心中早有的定见去找证据，读史文，本来一句简单易懂的话，却故作高深，有意误读，最终导向使自己迷失了方向。

袁传璋在他的最得意之作《司马迁生于武帝建元六年新证》中说，"解决纷争的唯一出路在于寻找更权威的本证"，"它就是太史公本人的《太史公自序》和《报任安书》"，并具体地从《太史公自序》"迁生龙门"一节，以及《报任安书》中提出了三个标准数据、一个基准点：

年十岁则诵古文。

二十而南游江淮……于是迁仕为郎中。

待罪辇毂下二十余年矣。

再加一个基准点：《报任安书》的作年。

袁传璋说，"解决纷争的唯一出路"，"它就是太史公本人的《太史公自序》和《报任安书》",这话说得好极了,难得的清醒认识,回到了王国维指引的方向:"排比行年是考证司马迁生年唯一正确的方法。"袁传璋不叫"唯一正确的方法",称为"唯一出路",其实是一个意思。袁传璋好争第一,程金造在20世纪50年代中第一个考证了孔安国元朔二年为博士,所据材料为《资治通鉴》;王达津考证孔安国为谏大夫在元狩五年,出为临淮太守在元狩六年,所据材料为《汉书》之《百官表》和《地理志》,晚了三十年的袁传璋说是他在20世纪80年代考证出的。1981年,苏诚鉴先生以"曩者辱赐书"定位《报任安书》的作年,袁传璋在1988年《司马迁生于武帝建元六年新证》中接过苏先生的论说大做了一番文章,却以创始者的口吻训责说,论者大多忽略了《报任安书》发端"少卿足下,曩者辱赐书"中所含的时间副词"曩"字呈现的"时距"云云。"前135年说"的首创者是谁?恐怕要归李长之、郭沫若了吧?不!袁传璋说他"并非'郭说论者'",而是在"王、郭二家之外,特立独行地另辟蹊径","首创"了一套研究方法,推翻了王国维"不堪一击的逻辑推导出来的司马迁生于汉景帝中元五年"。言外,袁传璋已是该领域的第一人。这不是费笔墨来调侃,而是揭示一种失衡心态下,好争第一而刻意地追求标新立异,从而扭曲了正常思维,走向了正确认识的"唯一出路"的反面而南辕北辙。"三个标准数据"的提法并非"另辟蹊径",而是跛足的"别有用意"。考证要的是历史事实,既要扎实地勤学努力,更要有求真的心态和识见,才能披沙拣金,考出成果。袁传璋取巧,只用"三个标准数据"取代更为重要行年关节点的考证,根本不成立,将在第二节目中详说。

三、师法李长之,亦步亦趋

袁传璋称他的考证独辟蹊径,超越了郭沫若、李长之。其实,核心内容是师法李长之,亦步亦趋,准确地说是编织考证烟幕,演绎李长之的十条,换句话说,袁传璋的考证没有超过李长之,而是编织理论,弥罅补漏。

这里先揭示袁传璋考证的核心内容是如何师法李长之的，举例二三如下。

李长之的十条是以辨代考，袁传璋作了系统的考证，独辟了蹊径，怎么能比作李十条呢？袁传璋的许多考证无关痛痒，与推导司马迁生年没有关系，对"年十岁则诵古文"的考证最为典型。袁传璋称"年十岁则诵古文"是三大标准数据之一，而推演时不见踪影，可见他用力考证的只是虚晃一枪的考证烟幕。核心内容是司马迁二十南游多长时间？元鼎元年南游根据在哪里？仕为郎中在哪一年？南游归来即出仕做官，依据又在哪里？归根结底，被晚生十年砍掉的十年青年时代，李长之的一句"空白说"能弥合吗？以上这些核心内容，李长之以辨代考，常常是笔锋一转含糊其辞；这些地方，袁传璋也是笔锋一转，含糊其辞，所谓"师法李长之，亦步亦趋"者指此。即袁传璋的考证在关键处无新意，无实证，以辨代考，此其一。

李长之要司马迁晚生十年而又早死，一生只活了四十三岁，是为他的论著《司马迁之人格与风格》文学论说编织理论依据。李长之毫不讳言地说：

> 假若司马迁早生十年，则《史记》是四十二岁到五十岁的作品，那是一部成年人的东西；否则晚生十年，《史记》便是三十二岁到四十几岁的作品，那便恰是一部血气方刚、精力弥漫的壮年人的东西了。

这就是李长之对司马迁生年"十年之差"要争的理由。《史记》是一个"三十二岁到四十几岁"的血气方刚的青壮年人之作，《史记》写人物传记充满激情，这是事实，但更多的是严肃冷静地人生哲理与历史沉淀的思考，绝不是几年、十几年的激情之作，而是耗尽了父子两代人数十年的心血结晶。李长之构建他心中的司马迁之人格与风格，是他个人的见解，他的十条考辨，表达他的浪漫主义情怀，实为文学虚构的考辨，提出一个假说，也是允许的，但要说成是史实考证，毫无疑问是荒谬的。袁传璋又以考证的姿态，撰写《司马谈临终遗命与司马迁人生转向》，论证司马迁"少年心事""立功荣祖"，直到司马谈临终遗言，才转向修史，经过数年准备，到太初元年（前104）动笔，在司马谈"已备雏型"的基础上，于征和二年（前91）完成"究天人之际，通古今之变"的巨著《太史公书》。掐指算来，从公元前104年到公元前91年，正是按"前135年说"创始者李长之说的那样，是司马迁三十二岁到四十五岁的作品。袁传璋用了近两万字的考证烟幕，演绎的是李长之寥寥不足一百字的文字游戏，此亦步亦趋又一实证，此其二。

李长之十条之二用《报任安书》"待罪辇毂下二十余年矣"驳"前145年说"，其方法是把"仕为郎中"之年转换为"二十南游"之年。袁传璋精制的伪考核心就是把"仕为郎中"合理的时间段与"二十南游"时间点对接，此乃师法或者叫演绎李十条之二的内容与方法，此其三。

上列三证足以说明袁传璋的另辟蹊径，只不过是转换语言与手法的李氏考辨，其最大特点是在考证烟幕下师法李长之，亦步亦趋，这些均是袁传璋在白纸黑字中自己写下的。

四、编织理论，弥缝补漏

"前135年说"论者，咬文嚼字，以辨代考，肇端于李长之。本编前文第二章，指出李长之的十条考辨，若贴一个标签，可称之为"文学虚构法考证"，形象地说是"在字缝中作考证"。袁传璋另辟蹊径，他的考证大有改观，引经据典，但仔细推敲，袁传璋的考证，并不扎实，大多在不关痛痒的地方用力；而考证关节点，袁传璋不折不扣地师法李长之，笔锋一转，以辨代考，确实表现了青出蓝而胜于蓝，已如前文所述。袁传璋编织理论，掩盖"前135年说"的方法错误，弥缝补漏，不能不知晓。

袁传璋编织的理论，主要有二：一是"句句"按时间先后叙事，为误读史文提供理论，近年来一系列《太史公自序》写有生年的伪命题论文，是这一理论运用的外溢，已在第五章做了分解，兹从略。二是让虚词"于是"二字大放光彩。袁传璋解"于是"二字为介词结构，义为"就在这时""就在这里"，既为李长之的"空白说"提供理论，也为自己的精制伪证、伪考作铺垫。"于是"二字的理论关节点，指"于是"连接前后两个事件"没有时间间隔"。袁氏的这一理论可称之为"无缝连接"。请看袁氏的论述，《司马迁生于武帝建元六年新证》曰：

> 王国维及其支持者的失误，在于无视司马迁本人显白的自叙，而将这段话中至关紧要的"于是"二字，当作关联词或语气词忽略了过去……须知在上古书面语言里，"于是"是由介词"于"和指代时间或地点的"是"构成的介词结构，以表示时间和地点的状态。意为"就在这个时候……"或"就在这个地方……"《史记》中的"于是"，大抵是这两种用法……司马迁自述"过梁楚以归。于是迁仕为郎中"，"是"指代"过梁楚以归"这个时间。意思是说，经过梁、楚故地返回京师。就在这时进入仕途，做了郎中。司马迁亲自告诉人们，他南游归来后即进入仕途，中间并没有间隔。

"于是"两字在古今汉语中都是一个常用虚词，第一功能是作承接连词用，连接前后两件事，突出事理的因果关系，应读为"这之后"，前后两事不是无缝连接，可以有相当长的时间跨度——几天、几月、几年、几十年，视前后事件相关的事理，时间长短有伸缩。第二功能作介词结构，"于是"作"于此"解，意为"就在这个时候"或"就在这个地方"，连接的前后事件可以无时间与空间的间隔。司马迁"二十南游……过梁楚以归"，于是"迁仕为郎中"，这两句话中的"于是"应是承接连词，是连接"二十南游"与"仕为郎中"之后的"扈从之游""奉使之游"，三种不同旅游的并列，直觉就不能读"于是"为"就在这个时候"，应读为"这之后"。此处的"于是"，事关重大，最可靠的办法必须是用考证来落实。考证方法，就是要落实"过梁楚以归"与"迁仕为郎中"各在哪一年。如此一来，中间是否有"间隔"，间隔多长时间，自然显现。"前135年说"论者不作任何考证，只在"于是"

二字上大做文章，李长之的"空白说"、赵光贤的"大漏洞说"由之生出。袁传璋编织无缝连接的理论为之弥缝补漏，也为自己的编造作铺垫。袁传璋的想象是：司马迁"壮游用了一二年时间，他担任郎官时不过二十一二岁"，"司马迁的入仕为郎与壮游在时间上前后相承，南游归来后即因父荫仕为郎中"，两者在时间上"没有间隔"。换句话说，司马迁"二十壮游"与"入仕郎中"前后承接，"于是"二字作了无缝连接。

袁传璋为了证明自己的观点，举了四个《太史公自序》的例证来证明。所举四例为：

（1）在秦者名（司马）错，与张仪争论，于是惠王使错将伐蜀，遂拔，因而守之。

（2）太史公曰："唯唯，否否，不然……余所谓述故事，整齐其世传，非所谓作也，而君比之于《春秋》，缪矣。"于是论次其文。

（3）七年而太史公遭李陵之祸，幽于缧绁……退而深惟曰："夫《诗》《书》隐约者，欲遂其志之思也……此人皆意有所郁结，不得通其道也，故述往事，思来者。"于是卒述陶唐以来，至于麟止，自黄帝始。

（4）周道废，秦拨去古文，焚灭《诗》《书》，故明堂石室金匮玉版图籍散乱。于是汉兴，萧何次律令，韩信申军法……则文学彬彬稍进，《诗》《书》往往间出矣。

以上四例作何解读呢？请看袁传璋先生自己现身说法。《司马迁生于武帝建元六年新证》曰：

全部表时间状态。例（1）"于是"揭示就在司马错与张仪争论之后，惠王命司马错伐蜀；例（2）"于是"揭示司马迁就在与壶遂论辩之后，正式着手编撰《太史公书》；例（3）"于是"揭示司马迁就在脱于牢狱之后，即赓续《太史公书》的撰述并将其杀青；例（4）"于是"揭示新兴的汉王朝紧承秦火之后，重新开始文化建设。"于是"以下的行为在时间上紧承"于是"以前的行为发生，无一例外。

上述四例，"于是"承接的是前后行为的因果关系，"于是"都应解为承接连词，例（1），因为司马错主张伐蜀，所以（即于是）惠王命司马错领兵伐蜀；例（2），因为司马迁与壶遂讨论撰写《史记》主题效《春秋》而作，所以司马迁把这一主题贯入所写的《太史公书》之中；例（3），因为司马迁受牢狱之苦，所以引古人自况而发愤著书；例（4），因为秦火烧了《诗》《书》，所以汉王朝兴起要复兴文化，这才是正解。袁传璋自己的解读，也全部是按承接连词解读为"这之后"，而不是按介词结构解为"就在这个时候"，用袁传璋自己的话说："无一例外。"例（1）为"争论之后"，例（2）为"论辩之后"，例（3）为"脱于牢狱之后"，例（4）为"汉王朝紧承秦火之后"。解读为"这之后"，则时间有伸缩，例（4）最为明显。秦始皇焚书在他执政的第三十四年，即公元前213年，汉王朝定都长安复兴文化事业在汉高祖七年之后才启动，已到公元前200年，其间有十四年的间隔，而且改了朝，换了代。袁传璋用"汉王朝紧接秦火之后"，两个王朝无论怎么"紧接"，也改变不了这十四年的间隔。袁传璋的理论是："于是"为"就在这个时候"，"中间没有间隔"，难道"紧接"二字就可以抹掉间隔，抹去时间十四年？由此可见，"前135年说"论者袁传璋的咬文嚼字、巧言诡辩是多么的荒唐！

第二节　费心费力，误读史文

《太史公自序》"迁生龙门"一节，其中"耕牧河山之阳""二十南游""过梁楚以归""仕为郎中"四个行年关节点，远比"年十岁则诵古文"重要，袁传璋没有去考证，而用"三个标准数据"障人眼目。正确解读《史记》原文的字面意义，是考证的第一步。袁传璋为了达到混淆是非之目的，他费心费力，误读《史记》，还制造了《史记》"句句"按时间先后顺序记事的理论，误导读者，说"耕牧河山之阳"，指司马迁九岁以前；"年十岁则诵古文"，指十岁到二十岁的从学经历；"二十南游以归"与"仕为郎中"，中间有了"于是"，更是"没有时间间隔"。袁传璋误读史文的最要害之点，就是要把"二十南游"与"仕为郎中"对接起来。直白地说出来太虚假，李长之的"空白说"，赵光贤的"大漏洞说"，也显得十分乏力，袁传璋编织理论来架构就精制得多。本章用三个节目解析袁传璋精制的伪证、伪考：第一节，解析袁氏伪证理论；第二节，解析袁氏运用理论误读史文；第三节，解析袁氏五步推演的伪考。请看袁传璋是怎样误读《史记》。

一、袁传璋误读"耕牧河山之阳"

由于袁传璋用"句句"按时间顺序解读"耕牧河山之阳"在九岁之前，正如钱穆所说："十岁幼童，如何耕牧河山之阳呢？"袁传璋又编织"藻饰"耕牧与"农忙辅助"劳动说圆场，故事到此为止，或许被放过一马。袁传璋还忘不了设一"标靶"，用"实实在在"耕牧来诬罔对方，还举列杨恽、诸葛亮、阮籍、谢朓等人均属"藻饰"耕牧而非"实实在在"耕牧。"实实在在"耕牧，是袁传璋的自编自导，没有一个"前145年说"论者说"耕牧河山之阳"是"实实在在"耕牧，倒是袁传璋自编的故事，七八岁的司马迁在农忙时要到南亩去辅助劳动，还要去放牛，前后论说，自相矛盾。

二、袁传璋误读"年十岁则诵古文"

"年十岁则诵古文"，字面意义十分显白，连词"则"字前后各有一个词组。"则"字前的词组"年十岁"是一个时间点，指十岁少年；"则"字后的词组"诵古文"可以有两解：一是"诵"指学习，谓司马迁从十岁起学习古文，二是"诵"指诵读，指司马迁年十岁已有相当的古文修养，可以诵读古文书籍了。合成一句话，主语"司马迁"承前省。"诵"字为谓语，"古文"为宾语，"年十岁"为状语，强调了时间点的意义，表述司马迁十岁时的学识状态，插入"耕牧河山之阳"中，表达少年时代的司马迁耕读于故里。"诵"字的两个意义充分展现：一是"诵"字作诵读解，指学习古文已达到的境界，"诵"指能诵读古文典籍是本始意义；二是"诵"字作学习解，意义为泛指，包括司马迁在故里学习的整个时间段，即十岁之前的蒙童学习加十岁之后的延伸学习，绝不是袁传璋误读的解说，指"从十岁到二十岁的从学经历"。

　　"年十岁则诵古文"，只有某岁而不能考证出在某年，它就不是一个重要的行年关节点，更不是行年基准点。因此，袁传璋对"年十岁则诵古文"的那些考证，有真有假，真真假假，皆为烟幕，与推导司马迁的生年毫无关系。笔者的《司马迁评传》在二十多年前，即 20 世纪 90 年代初已对"年十岁则诵古文"做了司马迁习古文、习书法、读古文书的诸多探讨，旨在解读"年十岁则诵古文"的内涵，当然包括后来的学习。袁传璋说还要包括向董仲舒、孔安国学习，也完全没有错。问题是司马迁在什么时间、什么地点向两位大师学习？时间：元狩年间；地点：京师。此时当是司马迁二十南游归来的二十三四至二十七八岁时，十分自然。元狩年间与京师这一客观史实是袁传璋没法改变的，于是他祭出了《太史公自序》"句句按时间先后叙事"，把"年十岁则诵古文"这一时间点拉伸为从十岁到二十岁，压缩司马迁十九年的少年时段的"读书耕牧"变成了九岁以前童年时的"藻饰耕牧"，并提早十年把司马迁从夏阳徙移到了京师。至于在夏阳没有书读，没有老师教学，等等，就纯属编造了。[①]司马谈及其先祖司马昌、司马无泽能在夏阳成才，为什么司马迁少年时就不能在夏阳学习？司马迁只能在京

　　[①]　袁传璋对"年十岁则诵古文"的误读与伪证，详见《太史公"二十岁前在故乡耕读说"商酌》。

师成才，那司马相如在巴山蜀水怎么成的才？广川的董仲舒，以及当时严
助、终军、朱买臣等一大批文人学士，都在京师成才吗？袁传璋为何要花
大力气对"年十岁则诵古文"作伪考呢？其"别有用意"的目的有三：一
是掩盖司马迁晚生十年被砍掉的十年青年时段；二是将古文作含混的解释，
便于少年司马迁进入元狩年间，此便与"问故孔安国、师事董仲舒"相搓捏；
三是暗藏年十岁到京师，为晚生十年的建元六年说制造论据。

破解袁传璋的误读与伪考有两个方法：一是详考更具权威的历史事实，
二是由袁传璋本人现身说法。分述于次。

1. 详考历史事实

重点有二：一是详考"诵古文"的内容，二是详考"问故孔安国的古
文内容"，看司马迁在什么年龄段"问故"最适宜，目的是什么。程金造、
李仲均、张家英等人考证"诵古文"的内容①，比起袁传璋的含混考证是更
具权威的本证。"古文"二字，《史记》中有八个篇目提及，计《五帝本纪》
《封禅书》《三代世表》《十二诸侯年表》《吴太伯世家》《仲尼弟子列传》《儒
林列传》《太史公自序》。涉及的古文典籍有：《五帝德》《帝系姓》《诗经》《书
经》《春秋》《国语》《左氏传》《谍记》《终始五德》《论言弟子籍》《古文尚
书》，上述十一种典籍，均是"古文"，而《古文尚书》，只是其中之一，这
完完全全是司马迁写的。周寿昌《汉书注校补》卷四十一指出，据《说文》，
《孝经》亦是古文，"益知古文之属《尚书》为误证也"。由此可见，司马迁
"年十岁诵古文"为一回事，向孔安国问故《古文尚书》又是一回事，甚至
李长之在《司马迁之人格与风格》的第七章第三节中更直白地说："所谓古

---

① 程金造《从"年十岁诵古文"商榷司马迁的生年》，收入《司马迁与史记》论文集
（中华书局 1957 年版）；李仲均《程金造先生"从〈史记〉三家论商榷司马迁生年"》，《文史
哲》1957 年第 8 期；张家英《王国维〈太史公行年考〉补证三则》，《哈尔滨师专学报》1999
年第 1 期。

文，实在就是古代语言学的训练，没有旁的。"张家英的结论是："太史公所谓'古文'，皆先秦写本旧书，其文字虽已废不用，然为时尚非难识。故《太史公自序》云：'年十岁则诵古文。'太史公自父谈时已掌天官，其家宜有此旧籍也。"依上所考，"年十岁诵古文"不一定包括《古文尚书》，先秦古文旧籍司马迁家宜有此。

孔安国、董仲舒两人，本书前文第三章第二节考证两人均于元狩年间活动在京师。则司马迁问故孔安国、师事董仲舒均在元朔末和整个元狩年间，有六七年之久。导入"前145年说"，正是二十南游归来的二十三四至二十七八岁之时；导入"前135年说"，则在少年时的十三四至十七八岁之时，司马迁必须在十岁许家徙茂陵。

考《汉书·儒林传》：《古文尚书》未立学官，孔安国以今文读之而私授，"司马迁亦从安国问故。迁书载《尧典》《禹贡》《洪范》《微子》《金縢》诸篇，多古文说"。司马迁问故，是问《古文尚书》之义理、文献学、历史学，运用于《史记》书中。司马迁为修史而问故，毫无疑问是二十南游归来，司马迁已成人并为修史助手才去问故。若少年十余岁之时，为长知识为仕进却去问故号称绝学的《古文尚书》，难以使人信服。可见袁传璋编织的考证故事显然不成立。

2. 再看袁传璋的现身说法

《太史公自序》载司马谈有三位老师："学天官于唐都，受《易》于杨何，习道论于黄子。"其中杨何为菑川人，这三位老师是司马谈出仕京师后因修史而继续不耻下问。黄生，景帝时已在京师为博士。唐都与司马谈均为建元元年举贤良出仕。杨何元光元年才征至京师，官至中大夫。笔者在1994年出版的《司马迁评传》中作了论证，当时的袁传璋尚能采纳笔者见解，他在1995年发表的《太史公"二十岁前在故乡耕读说"商酌》一文中是这样说的：

> 司马谈为太史公在京师长安,才得以"学天官于唐都,受《易》于杨何,习《道论》于黄子"。

二十余年后的 2018 年,袁传璋发表《司马迁生年前 145 年论者的考据虚妄无征论》却作如此说:

> 司马谈为太史公之前游学齐鲁,方有机会"学天官于唐都,受《易》于杨何,习《道论》于黄子"。

袁传璋自誉"年十岁则诵古文"的考证,"每条结论都有左贯右通的文献支撑",竟然是如此的"左贯右通","在京师长安",能与"游学齐鲁"贯通吗?

三、袁传璋误读"二十南游……以归,于是迁仕为郎中"

这是"迁生龙门"一节中一段话的压缩,说成"一个标准数据",本身就含糊其辞而又荒唐。这段话包括"二十南游……以归"时间段,加上"仕为郎中"时间点,再加上中间用"于是"连接,至少是三个因素,其中"二十南游……过梁楚以归"时间段,如有考证条件,还可分为"二十南游"与"过梁楚以归"两个时间点更为准确。由于没有参证资料无法考证"过梁楚已归"之年,只能把"二十南游以归"作为一个时间段来估算,这是无可奈何的事。袁传璋用"一个标准数据"的含糊语言,"别有用意"有三:其一,要用"二十南游"的"二十"这一数据做推演工具,却又不堂堂正正地明说,有一点不明不白;其二,是扭曲"于是"的解释,即为李长之的"空白说"提供理论支撑,又为自己的误读史文来掩盖晚生十年的谬说,以及精制伪考做铺垫;其三,在"于是"二字上做文章,转移对"二十南游以归"时间段,以及对"仕为郎中"的考证,这才是要害。袁传璋摒弃考证,仅仅用"于是"可解为介词结构来大做文章,前节行文引用袁传璋自己解说的四个"于是"的例子现身说法,又一次表演了"左贯右通",兹不赘。

四、袁传璋用《报任安书》的"作年"为基准点大错特错

《报任安书》的"作年"无论是在太始四年，还是在征和二年，因为只有某年而无某岁，缺少司马迁写《报任安书》时的年岁，所以不是基准点，无法用《报任安书》的"作年"推计司马迁生年。"待罪辇毂下二十余年"之"余"的这一数据，是一个有九个伸缩年的时间段，只表示已经"仕为郎中"的合理时间段，是用来检验考证所得的"仕为郎中"之年是否正确，而不能推导出绝对"仕为郎中"之年。袁传璋居然能把有九个伸缩年的时间段与一个"二十南游"的时间点对接起来，这一精制的伪证、伪考，真可与 20 世纪文化造假的两大牛人相媲美。①

第三节　袁传璋的五步推演，乃精心编织伪证伪考

袁传璋是怎样运用他的三个标准数据加一个《报任安书》的"作年"基准点来推演司马迁的生年呢？他分为五步推演完成，分述于次。

一、袁传璋的伪考

自征和二年（前 91），上推二十年是元封元年（前 110），由此上

---

① 1986 年《中国音乐》第 1 期发表了中国音乐学院何昌林教授的文章《所谓〈敦煌东汉木简乐谱——五弦琴谱〉破译真相》，该文揭示在 20 世纪出现了两个学术造假的顶级人士。一位是英籍德裔语言学家赫伦勒博士（1841—1918），他在 1881 到 1899 年"破译"了中国新疆和田一个文物贩子阿克亨，用"鬼画符"的方法伪造的用多种谁也不认识的"陌生文字"书写的四十五本古代印刷品，并在报告中作了生动的描绘与阐述。过了八十五年，类似事件再次发生。1984 年 1 月 22 日《人民日报》与《光明日报》第一版，公布了"敦煌发现我国最古乐谱"的消息，一枚书写于公元 152 年（东汉桓帝元嘉二年）的半片残简，是简文"书到亟驰诣官口口"草书的半边残文，形似曲谱，被兰州大学牛龙菲"破译成功"。不久，电台播放了这首由"九个音符"组成，带有"湖南民歌特性羽调式风味"的"敦煌东汉古典残句"，被称为"木简乐谱——五弦琴谱"。

推一年是元鼎六年（前111），上推七年是元狩六年（前117）。司马迁"仕为郎中"的年代当不出元狩六年至元鼎六年之间（前117—前111）。司马迁"二十南游江、淮"的年代当不出元狩五年至元鼎五年（前118—前112）的范围。由此上推二十年，司马迁当出生在建元三年至元光三年（前138—前132）中的某一年。

上引的一段话，见袁传璋《司马迁生于武帝建元六年新证》，所陈述的五步推演理论。每到关键地方就含糊其辞，是袁传璋考证用语的特点。在这段话中，"司马迁'二十南游江、淮'的年代当不出元狩五年至元鼎五年的范围"，就是一句含糊语，尤其是"当不出"三字，看似斩钉截铁，其实毫无根据。袁传璋在《"司马迁生年前145年论者的考据"虚妄无征论》中，凡是理直气壮的地方，恰恰是疑点多多。[①]"二十南游江、淮"，明明是一个时间点，怎么生出了七个伸缩年？这是袁传璋为了与七个"仕为郎中"的伸缩年对接而编造出来的，又假定"南游"是一整年，也是按伪考的需要编造出来的。袁传璋的许多考证与推导生年无关，归结为一句话叫"考证烟幕"。"三个标准数据"和"一个《报任安书》作年的基准点"，就是想当然的编造，似是而非，亦真亦幻，其中"年十岁则诵古文"这一"标准数据"最为典型，在上引袁氏"伪考理论"的话语中，即本题的演示中不见了"年十岁则诵古文"的踪影，就是生动的明证。且看袁传璋的五步演示，是如何进行的。

二、第一步、第二步，推导"仕为郎中"之年无误

第一步，以《报任安书》"作年"，即征和二年（前91）上推二十年在

---

① 袁传璋此处用语"当不出"云云，与李长之的用语，"他绝不能把父母是否早死也弄不清楚""他不会连自己作事岁月都记不清楚"云云何其相似。两人均用理直气壮的含混用语表达，此等处必然是疑点多多。

元封元年。

第二步，以元封元年的上一年从元鼎六年起上推一至七年，即为司马迁"仕为郎中"的"二十余年"之"余"的合理范围，共有七个年头，即元狩六年至元鼎六年，姑名之曰："仕为郎中"之年。

以上两步推导是正确的，用于推导的两个要件：即《报任安书》的"作年"与"待罪辇毂下二十余年"的功能到此寿终正寝。推导的结果只用于检验司马迁"仕为郎中"的合理年限，而无法推导司马迁确切的"仕为郎中"之年，更无法推导司马迁生年，以《报任安书》的"作年"为基准点大错特错。这大错特错将在下面第三步、第四步中揭示。此处袁传璋还有一个"伏笔"。请注意，"余"字包括从"一至九"，应当是九个伸缩年，包括从元狩四年到元鼎六年。其中"元狩五年"，经钱穆与施丁考证，是司马迁"仕为郎中"之年。袁传璋只推导了"七"个伸缩年，理由是"超过七年则一般不再称'二十余年'，而曰'几三十年'"，不得不承认袁传璋确实用了一番苦心，他要排除"元狩五年"，不给"前145年说"留下"仕为郎中"的空间，事实上，袁传璋需要的"余"字七个伸缩年只要包括了"元鼎元年"也就够了。

三、第三步、第四步，伪考核心，"仕为郎中"与"二十南游"对接

第三步，袁传璋在"司马迁'仕为郎中'的年代当不出元狩六年到元鼎六年之间"后，师从李长之，突然笔锋一转，说："司马迁'二十南游江、淮'的年代当不出元狩五年至元鼎五年"，请问"当不出"是哪来的？有何考证依据？"当不出"，乃理直气壮的语气，袁传璋之"气"从哪来？前一个"当不出"指"仕为郎中"之年是真，夹带一个假货"当不出"，指"二十南游为一整年"，一真一假连动，由此可见袁氏之狡黠。第二个假货"当不出"乃是袁传璋假定的，安排司马迁南游一整年（用虚年计数，一整年是两年，填入"司马迁行年表"就是退一格），与"仕为郎中"的七个伸缩年对接，转换为七个"二十南游"之年，即袁传璋所谓"元狩五年至元鼎五年"。

第四步，再上推二十年即为司马迁的生年范围，在建元三年至元光三年。这一步，袁传璋完成了把司马迁"待罪辇毂下二十余年"的"余"字包含的七个"仕为郎中"的伸缩年，"偷换"成为七个年头的"二十南游"的伸缩年，再用以推导七个生年的伸缩年，其中包括了待证的建元六年，这就是袁传璋说的："司马迁应当出生的某一年。"为何说这是伪考的核心，伪在哪里？"仕为郎中"是待考之年，用《报任安书》"作年"加"待罪辇毂下二十余年"所推的七个"仕为郎中"的伸缩年，只是用于验证所考证的"仕为郎中"之年是否合理，而不是已经考出了"仕为郎中"之年，这就是作伪所在，荒谬所在。用此，再加上假定的整一年南游，从而"偷换"成为七个年头的生年的伸缩年，可以说这是双重伪考。

四、第五步，寻找元鼎元年，完成循环推演

请看袁传璋在《司马迁生于武帝建元六年新证》中的说辞：

> 按今本《索隐》所引《博物志》称元封三年司马迁"年二十八"。据此上推二十八年，当生于武帝建元六年（前135），正在据史公自叙推定的生年范围之内。据此上推八年为元鼎元年（前116），司马迁二十岁，"南游江、淮"。

这段话语言不顺，十分别扭，乃有意为之。"正在据史公自叙推定的生年范围之内"，用语玄妙，其实就是待定的《索隐》说二十八年。下句"据此上推八年"，又一个"李长之笔法"，笔锋又突然一转，即把待定的二十八年作为已知的二十八年减"二十南游"之数据"二十"为余数"八"，依此上推八年。这就是袁传璋含混用语的目的。这里袁传璋以《索隐》上推的司马迁二十八岁行年减去"二十南游"之年的余数为"八年"，看起来仍是用《索隐》上推，实际是从建元六年下推二十年，这就是循环论证。在此，袁传璋的狡黠又一次凸显，他没有说"迁年二十八减去二十南游"

这句话, 如同他运用 "'句句' 按时间先后叙事" 来误读《史记》, 而没有说 "句句" 两字一样。由此可以看出, 袁传璋是精心制作伪证、伪考, 运用暗度陈仓的做法, 作伪证、伪考, 所以语言含混不顺。由于是暗度陈仓, 袁传璋出现了计算疏失。推算计年是虚年, 加减计年是实年, 虚实计年有一年之差。"二十八" 减 "二十", 余数 "八" 是实年, 上推八年, 也就是从二十八计数到二十一, 乃是元鼎二年, 不是袁传璋说的元鼎元年, 而必须再加一个虚年, 也就是 "二十八" 减 "十九", 余数为 "九", 要上推九年才是元鼎元年。袁传璋的这一疏失, 乃是伪考痕迹的暴露。

司马迁生年与二十南游之年, 两者为因果, 生年为因, 二十南游之年为果。生年为已知, 可以推出果; 反过来, "二十南游" 之 "年" 这个果为已知, 可以推出因。这种单向的因推果, 或者果推因, 叫作推理, 不叫因果互证。因果两者均不知, 必须考证出一个已知才能推未知, 做到了这一个过程就叫考证。建元六年是待证之假说, 实际就是未知的因。要证实建元六年, 就要用考证的方法考出 "二十南游" 之 "年" 这个果来推因, 这时的 "二十南游" 之 "年" 这个果就是基准点。本文反复指出基准点是能够直接推出生年的行年, 它要包括某年某岁两个要素,《报任安书》的 "作年" 少了一个某岁, 根本无法直接推出生年, 所以不是基准点。如能考证司马迁二十南游在元鼎元年, 这就是推知司马迁生于建元六年的基准点。袁传璋借用《报任安书》的 "作年", 再加上两个 "标准数据", 进行五步推导, 最后还是回到了循环论证。即元鼎元年二十南游, 不是考证出来的, 而是用待证的建元六年这个因, 推出 "二十南游" 之 "年" 这个果; 反过来, 用元鼎元年这个果, 验证建元六年这个因。因推果, 果证因, 因果互证, 就是循环论证, 当然 "丝丝入扣" (袁传璋语)。

五、袁传璋伪证伪考五步推演图示

前文 "袁传璋的五步推演, 乃精心编织伪证伪考", 文字叙述的五步推演，转换成为图表十分清晰，图示如下：

年号		公元前	司马迁年岁	五步推演图示		
				五步伪考推演内容		循环论证找出元鼎元年
建元	元	140				
	二	139				
	三	138				
	四	137				
	五	136				
	六	135	1岁	建元六年		
元光	元	134	2		元鼎元年上推二十年 第四步	元封三年上推二十八为建元六年 / 建元六年回推二十年为元鼎元年 / 元鼎元年上推二十年为建元六年 / 暗度陈仓，二十八减二十为八
	二	133	3			
	三	132	4			
	四	131	5			
	五	130	6			
	六	129	7			
元朔	元	128	8			
	二	127	9			
	三	126	10			
	四	125	11			
	五	124	12			
	六	123	13			
元狩	元	122	14			
	二	121	15			
	三	120	16			
	四	119	17	仕为郎中之年		
	五	118	18	元狩六年至元鼎六年	元狩五年至元鼎五年 第三步上推七年	
	六	117	19			
元鼎	元	116	20			元鼎元年 / 元鼎二年 / 找元鼎元年 第五步
	二	115	21			
	三	114	22			
	四	113	23			
	五	112	24			
	六	111	25		二十南游一整年虚妄无征 此为伪考	
元封	元	110	26	上推七年 第二步再推演一至七年	第三步退一格（即假定壮游一整年）推演一至七年完成仕为郎中时间段与二十南游时间点对接，旨在包有元鼎元年，用袁传璋的话说，此为「虚妄无征」之伪考	元封三年 上推八年为元鼎二年 上推九年为元鼎元年
	二	109	27			
	三	108	28			
	四	107	29			
	五	106	30	第一步推演二十年		
	六	105	31			
太初	元	104	32			袁传璋第五步从元封三年上推八年至元鼎元年，是暗度陈仓的循环论证：即二十八减二十为八年，应由二十八减十九，上推九年才是元鼎元年，此乃作伪痕迹之暴露
	二	103	33			
	三	102	34			
	四	101	35			
天汉	元	100	36			
	二	99	37			
	三	98	38			
	四	97	39	找仕为郎中之年		
太始	元	96	40			
	二	95	41			
	三	94	42			
	四	93	43			
征和	元	92	44			
	二	91	45			
	三	90				
	四	89				

袁传璋伪证、伪考五步推演图示

六、破解循环论证是解读"前135年说"论者伪证伪考的一把钥匙

"二十南游"是司马迁行年中最重要的一个关节点。第一，它是青年与少年两个时段的分界点；第二，《太史公自序》以及近二十篇"太史公曰"留下"二十南游"的许多见闻和行年资料。若司马迁生于前135年，即"建元六年说"成立，则"二十南游"必在元鼎元年。前文指出，两者互为因果。所以"前135年说"论者李长之、王达津、赵光贤、苏诚鉴等人，包括袁传璋，几代"前135年"论者对司马迁"二十南游"在元鼎元年作了大力考证，其成果都是编织考证烟幕，用以掩盖循环论证，必然作伪考。百年论争的事实生动地证明，"前135年说"不成立，司马迁行年中根本就没有"二十南游"在元鼎元年这回事，元鼎元年是用前135年推导出来的，是一个假证；要把假说成真，必然作伪考；要把伪考说得像那么一回事，必然借助循环论证，于是循环论证成了"前135年说"论者作伪考的死结。王达津、赵光贤、苏诚鉴等人，他们千方百计找理由，安排司马迁元鼎元年二十南游，违背司马迁在《报任安书》中白纸黑字所写恩荫仕为郎中，而毫无依据地编排以博士弟子巡风出游，归来即以博士弟子仕为郎中。袁传璋修正了王达津等人的论证，不得不承认司马迁恩荫为郎，他的论证自然要另辟蹊径，自认为"三个标准数据加一个《报任安书》作年基准点"的设计十分高明。袁传璋的精制伪考，最后仍然回到循环论证，越是精制，作伪的成分就越多。他的考证有两大特点：一是东拉西扯，许多考证与所考目的生年无关，其作用是编制考证烟幕；二是每到关键地方就虚妄编造。司马迁"二十南游"一整年是编造，赵禹元鼎元年奉诏选郎是编造，"年十岁则诵古文"的"内涵"为"十年"亦是编造，把"古文"说成是"古文尚书"绝学，以点代面，以个别代一般，十二岁翩翩少年向孔安国问故绝学，更是离奇的编造。那么，袁传璋为什么编造司马迁

"二十南游"只是一整年呢？为何不说两年、三年，或更长的时间呢？有两个因素限制了他们的空间。一是"前 135 年说"论者砍掉了司马迁的十年青年时段，要把十六年的青年时段挤压在六年时段中，时间的安排左支右绌；二是"二十南游"之"年"的元鼎元年是因果互证推衍出来的，它与建元六年的间距就是"二十南游"本身，因此"二十年"这一紧箍咒把他们卡死了。李长之、王达津、赵光贤、苏诚鉴等人，对司马迁二十南游时间、含糊其辞，只谈元狩六年随褚大巡风、元鼎元年返回或元狩六年武帝下诏巡风、元鼎元年成行云云。袁传璋说出一整年（虚年是两年）已经了不起了，这得益于他的"独辟蹊径"，以《报任安书》"作年"为基准点，又把《报任安书》"作年"从太始四年推延两年到征和二年，从而获得了两年时间。

第四节 余论三题

一、施丁考证"仕为郎中"是"荒诞无稽"，还是驳难者夸大失实

袁传璋《"司马迁生年前 145 年论者的考据"虚妄无征论》，便于行文，省称为《虚妄论》。何为"虚妄无征"？直白地说，就是缺乏证据。也就是说，没有证据的一方，或证据为伪，即为"虚妄无证"。"荒诞无稽"其实就是"虚妄"一词的同义语。"前 135 年说"论者，包括袁传璋，他们的考证不是为了求学术之真，而是用以掩盖虚妄的循环论证，所以对于"前 145 年说"论者有价值考证的诋毁不遗余力。迄今施丁对"仕为郎中"的考证在钱穆考证的基础上进一步做出了有价值的贡献，受到袁传璋"荒诞无稽"的贬斥，似可理解。但因《虚妄论》对于历史事实的颠倒，对于是非的肆意混淆必须纠正，于是有了本题的研讨。

1. 袁传璋对施丁"仕为郎中"无可辩驳的正确考证贬斥失实

1953 年, 钱穆作《司马迁生年考》, 依据《封禅书》"入寿宫侍祠神语", 参证《资治通鉴》系年, 考证司马迁元狩五年二十八岁"仕为郎中", 作为"前 145 年说"之一证。施丁考证, 以钱说为第一证据。《虚妄论》说"寿宫"不置于元狩五年, 只有太史令才能入寿宫, 司马迁为郎持戟在殿下侍卫, 不得上殿, 不能入寿宫。此说纯属虚妄。请看《封禅书》是怎么写的:

> 文成死明年 (即元狩五年), 天子病鼎湖甚, 巫医无所不致, 不愈。游水发根言上郡有巫, 病而鬼神下之。上召置祠之甘泉。及病, 使人问神君。神君言曰: "天子无忧病。病少愈, 强与我会甘泉。"于是病愈, 遂起, 幸甘泉, 病良已。大赦, 置寿宫神君……非可得见, 闻其言, 言与人音等。时去时来, 来则风肃然。居室帷中。时昼言, 然常以夜……又置寿宫北宫, 张羽旗, 设供具, 以礼神君。神君所言, 上使人受书其言, 命之曰"画法"。其所语, 世俗之所知也, 无绝殊者, 而天子心独喜。其事秘, 世莫知也。

上引《封禅书》清楚明白地记载的事实内容有这样几条: 其一, 元狩五年汉武帝生病, 百般医治无效, 侍从游水发根言上郡巫能请神治病, 于是召来"置祠之甘泉官", 装神弄鬼治好了汉武帝的病。其实, 当是医药已基本治愈汉武帝的病, 加上汉武帝迷信鬼神的精神支柱, 重病痊愈, 于是奉上郡巫为神明。此为建置寿宫的起因。其二, 汉武帝病愈, 大赦天下, 正式在行宫中建置寿宫神殿, 由上郡巫来作法请神君, 始于元狩五年, 初建于甘泉官, 随后又在北宫置寿宫。其三, 上郡巫在寿宫装神弄鬼, 有时在白天, 经常是在夜间。其四, 神君发话, 汉武帝不在现场, "上使人受书其言", 所使之人当为司马迁。其五, 神君所言, 与世俗普通人一样, 只有汉武帝相信, 宫中知情人以及司马迁均不信。

综上五条, 汉武帝所置寿宫侍祠神语, 乃个人迷信私事, 故"其事秘,世莫知也"。太史令观天象，备顾问，列席朝议，礼神祭祀，皆国家典礼，袁传璋故意混为一谈。上郡巫在寿宫神殿中作法弄鬼，"居室帷中"，即用层层帷帐遮挡，制造若隐若现的神秘效果，有时白天，更多的是在夜晚，汉武帝九五之尊不在现场，由一个侍从亲近的人来传达，这个侍从传达即为司马迁。所以，司马迁才知道这些"世莫知"的秘密，写入《封禅书》中。袁传璋用朝堂听政来比附，更是大谬！司马迁仕为郎中，因其才华出众而为汉武帝文学侍从，在这一队伍中年龄不足三十是后生晚辈，他作为传递神语的使者最为适宜。《报任安书》云："仆忘室家之业，日夜思竭其不肖之材力，务一心营职，以求亲媚于主上。"可见其君臣相知的程度，才得以知晓"其事秘，世莫知"的宫中事。《封禅书》太史公曰"余从巡祭天地诸神名山川而封禅焉，入寿宫侍祠神语"云云，因司马谈未参加封禅，故太史公只能是司马迁。

2. 袁传璋纠正施丁之失，应予肯定，夸张他的一条材料发现，施丁的考证"全盘落空"，则夸张失实

施丁考证司马迁元狩五年"仕为郎中"，为了多增加一条论据，施丁失检，引用司马贞注元狩六年任安为太子少傅行宗正事，以为佐证，其实是画蛇添足。袁传璋发表《〈史记·三王世家〉"太子少傅行宗正事"为刘安国考》①纠正了《索隐》之失，断了施丁考证的蛇足，应予肯定。袁传璋称他的发现元狩六年太子少傅"臣安"是刘安国而非任安，说这是司马迁"仕为郎中"的"唯一的依据"，甚至说施丁"考证的司马迁的生平行迹，《史记》的成书以及《报任安书》写作的年代，然全盘落空"②。平心而论，袁传璋发

---

① 载（台湾）《大陆杂志》第89卷第1期，1994年7月。

② 参见袁传璋《"司马迁生年前145年论者的考据"虚妄无征论》，《渭南师范学院学报》2018年第5期。

现"臣安"不是"任安"，真正的价值是纠正了《索隐》一条注的错误，如果没有施丁的蛇足，这一成果与考证司马迁生年毫无关系。这不是否定袁传璋对施丁蛇足的纠正。只是说，学术上的一得之见，实事评价，力重千钧；夸张过度，就难免贻笑大方。

二、霍光"出入禁闼"怎么读

袁传璋在二十余年前发表《从书体演变角度论〈索隐〉〈正义〉的十年之差》一文时就指责笔者没有读懂《汉书》，霍光"出入禁闼二十余年"写在征和二年前面，没有错。查中华书局点校本《汉书·霍光传》，分段以"征和二年"为下段起句，霍光"出入禁闼二十余年"为上段结句。两段应作一气读，"出入禁闼二十余年"是终结霍光与汉武帝君臣相知终始说的，它要从元狩四年到后元二年，至少到后元元年来计算，为三十三、三十四年，说明霍光成为昭帝首席托孤大臣的原因。汉武帝后元元年（前88）七月将周公负成王画像赐予霍光，后元二年临终前正式托孤。征和二年是倒叙，或称为插叙，说明托孤的原因，国家失去了太子，要另立少子，故而托孤。"征和二年"前面要增一"初"字读。袁传璋又是祭出了他的"句句按时间先后叙事"，把"出入禁闼二十余年"读到"征和二年"为止，于是只有二十九年。到底是谁没有读懂《汉书》？只要按查原书就泾渭分明了。当年笔者没有理会袁传璋，学术贵歧，不同见解的争鸣是学术繁荣的标志。感兴趣的读者，可以按核原书。当年袁传璋尚有和平心态，就事论事讨论学术。可是写作《虚妄论》时的袁传璋重提霍光之例，说成是笔者在替王国维弥缝补漏，这就越出学术研讨在伪说了。霍光"出入禁闼"是二十余年，还是三十余年，即"卅"讹为"廿"了，是笔者驳难李伯勋"数字不讹说"，特别是李伯勋说"廿、卅、卌"不相讹说的。王国维根本就没涉及两位数字合写的"鲁鱼豕亥"。此例是袁传璋考证惯于东拉西扯的一个生动实例。学术研讨要贵歧，而真伪分辨是论是非，就如同冰炭不可共一炉一样。

三、《虚妄论》指责《述评》的研究方法，实为袁氏考证方法的自供与现身说法

袁传璋《虚妄论》的第六题指责《述评》的研究方法，举证四条。其一，"制造标靶，以利抨击"；其二，论证方法是喜傍名人之说，厚集其阵为己后援；其三，"好为独断，大言欺人"；其四，诋毁《玉海》佚文。第一、第三两条，是袁传璋的自供。第二条，指责"《述评》论证方法喜傍名人之说"，"别有用意"，企图一箭双雕。《述评》梳理百年论争，只要有一得之见，不论名人，还是初出茅庐的青年学者，要尽可能广泛采集，不掩其美。袁传璋用"傍名人之说"，一是掩盖自己承袭程金造、王达津、苏诚鉴等人之说的掠美行为，二是贬低《述评》引用百年论争成果的价值。第四条《玉海》佚文乃王应麟所写词条不知所引，袁传璋编造王氏引自皇家藏本、唐写本，《述评》揭出原委，何来诋毁？

第七章　百年论争回顾，定案司马迁生年

（附考：司马迁卒年与《报任安书》作年）

本章对司马迁行年，特别是生年的十年之差百年论争疏理作最后的总结，十年之差论争的意义在哪里？司马迁的生年可否作出定案，依据在哪里？这两个方面，试作简洁明快的回答，以为百年论争疏理作出阶段性总结，定案司马迁生年，即司马迁生于公元前 145 年可以为定论。本章附考"司马迁卒年"与"《报任安书》作年"，共分四节来谈。

第一节　司马迁生年十年之差论争的意义 ①

元封元年，即公元前 110 年，司马迁奉使西征还报命，又恰值司马谈辞世。依《索隐》《正义》两个生年定位点计算，据《索隐》，司马迁生于公元前 135 年，二十六岁；据《正义》，司马迁生于公元前 145 年，三十六岁。司马迁二十壮游，结束了少年时代，进入社会，步入了青年时代。按《正义》，司马迁有十六年的青年时代，按《索隐》说砍掉了十年，只有六年，而且是虚岁计年。以实年计，司马迁"还报命"在元封元年夏四月，青年时代只有五年又四个月。所以"前 135 年说"论者要把壮游、问学、入仕、扈从、奉使都挤压在这五年又四个月的时间中，于是乎才有李长之、赵光贤的"为时极短说""空白说""大漏洞说"；才有袁传璋

① 此节内容参见张大可《司马迁生年十年之差论争的意义》，《管子学刊》2017 年第 4 期。

的壮游归来就仕为郎中，"没有时间间隔"的无缝连接说；才有九岁蒙童耕牧河山之阳、十余岁少年问学国家级大师等一系列"天方夜谭"故事。这还是次要的。如果司马迁少了十年的青年时代，对于司马迁个人的人生修养、《史记》成书、思想积淀均有着巨大的影响，可以从三个方面来说明。

1. 影响司马迁的人生修养，缺失了十年伟大时代的熏陶

司马迁晚生十年，被砍掉的十年青年时代，即是从二十壮游的元朔三年至元狩六年（前126—前117）。这十年恰好是汉武帝大规模征伐匈奴的十年，是西汉国力迅速崛起的十年，全国民众艰苦奋斗的十年。这是一个举国上下积极奋发的伟大时代，国家有为，激发青年奋发壮志，不言而喻。这十年，司马迁壮游、从学、交友，为司马谈修史助手，受到见习修史的历练，为继承父志独力写作并铸就《史记》丰碑打下坚实基础。没有这十年的人生修养和修史见习，二十六岁的司马迁就遭遇父亲辞世，不懂修史方法，不知南北东西，能继续独力修史是不可想象的。因此，研讨司马迁的生年，必须与《史记》创作紧密相连，体察《史记》丰碑是怎样铸就的，《史记》内容该怎样去解读。离开《史记》创作，抽象地研讨司马迁生年，十年之差没有任何意义。司马谈临终遗言："余为太史而弗论载，废天下之史文，余甚惧焉，汝其念哉！"司马迁受命，恳切地回答说："小子不敏，请悉论先人所次旧闻，弗敢阙。"双方都不像是在交接一个陌生的话题，而是有相当长时间的修史磨合，双方均有自信。简短的对话，有着深远的内涵。司马谈交付的修史重担，与其说是交给一个二十余岁的青年，倒不如说是交给一个三十余岁的成熟的中年人才合于事实。下列"司马迁生年十年之差时代背景纪年表"，意义清晰显现（见下页）。

司马迁生年十年之差时代背景纪年表

年号		公元前	生145	生135	几个重要的大事纪年	公元前	行年时间段			
元封	三	108	38	28	司马迁为太史令，继父修史，铸就丰碑，完成《史记》	108				司马迁晚生十年，加二十南游，几近没有了青年时代
	二	109	37	27		109				
	元	110	36	26	司马迁奉使还报命，见父于河洛 / 司马谈卒，临终遗命司马迁继为修史	110	司马谈卒	青年时代十六年（前一四五年说）二十南游	青年时代六年（前一三五年说）二十南游	青年时代十六年减去南游数年，差不多没有了青年时代（前一三五年说）
元鼎	六	111	35	25	司马迁奉使西征，在春正月	111	司马谈与宽舒草封禅仪			
	五	112	34	24	迁扈从武帝西登空同	112				
	四	113	33	23	汉武帝在位 54 年，是年为前后期分界点；西汉达于鼎盛，武帝首次远游巡幸	113				
	三	114	32	22		114				
	二	115	31	21		115				
	元	116	30	20	"前 135 年说"：迁二十南游以归	116				
元狩	六	117	29	19	孔安国出为临淮太守 / 博士褚大巡风。"前 135 年说"：迁为博士弟子随褚大出游	117	汉匈大决战，汉胜匈败	受学孔、董之年	受学孔、董之年	
	五	118	28	18	司马迁仕为郎中 / 博士孔安国为谏议大夫	118				
	四	119	27	17	汉匈漠北大战，匈奴远遁 / 李广卒 / 司马相如卒，遗封禅文 / 霍光为郎	119				
	三	120	26	16		120				
	二	121	25	15		121				
	元	122	24	14	司马谈《论六家要指》，此述史宣言撰《太史公书》，上起陶唐，下讫获麟	122				
元朔	六	123	23	13		123	二十南游	二十南游		
	五	124	22	12	董仲舒为胶西王相，元狩二年致仕，家居茂陵	124				
	四	125	21	11		125				
	三	126	20岁	10岁	"前 145 年说"：二十南游，三至五年	126				
年号		公元前	生145	生135	几个重要的大事纪年	公元前		145	135	
							行年时间段			

2. 李长之缩短司马迁十岁生年的动机不成立

李长之非常重视司马迁生年十年之差对于《史记》成书的意义。李长之认为《史记》是一部青壮年"血气方刚"所写的史诗，应该是"三十二岁到四十几岁的作品"，不应该是"四十二岁到五十岁，精力弥漫的壮年人的东西"。所以，李长之要缩短司马迁十岁的生年，还要司马迁早死，一生只活了四十二岁。作为文学家的李长之，有此浪漫情怀是可以理解的，也是可以允许他提出这样的假说的，把《史记》比喻为史诗，也不过是"无韵之《离骚》"的换一种说法而已。但是，把浪漫情怀与假说当作历史事实，把《史记》当作纯文学作品，那就大错特错。环视古今中外，可以有天才的神童作家和艺术家，但没有神童的历史学家。因为一个良史，要有才、学、识、德四大要素的修养，单有才气是不够的。学，是博闻强记，积累知识；识，是人生磨炼，要在社会上摔打，积累阅历。两者都需要长时间来积淀。司马迁入仕，扈从武帝，正值汉武帝在位五十四年的下半程。此时匈奴已远遁漠北，从元鼎四年（前113）起，汉武帝首次远离京师巡幸四方，到汉武帝辞世的后元二年（前87），其间二十七年，汉武帝巡幸四方达二十二次，短者三个月，最长七个月，平均三至四个月计，二十二次要耗时六十六个月至八十八个月，总计六七年。司马迁还有职事公务，用于修史的时间充其量是一半。司马迁卒年，大致与汉武帝相终始，王国维系于昭帝始元元年，即公元前86年。从元封元年（前110）到始元元年，其间二十四年，一半时间也就是十二年。如果司马迁的十年青年时代，在元封元年前被砍去，必然要用元封元年之后的十年弥补，还要用于修史见习，留给司马迁的写史时间就更少了。简单的一个时间账，十年青年时代对于司马迁完成《史记》是何等的重要，难道还有疑问吗？

3. 从《史记》的写作过程，可证司马迁晚生十年不成立

《史记》是司马谈、司马迁父子两代人的心血结晶[①]，历时半个多世纪。

----

① 与《史记》并驾齐名的《汉书》，也是历经班彪、班固父子两代人半个多世纪完成，其中班固还得到妹妹班昭的协助。

司马谈在建元元年（前140）举贤良入仕，就发愿继承孔子圣人的事业，完成一代大典，提出了创作《史记》的宏愿。司马谈正式写作是在元狩元年（前122），直至元封元年（前110）去世。司马谈修史准备从建元元年至元狩元年，已达十八年，正式写作从元狩元年至元封元年，共十二年，前后三十年耗尽了他的一生。元封元年（前110），司马迁三十六岁，受父遗命，接力修史。这之前，司马迁二十壮游，"网罗天下放失旧闻"，已是司马谈的修史助手，到元封元年，已历经了十六年的修史见习期，洞悉父亲的一切规划，并参与其中。从元封元年至武帝之末的后元二年（前87），司马迁全身心投入修史，又独立进行了二十四年的创作，《史记》完成，前后四十年。父子两代合计经营《史记》七十年，减去重叠的十六年，首尾五十四年，接力写作共三十六年，耗尽了两代人的心血。一代大典的完成是如此的艰难，也正因为是两代人的巨大付出，才铸就了《史记》丰碑。李长之想象《史记》只能完成于一个"血气方刚"的青壮年之手，凭着一股激情，只需十几年一气呵成，显然这不过是编织的文学虚构。《史记》厚重的思想内涵，岂能是一个"血气方刚"的青壮年所能积淀！

司马迁在元封元年之前，已历经了十六年的修史见习期，《史记》的成书过程可以提供生动的证明。司马谈临终遗言，交代其发凡起例的宗旨有三端: 一曰效周公"歌文武之德"；二曰继孔子效《春秋》"修旧起废"，为后王立法，为人伦立则；三曰颂汉兴一统，论载"明主贤君忠臣死义之士"。合此三端，即以人物为中心，以帝王将相为主干，颂一统之威德，这正是秦汉中央集权政治在学术思想上的反映。《论六家要指》为司马谈所作述史宣言，倡导融会百家思想为一体，自成一家之言。这些也就是《史记》的本始主题，"颂扬"是其主旨，着重记载"明主贤君忠臣死义之士"，断限上起陶唐，凸显让德；下讫元狩获麟，象征文成致麟。从元狩元年（前122）至太初四年（前101），又历二十二年。这之间西汉崛起达于极盛，汉武帝北逐匈奴，开通西域，拓土西南夷，并灭两越，封禅制历，象征天命攸归，完成大一统。司马迁参与了封禅制历，激动非凡，在太初元年完成制历后与好友壶遂讨论《史记》写作宗旨，弘扬司马谈记述历史以颂扬为本始的主题，形成"究天人之际，通古今之变，成一家之言"的思想体系，提升了《史记》主题；延展断限，上起黄帝，下讫太初，凸显大一统历史观，提出了"非兵不强，非德不昌"的治国理念。这是司马迁把现实历史事势的发展写入《史记》的证据。太初元年距离元封元年只有七年，如果司马迁晚生十年，在元封元年之前，没有十六年修史的见习期，没有十年青年时代对大时代历史事势变化的感知，就不可能在太初元年与壶遂讨论《史记》主题，甚至没有资格参与制定太初历。

此外，司马迁还与壶遂讨论了历史学的批判功能。司马迁以"见盛观衰"的高瞻远识，朦胧地意识到历史学应有干预社会生活的本能，具有批判功能。司马迁借《春秋》提出了"贬天子，退诸侯，讨大夫"的思想理念。孔子的《春秋》没有"贬天子"，而是为尊者讳，显然只有司马迁的实录记述才能赋予历史学这一功能。司马迁与壶遂的讨论是追述，其内涵是总结其一生的思想积淀，"贬天子"当是受祸以后第二次提升《史记》主题之后才有的思想境界。这涉及《史记》是什么时候完成的，与司马迁卒年有紧密联系。关于卒年，详本讲第三节。

第二节　司马迁生年两说，只并存于三家注，王、郭两说王真郭伪不并存，司马迁生于公元前 145 年可以为定论

唐人的《索隐》《正义》并存司马迁的生年两说，历经百年研讨，在现存史籍中找不到《索隐》《正义》数字讹误的直接证据，因此两说并存。而一个人的生年只能是一个，所以两说并存皆为待证之假说。证明方法，排比司马迁行年，谁与之行年轨迹吻合，谁就是真实的生年，谁与之不吻合，

谁就被证明是伪，生年不成立。

　　总括百年论争的结果，用以检验王国维、郭沫若两家之说，从行年排比与论证方法两个层面来看，都鲜明地呈现出一真一伪的对比，王真郭伪，两说不并存。

　　其一，行年排比。编制"司马迁行年表"，就是具体、形象地排比、串联经过考证学术界公认的有关推导司马迁生年的史实，制成历史系年表，也就是将本书各讲所总括的百年论争的考证成果制成历史系年表，再将王国维、郭沫若两说的待证生年以及两说的行年关节点排入历史系年表，与之对照，比较两说，看谁最符合司马迁行年轨迹，以最符合的一方定案司马迁的生年。查行年表，按郭沫若支持的"前135年说"，则司马迁九岁之前蒙童耕牧河山之阳，十二三岁至十七八岁的少年问学孔安国、董仲舒两位国家级学问大家，二十壮游在元狩末或元鼎元年，二十五岁奉使西征，这些行年坐标点既无考证，又不合情理，均为想当然的安排，以及循环论证，当然是伪，不能成立。按王国维支持的"前145年说"，则司马迁十九岁以前少年时代耕牧河山之阳，二十壮游在元朔三年，二十三四岁壮游归来到二十七八岁之间问学孔安国、董仲舒，元狩五年二十八岁仕为郎中，扈从武帝，三十五岁奉使西征。二十壮游与仕为郎中之间，仕为郎中与奉使西征之间，都各自经历了数年的人生历练，"前145年说"的各个行年关节点，不仅合情入理，均有考证文献证实，当然是真，可以为司马迁的生年定案。此外，按郭沫若说，司马迁九岁见郭解，十七岁以前见李广；依王国维说，司马迁十九岁见郭解，二十七岁前见李广。从"太史公曰"的评论看，当以青年时所见为优。若司马迁在少年时见郭解和李广，必须要年十岁时入京，与《太史公自序》"迁生龙门"一节记载不符。至于司马迁与《刺客列传》《樊郦滕灌列传》《郦生陆贾列传》《张释之冯唐列传》中长者公孙季功、董生、樊他广、平原君子、冯遂等，生于前145年，岁差四十五岁至五十五岁，二十南游的司马迁与六十五岁至七十五岁的前辈长者可以相及，而晚生十年，则与七十五岁至八十五岁的长者有些就不相及了。至于《报任安书》说的"待罪辇毂下二十余年矣"，无论《报书》作于太始四年，还是征和二年，"行年表"反映均符合。

"司马迁行年表"见如下。

司马迁行年表（王国维、郭沫若两说对照）

纪年		王说	郭说	大事记	考据	备注
前145	景帝中元五年	1岁		迁生龙门	王氏依《正义》说，其据与《索隐》同源为《茂陵中书》	《索隐》《正义》所载司马迁生年同源，十年之差乃《索隐》数字二十八为三十八之讹，此王氏立论基石。可简括为：数字讹误说，《正义》《索隐》两说一真一假
前136	武帝建元五年	10岁		年十岁诵古文	见《太史公自序》	
前135	武帝建元六年	11岁	1岁	郭说迁生一岁	郭氏依《索隐》说	
前128	元朔元年	18岁	8岁	耕牧河山之阳	见《太史公自序》	
				王说：迁从孔安国问故	王氏推断有误，无考据，为郭说论者承袭	
前127	元朔二年	19岁	9岁	迁家徙茂陵／郭解入关／孔安国为博士	是年武帝迁徙豪富及京师高官子弟实茂陵／孔安国为博士，程金造据《通鉴》考证	《游侠列传》载，司马迁曾见郭解
前126	元朔三年	20岁	10岁	王说：二十而南游江淮	见《太史公自序》	可与公孙季功、董生、樊他广、平原君子、冯遂、李广交游
前124	元朔五年	22岁	12岁	依《太史公自序》所载行程，迁游必二三年或四五年始归	董仲舒出京为胶西王相，元狩二年致仕，他家居茂陵	
前119	元狩四年	27岁	17岁	李广死	霍光为郎	

续表

纪年		王说	郭说	大事记	考据	备注			
前118	元狩五年	28岁	18岁	迁出仕为郎中三百石/孔安国为谏议大夫/董仲舒家居茂陵，至元鼎二年卒	是年大选郎官，任安、田仁为郎，迁亦应是年为郎/《百官表》是年初置谏议大夫	受学于孔董之年	出仕八年后奉使为郎中将	史公行年空白说不能成立	《报任安书》云：待罪辇毂下二十余年矣：元狩五年至太始四年为二十五年，元狩五年至征和二年为二十七年，《报任安书》无论作于太始四年或征和二年，均与"待罪辇毂下二十余年"吻合。
前117	元狩六年	29岁	19岁	孔安国出为临淮太守	《地理志》是年初置临淮郡				
前116	元鼎元年	30岁	20岁	博士褚大巡风，郭说论者编织迁为博士弟子二十南游在元狩六年或元鼎元年	建元六年说者推论无据				
前112	元鼎五年	34岁	24岁	迁扈从武帝西登空同	王氏据《五行志》《武帝纪》考出				
前111	元鼎六年	35岁	25岁	奉旨西征巴蜀以南，为郎中将，秩千石	唐蒙、司马相如使西南夷，职为郎中将与中郎将，迁当为郎中将				
前110	元封元年	36岁	26岁	迁奉使还，见父于河洛/(父谈卒)	载《太史公自序》				
前108	元封三年	38岁	28岁	迁为太史令	《索隐》注引《博物志》所载《茂陵中书》，迁年28岁。王说："28"乃"38"之误。				

续表

纪年		王说	郭说	大事记	考据	备注
前 104	太初元年	42 岁	32 岁	迁议历法；正式定稿《史记》	《正义》按：迁年 42 岁	霍光从元狩四年到后元二年"出入禁闼三十四年"
前 99	天汉二年	47 岁	37 岁	李陵兵败被俘，迁为辩说	武帝纳迁言，派公孙敖迎李陵	
前 98	天汉三年	48 岁	38 岁	是年冬，李陵家被族，迁受腐刑	武帝误听传言，族李陵家，迁株连受祸	
前 96	太始元年	50 岁	40 岁	迁出狱，为中书令		
前 93	太始四年	53 岁	43 岁	作《报任安书》内有：会东从上来，涉旬月，迫季冬，仆又薄从上上雍	是年武帝春三月幸泰山，冬十二月行幸雍与《报任安书》合	
前 91	征和二年	55 岁	45 岁	清赵翼系《报任安书》作于是年	史无可考，而为郭说论者所据	
前 90	征和三年	56 岁		春夏之交，刘屈氂被腰斩	任安应死于是年六月	
前 87	后元二年	59 岁		武帝卒	太史公记事尽于孝武之事	褚少孙说
前 86	昭帝始元元年	60 岁		《外戚世家》等多篇有"武帝"二字，留下史公修订《史记》的痕迹，王国维推论史公卒于是年		
前 81	始元六年			"盐铁会议"桑弘羊引用《货殖列传》称"司马子言"，是对已故学问家的敬称。此是司马迁死于昭帝之初的铁证		

其二，考证方法。"前 135 年说"论者，不作细致的考证，不是在文献中披沙拣金，而是想当然，在字缝中取巧，关键论证无一考据。"前 135 年说"之源，郭沫若驳王国维的三条考据，有辩无考，李长之的十条立论，

无一考据。"前135年说"后继论者的"新证"，没有超出李长之的十条，只是变换手法演绎李长之的十条而已。"前135年说"后继论者所谓"考证"的基本方法，是不科学的循环论证。他们用待证的《索隐》说，司马迁生于公元前135年，下推二十壮游在元鼎元年（前116）；然后编织考证烟幕说司马迁元鼎元年壮游，用公元前116年壮游反推二十年为生于公元前135年。循环论证，又称因果互证，即以因推果，以果证因。以司马迁二十壮游为例，说明所以。《报任安书》明白无误告知"仕为郎中"靠的是父亲为官恩荫为郎，其言曰："仆少负不羁之才，长无乡曲之誉，主上幸以先人之故，使得奉薄技，出入周卫之中。"而王达津、苏诚鉴等人，以及"前135年说"后继论者，无视司马迁的自述，而编织司马迁以博士弟子为郎，二十壮游与元狩六年的博士褚大巡风相搓捏，用以证明司马迁生于前135年。像这样无根无据的历史搓捏，没有讨论价值。

更有甚者，直接编织伪证。南宋王应麟在《玉海》中自写词条"汉史记"，引文有《史记正义》引《博物志》与《索隐》司马贞一致，发现者宣称这是一条司马迁生于公元前135年的"铁证"。王应麟引文删去了张守节按语："案，迁年四十二岁。"像这样掐头去尾的引文，根本不具有版本价值，它即使刊布在中华书局点校修订本《史记》的"修订前言"中，也变不了真。袁传璋说王应麟所引是南宋皇家所藏唐写本。既然有南宋皇家所藏唐写本，为何不直接引用而去转引王应麟的二手，甚至是三手、四手的材料呢？可见皇家藏本、唐写本之说乃欺世之言。

经历百年论争，显示了"前135年说"论者从源到流，对《索隐》说生年的考证，方法错误，论据不立，可以说郭说已被证明为伪；而"前145年说"论者对《正义》说生年的考证，依王国维指引的方向，方法正确，论据充分，百年积累，证据有十四条之多，即王说为真，司马迁生于公元前145年可以为定论。

最后，我们必须指出，百年论争，成果来之不易。尽管"前135年说"

论者考证不成立，但没有两方切磋，考证不会深入。辩证地看问题，司马迁生年的解决，是双方共同努力的结果。"前135年说"论者磨砺的功劳也应予以肯定。

第三节 司马迁的卒年

司马迁的卒年比生年更加难以考定，因为更加缺乏直接的史料依据。学术界推定司马迁卒年共有八种说法，按先后时间排列如下。

（一）卒于太始四年（前93）说，见郭沫若《司马迁之死》，谓司马迁作《报任安书》有怨言，下狱死。载《历史研究》1956年第4期。李长之、王达津亦主此说。

（二）（三）卒于征和二年底或征和三年一月（即前91、前90）两说。清人成瓘《箬园日札》卷五、赵翼《廿二史札记》卷一主"征和二年说"，今人李伯勋《司马迁生年考辨》与苏诚鉴《司马迁行年三事考辨》主"征和三年一月说"。

（四）卒于武帝后元元年（前88）说，见张惟骧《太史公疑年考》。

（五）卒于武帝末、昭帝初说，假定年代为昭帝始元元年（前86）。见王鸣盛《十七史商榷》卷一"子长游踪"条和王国维《太史公行年考》。

（六）卒于昭帝末或元平元年（前74）说，见吴廷锡《与张鹏一书》、张鹏一《太史公年谱》、程金造《司马迁卒年之商榷》。

（七）卒于昭、宣之间，金代王若虚主此说，见《滹南遗老集》卷一七。

（八）卒于宣帝五凤三年（前55）说，此说为康熙时翟世琪《重修太史庙记》引华山道士说，最为无稽。

以上八种说法，司马迁最早卒于前93年，最晚卒于前55年，前后相差竟达39年，没有一种说法具有能够足以成立的史证，如果没有新的史料发现，这正如王国维所说，是一个"绝不可考"的悬案。在史料未备的情况下，不得已而运用推理论证以备一说，而推理论证必须符合两个原则：第一，要从确定的已知条件引申，而不能凭主观猜想；第二，要符合逻辑程序，而不能陷入因果互证。按这两点精神，合理推论亦能求得明确的趋同。

学术界推论司马迁的卒年，主要是以下两个方法。

1. 用《史记》记事的下限来估算，这是王国维的方法

但是《史记》是一部有严格体例的著作，其下限在太初年间。而且《史记》是司马迁生前定稿的著作，并不是一部未完之作。因此是不能用《史记》的记事下限来考证司马迁绝对的卒年的。太初以后，司马迁或有增补，但也不能确定哪一段增补是司马迁的绝笔文字。王国维确信贰师将军李广利降匈奴为司马迁最晚之记事，时在征和三年。三年后汉武帝辞世。王国维假定司马迁享年六十岁，因此估定司马迁死于昭帝始元元年，并无可靠根据，只是一个情理上的假定。所以王国维说：

> 案史公卒年，绝不可考……然视为与武帝相终始，当无大误也。

这再次体现了王国维存疑的考信精神，我们认为这个按语是成立的。本文为王国维说司马迁死于昭帝之初提供三个已知的旁证：其一，离司马迁未远的褚少孙明确说："太史公记事尽于孝武之事。"这既是司马迁在太初以后修订《史记》的证据，也是司马迁卒于昭帝之初的证据，因褚氏说司马迁记事只尽于武帝之末。褚氏之言和王国维的结论甚近。其二，《外戚世家》《屈原贾生列传》《万石君张叔列传》《平津侯主父列传》《汲郑列传》《酷吏列传》等篇多次提到汉世宗刘彻的谥号"武帝"二字，这是司马迁在武帝死后仍在修饰《史记》的痕迹。因其事均属太初以前事，符合《史记》断限太初的原则，当是司马迁手笔，而不应是后人的点窜，是《史记》载大事"咸表始终"的附记。其三，昭帝始元六年召开盐铁会议，桑弘羊在

论战中多次断章引用《货殖列传》为自己辩护，称"司马子言"①。班固说，"迁既死后，其书稍出"②。桑弘羊以御史大夫之尊，称六百石秩的司马迁为"司马子"，应是对已故学问家的敬称来增加自己观点的权威，合于先贤遗教。上述三点推论可证司马迁卒于昭帝之初。当然这也只是仅备一说罢了。

2. 根据《太史公自序》的《集解》引卫宏《汉旧仪》说"司马迁有怨言，下狱致死"的话来考证《报任安书》的写作年代，这是郭沫若的方法

郭沫若把《报任安书》与司马迁之死挂钩是靠不住的。

其一，卫宏的书多疏失，《太史公自序》的《集解》引臣瓒说，《汉书·司马迁传》注引晋灼说，都指出了卫宏所说多不实，"未可以为正"。

其二，卫宏所言的"怨言"内容是指《史记》。卫宏说：

> 司马迁作《景帝本纪》，极言其短及武帝过，武帝怒而削去之。后坐举李陵，李陵降匈奴，故下迁蚕室，有怨言，下狱死。

司马迁坐"举"李陵就与《报任安书》所言"夫仆与李陵俱居门下，素非相善也，趣舍异路，未尝衔杯酒接殷勤之欢"相乖谬。显然卫宏所说"有怨言"并不是指的《报任安书》。《三国志·魏书·王肃传》及《西京杂记》都有类似的记载，皆为卫宏说的派生，并不能作为司马迁"下狱死"的佐证。

其三，班固的《司马迁传赞》所云"既陷极刑，幽而发愤"，显系指遭李陵祸受腐刑的事件。班固也曾因作史被人诬告下狱，所以他同情司马迁，"《书》亦信矣""迹其所以自伤悼"云云，正讽刺汉武帝滥用"极刑"，牢骚情绪溢于笔端，《报任安书》就是赖《汉书》传下来的。这里班固并无"隐

---

① 《盐铁论》卷四《毁学》。
② 《汉书》卷六二《司马迁传》。

晦含混"之词。李伯勋推敲班固的弦外之音，演绎出"又遭了第二次横祸"，是没有根据的。在两汉人的言论著作中，除卫宏外，并无汉武帝杀司马迁的记载。恰恰相反，倒有对汉武帝不杀司马迁表示不满的话。《三国志·董卓传》裴松之注引谢承《后汉书》记载王允的话说：

> 昔孝武不杀司马迁，使作谤书，流于后世。

又《三国志·吴书·韦曜传》载，孙皓元凤二年（273），左国史韦曜（昭）下狱，右国史华覈上疏救曜。华覈云：

> 昔李陵为汉将，军败不还而降匈奴，司马迁不加疾恶，为陵游说，汉武帝以迁有良史之才，欲使毕成所撰，忍不加诛，书卒成立，垂之无穷。今曜在吴，亦汉之史迁也。

王允切齿汉武帝不杀司马迁，华覈史官上疏暴君孙皓救曜，皆言之凿凿，这足以证明卫宏所言无根。

其四，《报任安书》作于《史记》脱稿之前，这是可以考订的。《昭明文选》本《报任安书》有这样一段：

> 稽其成败兴坏之纪，上计轩辕，下至于兹，为十表，本纪十二，书八章，世家三十，列传七十，凡百三十篇。

《太史公自序》则曰：

> 上记轩辕，下至于兹，著十二本纪……作十表……作八书……作三十世家……作七十列传。凡百三十篇，五十二万六千五百字，为《太史公书》。

对照这两段文字有三点不同：第一，《史记》五体的编次顺序不同。《报任安书》序列为：表、本纪、书、世家、列传；《太史公自序》排列为：本纪、表、书、世家、列传，与今本《史记》吻合。第二，《报任安书》未定书名，《太史公自序》定书名为《太史公书》。第三，《报任安书》无字数，《自序》总计全书为五十二万六千五百字，这三点不同，说明《报任安书》作于《史记》即将脱稿之时，而早于《太史公自序》，事实胜于雄辩。《报任安书》早于《太史公自序》，当然不能以《报任安书》来定司马迁的卒年了。

在王、郭两说之前，昔贤多推断司马迁死于武帝之后。金人王若虚《滹南遗老集》卷一七云：司马迁之卒，"在昭、宣之间"。张鹏一《太史公年谱》叙司马迁行年至昭帝元平元年（前74）。前引桑弘羊在汉昭帝始元六年的盐铁会议上称"司马子言"云云，是司马迁卒于始元六年前之铁证，所以王若虚、张鹏一等人的说法不成立。由此可见，王国维对司马迁卒年的推断："案史公卒年，绝不可考……然视为与武帝相终始，当无大误也。"仍具有权威性。本编第八章《司马迁创作系年（附司马谈）》，即以王国维的《太史公行年考》为依据，系司马迁生于公元前145年，卒于公元前86年，谱列司马迁的一生行年，紧扣《史记》成书，故题称"司马迁创作系年"，而实为"司马迁年谱"。

第四节　《报任安书》的作年

司马迁遭李陵祸株连受腐刑，是一场冤案，也是司马迁的个人悲剧，它带给司马迁身心的创伤影响《史记》成书十分巨大。司马迁的发愤著书说由此产生，直接升华了《史记》主题，因此《报任安书》的作年，由于《汉书》引录时没有记载，也成了一个重大疑案。在存世文献中至今没有发现有关《报任安书》作年的资料，可以说无从考证，若要彻底解决，真的只有等待地下发现了。不过影响司马迁和《史记》的是《报任安书》的内容，至于它的作年只是一个要弄清的历史问题，而对司马迁和《史记》没有多大的直接影响，所以本书没有将其列为一个"《史记》疑案"专题来研讨。

用已知推论未知的方法，王国维从《报任安书》中透露的蛛丝马迹推论《报任安书》作于太始四年，即公元前93年。在王国维之前，清人赵翼据任安死于巫蛊之祸，推论《报任安书》作于征和二年，即公元前91年。王、赵两人，各据不同的已知，推论出不同的结论，《报任安书》两个作年有两年之差。这也生动地说明，推论孤证不立，因此孤立的推论提出的结论，只是一个待证的假说，它还需用考证来证明。在未有考证支持的情况下，推论证据，只能到此为止，它不能作为已知来继续推论。《报任安书》的两个作年，恰如司马迁的两个生年，"前145年"与"前135年"，均是推论得出，只是待证的假说，不能作为已知，继续推论，继续引申。把假说作为已知的任何推论以及考证，均为伪证、伪考。"前135年说"论者，把推论的《报任安书》作年继续引申，即把假说作已知，用以推论司马迁的生年，无论是郭沫若、李长之使用王国维的太始四年说，还是袁传璋等人使用赵翼的征和二年说，他们引申的结论皆为伪证、伪考。我们再看，《报任安书》作年的功用，由于文中有"仆赖先人绪业，得待罪辇毂下二十余年矣"的话头，《报任安书》作年与司马迁出仕产生关联，用"作年"可以验证"司马迁的出仕之年"。由于"二十余年"之"余"，即从"二十一年"到"二十九年"，可以有"九"年的伸缩差，而"太始四年"与"征和二年"的两年之差无关紧要，即作年两说均符合"前145说"论者对司马迁出仕之年在元狩五年的考证。元狩五年，即公元前118年，下距太始四年为26年，下距征和二年为28年，均在"二十余"年之范围，《报任安书》两个作年的推论假说可以并存。"作年"的功能到此寿终正寝，而作年与司马迁生卒年没有丝毫关系。"前135年说"论者以《报任安书》作年为基准点推导司马迁生年，大错特错，已详前文第六章，兹从略。

《报任安书》只能有一个作年，并存的两说只能有一真，那么，哪一说是假呢？我们进一步从《报任安书》的已知推未知，再从史实背景两个方面考察，任安死于巫蛊案是真，但这并不是推论《报任安书》作年的已知，也就是任安之死与《报任安书》作年，两者没有直接关系，清人赵翼的推论不成立。先来看，《报任安书》中的已知，司马迁在《报任安书》中，显明记载作于《史记》脱稿之前，这一已知极为重要，它直接排除了"前135年说"论者：司马迁死于作《报任安书》，该书与巫蛊案直接关联，等等。请看《报任安书》的记载，有两段话如下：

> 仆虽怯懦，欲苟活，亦颇识去就之分矣，何至自沉溺缧绁之辱哉！且夫臧获婢妾，犹能引决，况仆之不得已乎？所以隐忍苟活，幽于粪土之中而不辞者，恨私心有所不尽，鄙陋没世，而文采不表于后世也。

又曰：

> 仆窃不逊，近自托于无能之辞，网罗天下放失旧闻，考其行事，稽其成败兴怀之纪……凡百三十篇。亦欲以究天人之际，通古今之变，成一家之言。草创未就，会遭此祸。惜其不成，是以就极刑而无愠色。

此外，《昭明文选》所收《报任安书》，在上引第二段"又曰"的"稽真成败兴怀之纪"句下，还有这样一段文字：

> 上计轩辕，下至于兹，为十表，本纪十二，书八章，世家三十，列传七十，凡百三十篇。

司马迁痛彻于骨髓的奇耻大辱就是隐忍苟活接受腐刑，为的就是要完成《史记》。《报任安书》明明白白作于《史记》未完成之时，这一已知是《报任安书》作年与司马迁卒年毫不相干的铁证。而"前135年说"论者偏偏视而不见，编造司马迁写完《史记》后，已不惧死，于是把一腔怨愤发泄在《报任安书》中，二次下狱，带来杀身之祸。任安致信司马迁，要司马迁在"尊宠任职"的"中书令"上"推贤进士"，恰恰独痛了司马迁的奇耻大辱，才有一腔怨愤的抒发，与巫蛊案也毫不沾边。也就是"任安之死"

与《报任安书》的"作年"，两者毫无关系。按已知推未知的考证原则，笔者所论，王国维说得到加分，赵翼说不成立。

再看史实背景。巫蛊案发生在征和元年，结束于后元二年初，整整五年。巫蛊案高潮在征和二年至征和三年间。征和二年六七月汉武帝平叛诛杀太子，大臣御史大夫暴胜亡、丞相司直田仁被卷入诛杀。征和三年春夏，汉武帝平反太子，丞相刘屈氂、北军使者护军任安被卷入诛杀。任安死于巫蛊案，《史记》《汉书》均有记载，但具体被诛时间，学术界考证，并存三说。其一，死于征和二年十二月；其二，死于征和二年八月；其三，死于征和三年春夏之交。任安在巫蛊案高潮时手握重兵，骑墙观望，受太子节而不助太子，所以先受到汉武帝称赞，后遭诛杀，恰恰是汉武帝前后心态变化才把任安卷入，任安死于汉武帝平反太子，必在征和三年，而非征和二年，也就是任安之死与《报任安书》没有关联。

总上考论，《报任安书》作年，以及任安之死，与司马迁生卒年毫不相干。王国维考证《报任安书》作年，只是作为司马迁的一个行年关节点，一个具体史实来考证，方法科学，由已知推未知，此类问题到此为止即可，再做深度探索有辨无考，就是伪考。所以笔者在系统探求"史记疑案"的过程中没有把《报任安书》的"作年"作为一个专题来考察正在于此。但仍有故事可资参照。

20世纪50年代中，"前145年说"论者程金造先生发表《关于司马迁生卒年月四考》中第三考为：《从〈报任安书〉商榷司马迁的卒年》，亦论证《报任安书》作于征和二年，用以订正王国维的"太始四年说"；而结论是《报任安书》作年与司马迁卒年无关，用以驳难郭沫若、李长之说。由于共同的学术研讨，笔者与程金造先生成为了忘年交。1983年，笔者与程先生促膝畅谈司马迁生年研讨，涉及《报任安书》作年话题，笔者支持王国维说，与程先生意见相左。程先生鼓励笔者写成文章发表。程先生说，许多无法作定论的东西，一定要百家争鸣，老师、学生，一律平等。做学问探索就要各抒己见，在切磋中求得进步。我十分感佩程先生的胸怀和高尚品德，把我的不同见解写出来。于是在 1985 年，笔者出版《史记研究》论文集时，在《司马迁生卒年考辨辨》一文中增写了一题：《关于〈报任安书〉写作年代之补证》，这是在朋友切磋氛围中写出，绝对是平和的心态，在此作附录引述，权作本题收束。

附录　关于《报任安书》写作年代之补证

关于《报任安书》的写作年代，程金造有篇申证赵翼征和二年说的专论，题为《从报任安书商榷司马迁的卒年》，作为《关于司马迁生卒年月四考》之一，收入 1957 年中华书局出版的《司马迁与史记》一书中。该文程金造已改题为《论王国维考定报任安书之年兼明史迁年岁》，收入陕西人民出版社即将出版的先生个人论集《史记管窥》一书中，不久将惠享读者（该书已由陕西人民出版社于 1985 年出版）。程先生学识丰博，是著名的《史记》研究专家。我和程先生近年来为忘年的笔墨师生之友，对此问题已在书信往还中论及。程先生是我深深敬仰的师长。先生将其论稿赐读，附言曰："学问之道，不必强同"，但"兄之持论不符情实，曲从权威之意虑失，有累吾兄数十万言之正论，故以草稿寄上"，"请评论"，"因如改订可省时间也"。程先生这样诲人不倦的精神，使人十分感动。但我拜读程先生文论之后，仍有疑团。今当先生健在，后学晚生不揣谫陋，略陈浅见以就教于先生。引文以《从报任安书商榷司马迁的卒年》为准。

程先生说：《报任安书》的写作年代，"这问题不但关系到太史公的卒年；还关系到《史记》一书写作所经历的时间；更重要的，是它牵涉《史记》部分的真伪问题，因此是值得商榷的一件事"。即程先生提出三点意义：一关系司马迁的卒年，二关系《史记》写作历年，三关系《史记》部分真伪。自从赵翼提出《报任安书》的写作年代问题以来，学术界的争论一为太始四年说，一为征和二年说，时间只相差两年。这两年司马迁的经历未发生重大变故，因此，如果司马迁之死与《报任安书》无关这一前提成立，那么这两年之差对于司马迁思想的研究无关紧要，不必争论，可以各执己见。程先生证明司马迁《报任安书》与司马迁之死"并没有直接的关系"，也就证明了《史记》部分真伪与《报任安书》的写作年代"并没有直接的关系"。我赞同程先生的这一观点。拙文考证《报任安书》作于《太史公自序》之前（见前第四节），是对程先生论点的有力佐证。也就是说，程先生申证的征和二年说与拙文所申证的太始四年说，在最主要之点上的结论是一致的，可以说是殊途同归。即不能用《报任安书》的写作年代来判定司马迁的卒年。因《报任安书》并非司马迁的绝笔。

但是《报任安书》的写作年代与司马迁之死往往被人们所联系，因此这个两年之差是值得一争的。郭沫若、李长之等人同意太始四年说，目的是要引出司马迁一生只活了四十二岁的结论，用以证明司马迁生于公元前135年说。这是一个牵强附会的联系，不大为人所理会。但主张《报任安书》作于征和二年说的，则是要引出司马迁二次下狱说的结论，却很能迷惑人，故不能不辨正。

怎样研究《报任安书》的写作年代呢？首先我们看司马迁本人在《报任安书》中提出的证据。司马迁说：

> 少卿足下：曩者辱赐书，教以慎于接物，推贤进士为务。意气勤勤恳恳，若望仆不相师，而用流俗人之言。仆非敢如是也……书辞宜答，会东从上来，又迫贱事，相见日浅，卒卒无须臾之间得竭志意。今少卿抱不测之罪，涉旬月，迫季冬，仆又薄从上雍，恐卒然不可讳。是仆终已不得舒愤懑以晓左右，则长逝者魂魄，私恨无穷。请略陈固陋。阙然不报，幸勿过。

我们将这段引文中加着重号的字句串联起来，可以清楚地得出如下的逻辑序列：

第一，任安写信的主题是八个字，即劝司马迁"慎于接物，推贤进士"。司马迁收信时间"会东从上来"，恰值随从汉武帝东巡回来。

第二，司马迁不愿回答任安的信，"相见日浅"，也不愿见任安，于是把回信拖了下来。"书辞宜答"，"阙然不报，幸勿过"，请任安谅解。

第三，"今少卿抱不测之罪"，又"涉旬月，迫季冬"，任安可能被诛，司马迁又要"薄从上雍"，不得已给任安回信。从"涉旬月，迫季冬"来看，《报任安书》应作于十月底，王国维说十一月，至少是十一月初。

其次再看班固对《报任安书》写作背景的交代。班固说：

> 迁既被刑之后，为中书令，尊宠任职。故人益州刺史任安予迁书，责以古贤臣之义，迁报之。

中书令职掌机要，职卑而权重，被朝士大夫目为"尊宠任职"。但中书令本由宦官充任，而司马迁受腐刑得此职，认为是蒙受了奇耻大辱。司马迁之所以"隐忍苟活"，是惜《史记》未成，故"就极刑而无愠色"。可是任安也陷于流俗之议，劝司马迁"推贤进士"，视为"宠臣"，使得司马迁很痛心，所以才"相见日浅"，"阙然不报"。《报任安书》结尾用"今少卿乃教以推贤进士，无乃与仆之私刺谬乎"，正与《报任安书》起首"仆非敢如是也"云云相呼应，紧紧扣住"慎于接物，推贤进士"八字立论。清包世臣认为"推贤进士"四字是任安征和二年蒙罪后求援的隐语[①]。此说甚辨，但与情理事实不符，其实难从。试想任安犯了死罪向知心朋友司马迁求援，却转弯抹角用隐语；而司马迁在回信中也只字不谈救援之事，倒诉说起自己的衷肠，还在"推贤进士"四字隐语上大做文章，这种滑稽嬉戏，绝非司马迁之所为。又，退一步说"推贤进士"是求援的隐语，那么"慎于接物"

---

① 《艺舟双楫·复石赣书》。

四字又从何处落实？还有班固说的"责以古贤臣之义"难道是无的放矢？可见求援说在情理事实上均说不通。至于事实，下面还要详证。

《报任安书》内容和班固交代是考证《报任安书》写作年代的两块基石。王国维脚踏实地，前后贯通《报任安书》的逻辑序列，根据汉武帝在一年中既东巡而后又西上雍，只有太始四年，于是定《报任安书》作于是年。"会东从上来"，指汉武帝太始四年五月从山东回长安；"薄从上雍"，指冬十二月行幸雍。赵翼仅据"今少卿抱不测之罪"一语，简单地把《报任安书》的写作时间与任安之死相联系，认定《报任安书》作于征和二年。严格说，赵翼只是提出了一个假说的问题，并没有深入论证。据《史记·田叔列传》、《汉书·刘屈氂传》、荀悦《汉纪》卷十五，任安死于征和二年巫蛊案，所以赵翼的简单联系很能迷惑人。王国维认为，《任安传》载汉武帝语云，"安有当死之罪甚众，吾常活之"，即指任安在太始四年犯有"不测之罪"。古字"常"与"尝"相通，王国维释"常"为"尝"，认定任安的"不测之罪"在太始四年。汉武帝愤恨任安有二心，把他曾经宽恕过任安的一次死罪夸张为"常活之"，并非不可理解，王国维的通字串释是多余的，但未失原意。在封建帝王那里的所谓"不测之罪"，并非当事人真有死罪，如司马迁之受腐刑就是生动的例证。不过由人主之喜怒定人死罪是可以解救的，而坐巫蛊案之死罪是不能解救的。按汉法，一般死罪在十二月决狱，所以杀人魔王酷吏王温舒顿足叹息说："嗟乎，令冬月益展一月，足吾事矣！"①《报任安书》暗示任安在十二月可能有不测祸端，说明任安的这次"不测之罪"并不是指征和二年巫蛊案。

以事实证之，任安虽死于征和二年巫蛊案，但并不一定死于征和二年十二月。现有史料无法证明任安死的确切日期，但与其说他死于征和二年十二月，毋宁说他死于征和三年春夏之交更切合事实。为此，对于征和二

年巫蛊案必须作完整的了解。

所谓征和二年巫蛊案，是就其高潮而言。是案始于武帝征和元年十一月，解冻于武帝后元二年二月武帝临崩前夕大赦长安诏狱之时，前后五年，死者数十万人。武帝求仙，服药中毒，晚年昏耗，最忌巫蛊。除了他本人以外，谁都不相信，包括皇后、太子都在怀疑之列，所以屡兴大狱，使得宫内上下及朝士大夫人人自危。凡坐巫蛊者，皆为不赦要犯，随发随斩，并不在十二月决狱。丞相公孙贺及其子公孙敬声最早死于巫蛊案，在征和二年春正月。诸邑公主、阳石公主，即武帝诸女坐巫蛊案，死于征和二年闰四月。七月江充治巫蛊案，蓄意除皇后、太子。首先是从武帝所在的甘泉宫治起，次及长安诸宫，先治嫔妃，最后治皇后、太子，死者数万。戾太子不得已收斩江充，与丞相刘屈氂大战长安城中。七月壬午（初九日）太子斩江充。七月庚寅（十七日）太子兵败逃出长安。七月癸巳（二十日）武帝大封击太子功臣，商丘成为秺侯，莽通为重合侯，景建为德侯。而丞相司直田仁坐纵太子被腰斩，御史大夫暴胜之受牵连，被迫自杀。当时汉武帝震怒到了极点。不仅在长安大搜捕，而且"诏治巫蛊郡邸狱"[1]，在全国大搜捕。此时"上怒甚，群下忧惧，不知所出"[2]，壶关三老茂上书讼太子冤，汉武帝稍有感悟，但并未赦太子。八月辛亥（初八日），太子被吏卒包围，自杀于湖。九月汉武帝还大封围捕太子的吏卒。封张富昌题侯，封李寿邘侯，那个用兵刃取太子首级的兵卒还被拜为北地太守。[3]

征和二年九月以后，巫蛊案仍在继续中。《汉书·武五子传》记载说：

久之，巫蛊事多不信。上知太子惶恐无他意，而车千秋复讼太子冤，上遂擢千秋为丞相，而族灭江充家，焚苏文于横桥上，及泉鸠里

① 《汉书》卷七四《丙吉传》。
② 《汉书》卷六三《武五子传》。
③ 见《汉书·功臣表》及《武五子传》。

加兵刃于太子者，初为北地太守，后族。上怜太子无辜，乃作思子宫，为归来望思之台于湖。天下闻而悲之。

由于车千秋①的上书，汉武帝才给太子平反，族江充家，焚苏文，杀北地太守，临湖做思子宫。田千秋也因此从高庙郎被立拜为大鸿胪。《汉书·田千秋传》载："立拜千秋为鸿胪。数月，遂代刘屈氂为丞相，封富民侯。"查《汉书·百官表》"高庙郎田千秋为大鸿胪，一年迁"，系于征和三年。刘屈氂死于征和三年六月，田千秋行丞相事，到征和四年六月才正式封侯拜相。刘屈氂之死是坐与海西侯李广利谋立太子事，正当汉武帝思子之时，所以刘、李两家被族。而且刘、李案也是由巫蛊引发的。由此可见，田千秋上书在征和三年春夏之交，与"久之，巫蛊事多不信"吻合。这"久之"二字就是指征和二年九月以后仍在追究巫蛊案。事实生动地说明汉武帝平反太子、焚苏文、族江充、做思子宫，均应在征和三年春夏之交。《资治通鉴》就系诸事于征和三年，但载入九月，稍失之。田千秋为大鸿胪"数月"代刘屈氂行丞相事，司马光误解为"数月"正式为丞相，故后推了几个月。值得注意，汉武帝虽然平反了太子，但并未赦巫蛊案，太子之孙，即后来的宣帝刘询，仍系诏狱。

北军使者护军任安受太子节而未佐助太子，受到武帝的称赞。武帝平反太子，反过来怨恨任安，钱官小吏才乘此机会告发任安，其时间应在征和三年田千秋上书之后的春夏之交。任安与刘屈氂等人均是武帝心情改变后的牺牲品，很可能是同时被处死的，那已是征和三年六月了。征和二年八月在湖围捕太子的邘侯李寿也是在这时处死的，至少可以肯定，任安在征和二年九月之前并未得罪，他怎么可能在征和二年七月武帝从甘泉回长安之时预为写信向司马迁求援呢？事实胜于雄辩。任安得罪求援于司马迁，

---

① 车千秋，即田千秋，本姓田，汉昭帝时改姓车。

"会东从上来"指武帝由甘泉回长安，均难以成立。程金造在文论中把汉武帝平反太子、焚苏文、任安下狱、做思子宫等一系列事件均系于征和二年的九、十、十一月间，殊与史实难合，这大约是一时的疏忽，所以立论未周。程先生说，任安的信写于征和二年九、十月间司马迁从武帝由湖归来，且不说是否为实事，至少在逻辑上与"会东从上来"指武帝由甘泉回长安形成自相矛盾。程先生又反证说，若"会东从上来"是指武帝由山东回长安，到十一月写《报任安书》，中间有七个月，绝不能说"相见日浅"。按《报任安书》"涉旬月，迫季冬"，司马迁回信应在十月或十一月初。五月到十月，中间五个多月，与"阙然不报"完全吻合。至于"相见日浅"，恰恰是司马迁不愿回信的托词，不难理解。

此外，任安写信给司马迁是在益州刺史任上，而不是"北军使者护军"。程先生认为，《任安传》先说任安为北军使者护军，后说任安为益州刺史，由于益州远在西南，交通不便，任安还没有来得及上任就被小吏诬告，下狱死了。由于程先生忽略了时间因素，这一推论难以成立。考《任安传》，任安和田仁入宫为郎，被破格录用，是因少府赵禹力荐，大将军卫青才具籍上奏。查《百官表》，赵禹为少府在元狩四年到元鼎四年之间。以下限元鼎四年（前116）起算，下距征和二年（前91）是二十六年。田仁在这二十余年间经历了多次调动。而且武帝初置部刺史在元封五年（前106），下距征和二年是十六年，也恰是在任安为北军使者护军之后。武帝时刺史不是驻留地方的行政长官，而是以六条问事的钦差大臣，事毕即返京复命。任安和田仁都做过部刺史。任安为益州刺史，田仁为司隶部刺史刺三河（河东、河内、河南）。任安为北军使者护军，一度刺史益州，事毕仍为北军使者护军。刺史惩治贪赃，拔擢贤俊，往往遭豪强贵戚反对。任安在益州刺史任上于太始四年写信劝司马迁"推贤进士"，实际是希望司马迁支持他的工作。任安的"不测之罪"大约也是由于触犯豪强贵戚招来的，终因司马迁的营救而获免。司马迁对"未尝衔杯酒接殷勤之欢"投敌的李陵尚且营救，怎能对无辜的老友坐视不救？我认为司马迁正是出力营救了任安，所以才在信中诉说衷肠，让任安做两手准备，对喜怒无常的汉武帝不抱幻想，要识去就之分。这当然只是一种推论，不作定案，存疑待考。但任安在益州刺史任上写信，明载于《汉书》，是不容置疑的。

从驳难立场来看，若要推翻王国维的立论，可从两方面入手。一是证明任安给司马迁写信作于征和二年，在前提上排除太始四年。二是证明任安在征和二年以前从未犯"不测之罪"，抽掉王国维立论依据。程先生的文论在这两个方面都较薄弱，而用大量篇幅证明任安死于征和二年巫蛊案这一王国维并未否认的前提，是难以驳倒王国维的立论的。

王国维是一位知名的学者，但他对于《史记》研究，只写过一篇《太史公行年考》，很难说是《史记》研究的权威。因此《太史公行年考》存在着许多疏失。但是王国维的考据方法确很踏实，逻辑严密，他对太史公行年重大问题的考证十分坚实，难以推翻，故信而从之。程金造对《史记》的研究功力深厚，建树卓著。程先生对《报任安书》写作年代的考证，由于忽略了时间推查，差之毫厘，失之千里，故结论不能令人满意。但程先生从《报任安书》内容考证出非司马迁绝笔，却是卓识。因此程先生的文论仍有很高的学术价值。

第八章　司马迁创作系年（附司马谈）

"司马迁创作系年"，实即"年谱简编"，列入《司马迁生年疑案》中为第八章，旨在突显司马迁生年与行年离不开《史记》创作这一主题，同时也让读者对司马迁终生历程有一个完整的了解。

《史记》创作，为司马谈发凡起例，司马迁发愤续成，是父子两代人的心血结晶，前后历四十余年。由于司马谈述史即有司马迁二十岁时参与助修，"网罗天下放失旧闻"，而后又由司马迁一手完成，因此，研究《史记》思想体系只能用司马迁一人作代表。《史记》中留有司马谈作史痕迹，但作为整体的《史记》不容分割。所以本文系年以司马迁为中心勾勒《史记》成书过程，照映全书，标题为"司马迁创作系年"而附著司马谈系年。司马迁生卒年按本书考证，生年系为景帝中五年，卒年系为昭帝始元元年，示意司马迁与汉武帝相终始。司马谈有卒年而无生年，假定长于司马迁二十岁，推计生年则在汉文帝前元十五年，即公元前 165 年。假定司马谈的生年，一是便于行文，二是表现一定的历史内容，即假定的推理原由。

本书第一讲引述王重九、施丁对司马谈生年的考证，推论司马谈长司马迁二十岁，接近史实，即以《索隐》注为根据，如果有地下材料证实，可以说是司马迁生年考证的一大突破。就现状来说，还缺乏有力的证据，可以视为一个合理的假说。顾颉刚在《司马谈作史》一文中假定司马谈长于司马迁三十五岁，顾氏主前 135 年说，暗含晚生十年，故两种假说比较，王重九的假说要合理一些。第一，司马谈出仕京师，留下独生子司马迁于故里，以情理度之，更切合于青年之所为，血气正盛，以事业为重，至于中年则要多一些家庭的考虑了。第二，司马谈卒时慨叹命运不好，透露出未尽天年的感慨，所以司马谈的终年不会过高。具体说，在古代"人生七十古来稀"的情况下，司马谈长于迁二十岁，卒年时寿已五十六岁，与其命运之叹较为符合，按顾颉刚的假说，司马谈卒时已接近古稀的七十岁，即按前135年说也过了花甲，与未尽天年的感慨不符。第三，汉代举贤良，选秀才，虽有老年，而多为青年后进。例如贾谊年十八在廷尉吴公举荐下，文帝召以为博士。贾谊之出仕，当是参与了文帝初即位于前元二年的举贤良对策；司马谈的出仕，亦当是参与汉武帝初即位于建元元年的举贤良对策。汉武帝更是一个奖拔后进的人，他当时只有十六岁，司马谈二十六岁举贤良正当年。依上述种种情况推计，假定司马谈长于司马迁二十岁，是接近事实的。当然，这仅仅是一种假说，姑以系年，不作定论。本讲系司马谈之年从司马迁生年始。

司马谈作史，准备在建元、元光间，正式述史在元狩元年。司马迁基本完成《史记》在太始四年，修订直至终年。从元狩元年至太始四年，即公元前122年至前93年，整三十年。单说司马迁，他从元朔三年"网罗天下放失旧闻"起，至卒于昭帝之初始元元年，即公元前126年至前86年，则历时四十三年。司马迁正式撰史阶段应从元封元年受遗命至太始四年基本完稿，即公元前110年至前93年，为十八年。系年以创作为经，行年为纬，分为四个阶段：（一）家世、童年；（二）修史助手；（三）发愤著书；（四）晚年修订。略述于次。

第一节　家世、童年（前145—前127，前后十九年）

前145（汉景帝中元五年丙申）　迁生一岁　父谈二十一岁

汉初政治无为，崇黄老刑名之学，文帝、景帝时尤甚，百家之学与儒学并立。景帝始尊儒学。

司马迁生。生地西汉左冯翊夏阳县高门里，在今陕西省韩城市西南十八里之嵬东乡高门村。汉夏阳县至隋更名韩城，1985 年韩城改县置市。

司马迁字子长。

前 140（武帝建元元年辛丑）　迁六岁　父谈二十六岁

武帝即位伊始举贤良，罢黜百家；董仲舒为举首，对天人三策，建言独尊儒术。

司马迁居家入小学。古时八岁入小学，聪颖秀慧者六岁即可入学。

父谈举贤良对策，出仕为太史丞。

前 139（武帝建元二年壬寅）　迁七岁　父谈二十七岁

汉武帝初置茂陵邑。

司马迁居家入小学。

父谈仕为太史丞。建元二年汉武帝在槐里茂乡建造寿陵称茂陵，始置茂陵邑。勘定陵址、预卜吉凶等事宜，为"太史"职分之事。司马谈以太史丞参与建陵，故属籍茂陵显武里，并可知其出仕必在这之前一年，即建元元年举贤良而仕职也。

前 136（武帝建元五年乙巳）　迁十岁　父谈三十岁

置五经博士。

司马迁居家入小学。《太史公自序》："年十岁，则诵古文。"

父谈仕为太史令。司马谈建陵有功，由太史丞升任太史令，在建元三年到建元六年之间。

前 134（武帝元光元年丁未）　迁十二岁　父谈三十二岁

冬十一月，初令郡国举孝廉各一人。

司马迁居家耕读。史称"太史公"者，是对"太史令"的尊称。《太史公自序》："耕牧河山之阳。"司马迁十九岁入京师之前，一直居家耕读，但主要时间是诵读古文，而耕牧只是一种修身养性的锻炼。

父谈仕为太史令。史称"太史公"者，是对"太史令"的尊称。《太史公自序》："太史公学天官于唐都，受《易》于杨何，习道论于黄子。"司马谈居官而勤学不倦，立志重振史官家学，成为一个渊博的学者，是一位自奋立名的历史学家。

前 127（武帝元朔二年甲寅）　迁十九岁　父谈三十九岁

是年春正月，汉伐匈奴，收河南地，置朔方、五原郡。

孔安国为博士。

夏，汉武帝徙十万口于朔方实新郡，又纳主父偃建言，徙郡国豪杰及赀三百万以上于茂陵，"内实京师，外销奸猾"。司马迁一家也徙移茂陵，属籍显武里。关东大侠轵人郭解亦被徙茂陵，次年被族灭，其人状貌风采，为青年司马迁所目睹。

第二节　修史助手（前 126—前 110，前后十六年）

司马迁作史，分为三个阶段。从元朔三年到元封元年为助手阶段。此阶段，司马谈发凡起例，司马迁赞助其业。在父谈指导下，司马迁二十壮游，学公羊于董仲舒，受古文于孔安国，习家学于司马谈，成长为一个渊博的学者、娴熟的历史学家，青出于蓝而胜于蓝，打下了继承父志的坚实基础。

前 126（武帝元朔三年乙卯）　迁二十岁　父谈四十岁

公孙弘为御史大夫，张汤为廷尉。武帝诏，令博士弟子治《尚书》《春秋》者补廷尉史。

司马迁二十壮游，"网罗天下放失旧闻"。《太史公自序》云："二十而南游江、淮，上会稽，探禹穴，窥九疑，浮于沅、湘，北涉汶、泗，讲业齐鲁之都，观孔子之遗风，乡射邹峄，厄困鄱、薛、彭城，过梁、楚以归。"历今陕、鄂、湘、赣、皖、苏、浙、鲁、豫九大省区，行程数万里，历时当有数年之久。

父谈仕为太史令。

前124（武帝元朔五年丁巳）　迁二十二岁　父谈四十二岁

公孙弘为丞相，请为博士置弟子员五十人。武帝卖爵及禁锢免减罪，置武功爵以赏战士。

中大夫董仲舒受公孙弘排挤，出为胶西王相。司马迁壮游。可与公孙季功、董生、樊他广、平原君子、冯遂等交游。年差四十五岁至五十五岁。

父谈仕为太史令。

前123（武帝元朔六年戊午）　迁二十三岁　父谈四十三岁

春二月，大将军卫青率六将军十余万骑出定襄，斩匈奴三千。赦天下。夏四月，卫青复率六将军出击匈奴获胜。武帝诏令奖赏武功官兵。

司马迁壮游以归。

父谈仕为太史令。

前122（武帝元狩元年己未）　迁二十四岁　父谈四十四岁

冬十月，武帝行幸雍，祠五畤，获白麟。十一月，淮南王安、衡山王赐谋反被诛，党羽死者数万人。

司马谈仕为太史公。著《论六家要指》，发凡起例修《太史公书》（即《史记》），断限上起陶唐，下讫武帝获麟，即元狩元年。

司马迁从孔安国问故。《汉书·儒林传》载《古文尚书》云："（孔）

安国为谏大夫，授都尉朝，而司马迁亦从安国问故。"孔安国元朔二年为博士，元狩六年出为临淮郡太守，司马迁从孔安国问故当在元朔末壮游归来至元狩六年之间，当司马迁二十三岁到二十九岁之间。

司马迁并襄助修史。

前121（武帝元狩二年庚申）　迁二十五岁　父谈四十五岁

霍去病为骠骑将军，击匈奴，受降匈奴浑邪王，开通河西。丞相公孙弘卒。

司马迁受公羊学于董仲舒。董仲舒为西汉公羊学一代宗师，于元狩二年致仕，居家茂陵，著《公羊治狱》十六篇。御史大夫张汤治狱及朝廷大议，数往问董仲舒。董仲舒约卒于元狩六年。司马迁壮游归来受学于董仲舒，即在董仲舒居家茂陵之时，当司马迁二十五岁到二十九岁之间。

父谈仕为太史令，著述《太史公书》，司马迁襄助修史。

前119（武帝元狩四年壬戌）　迁二十七岁　父谈四十七岁

卫青、霍去病大破匈奴于漠北，奠定了汉胜匈败之大局。汉赏赐将士五十万金，转漕徙民之费以亿计，不可胜数，县官大空。初算缗钱，盐铁专卖，造白金皮币。

李广卒。

司马相如卒，遗封禅文。

霍光为郎。

父谈仕为太史令，著述《太史公书》，司马迁襄助修史。

前118（武帝元狩五年癸亥）　迁二十八岁　父谈四十八岁

罢半两钱，行五铢钱。徙天下奸猾吏民于边。汉武帝病鼎湖甚，召上郡巫置祠之甘泉，及病，使人问神君。上于是病愈。大赦，置寿宫神君。

初置谏大夫。

司马迁始仕为郎。入寿宫侍祠神语。

父谈仕为太史令，著述《太史公书》。迁襄助修史。

前 117（武帝元狩六年甲子）　迁二十九岁　父谈四十九岁

夏四月，立皇子刘闳为齐王，立刘旦为燕王，立刘胥为广陵王。武帝诏令博士褚大、徐偃等六人分循行天下，存问鳏寡废疾，举奏奸猾治苛者。秋九月，大司马骠骑将军霍去病死。初置临淮郡，孔安国出为太守。

司马迁仕为郎中。

父谈仕为太史令，著述《太史公书》。迁襄助修史。

前 115（武帝元鼎二年丙寅）　迁三十一岁　父谈五十一岁

御史大夫张汤死，而民不思。张骞再使西域还，拜为大行，费值数千巨万。桑弘羊为大农中丞，置平准均输，吏得入谷补官，郎至六百石。

父谈仕为太史令，著述《太史公书》，司马迁仕为郎中，襄助修史。

前 114（武帝元鼎三年丁卯）　迁三十二岁　父谈五十二岁

令民告缗者，以其半与之。

父谈仕为太史令，著述《太史公书》，司马迁仕为郎中，襄助修史。

前 113（武帝元鼎四年戊辰）　迁三十三岁　父谈五十三岁

父谈仕为太史令兼大行礼官，与祠官宽舒议祀后土。

前 112（武帝元鼎五年己巳）　迁三十四岁　父谈五十四岁

列侯坐酎金失侯者一百零六人。

父谈仕为太史令兼大行礼官，与祠官宽舒议泰畤典礼。

武帝行幸雍，祠五畤，遂逾陇，登空同，郎中司马迁及其父太史令司马谈均扈从。

前 111（武帝元鼎六年庚午）　迁三十五岁　父谈五十五岁

武帝与公卿、诸生议封禅。

春正月，司马迁升任郎中将，奉使西征巴蜀以南，在西南夷地区设郡置吏。

前 110（武帝元封元年辛未）　迁三十六岁　父谈五十六岁

武帝封禅泰山。是岁用帛百余万匹，钱金以巨万计，皆取足大农。县官有盐钱缗钱之故，用益饶矣。

父谈病死于周南（洛阳）。

司马迁受父遗命于河洛，正式述史始于是年，又从巡武帝封禅。按：汉武帝四月上泰山封禅，司马迁要赶赴行在回报奉使政务，告成功于上帝，故其见父于河洛在三月间。

第三节　发愤著书（前 110—前 93，前后十八年）

从元封元年司马迁受父遗命，到太始四年司马迁作《报任安书》，其间十八年，是为正式著书阶段。即司马迁经营十八年，《太史公书》基本完稿。

前 109（武帝元封二年壬申）　迁三十七岁

司马迁从巡武帝至瓠子，负薪塞河。汉武帝作《瓠子之歌》。

前 108（武帝元封三年癸酉）　迁三十八岁

司马迁始仕为太史令，绅史记石室金匮之书，潜心著述《太史公书》。

前107（武帝元封四年甲戌）　迁三十九岁

司马迁扈从武帝，北过涿鹿。潜心述史。

前106（武帝元封五年乙亥）　迁四十岁

司马迁扈从武帝，南至九江。潜心述史。

前104（武帝太初元年丁丑）　迁四十二岁

司马迁与壶遂、邓平、落下闳等造汉太初历，以正月为岁首。色尚黄，数用五，定官名，协音律。

司马迁答壶遂问，讨论作史义例，修正延伸《太史公书》断限，上起黄帝，下至太初元年。《太史公自序》云："于是论次其文。"正式定稿《太史公书》，效《春秋》"惩恶劝善"之宗旨灌注其书。

前101（武帝太初四年庚辰）　迁四十五岁

贰师将军李广利破大宛还，得善马数十匹，中马三千余匹。汉兵死十余万人，丧马三万匹，伐宛四年，天下骚动，大汉呈现衰败之迹。

司马迁潜心述史，再次修正《太史公书》断限，下限至太初四年，以见盛观衰。

前99（武帝天汉二年壬午）　迁四十七岁

十一月，李陵兵败被俘，司马迁为之辩护，功可抵过。潜心述史。

前98（武帝天汉三年癸未）　迁四十八岁

冬，李陵家被族灭。司马迁受株连，以"诬罔罪"遭受官刑。

前 97（武帝天汉四年甲申） 迁四十九岁

司马迁出狱为中书令，世俗目为"尊宠任职"，而司马迁视为奇耻大辱，隐忍苟活发愤著书。

前 93（武帝太始四年戊子） 迁五十三岁

复书任安（即《报任安书》），叙说不幸遭遇和深虑的思想，通报《史记》基本完稿，定名《太史公书》。是书"究天人之际，通古今之变，成一家之言"，可藏之名山，传于后世。

第四节　晚年修订（前 92—前 86，约七年）

武帝征和以后到昭帝之初七年为司马迁修史的第三阶段，最后编成《史记》定本，正本藏官府，副本留京师家中。司马迁晚年仍在修订《史记》。

前 91（武帝征和二年庚寅）　迁五十五岁

巫蛊狱起，太子刘据举兵斩江充；武帝令丞相刘屈氂讨叛，太子兵败自杀。

司马迁晚年修订《太史公书》，直至昭帝之初。主要内容为：调整篇目与编订次序；抒愤寄托，鸣写不平；附记太初以后大事；补载或修订太初以前史事。

前 90（武帝征和三年辛卯）　迁五十六岁

田千秋上书讼太子冤，武帝平反太子，怨北军使者护军任安受太子节而不助太子。六月腰斩丞相刘屈氂与任安。

贰师将军李广利出朔方，以兵降匈奴。《史记·匈奴列传》及《汉兴以来将相名臣年表》均载此事。此为司马迁晚年修订《史记》之一证。

前 87（武帝后元二年甲午）　迁五十九岁

武帝崩。昭帝即位，大将军霍光辅政。

司马迁记事止于武帝之末。褚少孙曰："太史公记事尽于孝武之事。"（《建元以来侯者年表褚补》）考《史记》记事，断限太初，人物立传，记叙史事，皆止于太初四年。太初以后，司马迁只是附记巫蛊案、李陵案两件大事以及武帝封禅巡游，咸表终始，涉及十六个篇目，二十二人，总计一千五百四十四字，与立传人物及载大事尽于太初并不矛盾。

前 86（昭帝始元元年乙未）　迁六十岁

司马迁卒。王国维《太史公行年考》云："史公卒年，绝不可考……然视为与武帝相终始，当无大误也。"昭帝始元六年（前 81）盐铁会议，御史大夫桑弘羊在辩难中引用《史记·货殖列传》称"司马子言"，这是对已故学问家的尊称。此姑系司马迁卒于昭帝始元元年，表示司马迁之卒与汉武帝相终始，这是没有疑义的。

司马迁死后，其书《太史公书》副本在宣帝时为外孙杨恽所布，到了东汉桓灵之时演变成了《史记》之名，流传于今，日益受到重视。两千年来阅读和研究《史记》者不可胜计。司马迁将他的鲜血和生命化成了《史记》，给炎黄子孙留下了宝贵的遗产，永远值得人们祭奠！

附录 "司马迁生年疑案研讨"论文六篇

说　明

这里特别附录论文六篇，有何意义？司马迁生年疑案百年论争，搅动全国学术界有三次高潮研讨，皆为在报刊杂志上隔空喊话。2019 年 5 月 26 日由北京师范大学历史学院召开的"司马迁生年十年之差百年论争梳理学术研讨会"第一次面对面研讨，参与学者来自全国各地，共 59 人参与研讨，对百年论争作回顾。在这次会议之前，学术界开展了三年的研讨。《渭南师院学报》"司马迁与史记研究"专栏提供了重要阵地。该学报 2019 年第 10 期以"司马迁生年疑案研讨百年论争专题"刊发了五篇百年论争阶段性总结文章，对第三次论争高潮的背景，以及学术专题研讨的综述报导，具有特别的意义，包括学报专栏的编者按全文引载。另有一文是陈曦教授 2017 年发表于《史学月刊》的论文，驳辨"前 135 年说"之源无一考据，这是一个对"前 135 年说"的巨大挑战，至今无一论者接招，这就是该文巨大的现实意义。征得各位作者以及学报编辑部同意本书引载，深表感谢。

《渭南师范学院学报》2019 年第 10 期"司马迁生年疑案研讨百年论争专题"，学报原编者按：

司马迁生年十年之差疑案研讨，自王国维于 1917 年开启以来，至 2015 年学术界纪念司马迁诞辰 2160 周年，"前 145 年"与"前 135 年"两说展开论争，历经一百年，全国性的大讨论有三次：第一次，20 世纪 50 年代中；第二次，20 世纪 80 年代初；第三次，21 世纪 10 年代中。百年论争参与的学者约 80 人，发表学术论文 140 余篇。一百年来，双方论争的学者均在报刊上隔空喊话，公说公有理，婆说婆有理，双方实质性的交锋并未深入。司马迁生年十年之差百年论争梳理学术研讨会于 2019 年 5 月 26 日在北京师范大学历史学院召开。本次专题研讨为北京《史记》研究会第四届年会主题，特邀全国各界 59 位专家学者与会，会议组织严谨，意义重大，成果丰硕。本次专题研讨是在 2016—2018 年三年双方学者论争基础上召开，双方学者由隔空喊话到面对面赤诚相见，论争亮剑，直指核心，自然别开生面。此次研讨，不要求发表新观点、新论据，各说各的理，而是回头看，梳理百年论争双方总成果，对百年论争作出阶段性总结，这是最大的特点与亮点。会前由主办方推出了百年论争总结的两本学术论著：一本是"前 145 年说"论者张大可新著《司马迁生年研究》，从方法论与具体考证两个方面梳理了百年论争；一本是精选百年论争各个历史时期双方的核心论文共 42 篇，题名为《司马迁生年研讨论文集——十年之差百年论争梳理》，为研讨会提供充分的文献依据以及生动的逻辑论证。《司马迁生年研究》突出的主题就是"百年论争梳理"，具有综合性、综述性，百年论争双方所有的观点、论据，特别是论证方法，做了系统评说，囊括了百年论争几代学者的共同智慧和成果。与会学者的发言，多数学者肯定了两说的"前 145 年说"的主流地位。本刊特组发相关会议论文，以飨读者。

以下引载的六篇论文，前五篇一律按《渭南师院学报》专栏论文顺序排版，为省篇幅，五篇论文的文前摘要与文后的注文一律删略；陈曦教授的论文为第六篇，省文前摘要，保留页下注文。

论文一　司马迁生年十年之差百年论争梳理学术研讨会综述

作者：朱枝富（江苏省产业海外发展和规划协会副会长兼秘书长）

2019 年 5 月 26 日，司马迁生年十年之差百年论争梳理学术研讨会暨北京《史记》研究会第四届年会在北京师范大学京师学堂召开。研讨会邀请了全国各界近四十名专家学者，加上北京地区参与会者，共五十九人参加。现将关于司马迁生年研讨的主要内容予以综述。

一、百年论争梳理研讨会大会概况

2019 年 5 月 26 日上午的研讨会，为开幕式与主题研讨，参会嘉宾学者与北京《史记》研究会部分会员学者约 60 人。开幕式由北京《史记》研究会会长丁波主持。大会邀请到的嘉宾主要有：中国《史记》研究会会长、北京师范大学历史学院特聘教授张大可，中国《史记》研究会名誉会长、北京师范大学文学院韩兆琦教授，北京师范大学历史学院院长、博士生导师杨共乐教授，中国道教协会副会长、北京《史记》研究会副会长袁志鸿道长，陕西省科协副主席丁德科，中外传记文学研究会会长、北京大学赵白生教授，中国社会科学院历史所研究员孙晓，北京两岸东方文化中心主任曾念，中国《史记》研究会副会长、浙江师范大学俞樟华教授，中国《史记》研究会副会长兼常务副秘书长、国防大学军事文化学院陈曦教授，原陕西省韩城市司马迁学会会长薛引生，《渭南师范学院学报》主编高敏芳教授，许昌学院马宝记教授，山西大学杨永康教授，中国社会科学院大学袁宝龙副教授，北京师范大学王志刚副教授，中国社会科学院历史研究所、秦汉史研究室主任邬文玲教授等四十余位。

开幕式上，共安排了四位学者致辞。

袁志鸿道长代表北京《史记》研究会致欢迎词。他说，《史记》作为中华优秀传统文化的经典代表，对中华民族精神的塑造起了重要的作用，其中所蕴含的历史价值和当代价值，需要我们进一步去挖掘。"人事有代谢，往来成古今。"我们这些历史文化的研究者承担着"究天人之际，通古今之变"的历史使命，真诚地感谢各位嘉宾的到来，希望在今天的研讨中，大家一同挖掘真相，推进研究。

杨共乐教授代表北京师范大学历史学院致开幕词。他对长期以来在《史记》研究方面做出贡献的张大可等专家学者，致以崇高的谢意。他说，北京师范大学历史悠久，学术积淀深厚；北京师范大学历史学院也是《史记》研究的中心，对推进《史记》研究的深入、培养《史记》研究人才做出了一定的贡献。当前，培养年轻人研读《史记》已经成为当务之急，要为《史记》研究注入新生力量。祝愿会议圆满成功。

张大可代表中国《史记》研究会致辞。他首先介绍了为什么要召开本次司马迁生年研讨会，阐述了开展司马迁生年十年之差百年论争的重大意义；接着介绍了在北京师范大学召开这次百年论争梳理研讨会的特殊意义。他说，召开本次司马迁生年疑案研讨会，最合适的地点是北京师范大学，因为"前135年说"的两位代表人物，一个是李长之，一个是赵光贤，都是北京师范大学的教授。所以，这次在北京师范大学召开司马迁生年研讨会具有特殊的意义，这体现了北京师范大学的开放包容和宽广胸怀。我们这次研讨会不要"公说公有理，婆说婆有理"，要提出明确的百年论争阶段性结论。张大可还介绍了为这次研讨会准备的文献资料，两本学术论著。一是商务印书馆出版了他的专著《司马迁生年研究》，其中"司马迁生年八讲"，是对司马迁生年研究百年论争的系统梳理，还附录了七篇论文以及百年论争的主要论文索引；二是商务印书馆印发了《司马迁生年研讨论文集》，筛选、编辑了百年论争的四十二篇论文，其中"前145年说"二十五篇，"前135年说"十七篇，分为五辑，还附录了王应麟《玉海》"太史令""汉史记"两词条书影，以及《史记·太史公自序》前半篇，约五十万字。北京《史记》研究会为这次研讨会的召开做了充分的准备工作。

丁德科代表出席嘉宾致辞。他认为，这次司马迁生年百年论争梳理研讨会在北京师范大学召开，是一件很重要也是很有必要的事情。司马迁生年，是一个千年疑案。对这个问题是不能回避的，我们必须予以面对，予以解决。作为现代的学者，我们不解决这个百年论争、千年疑案，不解决司马迁的生年问题，是不应该的。张大可先生作为一个有威望的学者，有着强烈的历史使命感和现实责任感，非常重视研究司马迁的生年问题，发表了一系列观点，给了大家一个比较明确的结论。作为一名权威专家，他尽到了学者的职责，也体现了研究的情怀，对我们很有感召力、引领力，值得我们学习。司马迁的生年问题，对我们每个人来说，也是值得研究的。因为只有百家争鸣，才有百花齐放。我们的研究要体现严谨的学风；我们进行交流、探讨，必有巨大的收获，使我们对司马迁与《史记》有更深的认识；我们在研究中会发现问题，据理力争，通过争辩，可以纠正研究的偏颇，使司马迁与《史记》的研究更加正确，这是我们应有的文化责任；通过这次论争，可以繁荣我们的学术交流。关于司马迁的生年问题，他的观点是以主流为上。他还着重强调三件事：一是"史记学"历史悠久，绵延兴旺；二是"史记学"在中国，在中华；三是"史记学"影响中国乃至世界。

开幕式结束后，与会代表合影留念。

上午的下半场活动，是主题研讨，参会学者以圆桌会议形式自由发言。首先由张大可先生、陈曦教授共同做主旨演讲，主要从五个方面展开：司马迁生年十年之差源于《史记》"三家注"；推理论证，"数字讹误说"有五种可能；"前 145 年说"排比司马迁行年考证的 14 条证据；"前 135 年说"的循环论证，其源无一考据，其流无一实证，不能成立；得出结论。

然后是研讨交流。下午继续研讨交流。

二、司马迁生年十年之差百年论争梗概

对于司马迁生年的十年之差、百年论争，张大可先生在致辞和主旨演讲中认为，是源于《史记》"三家注"。司马迁在《史记》中没有写明自己的生年，班固在《汉书·司马迁传》中也没有写出司马迁的生年，于是形成了一个千年疑案。学术界凭推论和猜测，司马迁生年有六种说法，卒年有八种说法，前后相差七十三年。王国维先生在 1917 年对司马迁生年进行考证，作《太史公系年考略》，依据《正义》及司马迁行年分析，推定司马迁生年为前 145 年。1922 年，日本学者桑原骘藏第一个提出新说，以"早失二亲"论证司马迁于前 135 年；1944 年，李长之发文《司

马迁生年为建元六年辨》，依据《索隐》立说，举证十条论证司马迁生年为前135年；1955年，郭沫若在《历史研究》第6期发表《〈太史公行年考〉有问题》，从三个方面批评王国维，断定司马迁生于前135年。于是，王、郭两人各持一端，形成了司马迁生年十年之差百年论争的"两说"，即"前145年说"（又称"王说"）、"前135年说"（又称"郭说"）。

张大可先生说，1954年，联合国教科文组织列司马迁为世界名人。而郭沫若却提出异论，他匆忙写就并发表《〈太史公行年考〉有问题》，目的就是为了终止这次纪念活动。苏联原来打算以国家名义并由科学院来举办这次纪念活动。后来中国没有举办，他们就降格由莫斯科市委宣传部来举办。

张大可先生说，郭沫若之说，阻止了1955年学术界纪念司马迁诞辰2100周年的学术研讨会，也引发了20世纪50年代中期的大讨论，史学家郑鹤声、程金造纷纷发文与郭沫若商榷。这是第一次。第二次，是20世纪80年代初，兰州大学中文系教授李伯勋发表了《司马迁生卒年考辨——驳王国维〈太史公系年考略〉》，列举五条驳斥王国维的研究；中文系韦民安教授揭发李伯勋是剽窃，说他的五条没有超出郭沫若、李长之的内容。校党委组织了一个六人小组的学术团队，调查到底是剽窃还是诬告，于是引发了全国范围的大讨论。第三次就是这一次，赵生群在2000年，根据《玉海》的词条发表文章，说司马迁生于前135年已经定论；袁传璋先生在2005年和2013年写了附议文章。到了2013年，中华书局出版《史记》修订本，把这一观点写进了"前言"，说是定案了。中国《史记》研究会在2015年隆重纪念司马迁诞辰2160周年，从2011年就开始筹备，推出了2000万字的论著，邀请了一百多名专家学者参加。"前135年说"论者反对举办这次2160周年的纪念活动。要改为纪念2150周年，于是引发了本次的学术研讨。2015年中国《史记》研究会在研讨会上，提出从2016年到2018年，用三年时间开展专题研讨。中国《史记》研究会、北京《史记》研究会成立了联合编辑部，以《史记论丛》《史记研究》《渭南师范学院学报》为阵地，双方进行论争。《管子学刊》《史学月刊》也提供了争鸣阵地。整个百年论争，双方学者都是在报刊上隔空喊话，三次大争论，均是"前

"135年说"挑战"前145年说"，举办一次双方学者面对面的研讨活动是十分有意义的。司马迁生年十年之差百年论争梳理学术研讨会就是在这一背景下召开的。

三、司马迁生年十年之差的数字讹误具有五种可能

陈曦教授介绍了司马迁生年十年之差数字讹误有五种可能发生。她说，司马迁生年的十年之差的数字讹误，无论是"前135年说"还是"前145年说"，都是两派学者重要的研究方向。那么，这个数字讹误到底是谁讹误了？又是在什么时候讹误的？经过百年的论争梳理，两派学者提出了三种讹误的可能，此外，还有两种潜在的讹误可能。

第一种讹误的可能，是王国维提出来的。他认为是《博物志》讹误了。因为司马迁生年的两个重要出处——《索隐》和《正义》，依据的都是《博物志》，是《博物志》在唐代以前的流传，可能发生了讹误。司马贞和张守节可能依据的是两个不同的版本，一个作"年三十八"，是张守节所依据的版本；另一个作"年二十八"，是司马贞所依据的版本。于是出现了所谓的十年之差。那么，到底是谁错了呢？王国维就依据了一个数字分书的"鲁鱼亥豕"常理，认为"二"和"三"之间只是多一横少一横，比较容易出错；"三"和"四"不容易出错。他认为是《索隐》所依据的《博物志》的版本有讹误，应该作"年三十八"，而误作为"年二十八"。

第二种讹误的可能，是程金造提出来的。他沿着王国维的思路研究，觉得司马贞和张守节都是唐代人，又同为《史记》作注，怎么可能两个人所依据的不是同一个版本呢？他觉得这个事情发生的概率不是很高，并不合乎情理。于是，他通过研究，发现晚出的《正义》对先出的《索隐》有修正的内容。既然是《正义》对《索隐》有所修正，那么，张守节并没有对司马贞关于司马迁生年的注释进行驳正，由此可以得出结论，《正义》和《索隐》在唐代是依据同样的《博物志》，应该都是"年三十八"。也就是说，一开始是不存在十年之差的，可能是司马贞的《索隐》在唐代之后的流传发生了讹误。

第三种讹误的可能，是袁传璋提出来的。他按照郭沫若的提法进行了拓展

研究。郭沫若认为汉承殷周以来的老例，两位数字是采用的合体书写，就是"二十""三十""四十"各合并为一个字，即"廿""卅""卌"。袁先生认为如果采用合体的话，"卅"与"卌"的合体书写相较于"廿"与"卅"更容易产生讹误。所以，他认为很有可能是《正义》错了，《正义》所写的"迁年卌二"，原本应该是"迁年卅二"，是唐以后的《正义》在流传中发生了讹误。

张大可沿着程金造的理论，觉得还有其他两种可能。程先生认为同在唐朝无论是司马贞还是张守节，都是用的同一个版本的《博物志》，那么，就有可能是《博物志》作"年三十八"，司马贞在《索隐》中误作为"年二十八"；另一种可能是《博物志》原作"年二十八"，张守节在《正义》中误看作"年三十八"。

那么，我们应该如何来评价这种研究的方向和成果呢？其实，到目前为止，关于"数字讹误说"，都没有确切的证据，证明到底哪一种"数字讹误说"是准确的，目前看到的所有"三家注"的版本，也没有任何《索隐》《正义》关于司马迁生年"数字讹误说"的例证。也就是说，五种数字讹误说，都只是停留在推测上。如今，我们没有办法确定哪种可能是对的，哪种可能是错的。用张大可的话来说，这五种数字讹误说，"既不能推倒，也不能落实"。尽管如此，这样的研究仍然是很有价值的，其价值在于，从"数字讹误说"这样的一个研究方向出发，无论是"前135年说"，还是"前145年说"，只能是"两说"并存，不能说明哪种说法是正确的。但是，司马迁的生年只能有一个，所以，《索隐》和《正义》必定只有一个是正确的。因此，我们接下来的研究，必定不能止步于"数字讹误说"，而应该另辟蹊径。那么应该从哪个方面研究呢？其实就是王国维所说的方向，回归到司马迁一生的行年当中，通过行年排比的方法，通过扎实的行年考证，建立司马迁行年的有效坐标点，排列成司马迁行年证据链，进而推导出司马迁的生年。

四、司马迁生年为前 145 年，有 14 条证据

陈曦教授在主旨演讲中，从三个层面阐述了"前145年说"排比司马迁行年考证的十四条证据。

　　第一个层面，是司马迁自述文献的六大证据。司马迁的自述文献，有两篇是最重要的，一篇是《太史公自序》，一篇是《报任安书》，得到了学者的高度重视。

　　第一条证据: 司马迁十九岁前，"耕牧河山之阳"。《太史公自序》云: "迁生龙门，耕牧河山之阳。年十岁则诵古文。二十而南游江、淮。"这四句话中"年十岁则诵古文"是一句插入语，没有中断"耕牧河山之阳"的时间段。《报任安书》说"长无乡曲之誉"，就是指司马迁少年时段耕读于故里而未在京师生活的有力旁证。

　　第二条证据: 司马迁元朔二年"家徙茂陵"，年十九岁。汉武帝元朔二年，主父偃建言迁移家资三百万以上的豪富到茂陵，司马谈六百石，也是在此背景下迁徙茂陵的。此年，司马迁十九岁。按照"前145年说"，司马迁十九岁以前"耕牧河山之阳"，合情合理。

　　第三条证据: 司马迁元朔三年"二十南游"。二十南游，是司马迁少年与青年两个年龄段的分界点，晚生十年，等于砍掉了司马迁十年的青年时段。"二十南游""年十九家徙茂陵"相结合，司马迁行年基准点呼之欲出，此为第三证。

　　第四条证据: 司马迁元狩五年"仕为郎中"，年二十八岁。钱穆先生依据《封禅书》汉武帝置"寿宫"，司马迁"入寿宫侍祠神语，究观方士祠官之意"，考证司马迁"仕为郎中"在元狩五年。

　　第五条证据: 司马迁元鼎六年春正月"奉使西征"，元封元年夏四月"还报命"。据《汉书·武帝纪》，司马迁于元鼎六年正月从河南获嘉县出发，在元封元年四月赶到洛阳，受父遗命后上泰山参加封禅大典。其时，司马迁是三十五岁至三十六岁。

　　第六条证据:《报任安书》作于"太始四年"，验证了司马迁"仕为郎中"之年。王国维考证，太始四年，司马迁扈从汉武帝春季东巡、冬季西巡，接信在年初，回信在年尾，《报任安书》作于此年冬十一月无疑。由此年上溯，司马迁元狩五年仕为郎中，共二十六年，与"待罪辇毂下二十余年"完全吻合。

　　第二个层面，司马迁师事孔安国、董仲舒两大证据。司马迁何时问故孔安国，又什么时候向董仲舒学习，应该说是关乎司马迁行年的重要问题。据考证，在整个元狩年间，孔安国和董仲舒两人都是在京师活动，而这一时期如果按照"前145年说",司马迁应该是在二十三四岁至二十七八岁。而按照"前135年说",此时司马迁应该是在十三四岁至十七八岁。那么,司马迁向这两位大师学习,显然是"前145年说"所支持的发生在青年时期二十三四岁至二十七八岁比较合理。

第三个层面,是司马迁交游的六条证据。《史记》有关列传篇末的"太史公曰",提到了太史公见到公孙季公、樊他广、平原君子、李广、郭解、冯遂。太史公,到底是司马谈还是司马迁?"前135年说"的学者认为是司马谈,司马迁见不到上面所说的这些人。但是,经过精细考证,司马迁生于前145年与这些人的年差在45岁至55岁,所以,二十南游的司马迁是很有可能认识到这些六七十岁的人的。反而是司马迁如果晚生10年,就没有可能认识这些人了。因此,《史记》里面所写的司马迁与这些人有交游,就构成了"前145年说"的六条证据。需要强调的是,张大可先生对此有明确的结论,就是《史记》中但凡提到的太史公,都应该是司马迁,而不是司马谈。可以说,以上十四条证据,依司马迁行年排列成贯穿的证据链,足以定案司马迁生于前145年。

五、"前135年说"论者循环论证,其源无一考据,其流无一实证,不能成立

对于"前135年说"所提出的观点,张大可先生在主旨演讲中做了具体分析,其源指郭沫若的三条和李长之的十条,无一考据,一条也不能成立。

"郭说"第一条,是指数字的写法,郭沫若用汉简记录数字连体书写的殷周老例,驳难王国维的"常理说",说数字写法的推论动摇了王国维的推论。但是,实际上经过考证,数字的写法从汉代起就是合写和分写两种并存,而不是只有合写的一种方法。郭沫若所说的汉人是沿用殷周的老例使用合写,袁传璋推论从汉至唐,依然是使用合写,完全排除了分写的可能。施丁从汉简中找出了两百多条数字分书的例证,从魏晋至唐的碑刻中也找出了二十多条数字分书的例证,足以证明郭沫若、袁传璋所说是片面的。王国维只讲分书,袁传璋只讲合体,两个人都是只研究了其中的一个方向,但其实是两种情况并存。只要分书,就有可能"三"和"四"不容

易搞混；而合体，就容易"卅"和"卌"相混，此说不能驳倒王国维的"常理说"。

"郭说"第二条，是关于司马迁"年十岁则诵古文"。王国维认为司马迁有可能十岁左右就能诵读古文，十八九岁的时候向孔安国问故。郭沫若借王国维的说法以立其说。但是，王国维的这个说法是错误的，所以郭沫若的说法则是错上加错，郭沫若改王国维的"十岁诵古文"为"十岁问故孔安国"，也是未作考证的主观论定。

"郭说"第三条，是说董仲舒在元朔、元狩年间已家居广川，司马迁向董仲舒学习，很有可能是司马迁在年幼时见到董仲舒，以此驳难王国维"司马迁十七八岁向董仲舒学习"。《汉书·董仲舒传》说董仲舒"家徙茂陵"，郭沫若说"家居广川"，说明郭文匆忙草就，连《董仲舒传》都没有查考。郭文没有任何考证，仍然是承袭了王国维的错误而提出错误的观点。

李长之的十条，最主要的，是"早失二亲说"，作为第一条论据。司马迁在《报任安书》中说"早失二亲"，可以解释为早早地就失去了父母，或者是年纪轻轻就失去了父母。这两个解释是不相容的。李长之的理解是，如果是"前145年说"，司马谈死时，司马迁已经三十六岁，说不上早，他绝不可能把父母去世的时间也搞不清楚。如果按照"前135年说"，司马迁那时是二十六岁，那才说得过去。所以，司马迁二十六岁的说法比三十六岁的说法更合理。但这样的解读，并不是正解。这句话的确切解法，是指父母离世得早，是司马迁很早就失去了父母，而与司马迁在什么年岁上失去父母无关。早在20世纪80年代初，黄瑞云先生就明确指出了这一点，点出了李长之先生的曲解。李先生是把两种不可能并存的说法混为一谈，看起来头头是道，其实一分析，则是很荒唐的。其他的就不必细说了。李长之的其他九条无一考据，一条也不成立。

我们再来看"其流"，即"前135年说"的后继论者，他们根据司马迁"年十岁诵古文""二十南游"来推导司马迁生年，尽管长篇大论，但都没有根据，可将其称为"考证烟幕"。其中特别是袁传璋先生的考证，是不可信的。其中有一篇他非常得意的文章，即《司马迁生于武帝建元六年新证》，五步推演，每到关键的地方就含糊其词。在寻找元鼎元年时，他使用循环推演，进行因果推论，就是用因推果，反过来用果推因，即用待证的前135年往前推二十年是元鼎元年，司马迁二十南游；然后再用元鼎元年回推二十年，是前135年。这就是循环论证，这等于在原地画了个圈，什么问题也不能说明。如果前135年说论者考证出司马迁在元鼎元年二十南游，再以此回推二十年，这样的话就对了。但前135年说论者无法考证司马迁元鼎元年二十南游，因为根本就没这回事，只能编造。说司马迁是博士弟子，跟随褚大巡风，意思是说司马迁是在元鼎元年跟随中央巡视团队南游的。博士就是太学老师，司马迁就是他的学生，说得有鼻子有眼的，根本就没这回事。此外，《太史公自序》中的"二十南游"是非常重要的。这句话就是"前135年说"的"紧箍咒"。按照"前135年说"，司马迁是二十四岁奉使；按照"前145年说"，司马迁是三十四岁奉使。如果没有"二十南游"这句话，就很难判断，哪种说法是正确的。有了"二十南游"，说明司马迁并没有少年得志，"二十"才走入社会，南游数年出仕，根本就不可能二十四岁奉使。"二十南游"还是司马迁青少年时代的分界点，晚生十年，等于砍了司马迁的十年青年时代，且不说司马迁少了十年大时代的社会阅历，"二十"加"南游数年"，差不多司马迁没有了青年时代，逼得"前135年说"编造，司马迁二十南游时间很短，南游归来即入仕，说什么"二十南游"与"仕为郎中"在"于是"的连接下没有"时间间隔"，两者为无缝连接。不这样就是"人生空白""人生大漏洞"。其实这是在"字缝"中作考证，编故事，实为荒诞，根本不成立。

六、王应麟《玉海》提供的所谓"铁证"，也是一条伪证

在司马迁生年研讨中，"前135年说"论者找到了一条所谓的"铁证"，即王应麟《玉海》记载了《正义》引用《博物志》作"迁年二十八"的材料，和《索隐》的引用相一致，并且认为其材料来源于南宋皇家藏本，王应麟曾亲见被删节的古注本所引《博物志》都作"年二十八"；后又说成是唐写本或其抄本，并且按照唐写本复原，写了《正义》按语。

在研讨交流中，杨永康做了《如何解读〈玉海〉记载〈正义〉〈索隐〉所引〈博

物志》》的发言。他认为，王应麟见到的《正义》《索隐》所引《博物志》均为"年二十八"，不可能是"年三十八"，他们对司马迁生年没有提出异议或怀疑，可以间接证明，《正义》和《索隐》的说法是一致的，两者的依据都是《博物志》"年二十八"，这意味着《正义》与《索隐》对司马迁生年的看法是一致的。可以推论，王应麟见到的张守节的按语"迁年四十二"，应该是"迁年三十二"；《博物志》"年三十八"讹误为"年二十八"的可能性极小，唯一的可能就是后世在翻刻过程中出现了问题。因此，可以断定司马迁应该是生于前135年。

对于这一问题如何看待呢？在下午的研讨交流中，专门安排时间予以讨论。大家在发言中认为，杨先生的推论是非常精致的，但问题是，王应麟《玉海》的记载是否准确无误？如果这个问题不解决，所有的推论则是"无根之木""无源之水"，不能说明任何问题。

张大可认为，王应麟《玉海》不具有真实性、可靠性，是一条被目为"铁证"的伪证。对于《玉海》的材料，他一直怀疑其真实性。前年我们开始展开讨论的时候，在国家图书馆找来了《玉海》的材料，和袁传璋书里引用的是一致的。袁传璋引用的第一个版本是日本的版本，第二个版本是清朝嘉庆年间的版本。我们复印的这个版本是《玉海》的第一次刻印，元朝至正年间的版本。上述三个版本的行文款式是一模一样的。日本的那个版本，就是国家图书馆所藏的元朝版本，流传到了日本。所以说，《玉海》的版本是真实的。那么我的怀疑点在哪里呢？我把王应麟所写的内容和《史记》逐字对照，发现不但不是《史记》的版本，而且是改造《汉书》的《司马迁传》，是王应麟重新写成的词条。"太史令"那一条写的是元封三年，司马迁年二十八。他用的是《索隐》；然后到了《汉史记》条，在应该放《索隐》的地方即元封三年下换成《正义》，只能代表王应麟的个人观点。所以，作为引证材料、版本材料，什么都不是。《汉史记》这一条，是王应麟对《汉书》的改编，《玉海》的版本价值是元代产品。单纯从版本角度来看，这条材料根本不是什么"铁证"，不具有讨论《史记》的任何版本价值。

再说，1984年施丁在《司马迁生年考》中指出，《史记会注考证校补》中有日藏南化本《索隐》引《博物志》正作"年三十八",也找到了文献依据。而袁先生认为这条《正义》是日藏中国南宋黄善夫本栏外批注,只代表批注者的观点,若作为证据,就是伪证。《会注考证》所存一千多条《正义》佚文,皆来源于栏外批注,难道单单就这一条是伪证?我们再问一问袁先生,如果用他的标准来衡量,把《玉海》的词条说成是"铁证",这是不是伪证?以子之矛,攻子之盾,还有什么可说的呢?这种用双重标准来看待事物,是戴着有色眼镜,为我所需,具有相当的随意性,显然是不科学的。《正义》单刻本在北宋已不存,而袁传璋竟然编造出南宋末年的王应麟却在皇家藏本中看到了古传本、古抄本,袁氏还模拟出行文款式,用以欺蒙读者。

七、排比行年,科学论证,对司马迁生年作出阶段性结论

《索隐》《正义》并存司马迁的生年两说,历经百年研究,无法找到直接的证据来证明哪个是正确的,哪个是讹误的,只能说是"两说"并存。张大可经过长期的研究和求证,通过排比司马迁的行年,列出司马迁行年表,将司马迁的行年事迹与时代背景相融合,从而得出司马迁的正确生年为前145年,完全可以作为百年论争的阶段性结论。

对此,张大可先生在研讨会上说,司马迁生年的结论,就体现在"司马迁行年表"上。这张表,就是把时代背景放上去,然后把"前135年说""前145年说"分别列上去,与历史事实进行对照。如董仲舒,是什么年代的人,什么时候在京城,司马迁什么时段能够见到董仲舒,究竟是"前135年说"的说法准确,还是"前145年说"的说法妥当,就一目了然。有的"前135年说"的学者说"司马迁行年表"是一个迷宫,很荒唐,那是他们没有看懂,或者是不愿意接受正确的结论。通过司马迁的行年考证,列表推演,我们得出了正确的结论:司马迁生年两说,只存在于《史记》三家注;百年论争,王真、郭伪不并存,"前145年说"可以作为定论。当然,对于《索隐》,还有其他的一些说法,"司马"后面的缺字,"前145年说"论者王重九认为缺的字是"谈"而不是"迁",即《索隐》所说的是指司马谈。这种说法

单从推理是说得通的。如此一来，就不存在数字讹误的问题了。而且直接排斥"前135年说"，对于这个，还缺乏实证，我们暂且不讨论。

百年论争，"前145年说"可以作为阶段性定论，即司马迁生于前145年。为什么这么说？我们把百年论争两种说法的论文都汇编出来了，可以发现，"前135年说"的论文其源无考据，其流无实证，关键地方是循环论证加编造事实，简单来说就是这样，双方论点、论据与方法，白纸黑字，对照鲜明。

最后，还要说一下，如果司马迁晚生十年，则是缺失了十年伟大时代的熏陶，影响了司马迁的人生修养。"前135年说"砍掉司马迁的十年青年时代，是从二十壮游的元朔三年至元狩六年，这十年恰好是汉武帝大规模征伐匈奴的十年，是西汉迅速崛起的十年，是汉朝民众艰苦奋斗的十年，是一个举国上下积极奋发的伟大时代。如果司马迁没有这十年的人生修养和修史见习，二十六岁的司马迁就遭遇父亲辞世，很难想象，他能把《史记》写得如此深刻。至于李长之认为《史记》是一部青壮年"血气方刚"时所写的史诗，其实是把"浪漫情怀"与假说当成了历史事实。

与会学者认为，司马迁生年为前145年，完全可以作百年论争阶段性结论，尽管此说以前没有明确的结论，但也是主流的说法，相信主流，顺从主流，是比较正确的做法；再说，就司马迁生年研究到现在，所能找到的证据都找了，该说的话都说了，"两说"双方都穷尽其力地进行了思考，可以说，是到了研究的终结。如此，对于司马迁以及《史记》研究，是一件大好事，将告慰先贤，惠及后人，也是一件具有大功德的事情，将载入司马迁与《史记》研究的历史功德簿。

八、与会学者的主要看法和观点

张大可先生和陈曦教授主旨演讲结束后，是研讨交流，到会嘉宾畅所欲言，各抒己见，各自介绍了自己的看法和观点，大多倾向于主流说法，即司马迁生于前145年，不少建议也是具有建设性的。

韩兆琦先生：我是赞成"前145年说"的。"前135年说"也有相当一部分的道理。但是，我觉得袁传璋对司马谈和司马迁的官职的判断是有问题的，太史令根本不是什么二千石的高官。司马迁父子两人的官位是很小的。司马迁受了官刑之后，更不可能得到汉武帝的重用。司马迁奉使西南夷，也不是什么"建节"，而是朝廷的一般官员到地方去了解实际情况，如此而已。

张建安先生：司马迁的生年研究对《史记》研究非常重要。张大可先生制作"司马迁行年表"，是一种严谨的治学方法。对于学术来说，要强调第一手资料的重要，要抓住重点，用好工具，不能以论代史，而要以史得论，那种以文学来评价史学的做法，是不妥当的，要文献与史实合参，不能止步于"数字讹误说"，而要通过排比行年进行研究，要有大无畏的探索精神，拿出证据链。

俞樟华先生：对司马迁生年这个问题研究不多，但是倾向于"前145年说"。张大可先生对王国维理论分析的方法是对的，结论也是对的。认同的人以后就用这个观点，不认同的人也可以不用这个观点，因为现在还没有绝对的证据来证明司马迁的生年，就相对而言，"前145年说"是正确的，是可行的。

薛引生先生：我在文章中是用"前145年说"的。"前135年说"学者用"早失二亲"来推断司马迁生年，是不确切的，是不可行的。早失二亲，是指司马迁很早就失去了双亲，并非如他们所说的司马迁年轻的时候就失去了双亲。我们研究司马迁生年，一定要尊重历史事实，一定要有科学的态度。

马宝记先生：学术研究最基本的就是资料，还有就是证据链。这两个完善了就可以得出结论。张大可先生的论证就有证据链的感觉，但是有些部分还不够扎实。他对"前135年说"的很多批评是正确的。"前135年说"对很多事情的分析，是感情的分析，而不是实证的分析。他们对司马迁撰史的年龄分析，就是这种感情分析，还是要靠实物证据来证明。等待"前135年说"的进一步梳理论证。

邬文玲女士：从方法上来看，张大可老师将司马迁生年放入时空分析的做法，我是认同的，但是推论性还是比较多，再加强细节的研究会更好。我觉得，还有一些作为参考的数据可以分析，比如"二十南游"，可以从秦汉时期的交通运输来推断这个活动到底需要多长时间，可以提供更多的材料和论据，以增强说服力。

袁宝龙先生：《史记》究竟是司马迁血气方刚时期的作品，还是成年之作？我赞同后者。《史记》历经时间很长，历时十几年，从司马迁的经历来看，他对汉武帝应该是予以抨击的，但是从司马迁的文章来看，他对汉朝有着强烈的自豪感，这也是对汉武帝的认可。批评与赞扬相结合，是比较公正的，也是更成熟的心态，更符合成年人的状态。根据张先生梳理的时空坐标，我认为"前145年说"更合理一些。我支持"前145年说"，也期待更多的证据，也期待"前135年说"的反驳。

赵白生先生：从论证的科学性角度来看，大家给出的证据大多数推论色彩比较重，主观性比较强。大家都是"倾向"于"前145说"的，重点是在于"倾向"，定案还缺乏铁证。在出现铁证之前，我们的这次论争可能更适合形容为伟大的"智力游戏"。

王志刚先生：就证据链这个问题，建议建立史学数据库，将相关人物、事件等都放进去梳理，将数据导入后得到的结果，可能是一个比较准确的结论，有可能是"前135年说"有百分之多少的可能，"前145年说"有百分之多少的可能。数据库一旦完成，没被我们关注的一些问题，就可能会呈现出来，引起我们的重视。

赵明正女士：《史记》是一部百科全书，是一部非常有激情的作品，最受中国人欢迎。学习《史记》，研究《史记》，传播《史记》，是我们的职责所在，任重道远。这二十多年，我从事这方面的研究和教学工作。《史记》的情怀对于理解中国文化十分有帮助。

朱枝富先生：我本人对司马迁生年的百年论争进行了系统梳理，将一百多篇文章进行收集、阅读、理解，形成了《司马迁生年百年论争综述》《司马迁生年研究几个问题》的文章。单纯靠"数字讹误说"的研究，不能得出正确的结论，而开展司马迁行年研究，将行年研究与时代背景相融合，才是正确的研究方法。相比较而言，司马迁生于前145年，比较吻合历史实际，可以作为百年论争阶段性结论。真理有两种，即相对真理与绝对真理，这可以说是相对真理。

詹歆睿先生：司马迁生年的十年之差论争，具有重要的意义。这次讨论是对司马迁生年问题的百年论争阶段性总结，尽管司马迁生年还得不到绝对的结论，但相对而言，是比较客观的结论。历史研究是无限地接近真相，但是又无法达到历史的真实。论争的意义不在于当下，而是在于对历史的交代和总结，将问题推到新的高度，得到更高的重视和解决。

张杰先生：司马迁为什么没有在《太史公自序》中写出自己的生年？从中西方文化对比的角度来看，我认为《太史公自序》体现了司马迁对家族、家庭、社会的身份认同，却忽视了对个体自身的身份认同，这也是他没有对自己生年做明确交代的原因。

高敏芳女士：《渭南师范学院学报》的"司马迁与《史记》研究"专栏被教育部评为"名栏"，是教育部六十五个"名栏"之一，是"司马迁与《史记》研究"的重要阵地，从 1989 年到现在该栏目已经刊发了 171 期，发表了七百余篇文章。有不少文章被《新华文摘》等国家级刊物转载和摘登，充分体现了其学术性和时代性。我们旨在为大家提供一个高效的《史记》研究交流平台，依靠大家把《学报》办成一流学术刊物。

朱正平先生：关于司马迁生年的研究，张大可先生等进行了充分的研究，提出了百年论争阶段性的结论，是比较科学的，也是符合历史事实的，为司马迁与《史记》研究做出了贡献，功不可没。我觉得，司马迁的生年研究，还可以与秦汉史的研究结合起来，一起攻关，可能会更有效果。

九、附记：2016 至 2018 年重启司马迁生年疑案论争综述

张大可提出，本轮研讨，不求新证新论，要回头看，梳理百年论争的是与非，力争在梳理中作出百年论争阶段性的结论。

重启司马迁生年疑案研究在 2016—2018 年三年间，双方共发表了十八篇文章，其中"前 145 年说"论者发表十二篇，"前 135 年说"论者发表六篇。"前 145 年说"的代表者是张大可，主要从方法论的角度研究，形成《司马迁生年十年之差百年论争述评》《评司马迁生年"前 135 年说"后继论者的"新证"》《司马迁生年十年之差论争的意义》，高度概括总结了司马迁生年十年之差百年论争的内容、实质和意义，提出了百年论争阶段性结论；还针对袁传璋的观点，发表了《解读袁传璋"虚

妄论"提出的一些问题》，而后系统研究，形成《司马迁生年研究》专著。"前145年说"论者陈曦，主要是针对"前135年说"的几个重点人物进行解剖研究，形成了《李长之"司马迁生于前135年说"举证十条无一考据》《评赵生群"司马迁生于前135年说"之新证》《评袁传璋"司马迁生于前135年说"之新证》。"前145年说"论者朱枝富，主要进行综述研究，形成了《新一轮司马迁生年疑案研究综论》《评司马迁生年"前135年说"论者的三大"曲说"》《司马迁生年十年之差百年论争梳理与综论》。"前135年说"的代表者是袁传璋，发表了《王国维之〈太史公行年考〉发覆》《司马迁生年"前145年论者"的考据虚妄无征论》，继续坚持认为司马迁生于公元前135年。这一时期的研究以"前145年说"论者为主体，具有综合性、综述性，将前几次论争中的所有观点都拎出来进行系统评说，几乎无遗漏，无死角，既有立论，也有驳论，以期形成百年论争阶段性结论。

1. "前145年说"论者张大可着重从方法论上进行研究，形成三篇力作，高度概括总结，高屋建瓴，大气磅礴。

在重启司马迁生年疑案研究中，张大可先生对司马迁生年的十年之差百年论争疑案，着重从方法论的角度进行梳理研究，形成了三篇论文，高度概括总结了百年论争的由来、内容、实质和意义，提出了百年论争阶段性结论。

张先生的第一篇论文《司马迁生年十年之差百年论争述评》认为："百年论争画一个句号，已经是水到渠成。"他回顾司马迁生年百年论争的由来，认为王国维考证司马迁生年为公元前145年，论点坚实，方法正确，逻辑严密；郭沫若、李长之主张司马迁生年为公元前135年，无一考据，不能成立；主张依据现有文献资料，排比行年，是考证司马迁生年唯一正确的方法，只有深入地研究司马迁的行年，才能从中得出真知灼见的结论。

张先生还通过深入研究，形成了王、郭"两说"对照的"司马迁行年表"，从中比较其合理性、可行性、科学性，可见其用力甚多，开掘甚深，功力甚厚，结论正确。

张先生的第二篇论文《评"司马迁生年前135年说"后继论者的"新证"》，系统研究"前135年说"后继论者的观点，从四个方面展开：一是《索隐》《正义》两说并存，皆为待证之假说，不能作为推导生年的基准点；二是"前135年说"后继论者误读史文，搞循环论证，得不出真正的结论；三是"前135年说"后继论者认为司马迁"句句"按时间先后叙事，是在字缝里作考证，于事无补；四是司马迁生于公元前145年论争百年，可作为阶段性定论。

张先生的第三篇论文《司马迁生年十年之差论争的意义》，进一步深化研究，系统地阐述了论争的重大意义，具有五大价值：一是求历史之真，排比司马迁行年，是考证司马迁生年唯一正确的方法；二是厘正了"前135年说"论者对《史记》的误读，认为"前135年说"论者为了编织司马迁晚生十年的论据，有意误读《自序》和《报任安书》，主要是对"有子曰迁""年十岁则诵古文""耕牧河山之阳""早失二亲"及连词"于是"的误读，从而得出了错误的结论；三是透视了"空白说"或"大漏洞说"的无据，不能成立，认为赵光贤排列"司马迁行年新旧对照表"，以解读李长之"空白说"，是煞费苦心编制的伪证、伪考表；四是认为司马迁晚生十年，砍掉了司马迁十年的青年时代，使司马迁缺失了十年伟大时代的熏陶，影响了司马迁的人生修养；五是司马迁生年"两说"，只并存于"三家注"，王、郭"两说"王真郭伪，不能并存，应去伪存真，确定司马迁生年。

张大可的三篇论文，功力深厚，可谓论说精当，持之有据，结论准确，大气磅礴，令人一赞三叹。

在此基础上，张大可形成了"司马迁生年研究八讲"，作为司马迁生年十年之差百年论争的系统梳理和"总盘点"，证实了王国维所说的"十年之差由数字讹误造成"，但纠缠于数字讹误本身，既不能推倒，也不能落实。而考证司马迁生年，排比行年是唯一正确的方法。张先生运用文献和史实考证，总结百年论争几代学者的成果，合于"前145年说"的行年关节点有六大证据，有问故孔安国、师事董仲舒两大旁证，有交友六条证据，共有十四条证据，足可定案司马迁生于前145年。而李长之、郭沫若主张的"前135年说"无一考据，后继论者的"新证"无一实证，以辨代考，精制伪证、伪考和循环论证，用伪命题在字缝中作考证，不能成立。

2. "前145年说"论者陈曦对"前135年说"代表者李长之、袁传璋、赵生群的主要观点逐一评说，各个击破。

"前145年说"论者陈曦，对"前135年说"几位代表人物的观点进行了剖析和评论，用力颇深，有些论证可以说是力透纸背。

《李长之"司马迁生于前135年说"驳论》（即《李长之关于司马迁生于前135年说举证十条无一考证》）一文，对李长之的十条证据，先是分论，一条一条予以剖解，鞭辟入里，然后是综论，总体论说，结论是无一考据，不能成立，这无疑是釜底抽薪，"前135年说"论者证据不立，所形成的结论自然就是无源之水、无本之木、无基之厦，如果"前135年说"论者认真读过此文，还能再坚持李长之的观点吗？李长之自己本人也曾坦言有误，我倒是非常佩服李长之的勇气，不固执己见，勇于修正错误，如果连这一点都做不到，还遑论搞什么研究？

《评袁传璋"司马迁生于前135年说"之新证》一文，认为袁传璋关于司马迁生年的两大核心论点，即一是《报任安书》作于征和二年，作为推算司马迁行年的基准点；二是"于是迁仕为郎中"的"于是"二字为无缝连接词，说明"司马迁的入仕为郎与壮游在时间上前后相承"，中间没有间隔，认为在这至关紧要的地方，无考无据，完全是一厢情愿的主观推测，并强加于司马迁，说成是"司马迁亲自告诉人们的"，有诬妄之嫌。两大核心论点既已推翻，其认为司马迁必定生于公元前135年的说法，已失去了立论的基石，是不成立的。

《评赵生群"司马迁生于前135年说"之新证》一文，认为赵生群提出"新证"，多方考察，试图为《史记》研究的这一重大疑案画上句号，非常遗憾的是，他"在司马迁生年问题上的'新证'，新意不多，在论证过程中，有鉴别史料不客观、以假说为依据、考证缺乏、倒因为果等偏差，延续了李长之的错误理念和方法"，故此，尽管他将司马迁生于公元前135年写上了《史记》（修订本）前言，但是，这个句号是画不得的，画不圆的。

3."前 135 年说"论者袁传璋等进一步申明观点,极力主张司马迁生于公元前 135 年,张大可先生等予以驳正。

袁传璋针对张大可等学者进行的述评、综论,对司马迁生年问题再进行研究思考,形成了两篇文章,即《王国维之〈太史公行年考〉立论基石发覆》《"司马迁生年前 145 年说论者考据"虚妄无征论》,回应"前 145 年说"论者的研究评论。上篇系统分析王国维对司马迁生年研究的贡献与缺陷,重申原来的研究观点,认为宋刻以来的《史记》注本中"二十"与"三十"罕见互讹,而"三十"与"四十"频繁互讹,结论是"王国维的司马迁生于汉景帝中元五年说不能成立",并且探究了《索隐》与《正义》十年之差的成因,继续坚持司马迁生于武帝建元六年的观点。下篇对"前 145 年论者"的考据逐项检验,认为:"'前 145 年说'论者'十九岁之前耕牧河山之阳'与对'家徙茂陵'之考证纯属想当然;对'仕为郎中'之考证荒诞无稽;'《报任安书》作于太始四年说'及'任安死于征和二年七月说'皆属伪证、伪考",认为"前 145 年说"是"一份不及格的司马迁生年考证答卷"。

作为回应,张大可先生发表了《解读袁传璋〈虚妄论〉提出的一些问题》,陈曦发表了《〈报任安书〉作年为基准点不能成立》等,进一步论证司马迁生于汉景帝中元五年。

张大可系统地论述并评说了袁传璋提出的一些问题,从五个方面说明:一是认为袁传璋的两位数字合写之说,无法驳倒王国维的立论基石,即"'三'讹为'二',乃事之常"的常理之说,认为袁传璋放大自我,自相矛盾,巧设标靶,自娱自乐,在没有新的材料发现之前,还应回到王国维指引的方向上去;二是认为排比司马迁行年是考证司马迁生年唯一正确的方法,《自序》和《报任安书》留下了最直接的司马迁行年资料,所排列的"司马迁行年表"是百年论争"两说"双方共同的研究成果;三是认为袁传璋对已正确认识到的"唯一出路"(指从《自序》《报书》和"太史公曰"中寻找"本证")不用正解,而是标新立异扭曲,只能是南辕北辙;四是袁传璋精心编织伪证伪考,暗度陈仓,循环推演,以证成其说;五是司马迁元狩五年仕为郎中,并非是施丁考证荒诞无稽,而是驳难者在"胡柴",无限放大自我,夸张一条材料的发现是"唯一证据"，浮躁而虚妄。

陈曦在回应文中认为，《报任安书》作年为司马迁生年的基准点不能成立，具有三点理由：一是认为《报任安书》的作年不具有直接推导司马迁生年的功能，无论哪一种说法（如"太始元年说""太始四年说""征和二年说"），均不是基准点，以《报任安书》作年为推导司马迁生年的基准点，是一个伪命题；二是用历史事实证明《报任安书》不作于征和二年，袁传璋的说法于史无据，全为主观臆测；三是袁传璋没有依据任何史实与文献，费心费力，认为《报任安书》作于征和二年，掩盖不了伪证、伪考，即没有考据的推论，以辨代考，无一实证，因此不能成立。

在此期间，还有不少学者发表了申说自己观点的文章：张韩荣发表了《从〈太史公自序〉考证司马迁生年》，还是沿袭了以往的说法，进行了新的包装，强调《自序》"太史公既掌天官，不治民，有子曰迁"就是"铁证"，其实，这是误读误解，"既"字是针对"不治民"而言，"既掌天官"与"有子曰迁"为并列句，分说两件事情，并不绝对是先做官，后生儿子；所谓"铁证"，也是无根之说，充其量，只是他个人的理解而已，司马迁自己并没有这样认为。

吴名岗发表了《"二十南游江、淮"证明司马迁生于建元年间》，用了三重证据：排比行年法、数学求解法、原文解读法，三重解法证实司马迁生于公元前135年。张大可认为："只看包装的三重标题，像似在考证，实际的文章内容、伪证手法，肤浅浮躁。他把排比行年法、数学求解法、原文解读法称为三条路，如果三种方法中均有考证，仍是一条路，只是多样的考证，如果三种方法中全无考证，那就是一条路都不会走。排比行年法，巧借《司马迁行年表》说事，但没有看懂，将'王说'和'郭说'直接比较的归谬方法根本就是错误的，是毫无讨论价值的文字游戏；数学求解法，乃是演示循环论证，是一个没有依据的伪证公式；原文解读法，是'前135年说'论者的司马迁句句依时间先后叙事这一谬说的弯弯绕。"

4."前 145 年说"论者朱枝富系统研究司马迁生年疑案的百年论辩史，予以梳理和综论，重点剖解三大"曲说"。

朱枝富在《新一轮司马迁生年疑案研讨综论》中认为，2015 年重启司马迁生年疑案研究成效显著；王国维"前 145 年说"吻合司马迁行年，立论无误；李长之、郭沫若"前 135 年说"是为推论，无法取代"王说"；《索隐》与《正义》的十年之差，是导致司马迁生年纷争的主要根源；王应麟《玉海》关于司马迁生年史料的可靠性值得推敲，不能视为考订司马迁生年的直接证据；《自序》没有表明司马迁生于建元年间，从字缝里找证据是徒劳的；司马迁《报任安书》"早失二亲"不容曲解。王国维提出的司马迁生于汉景帝中元五年，即公元前 145 年，经过百年论争是完全成立的。

在《评司马迁生年"前 135 年说"论者的三大"曲说"》中，认为"前 135 年说"论者形成的关键性观点，大致上是三个方面，即三大"曲说"："'书体演变说'推倒王国维'数字讹误说'"，"《玉海》之《正义》佚文确证郭沫若说"，"司马迁自叙生于建元年间说"。逐一进行解剖与评说：一是"前 135 年说"论者从"书体演变"角度，用"'三十''四十'经常相讹"来论定《正义》按语有误，借以推倒王国维立论，实乃"大言欺人"；二是"前 135 年说"论者发现《玉海》"汉史记"条《正义》佚文，宣称是"直接证据"与"确证"，以此定案司马迁生于前 135 年，乃是伪证、伪考；三是"前 135 年说"论者误读、曲解《自序》，认为司马迁自叙生于建元年间，把自己的观点强加于司马迁是在玩弄文字游戏。

论文二：司马迁生年十年之差百年论争回顾

作者：丁波（商务印书馆编审、北京《史记》研究会会长）

司马迁的生年，《史记》的《索隐》和《正义》提供了两个版本。《史记·太史公自序》在"卒三岁而迁为太史令"下，司马贞《索隐》引《博物志》："太史令茂陵显武里大夫司马〔迁〕，年二十八，〔元封〕三年六月乙卯，除六百石。"元封三年，即公元前108年，按此推算，司马迁生于汉武帝建元六年，即公元前135年。而在"五年而当太初元年"下，张守节《正义》："案：迁年四十二岁。"汉武帝太初元年，即公元前104年，这一年司马迁四十二岁，据此推算，司马迁生年为汉景帝中元五年，即公元前145年。张守节与司马贞同是唐玄宗时人，两人的记载存在十年之差，为司马迁提供了"公元前145年"和"公元前135年"两个生年。

1917年（值得注意的是，学术界把王国维考证司马迁生年文章发表时间误认为是1916年），王国维编制《太史公年谱》，开始系统考证司马迁的行年。据《王国维年谱长编（1877—1927）》，1917年2月中旬起，王国维即着手草拟《太史公年谱》。2月16日，王国维致信罗振玉："《太史公年谱》已得大略，明日当着手写定，约可得二十纸。"19日信又说："《史公年谱文录》一稿，今日可毕，惟其卒年终不可考，大约与武帝相终始耳。"23日信又说："《史公年谱》昨已写定，得二十三页，其中颇有发明。"从王国维和罗振玉的通信看，《太史公年谱》从构思到完成，大约花费了十多天时间，而信中提到的《太史公年谱》《史公年谱文录》《史公年谱》这三个文章名，在文章最终发表时，都未被采用。当时王国维受雇于犹太人哈同，主持编辑《学术丛编》，《太史公年谱》就登载在《学术丛编》第十三卷上，正式发表的名称是《太史公系年考略》。而到1923年收入《观堂集林》时，王国维又将这篇文章的名字改为《太史公行年考》，正文一仍其旧，并未改动。

王国维《太史公行年考》认为，司马贞《索隐》和张守节《正义》所引材料相同，之所以有十年之差，是文献在流传过程中出现了数字讹误。王国维运用数字分书写法的"鲁鱼豕亥"常理："三讹为二，乃事之常；三讹为四，则于理为远。"推论《索隐》"年二十八"为"年三十八"之误。王国维还从司马迁的行年、师从与交游三个方面，为"公元前 145 年说"找到了许多有力证据，系统论证了司马迁生于公元前 145 年，为之后司马迁生年研究指引了方向，在学术界产生了广泛影响。由于王国维考证筚路蓝缕，如前文所述，在十余天时间里草就，论据多有疏失，也成为"公元前 135 年说"论者攻击的标靶。

王国维"公元前 145 年说"发表之后，日本学者桑原骘藏发表文章《关于司马迁生年之一新说》（该文最早于 1922 年刊于日本《东洋文明史论丛》，1929 年重发表于日本《史学研究》第 1 卷第 1 号，后由韩悦翻译为中文发表于 1930 年 1 月 29 日的《大公报文学副刊》）。李长之《司马迁生年为建元六年辨》（《中国文学》1944 年第 1 卷第 2 期，后作为附录收入《司马迁之人格与风格》）、施之勉《〈太史公行年考〉辨疑》（《东方杂志》1944 年第 40 卷第 16 期），相继对王国维的"公元前 145 年说"展开批驳，力主"公元前 135 年说"，但在当时都未产生较大影响。李长之《司马迁生年为建元六年辨》发表之后，又收入其专著《司马迁之人格与风格》（开明书店 1948 年版），陈垣曾评价《司马迁生年为建元六年辨》是该书"最有价值的部分"，"好在你言之成理，尤难能可贵的是，如果司马迁晚生了十年，生于建元六年的话，其时所作《史记》的年龄，恰恰更符合你所论的浪漫精神诸因素"。1953 年 9 月，施之勉将《〈太史公行年考〉辨疑》经过两次修正，更名为《〈太史公行年考〉辨误》，在台湾《大陆杂志》发表。施之勉在《大陆杂志》刊发该文之前，曾和老友钱穆就司马迁生年问题通信讨论，钱穆回信坚持"公元前 145 年说"，不赞成施之勉"公元前 135 年说"，并专门撰文《司马迁生年考》（《学术季刊》1953 年第 1 卷第 4 期）阐述自己的观点。钱穆的文章发表于 1953 年 6 月，施之勉的文章发表于 1953 年 9 月，就发表时间看，施之勉旧文修正重发，则是对老友钱穆文章的回应。

根据王国维"公元前 145 年说"，1955 年，正好是司马迁诞生二千一百周年。学术界对此表现出了特别的关注，相继发表的相关文章有：郑鹤声《司马迁生平及其在历史学上的伟大贡献》（《山东大学学报》1955 年第 1 期）、季镇淮《司马迁和他的史记——为纪念司马迁诞生二千一百周年而作》（《文艺报》1955年第18期）、卢南乔《论司马迁及其历史编纂学——纪念司马迁诞生2100周年》（《文史哲》1955年11月号）、侯外庐《司马迁著作中思想性和人民性——为纪念司马迁诞生二千一百周年而作》（《人民日报》1955年12月30日）等，这些文章都接受"公元前145年说"。

　　与上述学者支持"公元前145年说"形成鲜明对比，时任中国科学院院长的郭沫若则发表了《〈太史公行年考〉有问题》，对王国维的"公元前145年说"进行反驳，力主"公元前135年说"。他认为："王国维有《太史公行年考》，对于司马迁的生平事迹，考证颇详。他考定司马迁生于汉景帝中元五年丙申，公元前145年，因而到了今年便当为诞生二千一百周年。史学界曾经拟议，在今年举行纪念。有的朋友更已写了纪念文章。但经仔细推考，王国维所定的生年是有问题的。司马迁的生年应该还要推迟十年，即汉武帝建元六年丙午，公元前135年，到今年只能是诞生2090年。"不难看出，郭沫若是注意到一些学者以"公元前145年说"为依据，准备在1955年纪念司马迁诞生2100周年，所以选择"公元前145年说"最具代表性的王国维为批驳对象，意在提醒持"公元前145年说"论者，1955年是司马迁诞生2090年，而非2100周年。因为郭沫若在当时学界的独特地位，他对"公元前135年说"的支持，有力地阻击了国内学者"公元前145年说"论者筹划的"纪念司马迁诞生2100周年"纪念活动。

　　郭沫若自认为《〈太史公行年考〉有问题》是篇小文章，写定于1955年10月28日，他致信尹达："太史公行年问题，我写了一点稿子，送你看看，看后可转《新建设》之类的刊物。本来想写一篇大东西，小稿是开头一小节，但目前来不及写了。"（黄淳浩编《郭沫若书信集（下）》第187页，中国社会科学出版社，1992年）尹达接到郭沫若的稿件后，认为该文应在《历史研究》刊发，就以《历史研究》编辑部约稿为由，建议郭沫若在《历史研究》发表。郭沫若在31日给尹达的回信中对此回应说："关于太史公生年一文，《历史研究》要用，勉强可以，似乎问题太小了一点。"于是，《历史研究》编辑部在发表郭沫若文章的同时，在同期又刊发了李长之旧文《司马迁生年为建元六年辨》。《历史研究》编辑部在刊发这篇文章时，没有用李长之本人的名字，而用了"刘际铨"这个名字。《历史研究》编辑部此举引发了李长之本人的不满，李长之致信《历史研究》，指责"刘际铨"抄袭他的旧作，《历史研究》编辑部为此专门在 1956 年第 1 期刊发了致歉声明："本刊去年第六期刊载了刘际铨的《司马迁生年为建元六年辨》一文，经李长之先生来信揭发，该文全系抄自他的旧作《司马迁之人格与风格》一书的附录。刘际铨这种抄袭他人旧作的行为是极其恶劣的，由于我们编辑工作上的疏忽，致事先未能发现，除了已采取一定的措施，加强审稿，以防止今后再发生类似现象外，并向李长之先生和读者致歉。"据中国社会科学院历史研究所谢保成研究员回忆，施丁是从《历史研究》编辑部调入历史研究所的，施丁曾向他说过，在 20 世纪 50 年代《历史研究》有不经作者同意变换作者名发表该作者旧作的事情，如果此说可信，那《历史研究》编辑部在 1955 年第 6 期以"刘际铨"名刊发李长之旧文的动机也就十分清楚了。他们是担心郭沫若文章过短，怕引不起足够的重视，援引李长之的文章为之张目，所谓审稿不严之说不成立。就笔者目前掌握的材料看，《历史研究》以"刘际铨"名刊发李长之的旧文，郭沫若是否知情，不能妄下评断，但《历史研究》编辑部在 1955 年第 6 期同期刊发两篇"公元前 135 年说"的文章，态度是十分鲜明的。

郭沫若和《历史研究》对"公元前 135 年说"力挺，夭折了国内"司马迁诞生 2100 周年纪念活动"，而当时与中国正处于蜜月期的苏联学术界似乎并没有接受郭沫若力主的"公元前 135 年说"，他们用实际行动支持了"公元前 145 年说"。1955 年 12 月 22 日，苏联对外文化协会东方部会同苏联科学院东方学研究所在莫斯科联合举办庆祝晚会，纪念司马迁诞生 2100 周年，依据就是"公元前 145 年说"。《光明日报》12 月 24 日报道了莫斯科的纪念活动，并于 12 月 27 日又刊登了雅·沃斯科波依尼科夫的《纪念司马迁诞生二千一百周年》，详细介绍了莫斯科纪念活动的盛况。二十多天后，《光明日报》又刊发了齐思和《〈史记〉产生的历史条件和它在世界史学上的地位》，赞扬苏联学术界伟大的国际主义精神："1955 年 12 月 22 日苏联学术界在莫斯科举行集会，纪念司马迁诞生 2100 年，这表现出苏联学术界

对于中国文化遗产的重视, 和他们伟大的国际主义精神。"可以看出, 1955 年末到
1956 年初,《光明日报》对司马迁诞生 2100 周年表现出了极大的关注, 连续刊发
文章予以报道。

　　有趣的是, 围绕司马迁生年十年之差而展开的要不要在 1955 年纪念司马迁诞
生 2100 周年的争论中,《历史研究》作为"公元前 135 年说"的阵地, 而《光明
日报》则集中报道"公元前 145 年说"的相关活动, 这两家极具影响力的媒体, 在
1955 年末、1956 年初掀起了一场并没有火药味的鲜明对立的学术讨论, 除郭沫若
外, 这一时期参与讨论的学者关注的是"司马迁诞生 2100 周年纪念", 并未具体就
"公元前 145 年说"或"公元前 135 年说"提供新的论据支持。而且, 司马迁生年
十年之差论争最终并未因"司马迁诞生 2100 周年纪念活动"的夭折而终止, 因为
郭沫若这样有影响的作者的加入, 王国维开启的司马迁生年研究, 更得到了学术界
的广泛关注。

　　从 1955 年到 2018 年, 围绕司马迁生年十年之差, 学术界在 20 世纪 50 年
代中、80 年代初, 以及 21 世纪 10 年代中进行了三次全国性学术大讨论。三次均
为"前 135 年说"向"前 145 年说"发起挑战和驳难。第一次, 20 世纪 50 年代中
为郭沫若发表《〈太史公行年考〉有问题》, 批判王国维而引发, 已如前述。第二
次, 20 世纪 80 年代初由李伯勋发表《司马迁生卒年考辨——驳王国维〈太史公系
年考略〉》而引发。第三次, 即 21 世纪 10 年代中, 由前 135 年说论者袁传璋、赵
生群于 2013 年提出因《玉海》记载《正义》佚文铁证, 司马迁生于前 135 年已定
案, 反对中国史记研究会筹备 2015 年纪念司马迁诞生 2160 周年而引发。三次大
讨论累计发表论文百余篇, 参与论争的学者近八十人, 出版专题研讨生年的著作两
部: 施丁《司马迁行年新考》(陕西人民教育出版社 1995 年版); 张大可《司马迁生
年研究》(商务印书馆 2019 年版)。在这场旷日持久的学术论争中, 支持"公元前
145 年说"的张大可和支持"公元前 135 年说"的袁传璋, 是论辩双方的代表人物。
而就学术影响看,"公元前 145 年说"明显占据上风。中华书局点校本 1959 年版的
《史记》"出版说明"中关于司马迁的生年是这样介绍的:"生于汉景帝中元五年(公

元前 145 年）或者更后一些。"虽然持存疑态度，但明显以"公元前 145 年说"为主说。1985 年，中国历史文献研究会在南京召开年会，以"公元前 145 年说"为据，隆重纪念司马迁诞生 2130 周年；1995 年，陕西省司马迁研究会在西安召开纪念司马迁诞生 2140 周年国际学术研讨会；2005 年，中国史记研究会在韩城市召开纪念司马迁诞生 2150 周年学术研讨会。三次研讨会的召开，特别是中国史记研究会以学会声音为"公元前 145 年说"的加持，使持"公元前 145 年说"论者在论战中明显占据上风。

2013 年，中华书局点校本《史记》（修订版）的"出版说明"中，主持修订工作的赵生群则直接断司马迁生年为汉武帝建元六年（公元前 135 年），放弃了该书自出版以来将司马迁生年以"公元前 145 年"为主说、两存其说的态度。赵生群的主要依据是，《玉海》卷四十六"《汉史记》"条引《史记正义》:《博物志》云"迁年二十八，三年六月乙卯除，六百石"。赵生群著文《从〈正义〉佚文考定司马迁生年》刊于《光明日报》2000 年 3 月 3 日。袁传璋撰文《〈玉海〉所录〈正义〉佚文为考定司马迁生年提供确证》，刊于《司马迁与〈史记〉研究年鉴 2011 年卷》（商务印书馆 2013 年版）。袁传璋称《玉海》所录系王应麟所见南宋皇家藏本，系唐写本，还复原唐写本原貌行文款式。尽管如此，并未引起学术界重视。中华书局点校本《史记》是目前最通行的《史记》版本，其学术影响力自然非同一般，修订版《史记》将司马迁生年定为公元前 135 年、放弃两存其说的做法，毫无疑问是依据赵生群、袁传璋两人的定调。从 2013 年起，袁、赵两人反对中国《史记》研究会筹备在 2015 年纪念司马迁诞生 2160 周年，要改为纪念司马迁诞生 2150 周年。

张大可教授作为中国《史记》研究会会长，他从 2011 年起就推动中国《史记》研究会与渭南师范学院共同召开纪念司马迁诞生 2160 周年学术研讨会，组织出版《史记论著集成》二十卷、《史记通解》全九册，以及《中国史记研究会十五年》专集，总字数两千余万字，可以说是对 1955 年缺失的纪念司马迁诞生 2100 周年的补课。正是在这一背景下，"前 135 年说"论者，近年来不断发声，连续有五六篇"新证"说《太史公自序》写有司马迁生年。对此，中国《史记》研究会回应，2015

年纪念司马迁诞生 2160 周年学术研讨会正常举办，会后专题研讨司马迁生年。在
2016—2018 三年中双方论争文章有十八篇，在《渭南师范学院学报》《史学月刊》
《管子学刊》，以及中国《史记》研究会、北京《史记》研究会两会年会论文集《史
记论丛》《史记研究》发表。本次论争，规模虽然不及前两次宏大，但质量更高，
用《司马迁生年研究·引言》的话来说："本次论争的特点不是寻求新证据来立论与
驳论，而是回头看，系统梳理司马迁生年十年之差两说百年论争的论点与论据，做
一个阶段性总结，力图在百年论争梳理的基础上做出对司马迁生年的定案。"

　　经过充分准备，司马迁生年十年之差百年论争梳理学术研讨会顺利举办。大
会研讨用书两本论著：其一，《司马迁生年研讨论文集》系精选百年论争双方主
要学者论文共四十二篇，按论争时期分为五辑，"前 145 年说"与"前 135 年说"
对照鲜明，为司马迁生年定案提供充分的文献依据以及生动的逻辑论证。其二，
《司马迁生年研究》，系张大可先生提出的关于司马迁生年研究的专著，全书八讲
系统梳理百年论争两说的论点论据。要点有三：一是梳理王国维筚路蓝缕的考证。
张先生评价是："王国维考证司马迁生年为公元前 145 年，论点坚实，方法正确，
逻辑严密。"但"其中的推论论据多有瑕疵，必须修正"。二是梳理"前 145 年说"
排比司马迁行年与师承、交游三个方面，考证司马迁生于前 145 年有十四条证据，
形成不可辩驳的证据链。三是梳理"前 135 年说"之源，郭沫若举证三条，李长
之举证十条，皆为辩说，无一考证，无一条成立；"前 135 年说"后继论者的考证，
无一实据。其考辨方法为循环论证，系伪证、伪考，所谓《玉海》提供的《正义》
佚文铁证，来自皇家藏本、古注本、古抄本，皆为编造。《玉海》成书在南宋末，
王应麟所写《汉史记》条主要材料依据《汉书·司马迁传》。《史记正义》单刻本
在北宋已不存世，王应麟不知在哪儿看到皇家藏本，毫无证据。事实是王应麟在
《史记索隐》的地方写成《史记正义》，只代表他个人的观点，毫无版本依据和考
证价值。总上三个方面，《司马迁生年研究》的结论是：司马迁生年两说只并存于
三家注，王、郭两说，王真、郭伪不并存，司马迁生于公元前 145 年可以为定论。

　　综上所述，从 1917 年王国维系统考证司马迁生年，到 2019 年张大可《司马

迁生年研究》出版，时间跨越整百年。"公元前145年说"和"公元前135年说"，哪一个会成为定论，势必还要等待时间来验证。本文只简略地考察司马迁生年十年之差百年论争过程，特别是20世纪50年代中第一次论争的背景，供学术界关注这一公案的学者发微探讨。百年论争双方的论文论著俱在，智仁之见，由读者去评判。

论文三:一桩百年论争学术公案的终结梳理

作者:张大可(中央社会主义学院教授、中国《史记》研究会会长)

2019年5月26日,司马迁生年十年之差百年论争梳理学术研讨会在北京师范大学京师学堂召开。研讨会由北京《史记》研究会与北京师范大学历史学院联合主办。全国学术界受邀学者与北京《史记》研究会参会学者共五十九人与会。会议专题梳理司马迁生年疑案百年论争总成果,作出百年论争的阶段性总结,定案司马迁生年。

《史记·太史公自序》和《汉书·司马迁传》,均未记载司马迁生年,留下千年疑案。学术界推论司马迁生年有六种说法,而有文献依据,且合于司马迁行年自述的有两种说法,皆源于《史记·太史公自序》三家注。司马贞《索隐》引《博物志》,"司马迁年二十八",系于汉武帝元封三年,即前108年,依此推算,司马迁生于公元前135年。张守节《正义》,在汉武帝太初元年下按语曰,"是年司马迁四十二岁",太初元年为前104年,依此推算,司马迁应生于公元前145年。两说之差正好整十年。司马贞与张守节两人均为唐开元年间同时代人,又出自同一师门,两人都是张嘉会的学生,各自以毕生精力注说《史记》,他们看到的资料当是同源的,十年之差是数字在流传中发生了讹误。若系《索隐》之误,则"二十八"是"三十八"之讹;若系《正义》之误,则"四十二"是"三十二"之讹。二者必居其一。

1917年,王国维开启司马迁行年研究,他在上海《学术丛编》第十三卷上发文《太史公系年考略》,1923年收入《观堂集林》卷十一,改题为《太史公行年考》,全文不变。王国维考证分为三步。第一步用出土文献汉简记录人物簿籍的行文款式证明司马贞所引《博物志》文献可靠,此王氏二重证据法。第二步用数字分书的"鲁鱼亥豕"常理:"三讹为二,乃事之常;三讹为四,则于理为远。"推论《索隐》年"二十八"为"三十八"之讹,依《正义》推论司马迁生于公元前145年。第三步,从司马迁行年、师从、交游三个方面考证出合于"前145年说"的若干证据,涉及《史记》中十五篇"太史公曰"。王国维的考证,论点坚实,方法正确,逻辑严密,为尔后司马迁生年研究指明了方向，在学术界产生了广泛的影响。由于王国维第一次考证，论据多有疏失，也成为 "前 135 年说" 论者批评的标靶。

"前 135 年说" 首发者为日人桑原骘藏，他在 1922 年日本《东洋文明史论丛》发表《关于司马迁生年之一新说》，以司马迁《报任安书》中 "早失二亲" 为据，说司马迁 "早年" 失去双亲，当然越早越好，应晚生十年为前 135 年。1944 年李长之在《中国文学》第一卷第二期发表《司马迁生年为建元六年辨》，举证十条力挺 "前 135 年说"，"早失二亲" 列为第一条。20 世纪 50 年代初，台湾施之勉与钱穆分别撰文参与讨论，施氏主 "前 135 年说"，钱氏主 "前 145 年说"，均未引起重大反响。1955 年，按王国维考证，司马迁诞辰 2100 周年，当时中、苏两国学术界筹备开展隆重的纪念活动。郭沫若在《历史研究》第 6 期发表《〈太史公行年考〉有问题》，举证三条驳难王国维，"早失二亲" 是最核心的一条，郭沫若称是王国维的 "致命伤"。郭文发表阻止了中国学术界的纪念活动，苏联学术界未受影响开展了纪念活动。这一背景引发了学术界的大讨论。

从 1955—2018 年，围绕司马迁生年十年之差，学术界进行了三次全国性学术大讨论。三次均是 "前 135 年说" 论者向 "前 145 年说" 发起的挑战。20 世纪 50 年代中，由郭沫若批驳王国维而引发，这是第一次。20 世纪 80 年代初，由兰州大学李伯勋在《兰州大学学报（社会科学版）》1980 年第 1 期发表《驳王国维〈太史公系年考略〉》而引发，这是第二次。第三次，即 21 世纪近年来的研讨，由 "前 135 年说" 论者袁传璋、赵生群于 2013 年提出，因《玉海》记载《正义》佚文提供铁证，写于中华书局点校修订本《史记》前言，司马迁生于前 135 年已定案，反对中国《史记》研究会筹备在 2015 年纪念司马迁诞辰 2160 周年，要改为诞辰 2150 周年而引发。百年论争与三次大讨论，累计发表论文一百二十余篇，双方参与的学者约八十人。中国史记研究会早在 2011 年就与渭南师范学院联手筹备在 2015 年隆重纪念司马迁诞辰 2160 周年，组织出版《史记论著集成》二十卷、《史记论丛》专辑六卷、《史记通解》全九册、《中国史记研究会十五年》，总字数两千余万字，可以说是对 1955 年缺失纪念司马迁诞辰 2100 周年的补课。中国《史记》

研究会回应"前135年说"论者的挑战，2015年纪念活动正常举行，会后用三年时间从2016至2018年专题讨论司马迁生年疑案。《渭南师范学院学报》《史学月刊》《管子学刊》，以及中国《史记》研究会、北京《史记》研究会两会年会论文集《史记论丛》《史记研究》提供研讨阵地。三年间，双方发表论文共十八篇，"前145年说"论者发文十二篇，"前135年说"论者发文六篇。本次研讨，有两大特别亮点：一是论争不刻意寻求"新证"来立论与驳论，而是回头看，系统梳理百年论争总成果，终结盘点力争定案司马迁生年；二是打破只在报刊上隔空喊话，公说公有理，婆说婆有理，而要组织一次双方面对面的直接对话，双方亮剑，直指核心。2019年5月26日的司马迁生年十年之差百年论争梳理学术研讨会就是在这一背景下召开的。

主办方经过充分准备，为大会推出了两本学术论著：一是《司马迁生年研讨论文集》，系精选百年论争双方核心论文四十二篇，按论争时期分为五辑，"前145年说"与"前135年说"鲜明对照，每辑加有编者按，点睛要害，为司马迁生年定案提供充分的研讨理据。二是由商务印书馆正式出版张大可的《司马迁生年研究》，该书正论八讲，附论文七篇，以及百年论争主要论文索引；该书最大亮点是对百年论争进行了全面系统的梳理，具有综合性、综述性，把百年论争双方所有观点、论据，特别是论证方法都拎出来进行系统评说，力求做到无遗漏、无死角，既有立论，也有驳论，行文简洁明快，以严密的逻辑做出了一家之言的终结定案，为司马迁生年疑案的百年论争画上阶段性句号。研讨会的主题报告作了如下阐释，主要有以下五个方面。

其一，梳理"前145年说"之源王国维筚路蓝缕的考证，如前文所述：论点坚实，方法正确，逻辑严密，为司马迁生年疑案研究指明了方向，其中有的论据疏失，必须修正，彰显历史事实，这恰恰是为了进一步论证王说。

其二，梳理"前145年说"后继论者披沙拣金，从司马迁自述的行年、师从、交游等三个方面，考证出有14条支持前145年说的证据，形成有力的证据链，无可辩驳。

其三，梳理"前135年说"之源，郭沫若举证三条，李长之举证十条，皆有辨无考，无一条成立，是典型的在字缝中做考证。郭李二氏最得意的"早失二亲"，是对史文的扭曲误读。"早失二亲"的字面意义可以有两解：一是指父母早已离去；二是指年纪轻轻"早失"父母。《报任安书》指的是前者，司马迁写《报任安书》时父母已离去近二十年，当然说"早"。而且在中国传统礼制下，做儿子的无论多大年纪失去父母均可说"早失"，郭、李二氏的扭曲解读，别有用意。

其四，梳理"前135年说"后继论者的"新证"，无一实证，其考辨方法是循环论证加编造史实，在考证烟幕下精制伪证、伪考。司马迁生于前135年，即建元六年是待证之果，"前135年说"论者作为已知的因，下推二十年为元鼎元年；然后编造司马迁为博士弟子南游，此为"二十南游"之果，再逆推二十年为司马迁生年建元六年，也就是用编造之果推出求证之因。所以循环论证即因果互证，乃是十分荒唐的文字游戏。司马迁自述行年在《报任安书》中说："仆少负不羁之才，长无乡曲之誉，主上幸以先人之故，使得奉薄技，出入周卫之中。""长无乡曲之誉"，指司马迁"二十南游"之前耕牧河山之阳，已成人而未受地方推荐，南游之后还是靠父亲恩荫为郎，哪来的博士弟子出游？此乃纯属编造。王应麟在《玉海》中改编《汉书·司马迁传》，自写"汉史记"词条，在元封三年后应该放《索隐》注的地方，王应麟改为《正义》，只表明王应麟的个人观点，不具有任何版本价值。"前135年说"论者袁传璋，编造王应麟依据皇家藏本，是唐写本、古注本，还装模作样复原张守节《正义》的唐写本、古注本，又前后两次复原成两种版本，如此伪造，欺蒙读者，已超出学术论争而是学风问题了。

其五，汇总梳理王国维、郭沫若两说百年论争双方的论点、论据，编制"司马迁行年表"，王、郭两说对照列入历史年表，在历史事实的对照下，哪一种说法最为合理，一目了然。

通过上述五个方面的梳理，列表推演，《司马迁生年研究》得出的结论是：司马迁生年两说，只并存于三家注，王、郭两说王真、郭伪不并存，司马迁生于公元前145年可以为定论。

在研讨会上，多数学者的发言认为，司马迁生年两说，王说一直是主流地位，中华书局点校本《史记》1959 年版的"出版说明"凝聚老一代学者的体会,也明确王说为主流地位。两说仍然可以继续讨论,也期待更有力的铁证,更期待"前135 年说"论者对其说之源无一考据,其流无一实证,做出驳论与自辩。

论文四：从三晋地域文化与司马迁的关联看其出生时间应在前 145 年

作者：崔凡芝（山西大学历史系教授）

一、司马迁的出生地与初期学习

《太史公自序》云："迁生龙门，耕牧河山之阳。年十岁则诵古文。二十而南游江、淮。"此处之"龙门"指地区。司马迁故籍韩城就在龙门地区。此地区的标志物，一为黄河水，一为龙门山。龙门山横跨晋、陕两界，黄河水由晋陕峡谷奔流向南，两岸断山绝壁，相对如门，传说为大禹治水所凿，故称禹门，又传说有神龙在此升天，便称作龙门。这里景致奇特，充满神秘，司马迁以之为桑梓之地，当有自豪的情感在内。

古称山之南、水之北为阳，又山之东、水之西亦为阳。龙门山为梁山之余脉，跨黄河两岸。黄河水蜿蜒曲折出禹门口，折而由北向南，把龙门地区分为河东、河西。梁山在黄河之西，韩城正处在龙门山之南三十公里之地，在黄河之西，梁山之东，韩城南边是一马平川的一个小平原，称韩原，这就是"迁生龙门"的故里，统称为河山之阳，是一块风水宝地。司马迁祠墓就坐落在韩城南十公里芝川镇司马坡上，靠近黄河。司马迁的出生地，在韩原的华池、高门，在芝川镇西，相距约四公里。

地灵人杰，司马家族人才辈出。司马迁生于圣地，长于圣地，耕读于故里河山之阳，厚重的河西文化养育着青少年司马迁的成长，当是一种美好的感受，而庄肃地书于《太史公自序》中。

"耕牧"指家业活动。不一定专指司马迁从事耕作放牧，而是指居于乡间生活与成长，家庭从事耕牧业，未必指亲身耕牧为生。古代占有乡间土地者，及其佃户统称耕牧良民，并非专指依赖土地生存的贫民雇农为耕牧之民。韩城处黄土高原丘陵地区，古来就是农业畜牧长足发展的地区。

"诵古文"是童蒙从学的一个阶段：五六岁开始学习，先认读今文写的书籍；稍大后认读古文写的书籍。今文指当时通行的小篆、隶书等，笔画简直，好认；古文指秦以前六国通行的大篆，即籀文，笔画繁复，不易认读。司马迁十岁开始读古文，一个"则"字，可能说明是比较早地进入了对先秦典籍的研读，有几分自得。亦可推测，其家庭对他的培养是很注重的。

这里需要探究的是他在哪里开始自己的学习的？

首先，要确定一下他父亲的行迹，因为他的人生和事业是在父亲司马谈的言传身教下发展的。司马谈生在何年？已无资料可考。只知其于武帝建元元年（前140），举贤良对策，出仕为太史丞，被派往茂陵督建武帝陵寝。如司马迁出生于景帝中元五年（前145），则父亲去茂陵时，他已五岁了。司马谈于建元三年（前138）至建元六年（前135）间升为太史令，去京师任职，但家眷仍在韩城，已是十岁的司马迁只能随家人在韩城诵古文和进行深入的学习以投入到父亲指导的著史工作中。直到元朔二年（前127），他家才入籍茂陵，此时司马迁已将近十九岁，之后便是二十壮游，进入游学阶段。所以，他的初期学历，应该是在韩城故乡完成的。而他的家庭和当地的文化底蕴也完全可以提供他学习的一切条件。

二、故乡与家庭条件

1. 故乡情况

韩城在晋、豫、陕的三角地带，这是中华民族的直根之地。三晋文化区是直根文化区的重要组成部分。晋南地区又是三晋文化区的核心部分。

考古学家苏秉琦曾说："小小的晋南一块地方，曾保留远至7000年前到距今2000余年的文化传统，可见这个'直根'在中华民族总根系中的重要地位。"又说："大致在距今4500年左右，最先进的历史舞台转移到晋南，在中原、北方、河套地区文化以及东方、南方文化的交汇撞击下，晋南兴起了陶寺文化，它不仅达到了比红山文化后期社会更高一阶段的'方国'时代，而且确立了在当时诸方国群中的中心地位，它相当于古史中的尧舜时代，亦即先秦史籍中发现的最早的'中国'，奠定了华夏的根基。"

从司马迁所撰《史记·五帝本纪》来看，五帝的活动多在运城地区。炎帝、黄帝、蚩尤大战的阪泉、涿鹿之地，一说在河北，一说在运城。从考古发现来看，河北缺乏充分的证据，但晋南运城地区则有较多的传说和考古遗迹。今运城下辖的解州镇，古时曾称作解梁，据《解州县志》记载，解梁古时曾称作涿鹿。宋代罗泌所著《路史》就肯定解梁是涿鹿，"解"字，有解杀之意，起因就是黄帝在这里解杀了蚩尤，民间俚俗亦谓解州盐池有时呈赤色，即蚩尤血所染。俚俗之言仅作备闻而已。而汾西陶寺的发现，考古界认为正是尧舜时代进入父系氏族方国时代的有力证据。更重要的是这里的自然环境优越，当平原地区被大水所淹成为泽国的情况下，运城地区是最适于人类居住的丘陵地带，山清水秀，土地肥沃，盛产铜矿，又有生活所需的池盐，是当时最富庶的地方。不只炎黄二部族挺进于此，连东南方的蚩尤部族也前来竞争。大战之后，便是中华民族的第一次大融合。

之后，进入五帝后期相对稳定的发展生产时期。《左传·哀公六年》孔颖达疏："尧治平阳（山西省临汾市），舜治蒲阪（山西运城），禹治安邑（山西省夏县），三都相去各二百余里，俱在冀州（以运城为中心的晋、冀、豫等地区），统天下四方。"显然，历尧、舜、禹三代，运城地区都是各方国的中心地带。

进入商代，据考古专家王克文研究，商朝的先人，也是起源于晋南的。辗转定都安阳后，其重要力量依然驻守于晋南，众多的考古发现足以说明这点。

周之先人从晋南兴起，迁徙到陕西后历经磨难，终于灭商。灭商时，其祖根之地由重兵把守，大大助力了武王的成功。国学大师钱穆曾经撰文详细论述了这一历史过程（见《燕京学报》1934 年第 10 期《周初地理考》）。而周人晋源说的观点在近二十年来的考古发现中，也提供了坚实有力的证据。

春秋时，晋为五霸之一，而到了战国时，韩、赵、魏又成为七雄之三，这里演绎了争霸称雄最为震撼人心的剧目。而其高度的经济繁荣，灿烂的文明硕果，以及频繁的战争场面，促成了人才辈出的结果。从帝王将相、公卿大夫到平民百姓中，涌现了无数的政治家、思想家、军事家，以及史学家、文学家等。尤其由三晋兴起的法家思想和法家人物，荀子、韩非子、商鞅、范雎等提出的治乱兴衰的思想体系，在法家人物纷纷西进秦国后，帮助秦国统一了六国，促进了中华民族再一次的大融合，三晋文化对中华民族的发展贡献是不言而喻的。

韩城、运城隔河而居。此段黄河古称西河。从风陵渡折向东去的黄河古称东河。运城在西河之东，故作河东；韩城在西河之西，称作河西。俗语有"三十年河东，三十年河西"的说法，即指韩城在一段时间内属河东治理，另一段时间内属河西治理的拉锯状态。实际上，秦汉之前，更多时间是由晋与三晋之魏治理的，此地的文化习俗有更多的运城特色，二者几近相同。现今进行的探源工程和探源游中，韩城与运城便视为一体，遗迹与景点并列其中。

黄河水并未阻隔民间的交往，水大湾多，可以摆渡过河，冬天结冰，便成通途。通商贸易不断，语言习俗相近，世代通婚联姻，清明扫墓祭祖，社火看戏观灯，平时走亲访友，人们熙熙攘攘，来来往往，早已形成一种水乳交融、不可分割的整体。故司马迁浓厚的乡情中，也满含了对三晋文化的深厚情结。

这一地区的文化积淀，包括了藏于民间的各种文化典籍，也体现在遍布乡镇的私塾乡学中，更有许多乡贤饱学之士。司马迁所处之汉初，遗风犹存，故其十九岁之前在故乡学今文，诵古文、钻研文献，考察史迹，起步著史，是完全有条件的。更何况，作为史官家族的后代，其学习条件更会优越于一般家庭的子弟。

2. 家庭条件

司马迁的远祖世为史官。西周时，其先人程伯休甫曾任官司马，以战功而改姓司马，但仍世典史职。后因政局大乱，王官失守，史官们抱典载籍流落民间。司马氏于周乱时迁入晋，晋乱时又各奔前程，或入卫国，或入赵国，或入秦国。司马迁这一支便定居到了秦国的少梁，即韩城。

韩城在战国后期，逐渐为秦掌控，司马迁的近祖先后当了秦的将军、铁官等，入汉后其高祖做过长安市长，但他们的家眷依然居住在韩城，死后还是要归葬于此地。其祖父司马喜未能任职，用四千石粟捐了个五大夫的爵位，可以享受一些特权，但其家业仍以耕牧为主，是个殷实之家。

农业社会重农抑商，视农耕为根本。"敦厚传家久，诗书继世长"是治家的格言。农耕传的是敦厚家风，诗书传的是文化积淀。

司马迁正是在这种氛围中成长起来的，而其世典史业的家世，又赋予了他献身修史的历史责任感。这种责任感是从其先人，尤其是其父亲司马谈的培养和教育中传承下来的。

三、司马谈培养儿子立志著史

司马谈早有著史之志，他曾说："幽、厉之后，王道缺，礼乐废，孔子修旧起废，论《诗》《书》，作《春秋》，则学者至今则之。自获麟以来，四百有余岁，而诸侯相兼，史记放绝，今汉兴，海内一统，明主贤君忠诚死义之士，余为太史而弗论载，废天下之史文，余甚惧焉。"因此，他自幼向学，成地方饱学之士；还曾设帐讲学，培养地方人才。由于他的学识和人品，再加上史学家世，被举为贤良，授作太史丞。升为太史令后，入京师供职，得以全力以赴地进行著史工作。

著史工作是艰巨的，司马谈深知其任重道远，故非常注重对儿子的培养。认今文、诵古文、研读文献、考察史迹、收集民间传说等工作，从青少年时已经开始。青少年时期有着更强的吸收能力，受父亲影响，他笃定了著史的志向，当父亲临终嘱托他要完成自己未竟的著史工作时，他泣泪表示："小子不敏，请悉论先人所次旧闻，弗敢阙！"当触犯龙颜做生死选择时，他宁肯蒙受耻辱也要争取活下来，得以完成著史的重任。司马迁的使命重于泰山，是从父亲笃定的著史之志中传承下来的。

司马迁二十岁以后，其学业开始了大转换，即受命父亲，开始大规模的游学活动，第一次游历江淮等东南一带考察史迹，搜集史料，以补充秦汉以来史料的不足。两三年后回来，又多次陪侍汉武帝巡视西北地区。还奉使巴蜀以南之云贵川地区，搜取更多边远地区的史料。

值得注意的是，在他的全部游历中，很少提到去三晋地方，尤其是缺少到运城地区活动的记载。但苏辙曾在《上枢密韩太尉书》文中说："与燕赵豪俊交游，故其文疏荡，颇有奇气。"他自己也说"燕赵多慷慨悲壮之士"。《货殖列传》中，对三晋地区的民情风俗也有很多精彩的描写："赵女郑姬，设形容，揳鸣琴，揄长袂，蹑利屣，目挑心招，出不远千里，不择老少者，奔富厚也。"没有对世俗民情深入的体察，是不会有此深入描摹的。

可以推测，其在青少年时期，在立志著史思想的指导下，是会对祖根之地的历史和社会风貌做出考察与探访的。其对此地史事如数家珍似的稔熟，对英雄人物的由衷钦佩，流露的正是深厚的故乡情结。

故乡情结是一种人之常情。与司马迁同姓同为龙门地区河东夏县的史家司马光，在他的《和促通追赋陪资政侍郎吴公临虚亭燕集寄呈陕府祖择之学士》一诗中亦有同样的表述："吾家陕之北，陕事吾能说。""能说"是一种稔熟，如数家珍。他在《送促更归泽州》一诗中又说："太行横拥巨川回，三晋由来产异才。""产异才"是对故乡人才辈出的赞美，是满满的自豪。

史家之乡情流露在笔下，则其文更能感人至深。《史记》中所写三晋地区的史事与人物，往往是长篇巨著，浓墨重彩。

所以司马迁父子在故乡的生活、学习、著史，与三晋文化对他们的濡染，是密切关联的。既培养了他们美好的情操，又从多方面成就了他们的著史事业。现在我们回到本文开笔所引《太史公自序》的四句话："迁生龙门，耕牧河山之阳。年十岁则诵古文。二十而南游江、淮。"字面意义无疑是说司马迁年十九之前"耕牧河山之阳，二十南游江、淮"，步入社会按父母指引行万里路，做文史考察。"年十岁则诵古文"是一句插入语，指司马迁年十岁时的学识状态。所以中华书局点校本对"年十岁则诵古文"前后均施用句号，表示是一个独立的句子单元。"迁生龙门"四句话导入司马迁两个生年假说——前135年与前145年。导入"前135年"，则司马迁九岁以前耕牧河山之阳，"年十岁则诵古文"，只能解读为十岁的司马迁在京师诵古文，"诵"也只能解读为"开始学习古文"，与"则"字意义不吻合。"则诵"，即为学习古文，更含有能诵读古文。再说，"九岁孩童"怎么"耕牧河山之阳"？"迁生龙门"四句话导入"前145年说"，则司马迁十九岁以前"耕牧河山之阳"，才合于情理，合于字面意义的解决。更有两条文献支撑：其一，元朔二年汉武帝大移民十万口置朔方郡，迁家资三百万豪富实茂陵，游侠郭解、司马迁于是年家徙茂陵，司马迁正年十九，在茂陵见郭解。其二，《报任安书》云："仆少负不羁之才，长无乡曲之誉。"这"长无乡曲之誉"明白无误地说司马迁在故里已经成人，没有得到地方官的荐举入仕，亦当指年十九。本文着重挖掘三晋文化对司马迁的熏陶，则有助于对"年十岁则诵古文"的正当理解，即司马迁年十岁诵古文在故里而非京师，可为司马迁生于前145年之旁证。对此，我们还应做更多探讨，因为这是十分有意义的。

论文五：《玉海》之《正义》佚文是怎样被包装成司马迁生年"确证"的？ [①]

作者：朱承玲（江苏省产业海外发展和规划协会办公室副主任）

司马迁生年"前135年说"论者赵生群在2000年3月3日《光明日报》理论周刊上发表《从〈正义〉佚文考定司马迁生年》的文章，声称"发现了有关司马迁生平的新资料，为考定其生平提供了直接的证据"。所谓"新资料"，是王应麟《玉海》第46卷"汉史记"条中的《正义》佚文，为：

> 《史记正义》："《博物志》云：'迁年二十八，三年六月乙卯除，六百石。'"

对此，赵先生认为：

> （《玉海》"汉史记"）所载司马迁年岁，与今本《史记》中司马贞引《博物志》之文完全一致，这说明《索隐》引文准确无误，同时也证实，张守节推算司马迁生年的根据，也是《博物志》。这说明《博物志》确实是考订司马迁生年唯一的也是最为可靠的原始资料。张守节云太初元年"迁年四十二岁"，比司马迁实际年龄多出十岁，肯定有误。

赵先生以此定案司马迁生年在前135年。后来，他主持点校本《史记》修订，于2013年7月以"修订组"的名义将"司马迁生于汉武帝建元六年（公元前135年）"写入"修订前言"，并作了说明，直接用《玉海》"汉史记"条的《正义》佚文作为论据，未加注明据郭沫若说，更未介绍王国维的"前145年说"，断言《正义》按语"四十二"当为"三十二"之误。

袁传璋对《玉海》所征引的《正义》佚文，也是如获至宝，在2005年出版《太

---

①　本文原载《史记研究》第一辑（商务印书馆2016年版），又载：《史学月刊》2017年第10期，改题《李长之"司马迁生于公元前135年说"驳论》。

史公生平著作考论》，写入《司马迁与中华文明》导论，引用《玉海》"汉史记"条作为证据，认为"司马迁的生年应该是建元六年"；在 2011 年为《司马迁与〈史记〉研究年鉴》撰写卷首语，认为"提供了可信的文献根据，同时也否定了王国维疑今本《索隐》'年二十八'乃'三十八'之讹的臆测"。

赵生群、袁传璋视《玉海》"汉史记"条《正义》佚文为"直接证据"与"确证"，并以此定案司马迁生于前 135 年，一些学者予以信从，乃至盲从，故在一段时期内，很少有学者论述司马迁生于前 145 年，几乎是一边倒，甚至在 2015 年召开纪念司马迁诞辰 2160 周年纪念活动，也认为应该是纪念司马迁诞辰 2150 周年。

为了弄清这一问题，张大可先生专门到国家图书馆复印了《玉海》的相关资料，用来对照"前 135 年说"论者的研究，再作深入细致的思考，发现其中疑点多多，问题多多，其真实性、可靠性值得怀疑，可以说，乃是典型的伪证、伪考。

一、《玉海》是王应麟的"私撰"笔记，根据自己的心意来选择内容

"汉史记"条的正文，摘自《汉书·司马迁传》，而非《史记·太史公自序》，根本不具有版本价值。我们看到复印件《玉海》的"汉史记"条，首先跳入眼帘的，是带长条框的"司马迁传"，非常明白地注明所根据的是《汉书》，而不是《史记》，再结合"汉史记"的条目，是王应麟用《汉书》来说明"汉史记"。而"前 135 年说"论者闭口不提此事，让读者觉得王应麟就是将《正义》注说在《太史公自序》上，还堂而皇之地称为是"直接的证据"，是"确证"，不知道"证"在哪里？还有，正因为是将其引用在《汉书·司马迁传》上，故标明是《史记正义》，说明不是《汉书》原文的注释，而不知是从哪里移植过来的。请问，这所谓的证据是"直接"吗？是不知转了多少弯啊！

我们再看《玉海》正文的引录，也是非常主观的摘抄，而不是严谨的引用原文。将"汉史记"条与《汉书·司马迁传》对照，就能很明显地看出这一点：

司马氏世典周史。[……]谈为太史公。[……]有子曰迁（云云）。[……]迁俯首流涕曰："小子不敏，请悉论先人所次旧闻，不敢（缺）[阙]。"卒三岁，而迁为太史令，䌷史记（金□石室）[石室金□]之书。五年而当太初元年，十一月甲子朔旦冬至，天历始改，建于明堂，诸神受记。太史公曰："先人有言：'[自]周公卒五百岁而有孔子，孔子（卒）至[于]今五百岁，有能绍而明之，正《易传》，继《春秋》，本（《书》《诗》）[《诗》《书》]《礼》《乐》之际。'意在斯乎！（意在斯乎！）小子何敢（让）[攘]焉！"[……]于是论次其文。（七）[十]年而遭李陵之祸，[幽于累绁]，（卒述陶唐以来，至于麟止，自黄帝始）。①

不再往下对核了。文中加"（）"的，是《玉海》的增字或改字；加"[]"的，是《玉海》删削的《汉书》原文；"……"，表示《玉海》所作的删节。"卒述"陶唐以来"三句"，抄自《太史公自序》。由此可见，此处王应麟的正文，是根据己意而对所引的原文有所取舍，很显然，其中有删减和更改。王应麟如此做，当然无可厚非，但这只能代表是王应麟个人的作品，或者说是王应麟笔下的《汉书·司马迁传》，而不能说，《汉书·司马迁传》就是如此。我们假设，如果《汉书》失传，后人依据《玉海》，认为《汉书》就是如此，这种说法妥当吗？这不是大笑话吗？如果再用《玉海》的《汉书》来证明某种事项，这样做有道理吗？能够成立吗？更有甚者，"前135年说"论者袁、赵二人为了证成己说，故意隐去《汉书》，而让读者误以为《玉海》所根据的就是《史记·太史公自序》，这样做道德吗？这难道不是有意欺瞒而瞒天过海吗？要知道，这其中引用的《正义》佚文，就是如此啊！你能说这《正义》佚文来源可靠，引录正确吗？因为无论是《正义》原文，还是《正义》所引的《博物志》都已经失传，无法证明它的正确性啊！这样的内容，还能用来作为证据吗？而且还煞有介事，言之凿凿，说得有鼻子有眼儿，说是皇

---

① 王应麟《玉海》"汉史记"条所摘引的《汉书·司马迁传》。

家藏本、唐写本、古注本，似乎是在有意欺蒙读者，混淆视听啊！说白了，"汉史记"条，就是王应麟自写的词条，是根据自己的心意来选择内容，根本不具有版本价值，与《史记》风马牛不相及。

此外《汉书·司马迁传》根本就没有司马迁生年的《索隐》《正义》两条注，王应麟突兀增入的《正义》佚文，没有放在"五年而当太初元年"下，而是放在"卒三岁"之后《太史公自序》《索隐》注的地方，却又跨了一句置于"绅史记石室金鐀之书"句后，仿佛在布迷魂阵。《正义》佚文所引《博物志》与《索隐》完全一致，焉知不是王应麟的改编？因为这与《史记·太史公自序》是完全不搭界的啊！

二、《玉海》《正义》佚文，并非就是出自《正义》单行原本、唐人写本、南宋皇家藏书

"前135年说"论者如此论说，乃是作伪行为。这里，我们再来研究《玉海》"汉史记"条《正义》佚文的出处。"前135年说"论者把它的出处说得非常"高贵"，似乎让人肃然起敬。赵生群在2000年发表的《从〈正义〉佚文考定司马迁生年》一文中说：

> 从《玉海》引用《史记正义》的具体情况看，王氏编书时所依据的当是单行本《正义》。……正因为王应麟所用的是《史记正义》单行本，所以能征引更多的《正义》注文。

袁传璋在2005年出版的《太史公生平著作考论》一书中说：

> 王应麟撰《玉海》，其资料来源于南宋皇家藏书，他曾亲见未被删节的《史记正义》的唐人写本。

到了2011年，袁先生的口气软了下来，在《〈玉海〉所录〈正义〉佚文为考订司马迁生年提供确证》中说：

王应麟纂辑《玉海》, 他所征引的《史记正义》与《史记索隐》, 均为南宋馆阁所藏的单行唐写本。

袁先生将"南宋皇家藏书"改为"南宋馆阁所藏"了, 在 2018 年撰写的《王国维之〈太史公行年考〉立论基石发覆》中说:

王应麟所征引的《正义》, 为南宋馆阁所藏单行唐写本或其抄本。

在口气上又有所变化, 将原来坚持认为的"单行唐写本"增加了"或其抄本"四个字, 说明是"无定"。我们不禁要问, 袁先生如此说法, 有根据吗? 如果坚持认为是"单行唐写本", 为什么又要加上"或其抄本"四字? 是不是心虚了, 底气不足? 或者是否就是根本没有依凭, 而是想当然凭空脱口而出?

经赵先生和袁先生这么一说, 又是"唐人写本", 又是"皇家藏书", 说明王应麟征引的这条《正义》佚文来源可靠, 无话可说。我们不禁要问, 说这话的根据是什么? 难道是王应麟自己说的, 还是二位先生的杜撰?

对此, 我们翻看了大量资料, 就是没有资料证明是如此。不知道二位先生有没有史料证明? 如果有, 不妨"晒"出来我们看看? 当然, 袁先生可能会说《玉海》中存有非常可观的《正义》佚文, 这就是从单行唐写本中引用过来的。这能说得清吗? 单行唐写本是什么时候存世, 什么时候佚失? 有这方面的根据吗? 我们倒是找到清人王鸣盛在《十七史商榷》中提供的一条旁证。该书开篇卷一《史记》第二条"《索隐》《正义》皆单行"条中曰:

《索隐》三十卷, 张守节《正义》三十卷, 见《唐志》, 皆别自单行, 不与正文相附, 今本皆散入。惟常熟毛晋既专刻《集解》外, 又别得北宋刻《索隐》单行本而重翻刻之, 是小司马本来面目。自识云: "倘有问张守节《正义》者, 有王震泽行本在。"震泽本亦非唐本三十卷之旧, 亦是将司马迁、张氏注散入裴本中者, 但必出自宋人, 故毛氏云然, 张氏三十卷本, 今不可得而见矣。

王鸣盛指出,《正义》单行原本早已失传,明人王震泽刊刻时,已经找不到唐写本了,最早的版本,也是"宋本"。是北宋本还是南宋本,王鸣盛没有说。王应麟是南宋末元初之间人,是否那时还有存世的《正义》宋刻原本?则不得而知。如果说有,拿出证据来,让我们也开开眼界?清初毛晋翻刻三家注,只有北宋时的《集解》《索隐》有单刻本,《正义》北宋单刻本已不存世,哪来"唐写本"或其抄本?

至于袁先生所说的"皇家藏本",也是不实之词、虚妄之言,好为"大言",以欺蒙读者。

我们先看看王应麟的身世。据《宋史·王应麟传》及有关资料,王应麟出生于1223年,1241年中进士,担任地方一般官员,1254年复中博学宏词科,历官太常寺主簿、通判台州,召为秘书监、权中书舍人,知徽州、礼部尚书兼给事中等职,因屡次冒犯权臣丁大全、贾似道而屡遭罢绌,后来辞官回乡,专意著述二十多年。王应麟生活于国家危亡之际。宋朝灭亡是1279年,权臣贾似道被杀是1275年,而王应麟去世于1296年,之前辞官回乡二十多年,当是在1275年左右离开朝廷。王应麟的一生可分为三个阶段,复中"宏词科"前为第一个阶段,从中进士到中宏词科,为十四年;而后在地方和朝廷做官,到被排挤去职,为第二个阶段,大约是20年;第三阶段是退归乡里专心述著,一直到去世,也是大约二十年。

王应麟一生著作丰富,有二十三部著作,六百九十五卷,那么,《玉海》究竟是他哪一个时期的作品?据王应麟的子孙王厚、王伯所撰写的《词学指南·后序》说:"《玉海》者,公习博学宏词科编类之书也。"《四库全书总目》称:"其作此书,即为词科应用而设。"我们有理由认为,王应麟作《玉海》这种百科全书式的著作,是为其准备博学宏词科考试时所整理的资料,也就是我们现在所说的"考试复习笔记",而后经过整理和刻印,形成了名为《玉海》的大型类书。

我们再看看袁先生的说法:王应麟"尽读馆阁秘府所藏天下未见之书","所撰《玉海》二百卷,专精力积三十余年而后成"。这话也是好为大言欺人的杜撰,是没有根据的。

王应麟先考中进士，后考中宏词科，两者之间为十四年，就说是从中进士后就着手准备，撰著《玉海》也只是有十多年啊！而袁先生说"专精力积三十余年而后成"，也是想当然的夸张之辞。虽然前人也有说王应麟读馆阁书，一生致力于撰著，但并不是撰著《玉海》就钻研了三十多年啊！如果此话成立，那王应麟一生七十多岁，而官场沉浮耗费了他大量的心血，专心撰著，充其量也就三四十年，如果撰著《玉海》就用了三十多年，那就无法撰著其他书籍了！而王先生一生撰著近七百卷，怎么可能耗费三十多年来撰著《玉海》二百卷呢？可知，袁先生考证从好的方面说是考证不细，考虑不周，从不好的方面说则是欺蒙读者的杜撰，至少是学风不正，把王应麟后来在朝廷工作，就是在撰著《玉海》，这其实是想当然，因为撰著《玉海》，王应麟并没有在朝廷啊！

确实有资料显示，王应麟撰写《玉海》，是借助了政府馆阁的图书。据《宋史·王应麟传》，他考中进士后，有感于时弊风气，闭门发愤学习，发誓要以博学宏词科来表现自己，家里的图书不够，就借政府馆阁的图书来阅读。至于这"馆阁"的理解，当指"馆"和"阁"，指各级政府的藏书馆，当然也有国家图书馆，这些都是对外开放的，王应麟当然可以借阅。至于说王应麟"尽读馆阁秘府所藏天下未见之书"，又是袁先生的夸张不实之词。

那么，馆阁图书是否就是皇家藏书？当然不是。皇家藏书是什么？就是专供皇帝及皇族使用的特制的图书。皇家藏书的版本极不寻常，是只供皇室使用的珍稀本、孤本、秘本。即使是普通的书籍，也要进行特制，非民间一般书籍可比。其特点，具有秘惜性，包括珍秘和爱惜两层含义：一是为了私遗子孙，恩泽后代，二是为了独享独用，防止别人得到。历代帝王无不重视藏书建设，广购秘籍，博采遗书。无论奇书、怪书、异书、秘书、趣书、伪书，不管野史传奇、术数奇谋、房内养生、神魔志怪等，都统统秘藏独用，对一些威胁其统治地位或十分珍奇的书，往往外禁内用。虽然王应麟所生活的南宋时代皇家藏书极多，南宋建都临安后，颁布献书赏格，在南方各地广求图书，在秘书省特设"补写所"从事抄书，到了宋孝宗淳熙四年（1177），秘书省图书完成编目计44486卷；到宁宗嘉定十三年（1220），又新增14943卷。但是，请问，王应麟有什么资格能够看到这些"皇家藏书"？他是皇帝的老子还是皇帝的儿子，而能够享有如此殊荣？

我们退一步来说，王应麟撰写《玉海》就是参阅了南宋皇家藏书，但是不是所写的全部内容都是依据皇家藏书？皇家藏书中有没有《正义》单行藏本？而皇家藏书就不可能会出错？即使如此，难道王应麟所写，其中就没有讹误吗？由于《正义》单行原本早已失传，无法用《正义》单行原本做比对，怎么能证明王应麟所写的没有讹误呢？

袁先生可能也意识到自己原来所说王应麟阅读的是"南宋皇家藏书"不够准确，后来改为"馆阁藏书"，但仍然坚持说是单行唐写本或其抄本，虽然口气软下来了，不像以前专指"唐人写本"，但不知是否能说出根据。如果没有，我们有理由认为，在《正义》佚文的底本问题上，袁先生也是师从"祖师爷"李长之、郭沫若，采用"文学想象考证法"来研究严肃的史学问题，故作"大言欺人"。对此，张大可曰：

> 经过核查，《玉海》的这条《正义》佚文，根本不是什么皇家所藏唐写本，乃是王应麟自己撰写的"汉史记"条目转引的资料，而且删去了张守节的按语，与日藏南化本那条栏外的《索隐》差不多，甚至还要等而下之，正确性值得怀疑，同样也是一条伪证。

三、袁先生将作伪进行到底，别出心裁地复原《正义》原文

而《正义》原本究竟是何模样？根本没有弄清楚，只是凭空想象，做法酷似逼真，实则虚妄无根，误导读者。

袁先生在2011年的《确证》一文中说："试遵张氏注例，为《史记》文自'卒三岁'至'太初元年'的《正义》复原。"其复原之文如下：

卒三岁而迁为太史令

《博物志》云：迁年廿八，三年六月乙卯除六百石。按迁年世二岁。

李奇曰：迁为太史后五年，适当于武帝太初元年，此时述《史记》。

年　　**绌**　**史**　**记**　　徐广曰：绌音抽。　**五年而当太初元年**

并且还说："鉴于王氏征引时的不准确性，是否还是将这段话就放在《玉海》中让它存佚更好？"

到了2017年，袁先生作《发覆》一文，又改变了说法，增加了"原格式为：《史》文大字，注文小字双行夹注"，复原为：

卒三岁而迁为太史令《博物志》云："迁年廿八，三年六月乙卯除，六百石。"

五年而当太初元年《集解》李奇曰："迁为太史后五年，迁当于武帝太初元年，此时述《史记》。"按：迁年世二岁。

我们先从袁先生的两处复原的本身来看，有这样几个问题请推敲：

第一，复原的《正义》原文格式，完全是"子虚乌有"，凭空虚构。

袁先生第一次是复原在《史记》原文中，第二次则是将原文分开，复原在两句话后，并且作文字说明是"《史》文大字，注文小字双行夹注"。如果是第一次正确，那就不存在第二次的复原情况了；如果是第二次复原正确，那第一次的复原又是从何而来？难道是自己猜想的两个版本？按照常规考虑，应当是前文服从后文，那么，第二次的复原格式果真正确吗？我们再看看前人的研究，则是大错特错。

前文所引，清人王鸣盛曰："张守节《正义》三十卷，见《唐志》，皆别自单行，不与正文相附，今本皆散入。"就是说，《正义》原本的行文，是以注释为主体，"不与正文相附"，根本不是"双行小注"。到了王鸣盛时期，"张氏三十卷本，今不可得而见"，说明已经失传了。王鸣盛还非常感慨，认为明末毛晋翻刻三家注，只能找到《集解》《索隐》的北宋单刻本，就是找不到《正义》的北宋单刻本。连北宋单刻本都没有，又何来唐写本？《正义》原本在北宋时就失佚了，而南宋的王应麟能看到《正义》原本吗？那么，《正义》原文究竟是什么模样？袁先生煞有介事地说是"双行小注"，而"双行小注"，只是到了北宋翻刻时，将三家注散于正文之后才有的。时至今日，袁先生把《正义》原本说得天花乱坠，果真如此吗？恐怕连他自己也弄不清楚。如果能够弄得清楚，为什么两次复原的格式完全不一样？这也是在妄自猜测啊！既然是连自己都弄不清楚，还要做所谓的复原，用以自欺欺人，让读者误以为《正义》原文就是这个样子！再说，《正义》原本是单行本，只是张守节注说的内容，怎么还有《集解》的"徐广曰""李奇曰"，怎么《集解》又穿越到《正义》中去了？

第二，复原的《正义》原文内容，是为我所需，妄加删改。

这里首先要说的，是王应麟的《正义》佚文与《索隐》所引《博物志》的内容相去甚远，是"缺胳膊少腿"，断章取义，甚至凭着自己的猜测，如"迁"字，在当时的绝大部分版本中，都是作"司马"，后面脱一字，而王应麟直接就写"迁"字，有何版本依据？这在后面将有具体的分析，这里不展开。还有更重要的，是袁先生复原的《正文》佚文将"二十八"改作"廿八"，将"四十二"改作"卅二"，更是无根之说，根本没有版本依据。文字的书写演变自是一个渐进的过程，没有任何文献证明，张守节在当时就是将"二十"写作"廿"，将"四十"写作合体的"卅"，这无异是异想天开，做了一个"黄粱美梦"，真的以为"二十八"就是"廿八"，"四十二"就是"卅二"了。

四、《玉海》"汉史记"条《正义》佚文，与今本《史记索隐》相比，内容上有较大差异

既没有《正义》单行本为根据，也没有《博物志》原本作参照，真实性究竟有几何？如上所说，王应麟所征引的《正义》佚文，根本不是南宋皇家藏书，也没有证据证明就是单行唐写本，而是根据了二手、三手的资料摘编而成，而所转抄的《博物志》之文，更不是原始的《博物志》原文，这其中转了几转，拐了几道弯。既然是摘抄转录，难道就没有自己的自由裁量而予以删改吗？而研究者转摘资料，其中或有删减，或有讹误，都是难免的。

还有，《玉海》的这一条资料，是否就是指《史记正义》？或许就是王应麟有意改《索隐》为《正义》，表明自己的观点。因为这也是孤证，和南化本的《索隐》作"年三十八"是一模一样，甚至还要次之，毕竟南化本直接是"二十八"作"三十八"，而《玉海》"汉史记"条所引录，没有发现除王应麟《玉海》以外的任何地方、任何学者、任何版本有相同的记载，也就是说，记载《正义》引录《博物志》内容，只此一处，别无所见，所谓孤证不立，我们有理由怀疑他的准确性！

再说《玉海》所安置的地方也不对，《玉海》是将《正义》引文放在《汉书·司马迁传》的"卒三岁而迁为太史令，紬史记石室金匮之书"一句后，而今本《史记》中的《正义》按语是放在"五年而当太初元年"后，这根本就是两码事啊！

由此可见，《玉海》"汉史记"条《正义》佚文，只是王应麟的私人著述，是非常的随心所欲，心之所想，信手拈来，以阐明自己的观点，并不能说明就是《正义》的原文，且是写入王氏改编的《汉书·司马迁传》中，与注说《史记》沾不上边。今本《史记》所存的《正义》之文只是'按迁年四十二岁'七个字，而《玉海》所征引的《正义》之文，根本就没有这七个字。故此，也根本就不能说明《玉海》所录《正义》就是准确的，因为无从说起啊！两者是否相及，是否其中还有其他内容，都是不得而知啊！这种掐头去尾、断章取义，根本不能说明什么问题！与《索隐》引文两相对照，也存有相讹之处，其中必有讹误，其真实性当然值得怀疑，说得准确些，根本就是一条伪证。

我们再看看《玉海》所征引的《正义》的具体内容，对照今本《史记》（修订本）所引《索隐》，其中"太史令、茂陵显武里大夫司马"，这十二个字怎么都没有了？是王应麟认为不重要，都删去了？还是他所依据的版本就是没有这十二个字？"司马迁"三字，王国维引用时作"司马"，修订本《史记·校勘记》说明有六个版本作"司马"，夺"迁"字，曰："司马迁：耿本、黄本、彭本、柯本、凌本、殿本作'司马'。"那么，有哪些版本是作"司马迁"呢？《校勘记》没有说。按照修订本《史记》所校勘，既然有六个版本都在"司马"后脱字，至于究竟脱什么字？目前还有争议。有说脱"迁"字，也有说脱"谈"字，即指司马迁的父亲司马谈。当然，如果是司马谈，当是指建元三年，如王重九、施丁就坚持这样的观点，那就不是注说在这个地方。那么，王应麟径直写"迁"字，又略去"司马"等十二个字，究竟是依据的哪一种版本？是改写，还是臆测？不知袁先生十分肯定《玉海》所说，是否有根有据？

袁先生还进一步说：

> 根据从《玉海》中发现的《正义》佚文、《索隐》与今本《史记》三家注中的《索隐》所征引的《博物志》，皆作元封三年"迁年二十八"。

《史记》原文作"卒三岁而迁为太史令"，司马谈是元封元年去世，以此推算，此为元封三年，而《玉海》所征引的《正义》佚文，则是"三年六月"云云，根本就没有"元封"二字，怎么到了袁先生的笔下，就有了"元封"二字呢？是《正义》的遗忘，还是袁先生别有用心的代笔？明眼人一看就知道啊！

又，明代贝琼《清江集》有所作"应麟孙王原墓志"称："应麟著《玉海》未脱稿而失，后复得之，中多阙误。"焉知此条所记载的内容是否属于其中的"阙误"？故此，《玉海》所录《正义》佚文，并不能证明所引《博物志》的内容就是准确无误。因为王应麟所引的《正义》之文具有不可靠性，缺少了关键性的内容。当然，也不能证明今本《史记》中《索隐》所引《博物志》内容的准确性，故而也就不能作为"确证"来证明司马迁生于武帝建元六年。

再说，张守节摘引《博物志》的内容，到目前为止，能够查找到的只有王应麟一条。为什么不见于《史记》的各种版本，为什么今本《史记》只有"按迁年四十二岁"七个字？那么，就此种情况，究竟相信谁呢？是相信流传至今的各种《史记》版本，还是相信王应麟的一条孤零零的"私书"呢？2000年易平针对赵生群文，随即在《光明日报》发文，也怀疑《玉海》引文的真实性，他认为：

> 我提出两条相反的证据：一是《博物志》记司马迁官名为"太史令"，而张守节坚持"（司马）迁官太史公"。二是《博物志》记司马迁官秩"六百石"，

而张氏则主"太史公秩两千石"……此皆不争之事实。那条记载所谓司马迁"官籍"的《博物志》,居然连官名、官秩这等至关重要之事,在张守节看来都是错的,能说他会"认同"《博物志》并据以推算司马迁的年龄吗?

综上所述,《玉海》"汉史记"条《正义》佚文存在如此多的瑕疵,根本无法认定《正义》按语"迁年四十二岁"是错误的,根本无法动摇王国维的立论。

论文六：李长之关于司马迁"生于前135年说" 举证十条无一考据

作者：陈曦（国防大学教授）

关于司马迁的生年，主要有公元前145年①与前135年②两种说法。"公元前135年说"（亦称"建元六年说"）者，学术界一般以郭沫若为代表，其实祖述者为李长之。李氏举证十条以立其说，文章题称《司马迁生年为建元六年辨》（以下行文简称"李文"），最早发表于1944年5月出刊的《中国文学》一卷二期，后收入1948年开明书店出版的李氏专著《司马迁之人格与风格》一书。李文发表未引起学术界的重视，到了1955年，郭沫若在《历史研究》第6期发表《〈太史公行年考〉有问题》一文，并在同期推出李文（署名刘际铨），以为自己论文之佐证，随即引发学术界关于司马迁生年的大讨论，李文因而声名鹊起。非常遗憾，李文是引进、借鉴了日本学者桑原骘藏、山下寅次两人的推论、猜测③，李文以此为基础举证十条，却无一条考据，故而无一条成立。这样说有不客气之嫌，但历史事实就是如此。1956年，李长之告语李仲均，他已改弃其说④，不失为明智之举。但半个多世纪以来，持"建元六年说"的后继者的论据，基本上是李文的延伸和演绎，因此辩

---

① 《史记·太史公自序》曰："五年而当太初元年，十一月甲子朔旦冬至，天历始改，建于明堂，诸神受纪。"《正义》在"五年而当太初元年"句下注曰："案：迁年四十二岁。"王国维等据此认为司马迁生于公元前145年（汉景帝中元五年）。

② 《史记·太史公自序》曰："（谈）卒三岁而迁为太史令，绅史记石室金匮之书。"《索隐》在该句下注曰："《博物志》：'太史令茂陵显武里大夫司马迁，年二十八，三年六月乙卯除，六百石。'"司马谈"卒三岁"之年为元封三年（前108年）。李长之、郭沫若等据此认为司马迁生于公元前135年（汉武帝建元六年）。

③ 参阅（日）桑原骘藏《司马迁生年一新说》，1929年《史学研究》[日本]第一卷第一号；（日）山下寅次《史记编述年代考》论及司马迁生年问题，其主要观点见程金造《从史记三家注榷司马迁的生年》（《文史哲》1957年第2期）一文。

④ 李仲钧在《读程金造先生"从史记三家注榷司马迁的生年"》一文（载《文史哲》1957年第8期）中说："李长之先生曾主张司马迁生年为建元六年，举证十条以立其说，去年（一九五六）三月间相晤谈及此问题，自云论据不巩固，已放弃前说，但并非即承认生于汉景帝中五年。"

驳了李文,也就基本辩驳了当代的"建元六年说"论者。追本溯源,不得不辨。以下是对李氏十条的逐一辩驳。

第一条,"早失二亲说"。李文云:"司马迁《报任安书》(以下行文简称《报书》)明明说'早失二亲',如果生于前145年,则司马谈死时,迁已三十六岁,说不上早。假若生于前135年,迁那时便是二十六,却才说得过去。"

这一条如果成立,充其量只是一个论点,为什么"二十六岁"可以说"早","三十六岁"就不能说"早",要作考证来说明,才能变论点为论据。李长之未作考证,放了一个烟幕说"他(司马迁)绝不能把父亲是否早死也弄不清楚",偷换概念,转移视线,避开了回答"早失二亲"为什么成为"前135年说"的证据。郭沫若亦称:"司马迁的母亲死于何时虽然不知道,但他的父亲司马谈是死于汉武帝元封元年(前110)。在这一年,依王国维的推定,司马迁当为三十六岁。三十六岁死父亲,怎么能够说'早失'呢?这正给予王说一个致命伤。"他与李长之一样未作任何考证,便称其为驳难王国维的"致命伤"[1],真是莫名其妙。

孤立地看,也就是断章取义,司马迁所谓"早失二亲"至少有三种解释:其一,是指双亲早死,有些年头了,当儿子的没有尽孝感到失落;其二,指双亲走得早,儿子很孤独;其三,指自己年纪轻轻早早失去了双亲。前两种解释,与"二十六"或"三十六岁"毫无关系。只有第三种解释——年龄越小失去双亲越是孤苦可怜,

---

[1]　郭沫若在1956年10月撰写的《〈太史公行年考〉有问题》一文中说:"司马迁的母亲死于何时虽然不知道,但他的父亲司马谈是死于汉武帝元封元年(前110)。在这一年,依王国维的推定,司马迁当为三十六岁。三十六岁死父亲,怎么能够说'早失'呢?这正给予王说一个致命伤。"(见《郭沫若全集》历史编第三卷第449页,人民出版社,1984年)"早失二亲说"为李、郭之后的建元六年说的后继者所经常采用,如李伯勋在《司马迁生卒年考辨》(载《兰州大学学报》1980年第1期)一文中说:"司马迁的母亲死于何时,史无明文,我们无从考察。而他的父亲司马谈死于元封元年(前110),《史记·自序》却有明白记载。依据王国维司马迁生于汉景帝中元五年之说,元封元年司马迁当为三十六岁。三十六岁死父亲,怎么能说'早失'呢?依据司马贞之说,司马迁生于汉武帝建元六年,元封元年他也正好二十六岁。二十六岁死父亲,要说'早失',是说得过去的。"这一番论述完全照搬李长之,且同李长之一样未作任何考证。

与此似有关系。但在父母眼里，子女总是年幼的。郑鹤声据古人丧礼习俗指出：父丧称为孤子，母丧称为哀子，父母皆丧成为孤哀子。一岁丧父母如是称呼，六十岁丧父母亦如是称呼，因此"司马迁所谓'早失'自然也没有年龄的限制"[1]。郑鹤声进一步指出，班固祖先班伯卒时年三十八称"早卒"；颜渊死，据《孔子家语》，年三十二称"早夭"，据清人考证，颜渊死年四十二。"反过来说，司马迁年三十六死父母，何尝不可以说'早失呢'"？[2]程金造亦有类似例证[3]。近年又有建元六年说者指出[4]：古人称三十而立。司马迁"二十六"未到而立之年，失去双亲可以说"早失"，"三十六"已过而立之年，不可以说"早失"。这样还算是有论辩，只可惜是"建元六年说"者附会上去的，不是司马迁要表达的意思。

司马迁《报书》云："今仆不幸，早失二亲，无兄弟之亲，孤身独立，少卿视仆于妻子何哉？"司马迁说得十分明白，自己是一个不幸的人，早早失去了父母，又没有兄弟相伴，十分孤独。司马迁遭遇不白之冤，交游莫救，左右不为一言，身边无亲人可倾述衷肠，孤苦无依，特别是"无兄弟之亲"更加坐实"早失二亲"，指父母早早离去之意。王国维认为《报书》作于太始四年（前93）[5]，上距司马谈去世的元封元年（110）是十八年；赵翼认为作于征和二年（前91）[6]，则上距元封元年是二十年。双亲已离去快二十年了，当然可以说"早失"，这与"三十六岁"或"二十六岁"有何干系？李长之说"他，司马迁绝不能把父母是否早死也弄不清楚"；郭沫若声称这可是王国维的"致命伤"。真可以说是一个筋斗云翻转了十万八千里，莫名其妙地让读者找不着北。

第二条：《报书》云："仆赖先人绪业，得待罪辇毂下，二十余年矣。"李文假

---

① 郑鹤声《司马迁年谱·司马迁生年问题的商榷》第9页，商务印书馆，1956年。
② 郑鹤声《司马迁年谱·司马迁生年问题的商榷》第10页，商务印书馆，1956年。
③ 参阅程金造《史记管窥》第92~93页，陕西人民出版社，1985年。
④ 参阅刘大悲《司马迁生年探源》，《西昌师专学报》1997年第4期。
⑤ 参阅王国维《观堂集林》卷十一《太史公行年考》、《观堂集林》第二册第503页，中华书局，1959年。
⑥ 参阅赵翼《廿二史札记》卷一"司马迁作史年岁"条第1页，中华书局，1984年。

设司马迁做郎中是紧接二十南游的事，并采用了王国维的《报书》作于太始四年说。按司马迁生于前 145 年，到太始四年（前 93）是五十三年，减去二十年就是三十三年，这是初入小学蒙童就会的加减法①，李文据此得出结论："应该说待罪辇毂下三十余年了。"司马迁二十南游了几年，何时为郎，何自为郎，这些问题的关节点李长之没作任何考证，凭着一个蒙童加法，再加一个假设就提出了一个证据，太轻率了。我们试用蒙童减法，假设司马迁南游了四年，三十三减四等于二十九，不就是"二十余年"了吗？考证不是蒙童的加减法，而是要作严肃的文献挖掘。司马迁南游时间无确论，有五年说，有四年说，多数认为至少二三年。于是"建元六年说"的后继者主张《报书》作于征和二年（前 91），再用蒙童加减法，司马迁从二十南游②到写《报书》就是三十五年了。再加上一个"……过梁楚以归。于是迁仕为郎中"，说什么"于是"者，"就在此时"③也。这样一来，司马迁即使南游了五年，三十五减五，还有三十年，而不是"二十余年"，看起来像是做了一番考证，其实仍然是以假设做证据。由介词"于"和代词"是"组成的介宾词组"于是"，有"在此时""在此地"等意；此外，"于是"在先秦时期业已虚化为连词，连接两个句子，表示前后句子所说的两件事情，具有时间上先后相承或事理上相

---

① 蒙童加减法是另一位"建元六年说"者刘大悲在《司马迁生年探源》（载《西昌师专学报》1997 年第 4 期）一文的发明。该文说，司马迁二十南游，加三年游历，为 22 岁，加一年 23 岁仕为郎中，加一年 24 岁奉使，加一年 25 岁还报命，是岁元封三岁，迁年 28 岁，上推生年为公元前 135 年。

② 按"建元六年说"，司马迁二十南游是在汉武帝元鼎元年（前 116 年）。

③ 袁传璋说："须知在上古书面语言里，'于是'是由介词'于'和指代时间或地点的'是'构成的介词结构，以表示时间或地点的状态。意为'就在这个时候……'或'就在这个地方……'《史记》中的'于是'大抵是这两种用法。"（见袁氏著《太史公生平著作考论》第 49 页，安徽人民出版社，2005 年）然而查诸中国社会科学院语言研究所古代汉语研究室编纂的《古代汉语虚词词典》，可知"于是"除了"在这时""在这里"等词义外，还有一个词义，即"虚化为连词。先秦已有用例，后沿用至今……连接句子与句子，表示前后两件事情的承接关系。两件事情之间，既有时间上相后相承的关系，也有事理上的相承关系。可译为'于是。'"（见该词典第 778~779 页，商务印书馆，2000 年）袁先生完全忽略了《史记》中所存在的大量连词"于是"，其所谓"《史记》中的'于是'大抵是这两种用法"实属臆断。

承的关系①。"……过梁楚以归。于是迁仕为郎中",在《太史公自序》具体的语言环境中,"于是"正确的解释是作连词,连接"过梁楚以归""仕为郎中"一前一后两件事情;若翻译成现代汉语,可直接译为"于是",或译为"在这之后"。司马迁说,他南游归来之后,重大的事件就是"出仕郎中",并"奉使西征巴蜀以南",而不能把"南游""出仕郎中""奉使西征巴蜀"当作连续紧接发生的事,而是他人生经历的重大事件,三者有一个相当长的时间过程。出仕郎中有一定的条件,当了郎中到奉使为钦差大臣,还要经过若干年的历练,因此不是紧接连续的事。据施丁考证:"司马迁始仕郎中,肯定在元狩年间,至迟在元狩五年。"②元狩五年为公元前118年,再用蒙童的减法,元狩五年下距太始四年(前93)是二十五年,下距征和二年(前91)是二十七年,当然合于《报书》的"二十余年"。更何况有史料证明,《报书》的写作与征和二年任安死于巫蛊之祸一事并无关联,该文并非作于征和二年③,因而李长之的后继者试图以征和二年作为时间坐标点做蒙童加减法,数字一定是不可靠的。

第三条:李文借王国维说——"孔安国为博士在元光、元朔间",如果司马迁生于公元前135年,到元朔三年即公元前125年(应作前126),则"十岁诵古文"正符合。李文的这一条借用埋藏了两个假设。一是假设"十岁诵古文"是向孔安国问故;二是假设元朔三年向孔安国问故,正好与"十岁诵古文"相合。秦篆汉隶,简化了先秦古文。"十岁诵古文"只是说司马迁年少聪慧,十岁就能识读古文书,并不等于向孔安国问故。又元光、元朔共十二年,李文单取一个元朔三年,已属押宝,没有任何考证。而据张大可考据,"孔安国仕宦京师为博士及谏大夫时,应在元朔、元狩间,不是在元光、元朔间,这是王国维的疏失"④,

---

① 参阅中国社会科学院语言研究所古代汉语研究室编纂的《古代汉语虚词词典》第778~779页,商务印书馆,2000年。

② 施丁《司马迁行年新考》第20页,陕西人民教育出版社。1995年。

③ 参阅陈曦《史记与周汉文化探索》第259~271页,中华书局,2007年。

④ 张大可《关于司马迁生年的考辨》,《上海师范大学学报》1984年第2期。

李文借势取巧不成立。实际上，从"问故"出发，是解决不了司马迁生年问题的，正如施丁所论："（司马迁）从安国问故，可以在十岁之时，也可以在十几岁或者二三十岁之时；既可能问一次，也可能问多次；既可能在安国为谏大夫之时间，也可能在安国为谏大夫之前问……可见无论是王国维，还是其他学者，以'从安国问故'来推测或说明司马迁的生年，都是徒劳。"①

第四条：空白说。李文说："司马迁是一个不甘于寂寞的人，如果照郑鹤声的《年谱》（他也是主张生于前145年的），司马迁在元朔五年（前124）仕为郎中，一直到元封元年（前110），前后一共是十五年，难道除了元鼎六年（前111）奉使巴蜀滇中以外，一点事情没有吗？……假若真是过了十四年的空白光阴（算至奉使以前），司马迁不会在自序里不提及。看他说：'于是仕为郎中，奉使西征巴蜀以南，南略邛笮、昆明，还报命。'似乎中间为时极短。倘若生于公元前135年，则仕于公元前115年或公元前114年之际，跟着没有三年，就有扈从西至空峒之事（前112），奉使巴蜀之事（前111），不是更合情理吗？"这一条也极受"建元说"后继者的追捧②，并解"于是"二字为"就在此时"，用以代替李文"似乎中间为时极短"这种极其不规范的考证语言。用蒙童的减法计算，十五年减去十年还有五年时间，不是很具体吗？前文第二条驳文中已指出，把南游全国与出仕为郎中，到奉使巴蜀

---

① 施丁《司马迁生年考——兼及司马迁入仕考》，《杭州大学学报》1984年第3期。

② 如赵光贤在《司马迁生年考辨》一文（载《北京师范大学学报》1983年第3期）中说："王国维的《太史公行年考》说元朔三年，迁年二十，开始南游。照此说法，至元鼎元年，三十岁，中间无事可记，南游无论如何不会有十年之久，显然这是个大漏洞，一般讲司马迁年世的大都从王说，未注意这个漏洞，反将出仕郎中之年下移至元封元年，这样相距十五年，把这个漏洞反而扩大了。假定南游时间用二、三年，还有十四、五年的空白时间，司马迁干什么去了呢？"又如赵生群在《论司马迁生于建元六年》一文（载《司马迁与史记论集》第五辑，陕西人民出版社2002年版）中说："如果说司马迁生于景帝中元五年，《自序》（笔者注：指《太史公自序》）在时间上就存在着一段很大的空白。根据《自序》，司马迁二十南游，至元封元年出使还报命，见父于河洛之间，按照王国维的推算，此年司马迁已三十六岁。自二十至三十六岁，中经仕为郎中、出使两件大事，前后时间长达十五六年，按《自序》行文之例，理应交代各事间隔之年岁。"他们虽均未在阐述时提及李长之，但实际上却都是李氏"空白说"的追捧者与因袭者。

这样三件事，缩短在具体的五年时间中是一种不合理的假设，所以李文含糊其词曰"似乎中间为时极短"，而后继者用"就在此时"来解读"于是"二字，掩盖李文的含糊其词，表面看生动形象，细细推敲，"就在此时"是在何时？从逻辑上看比含糊其词的五年时间更短，也更荒唐。由此可见，无论多么精巧的推论与弯弯绕，是不能代替考证的。为此，施丁作了考证，其结论是：

> 自元朔三年南游至元鼎六年奉使西征之间，有如下内容：
>
> 元朔三年（前 126），开始游历。
>
> 元狩元年（前 122），此年左右，"过梁、楚以归。"
>
> 元狩五年（前 118），"入寿宫侍祠神语。"
>
> 元鼎五年（前 112），"西至空桐"。
>
> 元鼎六年（前 111），此年春，"奉使西征"。
>
> 仅以此而言，十六年间的"空白"并不多，当然也就说不上景帝中五年说有什么"大漏洞"。[①]

又据张大可考证：董仲舒致仕后家居茂陵，排挤陷害他的公孙弘卒于元狩二年，而对他敬重有加的张汤第二年迁为御史大夫，但仍不见起用董仲舒，很可能元狩末董仲舒已经去世；孔安国为博士、谏大夫，元狩六年出为临淮太守。司马迁向孔安国问故，师从董仲舒，正在出仕之前的元狩年间，即司马迁南游归来，在二十八岁出仕之前的二十三、四岁到二十七岁之间这几年向大师学习[②]。还有元封二年司马迁扈从武帝封禅，并负薪塞河。如此说，更不存在什么"空白"。司马迁写人物列传，不是开履历表，不是记流水账，而只写每个历史人物的特点和重点。《太史公自序》着重写司马迁父子怎样写《史记》，对司马谈出仕三十年只写了《论六家要指》、培

---

① 施丁《司马迁生年考——兼及司马迁入仕考》，《杭州大学学报》1984 年第 3 期。

② 司马迁师从董仲舒、孔安国，参阅张大可：《关于司马迁生平的考辨》，《上海师大学报》1984 年第 2 期。

养司马迁、临终遗言三件事。"空白说"的提出，说明李氏及后继者未仔细读历史传记书，更未仔细读《太史公自序》。

第五条：《自序》中有生年说。李文引《自序》云："太史公仕于建元、元封之间……太史公既掌天官，不治民。有子曰迁。迁生龙门。"对此，李文说"看口气，也很像"，司马迁父亲"任为太史令之后才生他"。这又是大胆提出的一个猜想和假设，未做任何考证，用了"那么"两个字，笔锋一转，变成了"这也是他于建元六年，即公元前135"的"更可靠的证据"。但李文此处其实只有"大胆假设"，却丝毫不见"小心求证"，实属无考无据。李文发表六十余年之后，到了2010年以来，有若干"建元六年说"的后继者①，发挥李文的猜想，认定《史记》中写有生年。其推论理由是："有子曰迁"，写在司马谈建元年间出仕之后，由于司马迁写《史记》是按时间先后叙事，所以司马迁只能出生在建元年间，也就是建元六年，公元前135年。而这种论断是不能成立的，理由是：依时间先后叙述这是最基本的写史书法，特别是编年体史，如《资治通鉴》，记载的所有史实，无不一一与其确定的时间相联系，并被嵌入相应的日、月、时、年、年号、君主、朝代的严密序列当中。由于一个历史事件涉及多个人物，多个方面，或时间延续很长，一支笔无法同时叙写出来，必然是一件件、一桩桩来写，所以有倒叙、插叙、纪事本末等手法，《资治通鉴》也不例外，这是大家所熟知的。也就是说，严密的编年体叙事，也不是时间流向机械地只朝一个方向。说到《太史公自序》，大势毫无疑问是按时间先后叙事，为了脉络清楚，依然是一桩桩、一件件来写。就拿开头两大段来说，第一大段写司马迁家世，叙写至"谈为太史公"，这句话就写在"太史公仕于建元元封之间"的前面。第二大段写司马谈的作史，"太史公仕于建元、元封之间"，一句话写了三十年，然后倒过来写三十年间的三件大事：一是发表《论六家要指》，应当在元狩元年，为司马谈的述史宣言，写在"迁生龙门"之前，因是司马谈的主体活动，必然先写；二是培养司马迁，写司马迁的青少年时代，自然在《论六家要指》之后；三是临终

---

① 代表者如曾维华的《司马迁生年新证》，发表于《中华文史论丛》2013年第1期。

遗命司马迁。在培养司马迁的段落中有"迁生龙门,耕牧山河之阳,年十岁则诵古文"的话头,这是司马迁自认为他少年时代自豪的三件大事:出生于龙门圣地;天资聪慧,十岁诵古文,少年时代耕牧于家乡,接受大自然的熏陶,为二十壮游打基础。司马迁把"耕牧河山之阳"看得比"十岁诵古文"还重要,并表示少年时期在故乡生活,所以叙说在前面,只能这样理解文章才合情理,否则就成了十岁以前耕牧,难道不是很荒诞吗?所以,按时间顺序推论"司马迁自叙生于建元年间"是一个伪命题,某些所谓"新证"则纯属荒诞的字意揣测①。

第六条:李文说,司马谈临终遗言,司马迁"听了后,便俯首流涕,这也宛然是告诫一个青年的光景"。一个"宛然",就把"俯首流涕"转化成了"出生于公元前135年说"的论据,李长之的考证就是这样立足于文学想象而"妙笔生花"出来的。

第七条:劝进友人是"少年躁进"说。李文说司马迁元封三年始为太史令,致信友人挚峻劝进,先定格为"少年躁进",接着推论说:"与其说出自一个将近不惑之年(三十八岁)的人,倒不如说出自还不到而立之年(二十八)的人,更适合些。""劝进",也就是热衷于仕进,有种种动机和背景,只热心于往上爬的人,或许是"少年躁进";如果是有浓厚忠君报国或济世救民的人,例如孔子周游列国,能说是"躁进"吗?任安致信司马迁"推贤进士",无论是在太始四年,还是在征

---

① 曾维华在《司马迁生年新证》一文中将《太史公自序》中"太史公既掌天官,不治民。有子曰迁。迁生龙门……",重新标点为:"太史公既掌天官,不治民,有子曰迁。迁生龙门……"认为"有子曰迁"前用逗号,可以拉近司马谈先做官后生子两者的联系,其实是徒劳的。两者是不相干的独立事件,不因改变标点而改变。而且此举并非曾氏的独家发明,其实是因袭李长之对该段的标点。又,曾氏说:"这里的'既'字不仅表示'已''已经',而且也可以表示司马谈出仕后不久,或司马谈出仕与生儿子司马迁是前后紧相衔接的两件事,即理解为太史公(司马谈)当官不久,就生了儿子司马迁。据此,这段话应解释为:'太史公(司马谈)已任掌管'天官'之职,不理民政,时有儿子名迁。迁生于龙门……"这就是曾氏的"新证"!与李长之"看口气,也很像是他父亲任为太史公之后才生他"的表述相比,曾氏"新证"其实并无多少"新"意。他只是比李氏多分析了一个表示时间的副词"既"而已。在一定的语境下,"既",意为"已""已经",怎能又多出"时""当时"("时有司马迁")的意思?这种所谓"新证",纯属荒诞的文字游戏。

和二年，年岁已不小，难道是"老年狂躁"吗？李长之对"少年躁进"四个字未加考证落实，只是一个假设的莫须有帽子。这一条与第六条有异曲同工之"妙"，同属荒诞。这种考证，只能称作文学虚构考证法，在传统考证学词典里没有立足之地。

第八条：司马迁夏阳见郭解说。郭解被杀于元朔三年（公元前126年），他在死前曾到夏阳安置外祖老小。李文说："倘此年为司马迁之九岁，则司马迁在十岁学古文之前还在家乡，因而见郭解是最可能的。否则这一年十九岁，未必有见郭解的机会了。"李文的这一条似乎有一些考证，但把事实搞颠倒了。据张大可考证①，司马迁见郭解恰恰是生于公元前145年之一证。按诸史实，元朔二年，汉武帝大规模强制豪强移民茂陵，中高级的京官家属亦移至茂陵。司马迁，以及家居广川的董仲舒都移置茂陵，因此十九岁的司马迁在茂陵见到郭解。关中贤豪，知与不知，争相见郭解，动静很大。已移置于茂陵的郭解因受其徒众杀人的牵连遭官府通缉才逃逸，秘密地到夏阳去安置外祖家老小，已是元朔三年，司马迁不在夏阳，而在南游；即便司马迁在夏阳，他怎能见到秘密行动的郭解呢？"司马迁在夏阳见郭解"，似乎是在刻意混淆史实，不只是假设，甚至有臆造的嫌疑。

第九条：司马迁年幼见李广说。李文说："李广自杀于元狩四年（前119），迁及见广，但迁与李广之孙李陵为友，则迁见广时应很年幼，说李广死时司马迁二十七岁是不如说他十七岁更合理的。况且李广只活了六十几岁！"此条全文引录李文，读者可以清晰地领略李氏是怎样颠倒逻辑话语的。正因为李广死得早，二十七岁的司马迁比十七岁的司马迁见李广才更合理些，李文颠倒了说。十九岁的司马迁家徙茂陵，十七岁的司马迁还在夏阳，是见不到李广的。司马迁在二十南游归来，二十三四至二十六岁，李广正好在京师。元狩五年司马迁二十八岁入仕为郎，十六七岁的李陵在元狩年间"已为侍中"②，司马迁比李陵年长十岁左右，"俱为侍中"

①　参阅张大可《关于司马迁生年的考辨》，《上海师范大学学报》1984年第2期。
②　施丁《司马迁行年新考》第40页，陕西人民教育出版社，1995年。

的两人，后来交往了"约有十余年①。因此，与李陵为友的司马迁"见广时应很年幼"的说法，亦属缺乏考证的文学想象！

第十条：李文为《正义》按语"迁年四十二"找出路，认为是司马迁一生的年岁，郭沫若也十分欣赏这一说法②，《正义》有了出路，《索隐》不就坐实了吗？按古人虚岁纪年法，从建元元年（前135），到太始四年（前93）是四十三年，而不是四十二岁。如果《报书》作于征和二年（前91），则司马迁四十五岁了，由于史实不落实，李文的用语是："但我想，《正义》四十二岁之说的确可能并非指太初元年四十二岁，却只是指司马迁一生有四十二岁。"既然不能坐实的"但我想"与"的确可能"，不是考据，只是一种推测，当然不能成立。

综上所述，李长之的十条证据，没有一条考据，也违背了推理的基本原则——由已知推未知，而"假若""看口气，也很像""宛然是""但我想""的确可能"云云，则是以想象代考证。故而李文发表，当时学术界没有什么反响，只是后来得到郭沫若的追捧，引之为佐证。近年来"建元六年说"者有高涨之势，其基本手法是师承了李文的所谓考据，研讨思路多不出李氏十条，因此在司马迁诞辰2160周年之际，中国《史记》研究会倡议总结司马迁生年百年争论，李文不能不首当其冲地予以研讨，这就是本文写作的原因。由于李长之本人已申明放弃，没有什么可苛责的，但李文开启的思路仍有泛滥趋势，不能不从源头上予以澄清，这是本文不能不写的更深层的原因。

本文最后，还有两个问题必须予以回答：一是李长之为什么要写这篇考辨文章？二是李文为何受到郭沫若的追捧？

李氏为何要写这篇文章，李文本身在结束时作了鲜明的回答。李氏认为《史记》

① 施丁《司马迁行年新考》第41页，陕西人民教育出版社，1995年。
② 郭沫若在《关于司马迁之死》一文中说："司马迁的《报任安书》作于汉武帝太始四年（前93）十一月。依据司马迁生于汉武帝建元六年（前135）来计算，到太始四年他刚满了四十二足岁。因此，张守节《史记正义》说'按司马迁年四十二岁'和司马贞《史记索隐》说司马迁于元封三年（前108）'年二十八岁'便不矛盾了。只是前者说的是足岁，后者说的是虚岁，故相差一年。"（见《郭沫若全集》历史编第三卷第453页，人民出版社，1984年）

是一部充满浪漫色彩的诗史，应当出自一个"血气方刚，精力弥漫的壮年人"之手，年龄应当在"三十二岁到四十几岁"，不能是"四十二岁到五十几岁"，"那是一部成人的东西"。这就是李氏要司马迁晚生十年而又要司马迁提早死于四十二岁的原因。李氏用心良苦而如此坦率，因此他的构想可用浪漫虚构来形容，是根本不能成立的。《史记》是一部文史名著，因以人物为中心述史，于是兼及文学。《史记》定位，第一是历史学，第二才是文学。《史记》中人物是在实际生活中创造历史的真人真事，而不是虚构的文学人物。文学创作可以产生神童作家，而历史记述要博闻强记历史知识，往往要耗尽作者的一生，乃至几代人接力。《史记》与《汉书》都是父子两代人的结晶。古今中外伟大的历史著作未闻产自青年学者之手。所以李长之的构想，只是充满浪漫色彩的一个幻影，十条举证无一考据是必然的结果。

郭沫若为何追捧李氏的文章，我以为郭氏要否定王国维的考证，但他苦于自己没有考出新证据，只好借用李文来壮势。郭氏《〈太史公行年考〉有问题》并没有用证据来驳王国维，他只是引用了十条汉简来重复证明王国维提出的论点依据，即《博物志》记载司马迁的履历是可靠的先汉记录。至于关键问题——十年之差是怎么造成的，郭文回避不说。王国维认为是《史记》在流传中记载的数字发生了讹误，《索隐》的"二十八"原来是"三十八"；郭沫若说："汉人写'二十'作'廿'，写'三十'作'卅'，写四十作'卌'。这是殷周以来的老例。如就廿与卅、卅与卌而言，都仅一笔之差，定不出谁容易、谁不容易来。"[①] 既然定不出谁优谁劣，必然的逻辑结论应当是《索隐》和《正义》都有可能发生讹误，到底是谁发生了讹误，要用考据来证明。郭沫若拿不出考证，于是效法李长之，笔锋一转："因此，这第一个证据便完全动摇了。"[②] 此指王国维说《索隐》"三十八"讹为"二十八"完全动摇了。至于接下来驳王国维的两条论据，其实只是抓住王国维的失误作文字游戏。司马迁向

①　郭沫若：《郭沫若全集》历史编第三卷第 448 页，人民出版社，1984 年。
②　郭沫若：《郭沫若全集》历史编第三卷第 448 页，人民出版社，1984 年。

孔安国问故，向董仲舒学习，在二十南游归来的二十三四岁至二十七八岁之时[①]，而王国维考证粗疏，说司马迁在二十岁左右时向孔安国问故，在十七八岁时向董仲舒学习，受到郭文的驳斥。郭文主观认定"年十岁诵古文"，是向孔安国问故，遽然断定司马迁学古文是在元朔三年（前126），认为这样司马迁正好晚生十年，并用以驳王国维说司马迁年二十左右问故。但主观认定不是考证。王国维误认为董仲舒家居广川，二十岁后司马迁无法相见。十分有趣的是，郭沫若驳王国维，又承袭王国维的错误，也说董仲舒在广川。还说既然董仲舒在广川，司马迁年幼时见、年长时见没有区别，说明郭沫若也不知道董仲舒家居茂陵。所以说郭文是在做文字游戏，给读者造成错觉，用了三条证据驳王国维，其实哪一条都不是考据。郭文在驳王国维的三条论据后，又因袭李长之十条中的第一条"早失二亲"说，没有任何考证便声称"这是一个确切的根据可以判定这个疑案"，是"王说一个致命伤"[②]，其谬误前已述及。郭沫若说王国维的考证"有问题"，那就必须有证据说话，郭沫若没有考出新证，于是顺手借用李文来壮势，引以为奥援，这就是20世纪50年代中郭沫若发起司马迁生年之争的由来。

　　本文集中探讨李氏十条，兼论郭文，就此结束。

---

① 参阅张大可《关于司马迁生年的考辨》，《上海师范大学学报》1984年第2期。
② 郭沫若《郭沫若全集》历史编第三卷第449页，人民出版社，1984年。

下编

《史记》疑案

第一章　司马谈作史考论

司马谈是西汉杰出的思想家和历史家，《史记》就是由他发凡起例的。本题集中考察司马谈作史年岁，从元狩元年到元封元年共十二年，作史五体皆备，均在今本《史记》中留下痕迹。司马谈临终时，已留下若干篇章，这是没有疑义的。《史记》之不朽是司马谈、司马迁两代人的心血结晶。但司马谈之作，已为司马迁所重新熔铸，考求司马谈作史的完整篇目，割裂《史记》体系，则为事实所不容。昔贤今人考论司马谈作史痕迹是很有意义的，但指目某某篇即为谈作，则又是徒劳的。这一结论若不加证明是不能取信于学术界的，此即为本章考论之所作也。

第一节　昔贤今人对司马谈作史的考论

清方苞《望溪先生文集》有《书史记十表后》《又书太史公自序后》两文，是最早考论司马谈作史的文字。近人王国维《太史公行年考》亦有论及。专论有顾颉刚《司马谈作史》和李长之《史记中可能出自司马谈手笔者》两文。近年来赖长扬和赵生群也写了专论①。综上考论，揭示司马谈作史篇目三十七篇，计本纪十二篇，表四篇，书四篇，世家八篇，列传九篇。为了简明扼要地介绍上述考论篇目及论据论点，列表如下（见下页）。

---

① 王国维《太史公行年考》，见《观堂集林》卷一一；顾颉刚《司马谈作史》，见《史林杂识初编》；李长之《〈史记〉中可能出自司马谈手笔者》，见《司马迁之人格与风格》一书中第六章第二节；赖长扬《司马谈作史补证》，《史学史研究》1981年第2期；赵生群《司马谈作史考》，《南京师范学院学报》1982年第2期。

续表

（一）本纪篇目十二篇			
论者	篇目	论　据	论　点
方　苞	十二本纪	《太史公自序》云："网罗天下放失旧闻……著十二本纪……作十表……作八书……作三十世家……作七十列传。"	"本纪十二曰'著'者，其父所科条也，余书曰'作'者，己所论载也。"（《又书太史公自序后》）
李长之	孝景本纪	《赞》文称"晁错刻削诸侯"云云。	认为《赞》文批评晁错与《论六家要旨》责备法家的话旨趣一致。
赖长扬	①孝文本纪 ②吕后本纪	《赞》云："太史公曰：……汉兴，至孝文四十有余载，德至盛也。廪廪乡改正服封禅矣，谦让未成于今。呜呼，岂不仁哉！"	（1）"于今"二字证明作者记述之时在改正服封禅之前。 （2）司马谈作史，当先有本纪，既是职守之责，又可提挈一代大事，在编纂上有不少便利。 （3）司马谈歆慕封禅，"廪廪乡"云云，深切惋惜，溢于言表。司马迁则不然。 （4）《论六家要指》备推黄老思想与文帝政治实践虚实相映。 （5）结论：谈之为史，有纪有传有赞，《史记》体例，创自司马谈。 此外，《文帝纪》中有"事在《吕后》语中"，亦可能为谈作。
赵生群	①殷本纪 ②周本纪 ③秦本纪 ④秦始皇本纪	《卫康叔世家赞》《陈杞世家》《管蔡世家》等篇司马迁说"余读世家言""有本纪言"云云，均"自称其书"。言及本纪有殷、周、秦三纪。又《秦本纪》中有"其语在《始皇本纪》中"云云。	司马迁"自称其书"而云"读"，那么，这些作品当出自司马谈手笔。

续表

（二）十表篇目四篇			
论者	篇目	论据	论点
方 苞	①十二诸侯年表 ②六国年表 ③秦楚之际月表 ④惠景间侯者年表	诸年表《序》中有"太史公读《春秋历谱谍》""太史公读《秦记》""太史公读《秦楚之际》""太史公读《列封》至便侯"云云。而《高祖功臣侯者年表序》则云"余读高祖侯功臣"云云。	"迁序十表，惟《十二诸侯》《六国》《秦楚之际》《惠景间侯者》，称'太史公读'，谓其父所欲论著也。故于《高祖功臣》称'余读'以别之。"又云："踵《春秋》以及秦灭、汉兴、文景以前，凡所论述皆其父所次旧闻，具见矣。"（《书史记十表后》）
（三）八书篇目四篇			
论者	篇目	论据	论点
李长之	①律书	《律书》只叙至文帝之事而止。又篇中有"猥云德化，不当用兵"云云，又有"神使气，气就形"云云。	叙亲历之事只至文帝而止，只有司马谈才能接上。"猥云德化"云云可证《律书》作于武帝对外用兵之前。"神使气，气就形"云云与《要旨》所论形神旨趣相合。
赵生群	②历书	《历书序》称考定星历，"王者所重"云云，与《太史公自序》司马谈称祖上"尝显功名于虞夏，典天官事"精神相合。而司马迁《报任安书》说"文史星历……流俗之所轻"。	父子两人思想大相径庭，因此，"毫无问题，《历书》的写作是从司马谈就开始了的，前面部分当是司马谈所写定，司马迁是在此基础上增写了元封以后的内容"。
	③天官书	《天官书》有"太史公曰：为国者必贵三五"云云，其后有"太史公推古天变，未有可考于今者"云云。	认为"太史公推古天变"云云是司马迁针对司马谈"太史公曰"的内容在发表不同的议论。并由此推断"太史公推古天变"以前的文字，"当为司马谈所写定，其后为司马迁所续"。

续表

论者	篇目	论据	论点
	④封禅书	《封禅书》中两称"太史公"均指司马谈，在从巡中与祠官宽舒议礼；赞语有"入寿宫侍祠神语"云云，其事发生在元鼎四年之前。	司马谈、司马迁都没参加元封元年的封禅大典，故赞语"从巡封禅"云云，系指从巡武帝敬礼诸神名山川。元鼎四年前司马迁是否出仕还不能肯定，即使出仕"也未必能跟随武帝出巡"，所以"入寿宫侍祠神语"云云是司马谈，而不是司马迁。《封禅书》赞语亦为司马谈作。元封以后文字才为司马迁所续。
		（四）世家篇目八篇	
论者	**篇目**	**论据**	**论点**
顾颉刚	①赵世家	《赞》文云："吾闻冯王孙曰：赵王迁，其母倡也。"又战国之世，赵事独详。盖冯唐父子语之也。	武帝初立，冯唐九十余，其子冯遂当六十矣，及至司马迁长成，"遂已耄耋矣"，故遂与迁年齿不相及，是篇出谈手无疑。
李长之	②晋世家	《晋世家》不避司马谈讳，文中有"桓叔生惠伯谈，谈生悼公周"。 《赵世家》讳谈，"襄子惧，乃夜使相张孟同，私于韩魏"。《索隐》云："按：《战国策》作'张孟谈'。谈者，史迁之父名，迁例改为'同'。"	《晋世家》不讳谈，为司马谈作。《赵世家》讳谈，乃迁作也。 按：顾、李两说立论不同，而将其考论成果对照，相互抵牾。
赵生群	③陈杞世家 ④宋微子世家 ⑤齐太公世家 ⑥鲁周公世家 ⑦管蔡世家 ⑧卫康叔世家	《卫康叔世家赞》云"余读世家言"，《陈杞世家》说舜禹之后"有世家言"（即《陈杞世家》），又提到齐、宋世家，《管蔡世家》中提到《鲁周公世家》、《卫世家》，皆司马迁"自称其书"。	"余读世家言"云云，说明司马迁作史之前已有"世家言"，而这些"世家言"又是自称《史记》中篇目，所以卫、陈杞、管蔡等篇为司马谈作，其中提到的宋、齐、鲁周公等篇更在其前，亦为司马谈作。《卫世家》赞语则为司马迁改写。

续表

（五）列传篇目九篇			
论者	篇目	论据	论点
王国维 顾颉刚	①刺客列传 ②樊郦滕灌列传 ③郦生陆贾列传	三传赞语云："始公孙季功、董生与夏无且游，具知其事，为余道之如是"，"余与他广通，为言高祖功臣之兴时若此云"，"平原君子与予善，是以得具论之。"	考其年齿，公孙季功、董生、樊他广、平原君朱建子似与司马迁不相及。王国维云："此三传所纪'史公'，或追纪父谈语也。"顾颉刚云："此非或然，乃必然也。……此三传成于谈手无疑。"按：方苞、赵生群以"余"为司马迁自称，据此顾云"余"为司马谈自称，两相对照，相互抵牾。
顾颉刚	④张释之冯唐列传 ⑤游侠列传	《张冯列传》云："遂字王孙，亦奇士，与余善。"《游侠传赞》云："吾视郭解，状貌不及中人。"	"及迁而长，遂已耄耋矣，岂真有此忘年之交耶？是亦其父谈之事也。"按：以迁生建元六年计，不及见郭解。
顾颉刚	⑥太史公自序	《自序》云："于是卒述陶唐以来，至于麟止，自黄帝始。"又云："余述历黄帝以来至太初而讫。"是《史记》存在自相矛盾的两个断限。	顾氏认为上起陶唐，下讫获麟为司马谈计划；上起黄帝，下讫太初为司马迁修改计划。"使余此一假定而得其实，则《太史公自序》一篇本亦谈作，迁修改之而未尽，故犹存此抵牾之迹耳。"
李长之	⑦老庄申韩列传 ⑧日者列传 ⑨李斯列传	《老庄申韩列传》道法合传，又叙老子后人李解至景帝时为止。《日者列传》有"此务华绝根者也"云云，道家立场。《李斯列传》中有韩谈，不避讳。	《老庄》与《日者》道家思想浓厚，与《论六家要指》合，必为谈作。又叙老子后人至司马迁以前止，由于是"司马谈去写才如此"。《李斯传》不讳，必谈作。而《平原君虞卿列传》讳谈，"李谈"作"李同"，可证为司马迁作。

综上考论，认为司马谈作史篇目三十七篇，约占《史记》全书的四分之一，且五体皆备，即《史记》一书体例创自司马谈。顾颉刚云："《史记》之作，迁遂不得专美，凡言吾国之大史学家与大文学家者，必更增一人焉曰司

马谈。"① 顾先生的结论，毫无疑义是应当重视的，也是符合实际的，《太史公自序》有确凿记载，不待论辩。但上述诸人的考证篇目是否可靠？论据与论点之间的关系是否合符逻辑？尚需进一步研究。区别司马谈、司马迁作史篇目对于研究司马迁思想关系极大。假如上述三十七篇为司马谈所作的考论成立，则学术界以往研究司马迁的成果大部分将要重写。"司马谈作史"，此课题的研究关系全局，真可以说是牵一发而动全身，故不可不详究。

第二节　对司马谈作史考论成果之评议

上述各家考论，我们再作综合条理，可概括为六条鉴别标准，条析如下。

一、从交游上立论，"太史公曰"中所称交游凡年齿与司马迁不相及者，为司马谈作。此论最为有力，顾颉刚据此断定《赵世家》《刺客列传》《樊郦滕灌列传》《郦生陆贾列传》《张释之冯唐列传》《游侠列传》等篇为司马谈作。王国维则认为《刺客列传》《樊灌列传》《郦陆列传》三传是史公"或追纪父谈语也"。

二、从时代上立论，叙事至文景时止者为司马谈作。李长之、赖长扬、赵生群等断定《文帝纪》《律书》《封禅书》《老庄申韩列传》为谈作，就以此为佐证。方苞说，"秦灭、汉兴、文景以前，凡所论述皆其父所次旧闻"。赵生群亦认为秦汉统一前后是区别谈、迁写作的"一条重要线索"。

三、从思想旨趣上立论，《论六家要旨》为一"试金石"，凡具有道家色彩的篇章为司马谈所作。李长之、赖长扬、赵生群等以此断定《文帝纪》《景帝纪》《律书》《历书》《天官书》《老庄申韩列传》《日者列传》等篇为司马谈作。

四、从文字用语上立论，方苞以言"著"者归司马谈，言"作"者归

---

① 《司马谈作史》，见《史林杂识初编》。

司马迁，断定十二本纪为司马谈作。李长之从讳与不讳立论，凡当讳而不讳者，如《晋世家》《李斯列传》不避"谈"讳，为司马谈作，而《赵世家》《平原君虞卿列传》避讳为司马迁作。

五、从称谓上立论，方苞以"太史公读"为司马谈，"余读"为司马迁，断定《十二诸侯年表》《六国年表》《秦楚之际月表》《惠景间侯者年表》诸年表为司马谈作。赵生群进一步推论，既言"余读"，自然在"司马迁作《史记》以前，就应当存在"，从而断定"余读"之篇为司马谈作。计有殷、周、秦、始皇诸本纪，陈杞、宋微子、齐太公、鲁周公、管蔡、卫康叔诸世家。甚至断言这些篇章全篇为司马谈作。

六、从两个断限上立论，顾颉刚认为《太史公自序》为司马谈原作、司马迁所续。

孤立地来看这些鉴别标准都有一定的理由，但综合起来研究，这些立论互相矛盾，无所适从。若将这些标准放到广阔的时代背景上，与《史记》全书关联，可以说无一条立论能成立，试分层缕述之。

立论互相矛盾。顾颉刚按交游年齿立论，认为《赵世家》是司马谈的杰作；而李长之按讳与不讳立论，断定《赵世家》为司马迁所作，互相抵牾。又，顾先生按年齿交游所论六篇，《赵世家》《游侠列传》两篇赞语太史公自称"吾"，《刺客列传》《樊郦滕灌列传》《郦生陆贾列传》《张释之冯唐列传》四篇赞语皆用"余"，均指司马谈；而方苞、赵生群从称谓立论以"余读"之"余"指司马迁，则与顾氏所论又互相矛盾。

以实考核，各种立论皆有所片面。以年齿论，司马迁与公孙季功、董生、平原君子、冯遂未必不相及，亦未必不可为忘年之交。以司马迁生于景帝中五年，即公元前145年推计，平原君子在文帝三年，即公元前177年为中大夫，若时年二十，下及司马迁之生约五十年。当司马迁二十时，平原君子七十左右，青年向老人问故，可以相及。至于冯唐，建元元年，即公元前140年九十余，其子冯遂为郎。若冯遂当其父五十而生，时年四十左右，司马迁五岁，年齿相差三十余岁，不但相及，且可为忘年之友矣。顾颉刚一方面缩短司马迁的生年十岁，另方面又提早冯遂二十岁，谓当其父三十而生，这样就把相差三十余岁的年齿扩大为六十余岁，似不相及。西汉郎官"掌守门户，出充车骑"，皆少年郎充任，冯遂尽管特殊，也不至于六七十老翁充任郎官，顾先生的推论不能成立。至于郭解，元朔二年徙居茂陵，当年司马迁年十九，亦徙居茂陵，恰为司马迁所亲见。由于司马迁生年被缩短，顾先生误认为不相见，其说不可为据。

李长之用讳与不讳来区分谈、迁著述，是相当有道理的，但也不能绝对化。胡适著《西汉人临文不讳考》，陈垣著《史讳举例》论汉讳诸条，指出在汉代讳与不讳有很大的伸缩弹性，这当是符合事实的。《太史公自序》说司马谈之父名司马喜，就与司马氏祖上相中山者名司马喜同名不讳，就是一例。

从称谓上立论片面性更大，可以说是没有几分可靠的。方苞以"太史公读"为司马谈，"余读"为司马迁，却不能自圆其说。《高祖功臣侯表》为"余读"，《惠景间侯表》为"太史公读"，可两表结构一致，记事每帝一格，武帝朝分为两段，"建元至元封六年三十六"为前段，"太初已后"为后段，《惠景间侯者年表》更分为两格，载太初以后事讫武帝之末，以"咸表始终"，这正是司马迁的历史观。又《六国年表序》，前有"太史公读《秦记》"，后有"余于是因《秦记》"云云，这可以说是否定方苞立说的铁证。至于"著"与"作"之分更属妄测。《太史公自序》云"著十二本纪"，请问"今上本纪"是"著"还是"作"呢？

赵生群以"余读"为司马迁亦是片面的猜测。《太史公自序》云"余述历黄帝以来至太初而讫，百三十篇"此句之"余"指司马迁；《太史公自序》又载，司马谈临终执迁手而泣曰"余先周室之太史也"，又曰"汝复为太史，则续吾祖矣"，又曰"今天子接千岁之统，封泰山，而余不得从行"，又曰"余死，汝必为太史，为太史，无忘吾所欲论著矣"，又曰"余为太史而弗论载"，又曰"余甚惧焉"云云。司马谈临终遗言，"余""吾"并用，一连串用了五个"余"、两个"吾"。再看司马迁，可以确指为司马迁的"太史公曰"也是"余""吾""予"并用。如《五帝本纪赞》，"太史公曰：……余尝西至空桐……予观《春秋》《国语》"；《田叔列传赞》，"太史公曰：……仁与余善"；《卫将军骠骑列传赞》，"太史公曰：苏建语余曰"云云。总之，"余""吾""予"的用语不能区别司马谈和司马迁。不过赵生群的推理有一个逻辑上的便利。若"余读"指司马谈，所称"余读世家言"，这"世家"指《史记》篇名，当然必为司马谈自作无疑。问题在于赵生群推理的前提不能成立。他说：

> 《史记·卫康叔世家》赞道："太史公曰：余读世家言……"既是"读世家言"，自然司马迁作《史记》以前，就应有"世家言"存在，那么……这些作品当出自司马谈手笔。

不错，司马迁在"读"之前当有书"存在"。但这"存在"既可指司马谈作，亦可指司马迁作。若把"读"之前的"存在"均指为"司马谈作"，未免武断，更进而推断整篇为司马谈作就更武断了。

退一步说，赵生群的推论能够成立，也仅仅只有一篇《卫世家》。《管蔡世家》《陈杞世家》所提到的周"有本纪言"，鲁"有世家言"，蔡、曹"有世家言"，卫"有世家言"，舜、禹之后"有世家言"，殷"有本纪言"，齐"有世家言"，秦"有本纪言"云云，只不过是司马迁的交代，怎么能说是指司马谈的作品呢？最有力的证据是，在《陈杞世家》中的这一交代中，司马迁说："伯翳之后，至周平王时封为秦，项羽灭之，有本纪言。"通盘考虑司马迁的思想，他为项羽立本纪，为陈涉立世家，且在《陈涉世家》中只字不提沛公军，目的就是用互见法表彰陈、项灭秦之功。《陈杞世家》中"项羽灭之"的交代就是点题。这一铁证足可以把赵氏的推论全部推倒，亦即推倒了赵氏立论的前提。

从思想旨趣上立论，其前提是司马谈尊道，司马迁尊儒，父子异途，思想对立。这个前提根本就不能成立。《史记》效《春秋》，这一宗旨为司马谈所定，故上起陶唐，下讫获麟，谁说司马谈不尊儒？《悲士不遇赋》充满道家色彩，谁说司马迁不尊道？谈、迁父子思想有差异，但基本一致，既非尊儒，亦非尊道，而是兼采儒、墨、名、法、道、阴阳百家之长，融会贯通自成一家。赞文帝未必不是司马迁所作。至于寻章摘句以求曲合于《论六家要指》，不值得深究。而且《论六家要指》本身分上下两半篇，大体上是司马谈作之于前，司马迁阐释于后，以此为"试金石"的说法不能成立。

从时间上立论，把秦汉史归于司马迁，把先秦史归于司马谈，恰与司马谈自述的思想相悖。司马谈临终遗言说："自获麟以来四百有余岁，而诸侯相兼，史记放绝。今汉兴，海内一统，明主贤君忠臣死义之士，余为太史而弗论载，废天下之史文，余甚惧焉，汝其念哉！"这段话充分表现了司马谈详今略古的思想。司马迁二十壮游，既上会稽探禹穴，更在梁、楚一带调查秦汉间史事，这是受司马谈指导的。从时间上来分判谈、迁父子异向，肯定也是徒劳的。

最后，顾颉刚从两个断限来判定《太史公自序》为司马谈原作也是不能成立的。《自序》概括全书一百三十篇大旨，是最后写成的。正因为司马迁修改了父谈计划，才在《自序》中作一交代。这两个断限的交代恰恰说明是司马迁作《自序》，而不是司马谈。为什么会有如此相反的结论呢？顾先生视两个断限为矛盾，而我们视两个断限为发展，《自序》是有意识地作交代。《五帝本纪赞》对上限修正作交代，就是有力的佐证。

总括上述评议，顾颉刚等人关于司马谈作史的考论，断言三十七篇为司马谈所作，基本上不能成立，我们有理由把它推倒。比较起来，王国维的考论最有深味，符合实际。不过顾颉刚比较谨慎，只断定五篇为司马谈作，一篇为父子合作，赖长扬亦谨慎，只补证了《文帝纪》为谈作，《吕后纪》存疑。且顾颉刚所阐发的两个断限，冯唐父子对司马谈父子作史贡献都是很有价值的。赖长扬对"谦让未成于今"的解释是较为合理的。李长之的考论推论较多，发现讳与不讳的例证很有参考价值。方苞、赵生群两人立论比较简单化，结论过于大胆，其所断定的司马谈作史篇目都值得商榷。假如我们把考论的三十七篇从《史记》中割裂出来，在其余篇章中去探索司马迁的系统思想，那是不可想象的。但是赵生群等人的考论仍然是有价值的，敢于开拓新领域，可以启人深思。

第三节　司马谈作史应如何评价

司马谈作史，唐人有明确论述。司马贞曰："《史记》者，汉太史司马迁父子之所述也。"① 刘知几曰："孝武之世，太史公司马谈欲错综古今，勒成一史，其意未就而卒。子迁乃述父遗志，采《左传》《国语》，删《世本》《战国策》，据楚汉列国时事，上自黄帝，下讫麟止，作十二本纪、十表、八书、三十世家、七十列传，凡百三十篇，都谓之《史记》。"② 《隋书·经籍志》亦云："汉武帝时，始置太史公，命司马谈为之，以掌其职。时天下计书，皆先上太史，副上丞相，遗文古事，靡不毕臻。谈乃据《左氏》《国语》《世本》《战国策》《楚汉春秋》，接其后世，成一家之言。谈卒，其子迁又为太史令，嗣成其志。上自黄帝，讫于炎汉，合十二本纪、十表、八书、三十世家、七十列传，谓之《史记》。"唐人的这些论述充分肯定了司马谈的作史功绩。研究《史记》成书过程、研究司马迁成长道路，忽略司马谈是不全面的。但是《史记》最后完成于司马迁之手，父谈的著述，对于司马迁来说就如同采择《左传》《国语》，删《世本》《战国策》一样，剪裁熔铸在自己定稿的《史记》之中，成为"一家之言"。今本《史记》一百三十篇皆

① 《史记索隐序》。
② 《史通》卷一二《古今正史篇》。

可视为司马迁一人之作，方能完整地系统地探索司马迁的思想，这是毋庸置疑的。司马谈创史在元狩、元封之间，从他制定上起陶唐、下讫获麟的断限可以推知。在这之前作创史准备。司马迁元朔三年壮游，实地调查史料可以视为司马谈的创作准备。当司马谈创史之时，司马迁已是得力的助手。所以即便有司马谈的整篇著作，也同时熔铸了司马迁的心血。《史记》体例应是司马谈、迁父子两人所共创。

顾颉刚等人的考论，其具体成果应予推倒，而所得结论却是有重大参考价值的。因为自唐以后，司马谈作史功绩被淹没，又唐人论述过于简略。我们应该承认司马谈有整篇的述史，其成果或许不止三十七篇。问题是司马谈的成果司马迁重新作了剪裁熔铸。这是一个问题的两个方面。如果只看到司马谈作史，而看不到司马迁的重新熔铸，则将是片面的考证，必将是牵强附会而走向死胡同。例如赵生群认为《天官书》中"太史公推古天变"云云是司马迁针对父谈"太史公曰"的内容发表不同的议论，并由此推断，"太史公推古天变"以前文字为司马谈作，其后为司马迁所续，这是没有根据的。《天官书》八千余字，"太史公曰"以下一千二百余字是一长赞。若"太史公推古天变"以下才为司马迁所续，那只是仅仅写了半篇赞语，怎么能说是续《天官书》呢？假定赵生群的推论成立，恰恰证明现存《天官书》乃司马迁作，而司马谈之原作为迁所扬弃和剪裁吸收，故留下驳难痕迹。而事实上这一驳难痕迹并不存在。《天官书》之"太史公曰"，夹叙夹议以论天人之际，首尾一贯。"太史公曰"中有"余观史记，考行事，百年之中"云云，正是司马迁的语言。汉兴至太初恰好整百年，此可为司马迁在太初年间作《天官书》之铁证。司马谈"学天官于唐都"，精通天文，整理了天官资料，并留下篇章完全可能。但今本《史记》留下整篇司马谈的著述考论是不能信从的。因此，我们既否定顾颉刚等人的具体考论成果，而又接受其考论的结论，因为这是历史的本来面貌。今本《史记》中虽无司马谈整篇的作史，但留下了司马谈作史痕迹是没有疑义的。顾颉刚等人的考论，提供了司马谈作史痕迹的史影，比唐人论述具体，对于研究《史记》成书有重大意义。在史学史的叙述上应有司马谈的一席地位。正如顾颉刚所说，"而《史记》之作，迁遂不得专美，凡言吾国之大史学家与大文学家者，必更增一人焉曰司马谈"，我们同意这一结论。而对于司马谈的评价，也只能做这样的概略论述，不可割裂《史记》篇目作具体分析。由司马迁继父遗志发愤著述的《史记》是不容分割的一个整体。探索熔铸在《史记》之中的"一家之言"，其代表者只能有一人焉曰司马迁。

第二章　"太史公"释名与《史记》书名考论

第一节　问题的提出

《史记》一百三十篇之论赞皆称"太史公曰"，全书称"太史公"凡一百五十二见。"太史公"既称司马谈，又称司马迁，并为《史记》书之原名。最集中的是《太史公自序》（以下简称《自序》）一篇，凡称"太史公"十四处，却有四种指称。今按文中顺序排比如下：

1. 喜生谈，谈为太史公。

2. 太史公学天官于唐都，受《易》于杨何，习道论于黄子。

3. 太史公仕于建元、元封之间。

4. 太史公既掌天官，不治民，有子曰迁。

5. 是岁，天子始建汉家之封，而太史公留滞周南，不得与从事，故发愤且卒。

6. 太史公执迁手而泣曰……

7. 太史公曰："先人有言……"

8. 太史公曰："余闻董生曰……"

9. 太史公曰："唯唯，否否，不然。余闻之先人曰……"

10. 七年而太史公遭李陵之祸。

11. 天下遗闻古事，靡不毕集太史公。

12. 太史公仍父子相续纂其职。

13. 凡百三十篇，五十二万六千五百字，为《太史公书》。

14. 太史公曰:"余述历黄帝以来,至太初而讫,一百三十篇。"

上引十四条材料的四种指称是:第一至第六条之"太史公"指司马谈;第七至第十及第十四凡五条之"太史公"指司马迁;第十一条说图籍、资料毕集太史公,第十二条说谈、迁父子相继为太史公撰述史记,故这两条之"太史公"兼指谈、迁父子;第十三条谓《史记》原名《太史公书》。

《自序》又云:"卒三岁而迁为太史令。"同一篇《自序》,前称"谈为太史公",后叙"迁为太史令"。若"太史公"为官名,司马迁继父之职,何以称述职名,父子相异?若"太史公"为司马迁对父之尊称,又以何父子相共?又"太史公"为《史记》原名,取义何在?后世又何以用《史记》之名取代"太史公"为书名?这些疑点引起了后世学者的长期争论。如何释"太史公"之名义是解决上述疑点的关键,近世争论尤为激烈。不少专家学者都写了专论,但"太史公释名"之问题仍未取得统一意见,故有必要对各家之说进行一番归纳、条理,并作出中肯的推断以为继续研究之新起点,这就是本文考论的写作目的。

第二节 太史公释名之分歧及考辨

"太史公"释名与《史记》书名紧密相连。随着《史记》书名的变迁,"太史公"之名义愈辨愈复杂,主要有十种说法。为了便于寻释争论的线索,按其说最早提出的时间,排列考辨于下。

1. 太史公为他人尊称司马迁说

——桓谭《新论》以为"太史公造书,书成,示东方朔,朔为平定,因署其下。太史公者,皆朔所加之者也"。[①]

---

① 《孝武本纪·索隐》引。

——韦昭云"谈，司马迁之父也，说者以谈为太史公，失之矣。《史记》多称太史公者，迁外孙杨恽称之也"。①

按: 桓谭，东汉初著名学者，学识宏通，他第一个对《史记》中之"太史公"作了解释，认为是东方朔所加。桓谭离司马迁之世未远，其说必出有因。以情理推断，当是东方朔替司马迁题大题，即《太史公书》。若通本《史记》中之"太史公"都是东方朔添加的，情理不可通。因《史记》的序赞，若删去"太史公曰"，则文气不接，此其一；若司马迁有意留空，委东方朔加称"太史公曰"，这是"成一家之言"的司马迁做不出的，此其二；即便是司马迁做得出，东方朔也断不会接受，此其三。从这三点情理来看，"皆朔所加"不可信。三国时人韦昭看出了这些破绽，于是提出了杨恽加称之说。因《汉书·司马迁传》云: "迁既死后，其书稍出。宣帝时，迁外孙平通侯杨恽祖述其书，遂宣布焉。"韦昭应是根据这一记载作出的推论。外孙尊称外祖，并传播其书，情理较圆通。但是，《汉书》恰恰没有记载杨恽题称的事，仅仅凭推论是不能成立的。实际上，韦昭的看法只能是他个人的一种观点，也可以说是桓谭说的一种引申。

2. 太史公为官名说

——如淳曰: "《汉仪注》太史公，武帝置，位在丞相上。天下计书先上太史公，副上丞相。序事如古《春秋》。迁死后，宣帝以其官为令，行太史公文书而已。"②

按: 如淳，三国时人，他引卫宏《汉旧仪》注《汉书》，裴骃《集解》则是转引自《汉书》如注。卫宏为东汉初人，略后于桓谭。卫宏书多载街

---

① 《孝武本纪·索隐》引。
② 《太史公自序·集解》引。

谈巷议小说家言,故晋灼驳之云:"《百官表》无太史公在丞相上。又卫宏所说多不实,未可以为正。"①。臣瓒亦云:"《百官表》无太史公。《茂陵中书》司马谈以太史丞为太史令。"②晋灼、臣瓒都是晋人,《汉书》注家,他们的著述已佚,而其说为后世《史记》《汉书》注家所引。《汉书》为一代大典,《茂陵书》是汉代户籍文书,具有不容置疑的权威性,故为《汉书》早期注家晋灼、臣瓒所引,这是值得注意的。很明显,卫宏的官名说不能成立(后面第四节还要补证),但是官名说的影响最大。虞喜、张守节、梁玉绳等均为之申说。

    ——虞喜《志林》云"古者天官皆上公,自周至汉,其职转卑,然朝会坐位犹居公上,尊天之道,其官属仍以旧名,尊而称公,公名当起于此"。③

    ——张守节引虞喜《志林》后,按云:"下文'太史公既掌天官,不治民,有子曰迁',又云'卒三岁而迁为太史公',又云'太史公遭李陵之祸',又云'汝复为太史,则续吾祖矣',观此文,虞喜说为长。乃书谈及迁为'太史公'者,皆迁自书之。《汉旧仪》云'太史公秩二千石,卒史皆秩二百石'。然瓒及韦昭、桓谭之说皆非也。"④

    ——梁玉绳曰:"盖太史公是官名,卫宏汉人,其言可信。《西京杂记》、《隋书·经籍志》、《史通·史官建置篇》、宋三刘(敞、邠、奉世)、《两汉刊误》并同卫宏也。"⑤

按:虞喜,晋人;张守节,唐人;梁玉绳,清人。他们三人虽然均主官

---

① 见《汉书·司马迁传》颜注引。
② 《太史公自序·集解》引。
③ 《孝武本纪·索隐》引虞喜《志林》。
④ 《太史公自序·正义》。
⑤ 《史记志疑》卷一。

名说，但立论基点是不同的。虞喜认为，古代天官上公，而汉代天官职卑，只是习惯上尊为公。这和卫宏所说二千石之太史公是不同的。梁玉绳主卫宏说。张守节首鼠两端，既以虞喜说为长，而又赞成卫宏说。近人闻惕著《太史公名位考》[①]云："太史公名见于《太史公书》，盖武帝始置太史，考古天官书而尊其称，谈以前无其位，谈以后并无其号矣。《史记》赞辞皆称太史公，表、书篇首亦称太史公，此太史公父子共之。以父子皆为太史公，其书亦相继论次，故统称其官。"认为太史公只是武帝一朝所设。所有这些说法均与司马迁的自述不合，是不可信的。早在北宋，《新唐书》的作者之一宋祁就指出："迁与任安书，自言仆之先人，文史星历，近乎卜祝之间，固上所戏弄，倡优畜之，流俗之所轻也。若其位在丞相上，安有此言耶？"[②]以《报任安书》与《汉书》迁本传对照还可发现一个显证，就是司马迁被刑之后为中书令，任安致书责以"推贤进士为务"，班固说"迁既被刑之后，为中书令，尊宠任职。故人益州刺史任安予迁书，责以古贤臣之义。迁报之曰"云云。若太史公位在丞相上，人们不以太史公为"尊宠任职"，反而以刑余之躯的中书令为"尊宠任职"，于情理事实均不可通。也就是说，各式各样解释的官名说均是不能成立的。但官名说为什么得以泛滥呢？因为主官名说，皆承认"太史公"为司马迁自题，这是《史记》书所提供的事实，值得注意。

3. 太史公为司马迁尊称其父说

　　——颜师古曰："谈为太史令耳，迁尊其父，故谓之公。"[③]

　　——顾炎武曰："非三公不得称公……太史公者，司马迁称其父谈，

---

①　《安雅月刊》1935年第1期。

②　泷川氏《太史公自序·会注考证》引宋祁笔记。

③　《汉书·司马迁传》注。

故尊而公之也。"①

按：此说是在否定官名说的基础上引申出来的，它承认"太史公"为司马迁所书。但是《史记》中绝大部分"太史公"皆称司马迁，又如何解释呢？且看下文。

4. 太史公为司马迁尊称其父亦是自题说

——司马贞曰："公者，迁所著书尊其父云'公'也。然称'太史公'虽皆迁称述其父所作，其实亦迁之词，而如淳引卫宏《仪注》称'位在丞相上'，谬矣！案《百官表》又无其官。且修史之官，国家别有著撰，则令郡县所上图书，皆先上之。而后人不晓，误以为在丞相上耳。"②

按：司马贞的折中，比较上述各家之说最为中正近理。但"太史公"既是尊名，而司马迁又何以自题，司马贞没有解说，于是又回到了官名说的立场上，产生了更加纷纭的不同说法。以下5、6、7、8、9皆官名说之派生。

5. 太史公为太史令之尊称说

——吴仁杰云："迁父子官为令，而云公者，邑令称公之比。"③
——朱一新曰："卫宏所说'位在丞相上'者，盖谓朝会之位，以其国史所关，使之密迩至尊，以便记注，非以其爵秩，亦非必以尊宠也。《百官志》：'太史令六百石。'而《汉旧仪》言太史公秩二千石，此则或谈任职时增其秩以示宠，或官秩尊卑随时升降，或记者偶失其实，

---

① 《日知录》卷二〇。
② 《太史公自序·索隐》。
③ 《两汉刊误补遗》。

阙疑可矣。"①

6. 太史公为官府之通称说

——李慈铭云："太史公自是当时官府通称，非官名，亦非尊加，如后之称太史氏，非有此官名也。流俗相沿，如晋之中书令称令君，唐之御史称端公，不以其尊官也。卫说太过，因公字而附会之。"②

7. 太史公乃太史官之假借说

——吴国泰云："《周礼》：'牛人，掌养国之公牛。'注：'公犹官也。'又公、工声同。《尚书·尧典》：'允釐百工。'传：'百工，百官也。'《说文》：'工，巧饰也。'与'官'字义别。工既可借为官，则公亦可借为官，审矣。太史公者，即太史官也。太史官犹今言太史氏也。古者氏出于官，故或称官，或称氏也。"③

8. 司马迁从楚俗，自题太史令为太史公说

——朱希祖曰："若太史公者，实为迁自己之题署，则官名之说似较可通。惟此官名，乃从楚俗之别名，非汉官之正名。自春秋时，楚国县令，或称县公。《左传》楚有叶公、析公、申公、郧公、蔡公、息公、商公、期思公。《吕氏春秋》楚有卑梁公。《战国策》楚有宛公、新城公。《淮南子》楚有鲁阳公。此令称公之证也……迁从楚俗称太史令为太史公，既以称其父，又以自称，且以称其书，而《报任少卿书》之太史公，亦可迎刃而解矣。"④

---

① 《太史公自序·会注考证》引。
② 《太史公自序·会注考证》引。
③ 《史记解诂》册一。
④ 《太史公解》，载《制言》半月刊 1936 年第 15 期。

9. 司马迁为太史公，追书其父亦为太史公说

——施蛰存曰："迁之为太史官，其地位与俸秩实高于普通之太史令，且《周礼》太史虽属下大夫，实为史官之长。"故"武帝太初元年改定官名，皆从周制，故极可能拔擢其官位，使从太史令而为太史公也……故司马迁记其父之遗命，凡其父称述其官职处皆曰太史，不曰公，亦不曰令。而记述其父之官职，则曰太史公，追书之也。自称亦曰太史公，直举其官爵也"。①

按：综观上述诸说，都没有提出直接的证据来证成己说。但有一个共同点，即承认"太史公"为司马迁自题。

10. 太史公为书名说

——清俞正燮曰："《史记》署太史公是司马迁署官以名其书，其曰公者，犹曰著书之人耳。"②

按：俞氏谓"太史公"是司马迁以其官称为书名，而用"公"字，犹如先秦诸子书，均称一"子"字，曰"子"曰"公"，都是指的著书之人。这一新说，完全排除了尊称说和官名说所带来的矛盾，即从尊称说来看，为什么司马迁亦称"太史公"？从官名说来看，为什么有两名，即"太史令"和"太史公"？但是俞氏新说又带来了两个新问题有待探究：第一，为什么司马迁用官名称其书？第二，既用官名，为什么不称"太史令书"而名"太史公书"？俞氏既排除"公"字为官名，又排除"公"字为尊称，那么"公"字有何用意呢？俞氏未加阐明，不能不说是思虑未备。

总上十说，可以概括为三种类型：一曰尊称说，二曰官名说，三曰以

---

① 《太史公名号辨》，载《学原》第2号第5期。
② 《癸巳类稿》卷一一《太史公释名义》。

官称为书名说。从互相驳难的立场来看，每一种说法都未能圆通赅备；但从立论的角度看，各说都有着合理的论据，不能完全否定。综合起来看，各说之失在于未能大量引证《史记》《汉书》材料，尤其是司马迁自述的材料引证极少，也就是说，各说因系依靠间接的材料来推论，故结论亦似是而非，不能圆通。

从立论基点来看，各家都纠缠在"太史公"名义本身的考证，就事论事，不得要领。只有俞正燮提出的书名说，从司马迁题称书名的角度来考察"太史公"之义，得出以官称为书名的结论，可以说是从全局看问题，抓住了本质，只是解释未备罢了。这样说来，"太史公"释名问题与《史记》书名之演变有着密不可分的关系，这就是本文兼论《史记》书名之演变的原因。

第三节 《史记》专名始于东汉桓灵之际而原题《太史公书》

"史记"原为共名，司马迁自题其书为《太史公书》。《自序》云：

> 凡百三十篇，五十二万六千五百字，为《太史公书》。序略，以拾遗补艺，成一家之言，厥协六经异传，整齐百家杂语，藏之名山，副在京师，俟后世圣人君子。第七十。

《太史公书》中称述"史记"凡九见，可证"史记"原为共名。

1.《周本纪》云："太史伯阳读史记。"

2.《十二诸侯年表》云："孔子西观周室，论史记旧闻。"

3.《十二诸侯年表》又云："鲁君子左丘明，因孔子史记，具论其语，成《左氏春秋》。"

4.《六国年表》云："秦既得意，烧天下《诗》《书》，诸侯史记尤甚，为其有所刺讥也。"

5.《六国年表》又云："《诗》《书》所以复见者，多藏人家，而史记独藏周室，以故灭。"

6.《天官书》云："余观史记，考行事。"

7.《陈杞世家》云："孔子读史记至楚复陈，曰：'贤哉楚庄王！轻千乘之国而重一言。'"

8.《孔子世家》云："乃因鲁史记作《春秋》。"

9.《太史公自序》云："䌷史记石室金匮之书。"

王国维《太史公行年考》依据司马迁屡次称说"史记"，又引《逸周书》《盐铁论》《公羊疏》《越绝书》《东观汉记》等书中均有"史记"之名作出推断说："汉人所谓'史记'，皆泛言古史，不指《太史公书》，明《太史公书》当时未有《史记》之名。故在前汉，则著录于向、歆《七略》者，谓之《太史公》百三十篇。"按，王氏的推断极是。但是王国维不认为"太史公书"为司马迁自题，反而根据两汉人称《史记》为《太史公》作出了如下推断，说：

窃意史公原书本有小题而无大题。

张舜徽信其说，认为"这话是正确的"①。我们认为这个推断是值得商榷的。先秦书多无大题，但也没有小题。司马迁之前已有《吕氏春秋》，有大题，有小题。《太史公书》之体制结构受《吕氏春秋》影响很大，在一书之中包容多种体制，是"成一家之言"的著作，故应有大题以及小题。《太史公自序》明文大书为《太史公书》，而又将撮述全书之大旨的自序传定名为《太史公自序》，怎么能说没有大题呢？有的学者断句为《太史公书序》，认为这句话不是大题，而是指自序。姑不论这样断句是否与上下文相协调，而且即便作《太史公书序》破读，恰恰也包含了大题在内。这个大题就是

---

① 《中国历史要籍介绍》。

以"太史公"为书名。此其一证。

《史记》中司马迁多次自引其书，如《陈杞世家》云：

> 舜之后，周武王封之陈，至楚惠王灭之，有世家言。禹之后，周武
> 王封之杞，楚惠王灭之，有世家言。契之后为殷，殷有本纪言。殷破，
> 周封其后于宋，齐湣王灭之，有世家言。后稷之后为周，秦昭王灭之，
> 有本纪言。皋陶之后，或封英、六，楚穆王灭之，无谱。伯夷之后，至
> 周武王复封于齐，曰太公望，陈氏灭之，有世家言。伯翳之后，至周平
> 王时封为秦，项羽灭之，有本纪言。垂、益、夔、龙，其后不知所封，
> 不见也。右十一人者，皆唐虞之际名有功德臣也；其五人之后皆至帝王，
> 余乃为显诸侯。滕、薛、驺，夏、殷、周之间封也，小，不足齿列，弗
> 论也。

这段文字中的"世家言""本纪言"，均指《太史公书》中篇目。其它
如"故附之世家言"①，"余读世家言"②，"然封立三王……文辞烂然，甚可观
也，是以附之世家"③，等等，都是司马迁自称其书。由此可证，"凡百三十
篇，五十二万六千五百字，为《太史公书》"，应是司马迁自称其书之大题。
此其二证。

司马迁"䌷史记石室金匮之书"，因事论及而作出交代，如"予观《春
秋》《国语》"④，"太史公读《春秋历谱牒》"⑤，"太史公读《秦记》"⑥，"余读《孟

① 《管蔡世家赞》。
② 《卫康叔世家赞》。
③ 《三王世家赞》。
④ 《五帝本纪赞》。
⑤ 《十二诸侯年表序》。
⑥ 《六国年表序》。

子书》》①,"余读《功令》"②,等等。据统计,载于《史记》中的司马迁所见书有一百零六种③,每种书均言及书名,而泛称"史记"者特指史官所记述之书。司马谈、司马迁父子相继为太史而著书,故视自己所著书为"史记"之林,因之以"太史公"之名题书,即以官称为书名,题为《太史公书》。此其三证。

如上所述三证,司马迁自题其书为《太史公书》,取义太史公所著所记之书,故《太史公书》又为《太史公记》,其名已包含"史记"之义。在流传中省称为"太史公""太史记""史记",于是共名之"史记"而为专名之《史记》了。所以两汉之际,《史记》通名"太史公"而有微别之称,逐步向着专称的"史记"之名过渡。通计有微别的"太史公"之称有五名。

1.《太史公书》名,此为司马迁自题,流布最广。《太史公自序》,《汉书·宣元六王传》,《后汉书·班彪传》所载班彪《后传略论》,《后汉书·杨终传》,《论衡》之《超奇》《案书》《对作》等篇。又《左传正义》引宋衷《世本注》亦称《太史公书》。宋衷,字仲子,东汉末人,曾与刘表共定五经章句。

2.《太史公》名。《史记·三王世家》褚补、扬雄《法言·问神篇》、《汉书·艺文志》、《后汉书·范升传》《陈元传》等。

3.《太史公传》名。见《史记·龟策列传》褚补,此为褚少孙专指"列传",等于说《太史公书》之列传。

4.《太史公记》名。见《汉书·杨恽传》、应劭《风俗通义》卷一。应劭卒于建安九年(204),《风俗通义》成书,约在灵帝之世。

5.《太史记》名。见《风俗通义》卷二。

上引五名,均两汉间人所称。《太史公书》为司马迁自题。《太史公》

---

① 《孟子荀卿列传赞》。

② 《儒林列传》。

③ 张大可《〈史记〉取材》,载《甘肃社会科学》1980年第5期。

为《七略》著录之名，《艺文志》因之。范升与陈元两传记载《太史公》是两人在东汉初廷辩时所称，可见《太史公》为官方对《太史公书》之省称。其余不过随个人传呼而记之。《太史公记》之省称即为《史记》。

《史记》专名，起于何时，不可确考。依据文献，东汉末已成通称。蔡邕《独断》、荀悦《汉纪》、应劭《风俗通义》、颍容《春秋例序》、高诱《吕氏春秋训解》、高诱《战国策注》等书均称《太史公书》为《史记》。蔡邕、荀悦、应劭、颍容、高诱均为汉末述作家。《三国志·魏书·文帝纪》注引《典论·自叙》，魏文帝曹丕已将《史记》《汉书》并称。《王肃传》载魏明帝曹叡与王肃两人君臣问对亦称《史记》，这说明《史记》之名，三国时已为官家所承认。

王国维《太史公行年考》、范文澜《正史考略》等书均谓《史记》之名始于王肃，定名于《隋志》，据上引材料，此论不确。从唐人之误可以得到反证。张守节《史记正义·论史例》云："古者帝王右史记言，左史记事，言为《尚书》，事为《春秋》。太史公兼之，故曰《史记》。"刘知几《史通·六家》云："迁因鲁史旧名，目之曰《史记》。"《古今正史》亦云："凡百三十篇，都谓之《史记》。"正因为隋唐时"史记"成为"太史公书"专名已久，所以张、刘两大著述家才会致误，认为"史记"为"太史公书"原称。从可考的文献记载，《史记》之名在东汉桓、灵之际已在民间口授之中广为传布。《隶释·汉东海庙碑碑阴》云："阙者秦始皇所立名之秦东门阙，事在《史记》。"其事见《秦始皇本纪》三十五年。《金石萃编·汉执金吾丞武荣碑》云："阙帻传讲《孝经》《论语》《汉书》《史记》《左氏》《国语》，广学甄微，靡不贯综。"这里已将《史记》之名与《汉书》等典籍并称了。此两碑据陈直考证，东海庙碑为桓帝永寿元年（159）立，武荣碑约立于灵帝初年。以这两碑之铁证，可知《史记》之名早在东汉桓灵之际广为流布，否则不会刻于石碑。《史记》之名东汉末已为通称，荀悦《汉纪》提供了确证。《汉纪》卷一四云：

> 司马子长既遭李陵之祸，喟然而叹，幽而发愤，遂著《史记》，始
> 自黄帝，以及秦汉，为《太史公记》。

荀悦将《史记》与《太史公记》并称，文义显明，《史记》为当时通名，《太史公记》为追述之原称。其后，晋荀勖《穆天子传序》称《太史公记》，乃至唐颜真卿《东方朔画像赞》称《太史公书》，均援引古称，不能说是《史记》之名未定。《后汉书·班彪传》范晔述语称《史记》，录载班彪《后传略论》仍保留原称《太史公书》，此旨与荀悦《汉纪》同。

关于《史记》书名，杨明照著《太史公书称史记考》(载《燕京学报》第二十六号)，指出《史记》名称，始于东汉灵献之间。陈直著《太史公书名考》(载《文史哲》1956年6月号)，举证九条论证《史记》专名始于桓灵之际。陈先生并推论其书名演变过程说："司马迁自定原名为《太史公书》。嗣后西汉诸儒多沿用此名称，故《汉书·艺文志》列《太史公书》于春秋类。一变为《太史公记》，再变为《太史记》，三变为今《史记》。其他有称《太史公传》及《太史公》者，均属在演变中多种的名称。"陈先生举证确凿，议论精严，可为定论。但是杨、陈两先生孤立地考证《史记》书名的确立时间，未能与"太史公"释名问题结合，因此，没有能够阐释清楚"太史公书"演变成"史记"的原因，故本文兼论及之。这里特别评述杨、陈两先生的考证，以示不掠前贤之美也。

第四节 司马迁署官以名其书曰
"太史公"既尊其父，亦是自题

前述第二节"2"，已考论"太史公"为官名说不能成立。这里再从《史记》《汉书》两书对照中补述两条证据：第一，《太史公自序》云"迁为太史令"，张守节《正义》改为"迁为太史公"，于是主官名说者认为此处"太

史令" 是 "太史公" 之笔误。但是转录《自序》的《汉书·司马迁传》依照录为 "迁为太史令",其他各条包括 "谈为太史公" 仍保持原称,由此可见笔误之说不能成立。第二,《史记·封禅书》有两处明称司马谈为 "太史公",《汉书·郊祀志》均改为 "太史令谈"。一为 "有司与太史公、祠官宽舒议" 立后土祠事,其议事在元狩二年 (前 121),其立祠在元鼎四年 (前 113);二为 "太史公、祠官宽舒等曰" 云云,议立太畤坛,其事在元鼎五年 (前 121)。这两事都是司马谈生前参与朝议的大事,太史令主天官事,故班固转录《封禅书》均改为 "太史令谈"。而《司马迁传》照录《自序》是尊重作者自称,故不改。"太史公" 非官名,这是两条铁证。

"太史公" 既非官名,我们又说 "太史公书" 是署官以名其书,岂不矛盾? 按核事实,并不矛盾。"太史公" 之 "公" 是尊称;"太史公" 之 "太史" 才是官称。司马谈自称 "太史"。《自序》述司马谈临终遗言曰:

> 1. 余先周室之太史也。
> 2. 汝复为太史,则续吾祖矣。
> 3. 余死,汝必为太史。
> 4. 为太史,无忘吾所欲论著矣。
> 5. 今汉兴,海内一统,明主贤君忠臣死义之士,余为太史而弗论载,废天下之史文,余甚惧焉,汝其念哉!

司马迁俯首流涕回答说:

> 小子不敏,请悉论先人所次旧闻,弗敢阙。

"太史" 属奉常,其长官为令。称述职名,不必带 "令"。论 "太史令" 之官级,不过是六百石秩的卑官,但太史职掌天官、图籍,为修史必备之前提,故司马谈在弥留之际,反复致意司马迁必为太史,完成己欲论著的未竟之业。司马迁发誓继承父志,故坐李陵案受腐刑,痛不欲生,然而一想到父亲的遗言又坚强地站立起来，奋笔写作。司马迁把自己的事业看成是继父之志，所以书成定名《太史公书》，以祭奠父亲。故《自序》云"谈为太史公"，自述则云"迁为太史令"，这正是司马迁尊称其父为"太史公"之铁证。《史记》一百三十篇中之序赞亦称"太史公"，并不是司马迁自尊，而是尊其父太史公所欲论著之书。因书名《太史公书》，则序赞称"太史公曰"乃是必然之理。"太史公书"即《史记》之大题，《自序》显明记载，毋庸置疑。明乎此，则千年聚讼可一旦冰释；疑乎此，则纷纭辩难莫衷一是。东方朔所书，书大题也。杨恽祖述传播称"太史公记"，与"太史公书"同旨，谓此书为太史公所书所记。尊称说、官名说都各执一端，差之毫厘，谬以千里。古代史官所记，泛称史记，而"太史公书"即为汉太史官司马氏所记，后来演化为"史记"也完全符合司马迁题书之本义。

最后，还有一个并非题外之问题，亦须交代。司马迁在《报任安书》中说："仆亦尝厕下大夫之列。"韦昭注："周官，太史，位下大夫也。"臣瓒曰："汉太史令千石，故比下大夫。"这个问题，主官名说者旁征博引，聚讼纷纭，兹不具述。考论这一问题，仍然要用司马迁自己的话来定是非。《十二诸侯年表序》云："上大夫董仲舒推《春秋》义，颇著文焉。"《索隐》云："作《春秋繁露》是。"考董仲舒建元元年对策为举首，拜江都相，秩二千石。不久征还朝廷为中大夫。中大夫，秩比千石，太初元年更名为光禄大夫，秩比二千石。汉二千石有三级，即中二千石、二千石、比二千石，比古之上、中、下卿；汉千石、八百石、六百石，比古之上、中、下大夫。董仲舒卒于太初之前，终其身为比千石之中大夫，司马迁拟古称为上大夫。昭帝时太史令张寿王秩八百石，被朝官所劾，《汉书·律历志上》"劾寿王八百石，古之大夫"云云，正以八百石比古之大夫。《自序》之《索隐》引《博物志》云："太史令，茂陵显武里大夫司马迁，年二十八，三年六月乙卯除，六百石。"《后汉书·百官二》亦云："太史令一人，六百石。"所以司马迁称之为下大夫。臣瓒所云"汉太史令千石"，当是太初元年定官制时所增之秩，但是不久又逐步削减为六百石。所以昭帝时之寿王为八百石，到了东汉又为六百石了。总之卫宏所说秩二千石之太史公，位在丞相上，于史无征，不能成立。至于《文选》本《报任安书》首句"太史公牛马走司马迁再拜言"中之"太史公"，当是"太史令"之讹，很可能是后人据《史记》妄改，亦有可能这一句是编录《文选》的萧统所加。而此句中"牛马走"之"牛"亦"先"字之误。顾炎武《日知录》卷二四考"前马""先马""洗马""马洗"为一事，系指天子、王公出行，仪卫为之马前开道。"先马走"借称为谦词。由"先"字误为"牛"字，似可证"令"字误为"公"，大约是萧统或后人妄加套语造成的错误。这句套语应当存疑，断不可据此证明汉有"太史公"官。

综上所考，"太史公"不是官名，此称"太史"为官名，"公"字为尊称，乃是司马迁尊称其父，署官以名其书曰《太史公书》，故一百三十篇之序赞题"太史公曰"，是必然之理，均司马迁自题，不是外人所加。"太史公书"取义太史所记之书，故演变为"史记"也完全符合司马迁题名之原义。这就是本文所作的结论。

第三章 《史记》断限与附记考论

《史记》断限，是学术界两千年来一直争论不休的一个问题。本章从《史记》的成书过程和司马迁的历史方法论这一角度，考察《史记》断限。《史记》由司马谈发凡起例，司马迁继承父志续修完成，是两代人共同的结晶。因此《史记》撰述过程有两个断限，最终定格为上起黄帝，下讫太初，而重大事件穷武帝之末，这并非司马迁初始的写作计划，而是他在创作过程中随着时代的演进不断修改原计划的结果。本章试用本证法，在《史记》本书中提炼证据，用司马迁自己的话来证明《史记》断限，作出结论。司马迁附记太初以后史事称"附记"，与断限直接相关，在此章中附考。

第一节 《史记》的两个断限计划

《太史公自序》云："于是卒述陶唐以来，至于麟止，自黄帝始。"又云："太史公曰：余述历黄帝以来至太初而讫，百三十篇。"这两段话是自相矛盾的，因上限和下限都各有两个断限，于是引起了后世学者的争论，焦点集中在下限上。梁启超认为《自序》末段"太史公曰"云云是后人窜入的。其理由是："同出《自序》一篇之中，矛盾至此，实令人迷惑。查讫'麟止'一语，在《自序》正文中，讫'太初'一语，乃在小序之后，另附一行，文体突兀不肖。又《汉书》本传全录《自序》，而不载此一行，似班固所见《自序》原本，并无此语。"[1] 梁氏的辩论，抽象地孤立起来看似有道理，其

---

[1] 《要籍解题及读法——史记》，载《史地学报》第二卷第七期，1923年。

实不然。《自序》末"太史公曰"与《史记》一百三十篇的体例是统一的，乃是《自序》的篇末赞语，总括《史记》完稿后的断限和篇数。《汉书》本传抄录《自序》有增有删，并非全录。再说《汉书》转录《史记》篇目尚多，都是只录正文，不录赞语，怎能以此为证《自序》所载为非呢？所谓"乃在小序之后另附一行，文体突兀不肖"云云，乃是梁氏囿于"麟止"之说而失察，不足取证。

那么，《自序》中的矛盾是怎么一回事呢？原来《自序》所说是两个计划。起于"陶唐"，至于"麟止"，是司马谈发凡起例的计划。起于"黄帝"，至于"太初"，是司马迁扩大的计划①。这在《史记》中可从两个方面得到直接的证明：第一，《史记》上限的修改，司马迁有着明确的交代（详后第二节）；第二，《史记》是司马谈、司马迁父子两代人的心血结晶，最初由司马谈规划，而后由司马迁完成，《自序》言之确凿，《史记》中留有痕迹，为顾颉刚等所发现。这一发现很有价值，它给我们研究《史记》的成书过程和《史记》两个断限计划提供了有力的佐证。

第二节　司马迁对《史记》上限的修正——起于黄帝

司马迁修正《史记》上限，起于黄帝，有着明确的交代：

> 太史公曰：学者多称五帝，尚矣。然《尚书》独载尧以来，而百家言黄帝，其文不雅驯，荐绅先生难言之，孔子所传《宰予问五帝德》及《帝系姓》，儒者或不传。余尝西至空桐，北过涿鹿，东渐于海，南浮江、淮矣。至长老皆各往往称黄帝、尧、舜之处，风教固殊焉，总之不离古文者近是。予观《春秋》《国语》，其发明《五帝德》《帝系姓》章矣，顾弟弗深考，其所表见皆不虚。书缺有间矣，其轶乃时时见于

---

① 顾颉刚最早提出这一观点，但未论证，见《司马谈作史》，收入《史林杂识初编》。

他说。非好学深思，心知其意，固难为浅见寡闻道也。余并论次，择其言尤雅者，故著本纪书首。①

太史公曰：五帝三代之记，尚矣……余读谍记，黄帝以来皆有年数。稽其《历谱谍》《终始五德之传》，古文咸不同，乖异。夫子之弗论次其年月，岂虚哉！于是以《五帝系谍》《尚书》集世，记黄帝以来讫共和为《世表》。②

这两段文字是司马迁自己交代的考信原则，也是家学渊源的承传，概括起来是两条标准：第一，对文献典籍的记载，"考信于六艺"③，"折中于夫子"④，所以对《春秋》《国语》《五帝德》《帝系姓》《尚书》等古文很推重；第二，通过实地调查来补充、验证文献资料。《史记》上限，司马谈计划起自陶唐，理由有二：儒家的权威著作《尚书》记事起于尧，《尚书》第一篇即为《尧典》，此其一；百家言黄帝，其文不雅驯，"黄帝以来皆有年数"，却与古文"乖异"，此其二。司马迁修正上限，起于黄帝，理由有四：第一，司马迁在全国游历考察中，"西至空桐，北过涿鹿，东渐于海，南浮江、淮"，尽管各地风教不同，但长老口碑相传黄帝事迹非常生动；第二，《五帝德》《帝系姓》，司马迁相信它是孔子所传典籍，并与《春秋》《国语》参证，认为是可靠的资料；第三，谱谍资料，百家言黄帝虽然其文不雅，但绝非无因；第四，"书缺有间，其轶乃时时见于他说"。司马迁对古文资料，百家之言，长老口碑，择其雅驯者记焉。对于不可信的资料则屏而不录。那么为什么上限至黄帝而止呢？因为轩辕氏"修德振兵"，统一了天下。《自序》云，"非兵不强，非德不昌，黄帝、汤武以兴"云云，乃是歌颂大一统。《史记》所

① 《史记》卷一《五帝本纪赞》。
② 《史记》卷一三《三代世表序》。
③ 《史记》卷六一《伯夷列传》。
④ 《史记》卷四七《孔子世家赞》。

载三代天子，列国世家，追祖溯源，皆归本于黄帝，这一点是值得注意的。中华民族皆黄帝子孙，这一民族观念就奠基于《史记》。司马迁延伸上限，打破了《尚书》载尧以来的局限，而又不突破"修德振兵"统一天下的黄帝这一极限，其用意是宣传大一统，寓意是深远的。

唐司马贞由于未究司马迁之史识，他对《史记》上限的解释是含糊不清的。司马贞说：

> 《史记》以黄帝为首，而云"述陶唐"者，案《五帝本纪赞》云"五帝尚矣，然《尚书》独载尧以来，百家言黄帝，其文不雅驯"，故述黄帝为本纪之首，而以《尚书》雅正，故称"起于陶唐"。①

这一解说显然是断章取义的、自相矛盾的。既然司马迁以《尚书》雅正，而"起于陶唐"，那又何故画蛇添足，载黄帝为书首呢？难怪司马贞要越俎代庖，替《史记》补《三皇本纪》了。从司马贞之失，可以反证司马迁修正上限，"起于黄帝"，寓有深意。

第三节　《史记》的四种下限说

一、讫于"麟止"说

西汉扬雄说："《太史公》记六国，历楚汉，讫麟止。"② 东汉班彪说："太史令司马迁……上自黄帝，下讫获麟，作本纪、世家、列传、书、表，凡百三十篇。"③ 三国张晏说："武帝获麟，迁以为述事之端。上纪黄帝，下至

---

① 《史记》卷一《五帝本纪·索隐》。
② 《汉书》卷八七《扬雄传》。
③ 《后汉书》卷四○《班彪传》所载《后传略论》。

麟止，犹《春秋》止于获麟也。"① 按，《史记》窃比《春秋》，本是司马谈的理想，并以此遗命司马迁，《太史公自序》言之甚悉。孔子作《春秋》讫于鲁哀公十四年获麟。汉武帝元狩元年（前122年）冬十月获麟，故改年号为元狩。司马谈卒于元封元年，其述史规划在汉武帝封禅、改历之前，讫于"麟止"，是司马谈的原计划，确定无疑。这不仅是效法《春秋》，而且也是时势使然。扬雄、班彪、张晏等人言之有据。近人崔适、梁启超力主此说。崔适《史记探源》，罗列八条证据以成其说，凡"麟止"以后记事一概斥为"妄人所续"。朱东润作《史记终于太初考》②，对崔适论据，逐条驳斥，兹不赘引。查《史记探源》卷首开宗之言云：

> 《史记》者，《五经》之橐籥，群史之领袖也。乃《汉书》已云其缺，于是续者纷起。见于本书者曰褚先生，见于《七略》者曰冯商，见于《后汉书·班彪传》注及《史通》者，有刘歆等十六人。

这里崔适混淆了续史与补缺二者之间的界限。司马迁写当代史，至太初而讫，《汉书》云"而十篇缺，有录无书"，这是两个截然不同的问题。褚少孙等十六人是续史，并非补缺，凡续史都是自成体系，或单独成书，或附骥而行，均标明作者姓氏。《汉志》载"冯商所续《太史公》七篇"，即单独别行。褚少孙所续附骥《史记》而行，均标明了"褚先生曰"，以志识别。冯商、褚少孙等十六人都是续史，并非补缺，而且褚少孙等人从来就没有说《史记》有缺。在两汉兴亡之际，《史记》有了残缺，如《礼书》《乐书》《律书》《今上本纪》等篇，补缺者也是转抄现成材料，并不妄作。至于《史记》在流传中，读史者抄注他书材料，或钩玄提要，或发抒评论，写在篇后作备注，后之读者误抄入正文，这是无意补史而窜乱了原文，此

谓之增窜。增窜是无意为之，既不系统，且往往与原文矛盾，也非"妄人所续"。太初以后，司马迁还有附记，乃是终结太初以前大事，前后相接，自有脉络可寻（详后第四节）。所以综观《史记》全书，续史、补缺、增窜、史公附记，四者的脉络是相当清楚的。《史记》并无"妄人所续"的问题。《史记探源》倒是大有妄人说妄之态。正如泷川氏所言，崔适为书，不过是"求奇竞新，务为异说，以惊人耳目"罢了[①]。诚然，《史记探源》在考订《史记》中的衍、倒、讹、脱方面，也提供了一些有参考价值的意见，但该书说麟止以后记事皆"妄人所续"，则完全是错误的，应当彻底否定。其所言讫于麟止的八条证据，也有合理的成分，此可为司马谈作史痕迹及计划之证，断不可为司马迁作史下限之据。

二、讫于太初说

汉武帝太初共四年（公元前 104 年—公元前 101 年），司马迁作史讫于太初说有相当势力，但纷论歧出，莫衷一是，不如"麟止说"整齐划一，谓讫于元狩元年。东汉班固、荀悦，唐刘知几，清梁玉绳，日人泷川资言等，从《太史公自序赞》，笼统地说"讫于太初"[②]；朱东润谓"讫于太初前一年，即元封六年"；王国维谓"讫于太初四年"，而最后记事则讫于征和三年[③]。《史记》为何讫于太初？梁玉绳、王国维均认为司马迁太初元年始作史，故讫于太初。史公又为何说"至于麟止"？梁玉绳认为是假设之辞，表示效法《春秋》；泷川氏则认为是"表作史之时"。但考之行事，司马迁作史始于太初和始于元狩均与史实不符。《自序》称，元封三年，"而迁为太史令，

---

① 《史记会注考证·史记总论》。
② 班固言见《汉书》卷一〇〇《叙传下》，荀悦言见《汉纪》卷三〇，刘知几言见《史通》卷一二《古今正史》，梁玉绳言见《史记志疑》卷三六，泷川资言言见《史记会注考证·史记总论》。
③ 《观堂集林》卷一一《太史公行年考》。

绌史记石室金匮之书"。《索隐》引如淳云："抽彻旧书故事而次述之。"又引小颜云："绌，谓缀集之也。"若以年齿考之，司马迁生于景帝中元五年，至元狩元年才是一个二十四岁的青年。又过了十一年，到元鼎六年，司马迁还以郎中之职出使西南夷，显然"至于麟止"的作史计划是出自司马谈，而不是司马迁。也就是说梁玉绳、王国维、泷川氏等人的考论未能圆通。

主"讫于太初说"者，以朱东润持论最为有力，不仅详列九例以证其说，而且从司马迁的历史观高度立论，尤为有识。其言曰：

> 史迁既言麟止，亦言太初……观于《自序》"获符瑞，封禅，改正朔，易服色，受命於穆清"之言，盖司马迁视元狩、元鼎、元封直至太初改定新历，为一整个的时期。获白麟，得宝鼎，为受命之起点；封泰山，禅梁父，为受命之中峰；而改正朔，易服色，为受命之终极。所以同时并陈而归"於穆清"者此也。就此整个时期之起点而言，则曰"至于麟止"；就此整个时期之终点而言，则曰"太初而讫"……然在今日，必为《史记》立一断限，自不得不据此时期之终点而言，故曰"讫于太初"，此则证之本书而可信者也。①

但朱先生认为司马迁"视元狩、元鼎、元封直至太初改定新历，为一整个的时期"的观点仍值得商榷。因为照这一观点，司马迁作史规划必在太初之后，否则他怎么会把从元狩至太初作为一个整体时期呢？又《汉兴以来诸侯年表》《建元以来王子侯者年表》皆讫于太初四年，也与朱先生谓"终于太初"即"元封六年"相矛盾。朱先生之失，同诸前辈学者一样忽视了《史记》为司马谈、司马迁父子相继而作，强把两代人的两个计划捏合在一起，就事论事，顾此失彼。反之，从两个计划的发展观点来看，诸家的歧说也就迎刃而解了。尤其是朱先生"一整个的时期"的观点，就完全

---

① 《史记终于太初考》，收入《史记考索》。

是合理的了。也就是说，司马迁视元狩至太初为西汉鼎盛的"一整个的时期"这一历史观，形成于作史过程中，也即司马迁扩展下限计划是伴随历史的发展而不断推移的。最初延伸"至于麟止"为"至太初元年"，而后"讫于太初四年"。太初以后，时有所续，也就不难理解了。

三、讫于天汉说

班固曰："司马迁据《左氏》《国语》，采《世本》《战国策》，述《楚汉春秋》，接其后事，讫于天汉。"①

司马贞曰："夫太史公纪事，上始轩辕，下讫天汉。"②

张守节曰："《史记》者，汉太史公司马迁作……上起轩辕，下暨天汉。"③

四、讫于武帝之末说

褚少孙曰："太史公纪事尽于孝武之事。"④

范文澜曰："太初以后事，则犹《左氏》之有续传也。"⑤

按：讫于天汉，讫于武帝之末，虽非司马迁自述，而出自他人之口，但班固、褚少孙二人去司马迁之世未远，又均是治汉史的一代宗师、博学宏儒，绝非妄言，乃是据《史记》实录事实以立论。褚少孙仕于元、成之间为博士，《史记》宣布于宣帝之世，褚氏是能够看到《史记》官、私原本的人。班固转录父亲班彪语，却改"下讫获麟"为"讫于天汉"。值得注意的是，班固又说："太初以后，阙而不录"⑥，则又认为《史记》讫于太初了。刘知几也两存其说，一曰"上自黄帝，下讫麟止"，又曰"太初以后，阙而

①　《汉书》卷六二《司马迁传》。

②　《史记索隐后序》。

③　《史记正义序》。

④　《史记》卷二〇《建元以来侯者年表》褚补。

⑤　《正史考略》《史记》条。

⑥　班固两说分见《汉书·司马迁传赞》及《汉书·叙传下》。

不录"①。《索隐》《正义》则从班固"讫于天汉"之说。可见《史记》的各种下限，早为古代论史家所注意，他们虽未作解释，但并不认为是矛盾的。《史记》四种下限说的差异，正好透露了司马迁随着时代的演进而修正《史记》断限的情况。这种修正，正是"实录"精神的反映。

第四节 《史记》断限太初四年而大事尽武帝之末

《史记》断限太初，是司马迁历史观的重要组成部分，所以司马迁自述断限之原则旨意和示例甚明。而大事尽武帝之末，仅为附记，以"咸表终始"。兹就《史记》五体材料，具论之如下。

一、太初改历象征西汉极盛

汉武帝即位，至元狩元年历十九年，文治武功，方兴未艾。元狩元年至太初元年又十九年，至太初四年历二十二年。这一时期，汉武帝外伐四夷，内兴功作，获得了巨大的成功，故封禅改历，象征西汉极盛。太初四年，贰师将军李广利征大宛还，西域归附，汉武帝的事业达到了光辉的顶点，此后就从顶峰上跌落下来。司马迁躬逢盛时，又亲自参与改历，激动非凡，决定将《史记》下限从"至于麟止"，延伸到"至太初而讫"，这是"成一家之言"的必然发展。司马迁在《太史公自序》中说：

> 卒三岁而迁为太史令，绅史记石室金匮之书。五年而当太初元年，十一月甲子朔旦冬至，天历始改，建于明堂，诸神受纪……于是论次其文。七年而太史公遭李陵之祸……故述往事，思来者。

"绅史记石室金匮之书"，即是正式作史。"于是论次其文"，非指作史

---

① 刘知几两说均见《史通·古今正史》。

之始，而是指《史记》的定稿断限。这句话是总结司马迁和壶遂讨论作史义例说的。由于太初改历，司马迁认为这是一个划时代的大事件，他和壶遂讨论孔子作《春秋》，不过是借题发挥，旨在阐明自己作史所承担的历史使命，有一种紧迫感，所以决定以太初元年为下限，加紧《史记》的定稿工作。七年以后遭李陵之祸而发愤著书，再次修正下限至太初四年。详载典章制度的八书，因《礼》《乐》《律》三书残缺，姑置不论外，《历书》等五篇均载元狩以后事，大体上讫于太初；此外，《五宗》《三王》两世家亦记事讫于太初，《太史公自序》总括交代讫于太初，表列如下：

表一　《史记》下限讫太初非麟止之证

篇　　名	载元狩以后内容至太初	说　　明
历书	①《序》云："王者易姓受命，必慎始初，改正朔，易服色，推本天元，顺承厥意……因诏御史曰：……十一月甲子朔旦冬至已詹，其更以七年为太初元年。" ②历术甲子篇，以太初元年起排列年名。	封禅改历象征汉家文治武功之盛，司马迁作了热情歌颂，故述史以太初元年为下限。此为第一次延展下限。
天官书	① 汉之兴，五星聚于东井……兵征大宛，星茀招摇，此其荦荦之大者。 ② 余观史记，考行事，百年之中，五星无出而不反逆行，反逆行，尝盛大而变色，日月薄蚀，行南北有时，此其大度也。	司马迁述汉兴以来天人感应之变，"百年之中"至太初"兵征大宛"而讫。
封禅书	①《封禅书》详载武帝封禅及迷信活动。行文中，"其后二岁，十一月甲子朔旦冬至，推历者以本统"至"故上亲禅焉"止，大书太初元年至太初三年事。 ② 延及太初以后记事至天汉三年："其后五年，复至泰山修封，还过祭恒山。"又云："今上封禅，其后十二岁而还，徧于五岳四渎矣。"	《封禅书》记事至太初三年。记太初以后事两条，33字，不过是一句总括性的交代而已，以"表其终始"。
河渠书	自是之后，用事者争言水利……然其著者在宣房。	叙事至元封二年，武帝亲临瓠子塞河止。

续表

篇　　名	载元狩以后内容至太初	说　　明
平准书	弘羊又请令吏得入粟补官，及罪人赎罪……是岁小旱，上令官求雨。卜式言曰："……烹弘羊，天乃雨。"	叙事至元封元年。
五宗世家	记景帝五夫人之子为王，共十三子，十五国（胶东、常山各分为二国），至太初年间除国五，太初以后见王十：①河间王刘授（《汉书》作刘缓），②鲁王刘光，③越王刘彭祖，④中山王刘昆侈，⑤长沙王刘鲋鲔，⑥广川王刘齐，⑦胶东王刘通平（本作刘庆，此从《汉书》），⑧六安王刘庆，⑨真定王刘平，⑩泗水王刘贺，均不书卒年。	《五宗世家》记事讫太初四年，故十王不书卒年。此为第二次延展下限至太初四年。
三王世家	武帝四子，只载元狩六年所封三王，昌邑王太初后所封不书，故名《三王世家》。	若记事"至于麟止"，《三王世家》不当作。
太史公自序	太史公曰：余述历黄帝以来至太初而讫，百三十篇。	总括《史记》断限。

上表所列八篇记事均超越元狩元年之界限。此外，《封禅书》记事延及太初以后至天汉三年有两条。"其后五年"云云，指太初三年之后五年，故《集解》引徐广曰："天汉三年。""其后十二岁而还"，应从"今上封禅"起计算，即从元封元年往下推算，是指天汉二年。以《史记》《汉书》互校，查《汉书·武帝纪》，天汉二年武帝"行幸东海"，天汉三年"行幸泰山，修封，祀于明堂，因受计"云云，可证《封禅书》中太初以后两条记事出自司马迁手笔无疑。从《封禅书》两处行文来看，不得不有此交代以"表其终始"，绝非后人窜乱。这就是班固和三家注的作者一致认为《史记》讫于天汉说的证据之一。

二、按历史发展的自然断限，"咸表始终"

"原始察终，见盛观衰"，这是司马迁在《自序》中明确交代的一个历史方法论。而且司马迁在《十二诸侯年表序》中还批判了"儒者断其义，驰说者骋其词，不务综其终始"的非历史观点和方法论。在司马迁看来，只有用"综其终始"的方法，"考其行事，稽其成败兴坏之纪"，才能"通古今之变，成一家之言"①。司马迁围绕"治""乱"二字写历史，十分注重历史事变的始末。可以说，司马迁的这一历史观和方法论是我们研究《史记》断限的一把钥匙。《史记》十表是划分历史断限的，十表的《序》又清楚地阐述了历史断限的理论。因此，《史记》断限，当以十表为据。又，司马迁在表《序》中还反复交代"汉定百年之间""至太初百年之间"，这些话头都是他示例作史讫于太初的铁证。兹摘引汉史诸表资料列表于后，以资考索。

1.《汉兴以来诸侯王年表》，序列诸侯王事至太初四年而讫。《序》云："汉定百年之间，亲属益疏，诸侯……殒身亡国。"又云："臣迁谨记高祖以来至太初诸侯，谱其下益损之时，令后世得览。"

按：公元前202年高祖定天下即帝位，公元前201年封同姓王，至太初四年，即公元前101年，正好整百年。

2.《高祖功臣侯者年表》，列高祖功臣一四三侯始末，至太初四年，失国者一三八人，太初以后见侯五。《序》云："汉兴，功臣受封者百有余人……至太初百年之间，见侯五，余皆坐法殒命亡国，耗矣。"又云："于是谨其始终，表见其文。"

3.《惠景间侯者年表》，列九十三侯，至太初四年失侯者九十人，太初以后见侯三。《序》云："孝惠讫孝景间五十载，追修高祖时遗功臣，及从代来，吴楚之劳，诸侯子弟若肺腑，外国归义，封者九十有余，咸表始终，当世仁义成功之著者也。"

按：《高祖功臣侯者年表》列一百四十三侯，元狩以后见侯四十人，而太初之后仅见侯五人；《惠景间侯者年表》列九十三侯，元狩之后见侯二十四人，太初之后仅见侯三人。若记事讫于麟止，则大批见侯无法表其

---

① 《报任安书》，载《汉书》卷六二《司马迁传》。

终始。司马迁"谨其终始"，两表设计每帝一格，而武帝时期却有变通。《高祖功臣侯者年表》将武帝格分为两段："建元至元封六年三十六，太初元年尽后元二年二十八。"《惠景间侯者年表》分武帝时期为两格：第一格"建元至元封六年三十六"，第二格"太初已后。"两表分太初以后为另格，以"咸表始终"，载太初以后侯事讫武帝之末。

4.《建元以来侯者年表》，列七十三侯，太初以后见侯三十一人，其中二十九人太初以后事皆不书，唯载葛绎侯公孙贺、案道侯韩说两侯始末至武帝之末。太初以后所封四侯不书：当涂侯魏不害、蒲侯苏昌、潦阳侯江德，三人均征和三年共捕淮阳反者公孙勇，同时封侯；富民侯田千秋，征和四年为丞相封侯。

5.《建元以来王子侯者年表》列一百六十二侯，至太初年间失国者八十三人，太初后见侯七十九人。

按：建元以来两侯表，载当代侯者事，记事讫太初四年，又，太初以后封侯则不书，此为《史记》下限"至太初而讫"之铁证。《建元以来侯者年表》列七十三侯，元狩以前所封仅二十三侯，元狩以后封五十侯，若记事讫于麟止，则本表无法作出。可见记事"至太初而讫"，乃是历史发展的自然断限。

总之，《史记》十表是划分历史断限的。汉史六表，有五表记事讫于太初，而非讫于象征麟止的元狩元年，如上所言，乃是历史发展的自然断限，表列如下。

表二　汉史诸表记事讫太初四年之证

篇　名	记事下限内容	说　明
①汉兴以来诸侯王年表	（一）《序》云："汉定百年之间，亲属益疏，诸侯……殒身亡国。"又云："臣迁谨记高祖以来至太初诸侯，谱其下益损之时，令后世得览。" （二）《表》列诸侯王到太初四年而讫。	西汉建国于前206年，高祖即帝位在前202年，封同姓王始于前201年，下讫太初四年，前101年正好整百年。《表序》云"汉定百年之间"而不云"汉定百余年来"者，盖此表记事尽太初四年而止也。

续表

篇　名	记事下限内容	说　明
②高祖功臣侯者年表	（一）《序》云："汉兴，功臣受封者百有余人……至太初百年之间，见侯五，余皆坐法殒命亡国，耗矣。"又云："于是谨其终始。表见其文。" （二）《表》列高帝功臣143人始末，138人到太初年间失国。	迁因"谨其终始"而记见侯五人事至太初以后，此为变例，详后（表三）。
③惠景间侯者年表	（一）《序》云："孝惠讫孝景间五十载，追修高祖时遗功臣，及从代来，吴楚之劳，诸侯子弟若肺腑，外国归义，封者九十有余。咸表始终，当世仁义成功之著者也。" （二）《表》列93人，至太初年间失侯者90人。	因"咸表始终"而记见侯3人，事至太初以后，详后（表三）。
④建元以来侯者年表	（一）表列73侯，太初以后所封四侯不录。①当涂侯魏不害，②蒲侯苏昌，③潦阳侯江德，征和二年共捕淮阳反者公孙勇同时封侯。④富民侯田千秋，征和四年为丞相封侯。 （二）太初以后见侯31人，除葛绎侯公孙贺，按道侯韩说外，其余29人太初以后事皆不录。	司马迁太初以后唯书大事，葛绎侯、按道侯牵连巫蛊案，变例而书，详后（表三）。
⑤建元以来王子侯年表	《表》列162侯，至太初年间失国者83人，太初后见侯79人。	本表记事讫太初四年。

　　综上各表所载，记事讫太初四年而止，此为下限太初元年之发展，也是"至太初而讫"之极限。而《高祖功臣侯者年表》《惠景间侯者年表》《建元以来侯者年表》，皆"咸表终始"，记事尽武帝之末，只附记特大事件，咸表巫蛊、李陵与贰师降匈奴案之始末（详后本题第三节）。此三表，司马迁这样记事，寓有深刻的讽刺意义，"借此表明汉家待功臣薄德的意思"①，

---

① 程金造语，见《司马迁卒年之商榷》，载《司马迁与史记》，中华书局1957年版。

即汉武帝把前代功臣侯者全都除尽。

三、太初以后只记特大事件"综其终始"

太初以后，只书特大事件，是司马迁"原始察终"历史观的反映，也是《史记》的破例，这与断限太初并不矛盾。太初以后的记事，可称之为附记。经过细密考察，司马迁附记太初以后特大事件涉及十六个篇目，而集中在巫蛊案与李陵及贰师将军投降匈奴始末两件大事上，以"综其终始"，别有寄寓。下面将《史记》中有关断限附记资料，列表说明如次。

表三 太初以后附记资料字数统计表

篇 目		记事内容	说 明	字数
高祖功臣侯者年表（太初以后见侯五）	（1）郦终根（曲周侯）	后元二年，侯终根坐咒诅诛，国除。	本表列高祖功臣143侯。记年每帝一格，至武帝格分为两段："建元至元封六年三十六，太初元年尽后元二年二八"，这里为了"咸表始终"，叙太初以后见侯五之本末。	13
	（2）卜仁（阳河侯）	征和三年，十月，仁与母坐祝诅，大逆无道，国除。		18
	（3）靳石（汾阳侯）	太始四年五月丁卯，侯石坐为太常行太仆事，治啬夫可年，益纵年，国除。		28
	（4）秋蒙（戴侯）	后元元年五月甲戌，坐祝诅，无道，国除。		15
	（5）曹宗（平阳侯）	失载。	据《汉书·功臣表》，征和二年，曹宗失国。	
惠景间侯者年表	（1）李则（道侯）	后元元年四月甲辰，侯则使巫齐少君祠祝诅，大逆无道，国除。	本表列93侯，纪年同《功臣表》，但将武帝格分为两格，辟"太初以后"一栏，以表其终始。	24
	（2）唯徐光（容成侯）	后二年，三月壬辰，侯光坐祠祝诅，国除。		15
	（3）卢贺（亚谷侯）	征和二年七月辛巳，侯贺坐太子事、国除。		16

续表

篇　目	记事内容	说　明	字数
建元以来侯者年表 （1）公孙贺（葛绎侯）	太初二年三月丁卯，封葛绎侯。征和二年，贺子敬声有罪，国除。	本表列73侯，太初以后见侯31人，司马迁独记两人终始，均与巫蛊案相关联。两人传附《卫将军骠骑传》后，记事亦尽征和。	24
（2）韩说（按道侯）	征和二年，子长代，有罪，绝。子曾复封为龙额侯。（据《汉书·功臣表》曾复封在后元元年。）		18
汉兴以来将相名臣年表	载太初以后事至征和三年，刘屈氂因巫蛊斩。	征和四年以后事，疑为褚少孙所补。	179
以上表四篇	记太初以后事十一人，讫太始者一人，讫征和者六人，讫武帝末后元者四人。		
封禅书（书1篇）	（1）其后五年，复至泰山修封。还过祭恒山。 （2）今上封禅，其后十二岁而还，遍于五岳四渎矣。	（1）此天汉三年三月间事。 （2）天汉二年事。	33
以上书一篇	记太初以后事两条，乃"咸表终始"的一句总括性交代。		
外戚世家	王夫人早卒，而中山李夫人有宠……有男一人，为昌邑王。	昌邑王刘髆，天汉四年六月封。《三王世家》不载，此作一交代。	8
曹相国世家	子宗代侯。征和二年中，宗坐太子死，国除。	"征和二年"以下十二字记巫蛊事。	12
梁孝王世家	梁平襄王十四年……公卿请废襄为庶人……乃削梁八城。枭任王后首市。梁余尚有十城。襄立三十九年卒，谥为平王。子无伤立梁王也。	"襄立三十九年卒"以下18字为天汉三年事。	18
以上世家三篇	记太初以后事三人，讫天汉者二，征和者一。		
韩信卢绾列传	（韩）说再封，数称将军，卒为案道侯。子代，岁余坐法死。后岁余，说孙曾拜为龙雒侯，续说后。	"子代"以下21字记太初以后事，因韩曾袭封在后元元年。	21
樊郦滕灌列传	（曲周侯郦商传）……世宗卒，子侯终根立，为太常，坐法，国除。	郦终根坐法在后元二年。见前表。	4

续表

篇 目		记事内容	说 明	字数
田叔列传		记田仁事，"其后使刺举三河"至"仁发兵，长陵令车千秋上变仁，仁族死。陉城今在中山国"止。	仁，有贤能名，事迹显于太初后，故不详书，此为交代巫蛊案事而书也。	84
李将军列传		附李陵传，叙陵降匈奴及其家被族。	此天汉二三年间事，司马迁受李陵祸，此一大事也，书其始末。	299
匈奴列传		"且鞮侯单于既立"至"使广利得降匈奴"止。	贰师将军，武帝后期大将，迁受李陵祸与贰师亦相关。此述李陵贰师降匈奴始末，天汉、征和间事。	426
卫将军骠骑列传	（一）葛绎侯公孙贺	将军公孙贺……为丞相。坐子敬声与阳石公主奸，为巫蛊，族灭，无后。	征和二年巫蛊案为太初后特大事件，故本传公孙贺等四将军皆坐巫蛊案被族，特书记之。叙葛绎侯、按道侯二人事可与前《建元以来侯者年表》独书二人终始事相参证，可信巫蛊事确为司马迁所附记。	17
	（二）按道侯韩说	将军韩说……太初三年为济南将军，屯于五原外列城。为光禄勋，掘蛊太子宫，卫太子杀之。		14
	（三）将军公孙敖	将军公孙敖……以因杅将军筑受降城。（太初元年事）七岁（天汉四年也）复以因杅将军再出击匈奴，至余吾水，亡士卒多，下吏，当斩，诈死，亡居民间五六岁。后发觉，复系。坐妻为巫蛊，族。		45
	（四）将军赵破奴	将军赵破奴……生为虏所得，遂没其军。（在太初二年）居匈奴中十（当作四，天汉元年归汉）岁，复与其太子安国亡入汉。后坐巫蛊，族。		21
酷吏列传	（一）尹齐	（王）温舒死，家直累千金。"后数岁，尹齐亦以淮阳都尉病死，家直不满五十金。所诛灭淮阳甚多，及死，仇家欲烧其尸，尸亡去，归葬。"	据《汉书·百官表》王温舒死于太初二年，尹齐当死于天汉年间。	40

续表

篇　目	记事内容	说　明	字数
（二）杜周	周中废，后为执金吾，逐盗，捕治桑弘羊、卫皇后昆弟子刻深，天子以为尽力无私，迁为御史大夫。	《集解》引徐广曰："天汉三年为御史大夫，四岁太始三年卒。"又据《汉表》，杜周为执金吾在天汉二年。	37
大宛列传	"汉已伐宛，立昧蔡为宛王而去"至"而仑头有田卒数百人，因置使者护田积粟，以给使外国者"止，127字。	"立昧蔡为宛王"以下均天汉及其以后事。	127
列传共8篇	记太初以后事十二人，讫天汉者四，讫征和者七，讫后元者一。		
总上16篇	记太初以后事总二十六人，去其重，实为二十三人。		

第五节　结论

　　总上第四节所考，三表所列书五篇，表六篇，世家五篇，列传九篇，凡二十五篇。各体所记史事大势，均断限在太初，故太初以后名臣显宦，概不作传。其中有十六篇（见表三）涉及太初以后记事，凡二十二人（昌邑王未计），只不过是司马迁对历史变迁"综其终始"的简略附记，与作为时代断限的太初并不矛盾。《高祖功臣侯者年表》《惠景间侯者年表》《建元以来侯者年表》，司马迁设计"太初元年尽后元二年十八"和"太初以后"一栏，正是作附记之用。王国维《太史公行年考》认为"太初以后五元并为一格，尤为后人续补之证"，乃是王氏失察司马迁"咸表终始"的历史观而作出的误断。

　　我们再进一步综合分析上述表列太初以后的记事内容，可以看出这是司马迁的精心布局，各体照应符合若节。所记二十二人，其中记天汉间事六人：尹齐之死、大宛立昧蔡为王、李陵降匈奴、汉武帝封禅、梁平王刘襄卒、杜周为御史大夫。记太始间事一人：汾阳侯靳石，太始四年纵奸失侯。记征和间事十人：征和二年坐巫蛊案被族者七人，为卢贺、公孙贺、韩说、曹宗、田仁、公孙敖、赵破奴；征和三年三人为卞仁坐祝诅国除、李广利降匈奴、刘屈氂因蛊斩。记武帝末后元间事五人：郦终根、秋蒙、李则、唯徐光，四人均坐祝诅上，国除，乃巫蛊案之余波，韩曾复封为侯，因韩说在巫蛊案中无辜被杀，司马迁特记其后嗣侯。这些人和事集中在两件大事上，一为巫蛊案，一为李陵案。《建元以来侯者年表》太初以后见侯三十一人，司马迁只记葛绎侯公孙贺、按道侯韩说二侯终始，因均与巫蛊案相关联。汉武帝求神拜仙，迷信猜忌，导致了晚年的巫蛊案，葬送了太子，自是一特大事件。司马迁受李陵之祸，故详记李陵与贰师两将军投降匈奴始末。这两件大事是终结武帝一生行事，本是太初以前记事的延续、互见，其势不得不附载。也就是说，巫蛊案和李陵案是司马迁记太初以后事的一条明显的脉络。

本文的结论是：《史记》断限，"述陶唐以来，至于麟止"是司马谈效法《春秋》而发凡起例的计划；"述历黄帝以来，至太初而讫"是司马迁修改原计划以成"一家之言"的实际断限。司马迁的这一修正，充满了创新和进步的思想。"上起黄帝"是大一统历史观的反映，"至太初而讫"则是实录精神的生动体现，它以历史发展的自然断限而"咸表终始""综其终始"。所以"至太初而讫"乃是一个时代的断限，并非绝对年代，初为太初元年，而后发展为太初四年，附载大事则尽武帝之末。若取绝对年代，当从年表，以太初四年为正。

第六节 余论

《史记断限考略》与《史记残缺与补窜考辨》（见后）两文是互补互证之文，旨在恢复《史记》原貌，剔除窜乱。因此两文皆列表详载太初以后记事内容及字数，以便排比综合进行数据分析。本文第四节列表所记字数，即司马迁附记太初以后大事，涉及十六个篇目共二十三人之事，时间前后十四年，总计才一千五百四十一字。寥寥一千余言可以反证《史记》断限，确系至太初而讫。查明了太初以后附记仅一千余字，对于《史记》断限的"讫于天汉说"与"讫于武帝之末说"就没有多大的争论价值。此外还有讫于太始二年说，这是东汉服虔的观点，见《自序》之《索隐》引。服虔云："武帝至雍获白麟，而铸金作麟足形，故云'麟止'。迁作《史记》止于此，犹《春秋》终于获麟然也。"这显然是臆造的曲说，以合于"麟止"，故本文不论。但服虔之曲说，恰恰证明了《史记》断限太初，而后又有附记，表现了这位大经学家具有诚挚的态度；但他的曲解又表现了经学家的迂腐。去粗取精，服虔的迂阔曲解倒具有合理的内核。

《史记残缺与补窜考辨》一文之第三表"续史者增窜篇目内容"共十篇，四千八百四十九字，载武帝以后记事，乃是太初以后附记的三倍多。若将"增窜"与"附记"两项字数、内容加以比较，可以得出结论：约五千言的武帝以后记事，则是后人的增窜。从理论上说，若果司马迁记事跨出武帝界限，则进入了新的历史时期，它就破坏了《史记》"咸表终始"的历史观。从内容上考论，武帝之后记事杂乱无章。司马迁卒于昭帝之世，《外戚世家》《屈原贾生列传》《万石君张叔列传》《平津侯主父列传》《汲郑列传》《酷吏列传》等篇多次提到汉世宗刘彻的谥号"武帝"二字，当是司马迁在武帝死后仍在修饰的痕迹，但均属太初以前事，这可以说是司马迁不记武帝之后事的一条铁证。综观《史记》全书，太初以后记事，可分为四类：（一）褚少孙续史记，（二）好事者补亡史记，（三）读史者增窜史记，（四）司马迁"咸表终始"而附记。即续、补、增、附，四者目的不同，有着显著区分。（一）（二）两项续史补亡，均是大篇文章；（三）（四）两项均附着文字，大体是以武帝之卒为其界限。

此外，还有一个需作交代的大问题，即《史记》断限的相对年代是上下三千年还是两千四百年？我们常说，中华民族具有五千年的文明史，就是取三千年的说法。因《史记》下限太初四年的绝对年代是公元前101年，叙事三千年，就要上溯到公元前三千年，距今公元后两千年，就是五千年。这一说法的根据是晋人张辅的观点。张辅尝著论马班优劣，说了这样的话："迁之著述，辞约而事举，叙三千年事唯五十万言。"① 两千四百余年是唐人张守节在《史记正义·论史例》中提出的。他说："太史公作《史记》，起黄帝、高阳、高辛、唐尧、虞舜、夏、殷、周、秦，讫于汉武帝天汉四年，合二千四百一十三年。"天汉四年即公元前97年，比太初四年又接续了四年。以此推计，上溯黄帝是公元前2510年，则从黄帝至汉武帝太初四年是2409年。这两说何者更接近于司马迁所排列的三代世系呢？考核方法，用两条线索参校。第一，据《史记》的世系推算。有年代记载的周王世系，从共和元年至周赧王之灭，传二十二代二十六君，历年公元前841年至公元前256年，共586年，每代平均26.6年。秦世系，从周平王东迁始封秦襄公为侯至秦二世之灭，传二十五代三十一君，历年公元前771年至公元前206年，共565年，每代平均22.6年。三代世系，从禹至桀历十四代十七王，从汤至纣历十七代三十王，从周武王至厉王历九代十王，三代相接共四十代。以周、秦两代年差比较，周世系每代平均26.6年，秦世系每代平均22.6年，即愈往上年差愈大。三代相接之世系以较大值每代30年计，四十代为1200年。《五帝本纪》之《集解》引《帝王世纪》谓黄帝在位100年，颛顼在位78年，帝喾在位70年。尧、舜两人在位年数，《五帝本纪》已作记载，尧在位98年，舜摄政28年，守丧3年，在位39年，则继尧之后在位42年。据此五帝相继共388年。即五帝、三代共历年1588年。从公元前841年上推1588年为公元前2429年。第二，据《竹书纪年》。《夏本纪》之《集解》引《汲冢纪年》，即《竹书纪年》曰，夏代"有王与

① 《晋书》卷六〇《张辅传》。

无王, 用岁四百七十一年"; 《殷本纪》之《集解》引《汲冢纪年》曰, "汤灭夏以至于受二十九王, 用岁四百九十六年也"; 《周本纪》之《集解》引《汲冢纪年》曰, "自武王灭殷以至幽王, 凡二百五十七年"。据此, 三代相接历年为1224年, 加五帝388年, 共1612年。从幽王之灭的公元前770年上推1612年为公元前2382年。用《竹书纪年》与世系所推相较, 仅差47年, 可以说基本吻合。可是据《汉书·律历志》, 殷代纪年还有两种说法, 即《三统历》和《殷历》。《三统历》记载殷为629年, 比《竹书纪年》多133年; 《殷历》记载殷为458年, 则比《竹书纪年》少38年。据上述各种纪年, 推计《史记》上起黄帝有四种纪年: 公元前2256年[①], 公元前2382年[②], 公元前2429年[③], 公元前2417年[④]。如果加上武王克殷年代的各种波动, 可以有十几种说法, 但上下波动不过100年到200年, 对于几千年前的上古史可以忽略不计, 只取一种说法。我们取《史记》三家注所引《竹书纪年》说, "上起黄帝"为公元前2382年, 至下讫太初四年的公元前101年止, 为2281年。也就是说《史记》记事上下约2300年。按照这一相对纪年, 我们可以推断《史记》各个时期断限的起年如下:

黄帝统一: 公元前2382年;

禹王即位: 公元前2127年[⑤];

汤王伐桀: 公元前1656年[⑥];

武王伐纣: 公元前1027年[⑦];

共和元年: 公元前841年, 《十二诸侯年表》起年;

---

① 据《殷历》。

② 据《竹书纪年》。

③ 据世系推算。

④ 据《三统历》。张守节的二千四百一十三年之说即据此推算, 但略有误差。

⑤ 据《三统历》。

⑥ 据《三统历》。

⑦ 按, 夏商周断代工程考实武王伐纣之年在公元前1046年。

《六国年表》起年：公元前 475 年；

西汉建国：公元前 206 年；

《史记》下限：公元前 101 年（武帝太初四年）。

必须指出：共和元年以前，司马迁不取绝对纪年，因为当时存在多种传说和记载，取绝对年代无所适从。本文写入"余论"，仅供参考，旨在用以证明，按《史记》系统，只能说上下贯通约 2300 年，张守节之说近于实际。但上古纪年固不能绝对考实，而三千年之说已成习惯，故本书开篇《司马迁评传》仍沿袭张辅成说。

第四章　《史记》残缺考论

　　《史记·太史公自序》云："于是卒述陶唐以来，至于麟止，自黄帝始……凡百三十篇，五十二万六千五百字，为《太史公书》。"又云："余述历黄帝以来，至太初而讫，百三十篇。"班氏父子云，《太史公书》十篇缺，有录无书，其字数理应少于五十二万六千五百字。但是今中华书局标点本《史记》，不仅一百三十篇粲然具在，而且有五十五万五千六百六十字，反比原著多近三万字，而记事涉及太初以后事，乃至昭宣元成之际。显然今本《史记》已非《太史公书》原貌。梁启超说："现存古书，什有九非本来面目。非加一番别择整理工夫而贸然轻信，殊足以误人。然别择整理之难，殆未有甚于《史记》者。"[1] 因为《史记》不仅存在着残缺的问题，而且有补窜与《史记》的断限问题相交织，十分复杂。研究《史记》首先必须解决残缺与补窜这两个问题，辨正真伪，尽可能恢复本书原貌。有清一代，乾嘉以来诸儒，别择《史记》真伪，考证颇详。但甲说乙云，多层层相因，歧说漫衍，莫衷一是。近人余嘉锡著《太史公书亡篇考》，洋洋十余万言，专考十篇亡缺，虽引证繁博，而本证不足，故仍不能成为定案。至于清末崔适所著《史记探源》谓八书全为赝品，通篇皆伪者达二十九篇，又谓元狩以后记事皆妄人所续。崔氏为论，"求奇竞新，务为异说，以惊人耳目"[2]，更不足为据。

---

　　[1]　《要籍解题及其读法——史记》，《史地学报》第二卷第七期，1923 年。本文简称《读史记》。

　　[2]　日泷川资言语，见《史记会注考证·史记总论》。

本题考辨《史记》的残缺，补窜另题专考。笔者对两题的考辨，不宗一家，不主一说，搜求本证以验核前人的考据，摒弃支离漫衍之说，力求简明扼要地理出一个头绪来以备参考。《史记》断限是本文研究的前提。若不先定断限，则无从谈起补窜。断限、残缺与补窜这几个问题是不可分割的，研究时必须做通盘的考虑。我们从《史记》成书过程和司马迁的历史方法论这一角度考察了史记断限，"至于麟止"，是司马谈效法《春秋》而发凡起例的计划；"至太初而讫"，是司马迁修改原计划以成"一家之言"的实际断限。但司马迁为了"咸表终始""综其终始"，记载大事则尽武帝之末。为了行文简洁、序事条贯，《史记》断限已另作专文表述，这里是引述其结论以排除崔适等人所设置的障碍。本题考论残缺篇目。

第一节 《史记》残缺篇目

东汉卫宏第一个提出了《太史公书》有缺，但解说穿凿，为历代学者所非。嗣后班氏父子谓十篇缺，有录无书，因其学问渊博，此说为多数学者所接受。

　　——班彪曰："太史令司马迁……作本纪、世家、列传、书、表，凡百三十篇，而十篇缺焉。"[1]

　　——班固曰："凡百三十篇，五十二万六千五百字，为《太史公书》……迁之自叙云尔。而十篇缺，有录无书。"[2]

　　——《汉书·艺文志》："太史公百三十篇。"班固本注云："十篇有录无书。"

---

① 《后传略论》，载于《后汉书》卷四〇《班彪传》。
② 《汉书》卷六二《司马迁传》。

班氏父子语焉不详，留下了一系列待考问题，如亡缺时间、原因、篇目，以及"缺"字的确切内容，是专指亡缺呢，还是兼包残缺等，均不得知。后世纷论歧出，由此而起。信从者认为《太史公书》十篇全亡，班氏父子之语毋庸置疑；驳难者认为班氏父子之语疑点既多，不能全信，而是对张晏所列十篇亡书目录的内容进行一篇一篇地分析考辨，指出十篇中有存、有缺、有残。概括前代学者讨论十篇缺，共有五种说法。

一、十篇全亡说。这是三国时魏人张晏提出的。他说：

> 迁没之后，亡《景纪》《武纪》《礼书》《乐书》《兵书》《汉兴以来将相年表》《日者列传》《三王世家》《龟策列传》《傅靳列传》。元、成之间褚先生补缺，作《武帝纪》，《三王世家》，《龟策》《日者》传，言辞鄙陋，非迁本意也。

张晏著《汉书音释》四十卷，其书早亡，上引这段话保留在《汉书·司马迁传》颜师古注中，《太史公自序》三家注之《集解》《索隐》亦引证。但颜师古并不完全同意张晏的说法，引《太史公自序》有《律书》而无《兵书》以驳张晏。颜师古虽然是误驳（详后），但说明他并不完全相信《史记》有十篇亡缺。支持张晏说的有《史记》三家注之《集解》《索隐》，陈振孙《直斋书录解题》，余嘉锡《太史公书亡篇考》等。

二、十篇草创未成说。此说发自唐刘知几《史通》，《四库全书总目提要·史记提要》支持此说。梁启超《读史记》谓《史记》未成，不过是此说的一种发挥。

三、十篇佚而复出仅亡《武纪》说。这是南宋学者吕祖谦在《大事记解题》卷十中提出的说法。王鸣盛《十七史商榷·十篇有录无书》条亦论证仅亡《武纪》说。

四、亡书为七篇说。梁玉绳在《史记志疑》卷七中提出《景纪》《将相名臣表》《律书》《傅靳传》皆太史公手笔，这样张晏所列十篇书目只剩下了六篇。梁氏以古书"十"与"七"易混,于是加上《历书》凑成了亡书为七篇说。

五、十篇未亡说。这是近人李长之的主张,他认为"《史记》有零星的补缀,却无整篇的散亡"。① 至于《武帝本纪》,李先生认为是司马迁自己重抄的《封禅书》,用这办法加重对武帝迷信鬼神的讽刺。

以上各种说法以张晏提出的十篇全亡说最有势力,余嘉锡著《太史公书亡篇考》,支持张晏说,征引博富,考辨至为详悉。余先生提出了他的考辨理论说:

> 凡考古书,当征之前人之书,不可臆见说也。《太史公书》百三十篇,十篇有录无书,著于《七略》,载于本传,而张晏复胪举其篇目。其事至为明白,无可疑者。②

余先生提出"不可臆见说"的考证原则无疑是正确的,但他囿于班固、张晏之说却是前代学者考证《史记》亡缺所犯的一个通病,这就是余先生的详细考证亦不能成为定案的致命原因。吕祖谦、王鸣盛、李长之等人依重现实立论,议论简要,观点明晰,值得注意。但是吕、王、李等人挖掘本证不够,立说亦多推论,给人以凿空之感,亦失之于率略。

考证《史记》亡缺,应尊重客观存在的事实,立足于本证,首先弄清亡缺的时间和原因,辨正班固和张晏之说不可尽信,然后进行全面的综合考察,即把《史记》断限、亡缺与补窜进行通盘的研究,这就是本文所用的方法。

第一个提出《史记》有亡缺的人是东汉卫宏,并明确地说明了时间和原因。卫宏认为《史记》在司马迁当世已被武帝所削。他说:

---

① 见《司马迁之人格与风格》第六章第一节《缺和补》。
② 《太史公书亡篇考》,收入《余嘉锡论学杂著》,中华书局1963年版。

司马迁作《景帝本纪》，极言其短及武帝过，武帝怒而削去之。后坐举李陵，陵降匈奴，故下迁蚕室。有怨言，下狱死。[1]

这就是卫宏提出的削书说，魏王肃[2]、西晋葛洪[3]，辗转相沿其说。由于卫宏书多载小说家言，《汉书》注家臣瓒、晋灼都指出了卫宏书的许多错误，所以削书说为历代学者非难之。余嘉锡曰："卫宏东汉人，作《汉旧仪》四篇，以载西京杂事。其时班氏父子书未成，扬雄等续《太史公书》盖亦传播未广，宏无所据依，故其所著书，颇载里巷传闻之辞。如所作《诏定古文尚书序》，谓伏生使其女传言教晁错《尚书》及此所记司马迁事皆是也。考之《汉书》，迁之得罪，坐救李陵耳，未尝举以为将，亦无下狱死之事。则其言武帝怒削本纪，自属讹传，不可以其汉人而信之也。"[4]梁玉绳亦驳之曰："《封禅》《平准》诸篇，颇讥切，又何以不削？而其余几篇，不尽是讥切，非关怒削，又何以俱亡？"[5]余、梁二氏所驳卫宏削书说甚是。又，若司马迁当世，其书已被削，为什么宣帝时杨恽宣布《太史公书》只字未提及。后于卫宏的班氏父子云十篇缺，亦只字不提削书说。故范文澜斥之曰："无稽之谈，不足为据。"[6]

东汉王允说："昔孝武不杀司马迁，使作谤书，流于后世。"[7]亦可证明卫宏的削书说是没有根据的。但是今本《武帝本纪》全抄自《封禅书》，又可证卫宏之说并非完全无因。这里需要辩证一个事实。卫宏的削书说虽然不能成立，但《太史公书》有缺亡确是事实。卫宏是东汉初人，第一个明

---

①　《太史公自序》之《集解》引《汉旧仪》。由于裴骃是转引自《汉书》注，故作《汉书旧仪注》。考《后汉书》卫宏本传，书名应为《汉旧仪》。

②　王肃说见《三国志》本传。

③　葛洪说见《西京杂记》卷六。

④　《太史公书亡篇考》，载《余嘉锡论学杂著》。

⑤　《史记志疑》卷七。

⑥　范文澜：《正史考略》"《史记》条"。

⑦　王允语见《三国志·董卓传》裴注引谢承《后汉书》。又见《后汉书·蔡邕传》。

确提出了《太史公书》亡《景纪》《武纪》，而西汉人并没有提出有亡缺，可见《太史公书》亡缺应在两汉兴亡之际。残缺原因，由于兵兴世乱，图籍散亡，东汉搜求整理不易得完帙。因为《史记》在西汉传播未广。宣帝时杨恽宣布《太史公书》，并不是像后世那样刻印流传，而是在狭小范围内讲读传抄。直到成帝之世，诸侯王欲读《太史公书》，还只能向皇帝申请，要求朝廷授予。成帝建始五年（前28），东平王刘宇朝觐，上疏求诸子及《太史公书》，大将军王凤认为"《太史公书》有战国纵横权谲之谋，汉兴之初谋臣奇策，天官灾异，地形厄塞，皆不宜在诸侯王。不可予"①，成帝纳其言，不予东平王书。由此可证，西汉时代，《太史公书》并未广布。当时传抄一部大书并非易事。若用简牍，体积庞大；若用丝帛，价值昂贵。这是物质条件的限制，民间不易得书。统治阶级及其子弟读书多用删节本。东汉杨终"受诏删《太史公书》为十余万言"②。杨终略后于卫宏，与班固同时，他受诏删书提示了《太史公书》亡缺的又一原因。卫宏说景、武二纪被削，班氏父子说十篇缺，亦就自己所见的删节本而言。故卫宏说《景纪》被削，而今宛然具在，并不是如吕祖谦所说佚而复出，而应当是所见删节本不同。删节与削书有着本质的不同。删节本即是选本，削书是禁毁。卫宏把后世的删节说成是武帝的禁削，当然是不能成立的，但并非全诬，这是本文所作的历史分析。

还需辩证的一个问题是，《艺文志》注"十篇有录无书"，这句话是班固注语，并不是"著于《七略》"的话。余嘉锡所说"十篇有录无书，著于《七略》，载于本传，而张晏复胪举其篇目。其事至为明白，无可疑者"云云，乃是智者千虑之一失。余先生不仅误把班固注语当作《七略》原文，而且把班固说的"十篇缺"与张晏说的十篇目录等列为一回事也是不妥当

---

① 《汉书》卷八〇《宣元六王传》。
② 《后汉书》卷四八《杨终传》。

的。张晏所列篇目是注释班固所说的十篇缺，只能是张晏个人的一种看法，未必就是班固所见的删节本。张晏的话，疑点甚多。第一，张晏没有交代亡书的时间和原因。第二，张晏说褚少孙补缺，并无根据。不仅褚少孙未言补缺，而且褚补十篇就有七篇不在张晏所说亡书目录之内。褚少孙是续史，并非补缺，张晏弄混淆了，后世学者不察，沿袭引用，遂成疑团，此不可不辨。例如，《武帝本纪》并无"褚先生曰"，张晏强谓之褚补就是明证。第三，张晏说褚补各篇，言辞鄙陋，今观褚少孙所补续各篇文辞可观。第四，张晏以"言辞鄙陋，非迁本意"来推断《三王世家》及《龟策》《日者》等传不是司马迁的作品，也是缺乏根据的。我们看《扁鹊仓公列传》引列二十五宗医案以成仓公传，是不是"言辞鄙陋"呢？《三王》及《日者》《龟策》等传抄撮档案，辞章华彩不及他篇，未必不是司马迁所作。正如刘知几所说："人之著述，虽同自一手，其间则有善恶不均，精粗非类。若《史记》之苏、张、蔡泽等传，是其美者。至于三五本纪（按：指夏、殷、周三代及五帝本纪），日者、太仓公、龟策传，固无所取焉。"[1]这是十分通达的议论。其实张晏所说"文辞鄙陋，非迁本意"还包括了《武帝本纪》。这篇明明抄自《封禅书》，说它"非迁本意"则可，说它"文辞鄙陋"是根本不能成立的。第五，班固说十篇缺，张晏复列其书目，都没有申说其因由，反不如卫宏的说法完备。但是最早指出《太史公书》有亡缺的卫宏仅仅开列了景、武两纪，并没有说十篇缺。上述种种疑点，余嘉锡先生未作辩证，就把张晏的十篇目录等同班固的十篇缺，再推而为刘向之语，并绝对排斥卫宏说，这就和他自己所说的"凡考古书，当征之前人之书，不可臆见说也"的考信原则自相矛盾。因此余先生的《太史公书亡篇考》不能成为定论。

那么今本《史记》究竟亡缺了多少篇呢？我们综核各家所考，按核《史记》原书，验之以本证，张晏所云十篇亡书，实际亡四存六，或者说亡一

---

① 《史通》卷六《叙事篇》。

残三存六，其目如下。

《景纪》 今取《史记》《汉书》两书对校，内容并不等同。疑古过勇如崔适者，也说《景纪》不亡。崔适说："此纪之文，亦有详于《汉书》者。如三年，徙济北王以下五王；五年，徙广川王为赵王；六年，封中尉赵绾为建陵侯，至梁、楚二王皆薨，班书皆无之，则非取彼以补也。盖此纪实未亡尔。"①

《武纪》 赵翼曰："按史公自序作武帝纪，谓'汉兴五世，隆在建元，外攘夷狄，内修法度，举封禅，改正朔，易服色，故作《今上本纪》'，是迁所作《武纪》，凡征匈奴、平两越、收朝鲜、开西南夷，以及修儒术、改夏正等事，必按年编入，非仅侈陈封禅一事也。"②赵氏举本证以辨真伪极是。再以《史记》互见法证之，既有《封禅书》，则《今上本纪》对于封禅事更当略述，岂有重屋叠床自抄《封禅书》之理？李长之假设的司马迁自抄《封禅书》以示讽的说法是不能成立的。又，今本《武帝本纪》与《自序》所说《今上本纪》篇名不合，可证《今上本纪》亡，补缺者更改名称以示非原作，这是十分清楚的。

《礼书》《乐书》 篇前之序有"太史公曰"，当是补亡者搜求的史公遗文，可以说这两篇是书亡序存。《礼书》取荀子《礼论》及《议兵》篇文，《乐书》取《乐记》。下面还将论证，《兵书》亡，补缺者裁《律历书》补缺。《礼书》《乐书》《兵书》以及《武纪》四篇，补缺者均取成书补亡，并不妄作。由此可证篇前之《序》是史公原文。论者以《乐书·序》中"又尝得神马渥洼水中"一节文字与史实不符以否定《序》文为司马迁所作。其实这是一节增窜的文字。《序》文至"世多有，故不论"作结，正是太史公笔法。如《孟子荀卿列传》云："自如孟子至于吁子，世多有其书，故不论其传云。"

---

① 《史记探源》卷三。
② 《廿二史札记》卷一。

即是一证。

《兵书》 梁玉绳《史记志疑》、王元启《三书证伪》、赵翼《廿二史札记》等均谓《律书》即《兵书》。因《史记》之《太史公自序》之《集解》引张晏语作"亡律书"，与《律书序目》(按：本文特称《太史公自序》中述一百三十篇之要旨因某事作某篇云云为《序目》)云"作《律书》第三"相合，于是论者谓《太史公书》原有《律书》。《律书序目》云："非兵不强，非德不昌，黄帝、汤、武以兴，桀、纣二世以崩，可不慎欤？《司马法》所从来尚矣，太公、孙、吴、王子能绍而明之，切近世，极人变。作《律书》第三。"这一旨意显然与今本《律书》内容不吻合，此其一。《太史公自序》之《索隐》引张晏语与《汉书》司马迁本传颜注均作"兵书亡"。司马贞明确指出"《兵书》亡，不补，略述律而言兵，遂分历述以次之"①。此其二。又《太史公自序》末段总括八书说："礼乐损益，律历改易，兵权山川鬼神，天人之际，承敝通变，作八书。"据此，"礼乐损益"，即《礼书》《乐书》；"律历改易"，即《律历书》；"兵权山川鬼神"，即《兵书》《河渠书》《封禅书》；"天人之际"，即《天官书》；"承敝通变"，即《平准书》。若《兵书》即《律书》，则与司马迁的这一段话的断句释义均有抵牾，此其三。再看《太史公自序》中《历书序目》云："律居阴而治阳，历居阳而治阴，律历更相治，间不容翲忽。五家之文怫异，维太初之元论。作《历书》第四。"这里是律历并论，即可反证《律书》非《兵书》，此其四。上述四证说明今本《太史公自序》有误。"作《律书》第三"应正名为"作《兵书》第三"；"作《历书》第四"应正名为"作《律历书》第四"。裴骃《集解》引张晏语改《兵书》为《律书》，由此可以推知《太史公自序》原文亦当为裴氏所改。今本《律书》乃是《律历书》之一部分，《兵书》亡而未补，司马贞之语不诬。但今本《律书》篇首之《序》亦当补亡者搜求的《兵书》逸文。

----

① 《史记》卷一三〇《太史公自序》之《索隐》。

《将相表》 陈直曰："《史记》各表中，当以《秦楚之际月表》及《汉兴以来将相名臣年表》最为创作。《将相表》每一格中，有顺文、有倒文。倒文例子统计起来有官制的建立与罢废、公卿的病死、公卿的得罪、公卿的罢免、公卿的诛杀，六种体例。因表文分两种格式，对读者有很大便利。在后代人如作此表，可用朱、墨二色笔区分，因竹简诸多不便，故太史公独创此种新奇办法。"[①] 陈直先生称此表为司马迁创作之最，别人不能构思，这一见解是颇具识力的。表文武帝征和四年以后记事，疑为褚少孙所续。详论见本书《〈史记·将相表〉之结构与倒书》，兹从略。

《日者传》《三王世家》《龟策传》 王鸣盛认为三篇"为未成之笔"，赵翼驳之云，史公《自序》总括全书篇目字数，可证"非史公未及成而有待于后人补之也"。按，赵氏所言极是。这三篇均有褚少孙补文。褚补皆叙述作之意，清楚地说明了他是补续正传之未备，不是补缺亡。《龟策列传》无传，《三王世家》无世家，褚少孙声称求之不得，但并没有说亡缺。司马迁本来就没作传，褚少孙当然求之终不能得。且看《三王世家》褚补：

> 褚先生曰："臣幸得以文学为侍郎，好览观《太史公》之列传。传中称《三王世家》，文辞可观，求其世家终不能得。窃从长老好故事者，取其封策书，编列其事而传之，令后世得观贤主之指意。"[②]

这里的"文辞可观"指的是三王"封策书"，摘述自司马迁的赞语。司马迁说：

> 太史公曰：古人有言曰"爱之欲其富，亲之欲其贵"。故王者疆土建国，封立子弟，所以褒亲亲，序骨肉，尊先祖，贵支体，广同姓于天下也。是以形势强而王室安。自古至今，所由来久矣。非有异也，

---

① 《汉晋人对史记的传播及评价》，《四川大学学报》1957 年第 3 期。
② 《史记》卷六〇《三王世家》褚少孙补。

故弗论箸也。燕齐之事，无足采者。然封立三王，天子恭让，群臣守义，
文辞烂然，甚可观也，是以附之世家。

《太史公自序》云:

　　三子之王，文辞可观。作《三王世家》第三十。

《三王世家》赞文的文采辞章不仅酷似司马迁手笔，而且与《自序》完
全吻合，这是《三王世家》未亡的铁证。但是褚少孙说"求其世家终不能
得"这是怎么一回事呢? 本来司马迁的赞语交代得很明白，"燕齐之事，无
足采者"，三王并无事迹可传，但封王策文"文辞烂然，甚可观也"，故"附
之世家"。所谓"附之世家"，即是说取三王"封策文"权作三王之世家，
并不是说将"封策文"附入世家。考三王之封，同在元狩六年四月乙巳日。
齐王刘闳死于元封元年，无后国除; 燕王刘旦、广陵王刘胥死于昭帝之世，
谋反诛灭。司马迁作世家时，三王既未传代，又无可载之事，所以说"燕
齐之事，无足采者"。但是，按司马迁的作史体例，应当给已经封王的武
帝之三子作世家，于是取"封策文"敷衍成篇。再看褚少孙的续补也只是
搜求了一些遗闻，说明"封策文"的意义，是补充司马迁所说"文辞可观"
之旨的。仔细寻释褚少孙的话，其意也十分明白，他是对司马迁用"封策文"
权充世家这一创造作评述，并没有说三王之世家亡缺。可是司马迁对"封
策文"的意义评述得太简略，只有笼统的一句话:"文辞烂然，甚可观也。"
褚少孙为了充实这一内容，"令后世得观贤主之指意"，于是他从"长老好
故事者"那里求得"封策文"之原式及其遗闻故事，"编于左方"。褚少孙说:

　　盖闻孝武帝之时，同日而俱拜三子为王: 封一子于齐，一子于广
陵，一子于燕。各因子才力智能，及土地之刚柔，人民之轻重，为作
策以申戒之。谓王:"世为汉藩辅，保国治民，可不敬与! 王其戒之。"
夫贤主所作，固非浅闻者所能知，非博闻强记君子者所不能究竟其意。

> 至其次序分绝，文字之上下，简之参差长短，皆有意，人莫之能知。谨论次其真草诏书，编于左方，令览者自通其意而解说之。

古人直行书写，从右至左，"编于左方"，转换成今之横行书写，即是"编于下方"。褚少孙从长老那里探求了"封策文"内容的微言大义，并认为封策简牍的参差长短、书写的真草字体皆有深意，故"编于左方，令览者自通其意而解说之"。也就是说褚少孙所补续的《三王世家》附有三王"封策文"的行款原式，在今本《史记》中看不到了。张晏误解褚少孙的话，认为《三王世家》太史公赞文前面的"封文策"是褚少孙所补，后世学者不察，以致讹传至今。其实，我们只要认真分析一下《三王世家》前后两个部分，褚少孙的解说是背离了司马迁思想的。司马迁对"封策文"不作具体评述，只笼统地说了一句"文辞可观"，是明褒暗贬。因为汉武帝把汉初功臣及前代诸帝子孙所封侯王差不多一个个地消灭了，却要想自己的儿子"世为汉藩辅"，岂不可笑？如果按张晏的说法，《三王世家》全篇为褚少孙所补，那么前后两半篇所表现出来的思想差异是无法解释的。又，篇中忽插入太史公赞语也是无法解释的。由此可证，司马迁所作《三王世家》并未亡缺，褚补只不过是续貂之作。《日者》《龟策》两传亦同此理，皆司马迁所作，既未亡缺，亦非草创，后世学者嫌其率略，殊不知司马迁给予两传的规模本来就是这样。

《傅靳传》 梁玉绳曰："傅靳传非史公不能作，其叙事简而有法，与曹相国、樊郦滕灌传同一体例。孟坚仍其文，少所删润，其阙安在。"① 一般学者均如此看法，甚至崔适也说张晏曰亡，"此言转不足信"，举证有三：一曰赞"乃班氏所无"，二曰"文亦似太史公作"，三曰"三侯立国之年，皆与功臣侯表合"②。李长之则说："《傅靳传》……假若张晏不提及，恐怕谁

---

① 《史记志疑》卷七。
② 《史记探源》卷八。

也不会这样怀疑过。"① 此言极是。但余嘉锡独谓张晏语可信,他说:"此篇《自序》曰:'欲详知秦楚之事,唯周𰍞常从高祖平定诸侯,作《傅靳蒯成列传》第三十八。'是其传中当叙秦、楚之事特详。""此其非史迁原书明甚。"② 按,余先生的这条考辨是值得讨论的。"欲详知秦楚之事"是司马迁一句喻讽的话,并不是傅靳传的内容提要。因秦楚之事已详在秦汉头等人物传之中,怎么能在平庸如周𰍞等人传中写出呢? 司马迁之意是说,像淮阴侯韩信这样的大功臣被高祖屠了,像周𰍞这样的平庸之人却封侯了,欲详秦楚之事,看看这些人是怎样发迹的。周𰍞等人靠的是愚忠和逢迎来保爵禄,所以说司马迁用此以喻讽。也就是说《傅靳传》未亡。

依上述考辨,我们认为张晏所列十篇亡书目录,实际亡缺四篇,即《武纪》《礼书》《乐书》《兵书》。值得注意,班固在《艺文志》的"春秋家"有两条注语:在"《太史公》百三十篇"下注云,"十篇有录无书";而在总括语"凡《春秋》二十三家,九百四十八篇"下注云,"省《太史公》四篇"。这两条注语前后只相隔四行,何以矛盾至此? 看来班固对《太史公书》的十篇缺也没有作肯定的结论,而只能指实亡缺四篇,其余六篇在疑似之间。又总括的"九百四十八篇"数目与前列各书篇卷相加所得"八百八十四篇"之数目亦不吻合。这些疑点我们至今还作不出结论。"十篇有录无书"与"省《太史公》四篇"云云均存疑。是否可以作如下推论:"九百四十八篇"为《七略》原来篇数,"八百八十四篇"为班固作志时实存篇数,而亡缺"六十四篇";至于《太史公》十篇有目无书,班固所见有目有书,故载"《太史公》百三十篇",其中可以断定四篇为后人补作,所以加注"省《太史公》四篇"。清姚振宗在《汉书艺文志条理》中认为,《汉志》韦昭注和《张汤传》如淳注,皆云"冯商受诏续《太史公》十余篇",而《汉志》著录"冯商所续《太史公》

---

① 见《司马迁之人格与风格》第六章第一节《缺和补》。

② 《太史公书亡篇考》,载《余嘉锡论学杂著》。

七篇"，则所省即冯商书，也就是姚氏认为冯商著书十一篇。但班固径云省《太史公》四篇，未云省冯著《太史公》四篇，因此姚氏亦是推论，可备一说，不能为定论。按本文的实际考辨《史记》缺亡四篇，只能视为与"省《太史公》四篇"一语是偶然巧合。且《礼书》《乐书》《律书》三书篇首之《序》，我们认为是补缺者所搜求的《太史公书》亡篇之逸文，也可以说这三篇均是残而并非全亡。因此张晏所列十篇亡书目录，既可云亡四存六，亦可云亡一残三存六，所以本文标题用"残缺"而不用"亡缺"即此意也，为了醒目，上述考辨内容，简列如下。

1. 景纪　存。

2. 武纪　亡。

3. 礼书　亡。⎫

4. 乐书　亡。⎬ 三篇均书亡序存，亦可云残。

5. 兵书　亡。⎭

6. 将相表　存。（征和四年以后疑为褚少孙所续。）

7. 日者传　存。⎫

8. 三王世家　存。⎬ 三篇之后均有褚少孙续。

9. 龟策传　存。⎭

10. 傅靳传　存。

第二节　《日者》《龟策》两传非褚少孙补

日者是星占卜筮之人的统称。汉武帝迷信鬼神，日者云集太卜，国家大政及帝王起居都要借助日者占卜。《日者传》褚少孙补传记载，汉武帝娶妇，聚会日者卜问，某日可娶妇。五行家曰可，堪舆家曰不可，建除家曰不吉，丛辰家曰大凶，历家曰小凶，天人家曰小吉，太一家曰大吉。辩讼不决，最后由汉武帝裁断，以五行为主。由此可见当时占卜之盛。所以司马迁作《日者》《龟策》两传。

《日者列传》载占卜之人，《龟策列传》载占卜之物。所以两传为表里之文，蝉联并编，不可分割。但两传内容，既未载连类相及的日者，亦未载卜策祝辞，而是借题发挥以明志，抨击时政，婉约而微，寄意深远。《日者》《龟策》两传与《伯夷列传》前后呼应，都是序事为论的论传。褚少孙未深究其旨而求索《龟策列传》不能得，继又有张晏指目为亡书，遂成疑案。

刘知几《史通·叙事篇》、吕祖谦《大事记解题》卷十、黄震《古今纪要》卷二、何焯《义门读书记·史记下卷》、钱大昕《廿二史考异·史记五》、王鸣盛《十七史商榷》卷一均谓两传未亡，是司马迁未成之篇，褚少孙续补之。陈振孙《直斋书录解题》卷四、臧庸《拜经日记》卷九、梁玉绳《史记志疑》卷三十五、崔适《史记探源》卷八、余嘉锡《太史公书亡篇考》均谓两传有目无书，是褚补或他人补作。双方议论势均力敌，都是围绕张晏和司马贞两人的论点展开的。

《太史公自序》之《集解》引张晏曰："元成之间，褚先生补阙，作《武帝纪》，《三王世家》，《龟策》《日者》列传，言辞鄙陋，非迁本意也。"司马贞《索隐》曰："《日者》不能记诸国之同异，而论司马季主；《龟策》直太卜所得占龟兆杂说，而无笔削之功，何芜鄙也。"

张晏和司马贞的意见条析起来是三条：一曰《日者》只载司马季主，"无以知诸国之俗"，《龟策》只载蓍龟，"无以纪其异"；二曰"言辞鄙陋，非迁本意也"；三曰《龟策》所载占策杂说，率略烦芜，不能裁剪。按诸事实，这些议论似是而实非，不能成立。

《太史公自序》所述两传序目云："齐、楚、秦、赵为日者，各有俗所用。欲循观其大旨，作《日者列传》第六十七。""三王不同龟，四夷各异卜，然各以决吉凶。略窥其要，作《龟策列传》第六十八。"《日者传》只载楚人司马季主事，《龟策传》仅载灵龟，内容上与序目不合，形式上与其他类传不同，引起了后世学者的惶惑。例如余嘉锡就说，《日者》为传，"必如《货殖传》分叙各国之风俗，而不仅记一人可知也"。这是重形式而轻内容的议论，殊不可取。《日者列传》载司马季主一人，完全不同于《货殖列传》载货殖之人。司马迁借司马季主以设寓说理，故不必载其他日者，连褚少孙的续传也没有记载其他日者。因为那些五行家、堪舆家、建除家、丛辰家、历家、天人家、太一家，各据各理，矫言鬼神，妄测吉凶，对于像司马迁这样严肃的历史家，绝不会去记载的。至于货殖之人，"不害于政，不妨百姓，取与以时而息财富，智者有采焉"。总结货殖者的治生之术有益于俗，故详载之可也。余氏将两传比较以定真伪，不伦不类。司马迁对诸国之俗，四夷之卜，序目交代得很清楚，只是"欲循观其大旨"，"略窥其要"。《龟策列传》云："蛮夷氐羌虽无君臣之序，亦有决疑之卜。或以金石，或以草木，国不同俗。然皆以战伐攻击，推兵求胜，各信其神，以知来事。"这就是"大旨"，就是"其要"，所以两传不详载各国日者及四夷之异卜。讨论的前提必须弄清楚这两传的性质。若不明司马迁是设寓说理，两传为论传，则道不同不相为谋而无法论是非。从论传角度来看，张晏、司马贞的第一条论据不能成立。

　　"言辞鄙陋，非迁本意"，更是信口妄议。黄震《古今纪要》卷二曰："欧公每制作，必取此读数过。末乃褚所补，晏并疑之，非。"疑古者如梁玉绳、余嘉锡亦不能否认。梁氏曰："然其文汪洋自肆，颇可爱诵。"余氏曰："《日者》传文自佳，故欧公爱之。然褚先生非不能文者，不得因此遂断为非褚所补也。"余氏的"然"书实在是多余的蛇足。《日者传》不但文情俱佳，而且语言口语化，非司马迁莫能为之。相映成趣的是司马贞自己也前后矛盾，注《日者传》情不自禁盛赞其文，又认为是司马迁所作。"司马季主者，楚人也。"《索隐》云："按，云楚人而太史公不序其系，盖楚相司马子期、子反后，芈姓也。"《索隐·述赞》云："日者之名，有自来矣。吉凶占候，著于《墨子》。齐楚异法，书亡罕纪。后人斯继，季主独美。取免暴秦，此焉终否。"这撮述的恰是司马迁之旨。《日者列传赞》云："太史公曰：

古者卜人所以不载者，多不见于篇。及至司马季主，余志而著之。"我们再退一步说，这两传即使文词鄙陋，亦不可断为补作。刘知几《史通·叙事篇》云："人之著述，虽同自一手，其间则有善恶不均，精粗非类。若《史记》之苏、张、蔡泽等传，是其美者，至于三五本纪（指三代夏殷周及五帝本纪），日者、太仓公、龟策传，固无所取焉。"这就是说，一人之作，出现善恶不均、精粗非类是正常现象，不可能篇篇精美，任何伟大的著述家总有他的败笔。刘氏此论虽不切合《日者》《龟策》，而其理则允。《日者》《龟策》两传宛然俱在，文辞简练有法，议论汪洋，畅达雅正，何率略烦芜之有？张晏、司马贞的第二条论据也是不能成立的。

至于《龟策传》褚补策文，率略烦芜，不能裁剪。此乃褚少孙附载的资料，与司马迁无涉，更不能混淆议论。司马贞的这第三条论据无须辨正，本是不能成立的。

《日者》《龟策》两传为司马迁所作，显证有八。两传褚补均标明"褚先生曰"，恰恰反证原传之存。因褚少孙续史在元、成之际，去司马迁未远，他既续在后，则两原传自当在元、成之前，非司马迁作而为何？此其一证。《日者列传》褚补云："夫司马季主，楚贤大夫，游学长安，通《易经》，术黄帝、老子，博闻远见。观其对二大夫贵人之谈言，称引古明王圣人道，固非浅闻小数之能。"此言可证司马季主确有其人，贾谊、宋忠游观卜市确有其事。此其二证。两传行文多与司马迁用语相合。《封禅书》卷首曰："自古受命帝王，曷尝不封禅？"《日者列传》起论云："自古受命而王，王者之兴，何尝不以卜筮决于天命哉！"《龟策列传》起句云："自古圣王，将建国受命，兴动事业，何尝不宝卜筮以助善！"三传起论用语相同，因三传大旨相类，均讲天人关系。《日者列传》又云："述而不作，君子义也。"《太史公自序》云："余所谓述故事，整齐其世传，非所谓作也。"此其三证。两传隐微之语与司马迁身世相应。《日者列传》云"为人主计而不审，身无所处"，可为《报任安书》注脚。司马迁推言李陵之功，"欲以广主上之意，塞睚眦之辞"，以"效其款款之愚"。而事乃大谬不然，武帝却认为司马迁目的是沮坏贰师，"遂下于理"，"因为诬上，卒从吏议"。此其四证。两传思想意趣与司马迁其他传的旨意若合符契。《日者列传》云："道高益安，势高益危，居赫赫之势，失身且有日矣。"《将相表》倒书丞相、御史一个个悲惨下场，不就是这样的现实吗？这段话可为读淮阴侯等传注脚。此其五证。《龟策列传》涉及巫蛊案事，论者囿于《史记》讫于麟止、太初成说，以为伪作之证。《史记》断限太初，而李陵案、巫蛊案等重大事件讫于武帝之末，此恰为司马迁作《龟策列传》之证。传中揭露丘子明之属的虚妄，与《封禅书》揭露齐方士文翁、栾大奸伪一脉相承。此其六证。《龟策列传》载"今上即位"云云，又载"余至江南"云云，尤为司马迁原作之证。此其七证。两传抨击时政，词锋锐利，讥切刻深，非司马迁不能作。此其八证。

　　总上所论，《日者》《龟策》两传非补作，既未亡缺，亦非草创，率略烦芜云云，皆失察妄议，不可为据。传中显证，余嘉锡认为是作伪者的效颦，这种揣度是不能成为根据的。

第五章 《史记》补窜考论

　　"补"与"窜"是两个不同的概念。所谓"补",有两层含义,一是指褚少孙补,《史记》中有十篇标有"褚少孙曰"的文字,新增史事内容附于《史记》本文之后,实际是"续补",省称一个字曰"补";二是独立于《史记》之外别行补作有十六家,严格意义是"续"史,不应是"补"。例如班彪续《史记》后传六十五篇,后经班固扩充为一百篇,单独定名为《汉书》,与《史记》并列了。此外,好事者补缺,例如《孝武本纪》,截取《封禅书》补《今上本纪》之缺,大约是某个注家所补。"续补"与"补亡",皆有意为之,补文经作者精心撰述,事理条贯,文辞典雅,一般是大篇大段的文章,容易识别。所谓窜,是无意增入的备注字。《史记》在流传中,读史者抄注他书材料,或钩玄提要,或发抒评论,这些均是备注,往往写于篇后,或旁注在原文之侧,后之读史者误抄入正文中,无意补史而窜乱了原作,这叫增窜。此外,司马迁为了"咸表终始",记太初以后大事至武帝之末,这是司马迁附记。孤立地看一条材料,难以别择是增窜还是附记。但是,只要综观《史记》全书,续史、补缺、增窜与附记这四者的脉络是相当清楚的。增窜文字,本是备忘、书感,既不系统,时或与原文有矛盾。附记有严格义例。从断限上来看,附记不能跨出武帝界限。因越出武帝界限,就进入了新的时期,破坏了《史记》"咸表始终"的原则,故武帝之后记事必为窜入无疑。后人"续史"不在本题讨论范围,只是涉及提示;"附记",考论于"《史记》断限"专题中。本文别择《史记》真伪、考辨补窜内容,着重考论褚少孙续补与读史者增窜的两个方面。好事者补亡篇目也纳入本题,即对褚补、补亡、增窜等内容作出数据统计,有利于读《史记》者直观《史记》真伪。下分三节来谈。

第一节 论褚少孙续补《史记》

一、褚少孙为西汉时代唯一续补《史记》的人

据典籍记载，西汉后期续补《太史公》（即《史记》）的人有十七家。其中十六人虽以续《太史公》为名，实际是续作武帝以后纪传，也就是接《史记》之后续写西汉史，单独别行。只有褚少孙最早而且真正地续补《史记》，只增记逸事，不另立事目，附骥《史记》而行。但褚少孙续史，并不想鱼目混珠，故褚补皆述其续补之意，自称"褚先生曰"以有别于司马迁，详载《史记》各补篇中。既附骥《史记》而又有别于司马迁是褚少孙续补的两大特点，这也是按核《史记》中增补文字是否为褚补的直接证据。其他十六家续补皆西汉后期史事，单独别行。

> 《汉志》云："冯商所续《太史公》七篇。"注引韦昭曰："冯商受诏续《太史公》十余篇，在班彪《别录》。商字子高。"师古曰："《七略》云，商，阳陵人，治《易》，事五鹿充宗，后事刘向，能属文，后与孟柳俱待诏，颇序列传，未卒，病死。"又《张汤传》赞曰："冯商称张汤之先与留侯同祖，而司马迁不言，故阙焉。"注引如淳曰："班固《目录》：冯商，长安人，成帝时以能属书待诏金马门，受诏续《太史公书》十余篇。"师古曰："刘歆《七略》云，商，阳陵人，治《易》，事五鹿充宗，能属文，博通强记，与孟柳俱待诏，颇序列传，未卒，会病死。"

按：冯商受成帝诏续作太初以后列传，故单独别行，同时受诏者有孟柳，《史通》论之未及。陈直据张汤传赞曰云云，认为冯商所补，"有的是

补充材料，有的是另作列传"，于是以褚、冯并论，说"褚少孙、冯商为续补《太史公书》之始"①，这是一种疏忽。若冯商有张汤补传，班固必据以入史，不当言"而司马迁不言，故阙焉"。班赞引论，只不过是冯商偶及之语。

> 《后汉书·班彪传》："武帝时，司马迁著《史记》，自太初以后，阙而不录，后好事者颇或缀集时事，然多鄙俗，不足以踵继其书。彪乃继采前史遗事，傍贯异闻，作后传数十篇，因斟酌前史而讥正得失。"章怀太子李贤注云："好事者谓扬雄、刘歆、阳城衡、褚少孙、史孝山之徒也。"

> 《论衡·须颂篇》："司马子长纪黄帝以至孝武，扬子云录宣帝以至哀、平。"

> 《史通·古今正史篇》："《史记》所书，年止汉武，太初已后，阙而不录。其后刘向、向子歆及诸好事者，若冯商、卫衡（即阳城衡）、扬雄、史岑（即史孝山）、梁审、肆仁、晋冯、段肃（又作殷肃）、金丹、冯衍、韦融、萧奋、刘恂等相继撰续，迄于哀、平间，犹名《史记》。至建武中，司徒掾班彪以为其言鄙俗，不足以踵前史；又雄、歆褒美伪新，误后惑众，不当垂之后代者也。于是采其旧事，傍贯异闻，作《后传》六十五篇。其子固以父所撰未尽一家，乃起元高皇，终乎王莽，十有二世，二百三十年，综其行事，上下通洽，为《汉书》纪、表、志、传百篇。"

按：上引材料都是讲《汉书》成书经过，东汉班氏父子是据西汉冯商、刘向、扬雄等十六人所续《太史公》武帝之后元成哀平时事，先成后传六十五篇，而后勒成断代的《汉书》。班彪所著书取名《后传》，即《太史

---

① 《汉晋人对史记的传播及其评价》，《四川大学学报》1957 年第 3 期。

公后传》，仍用续补之名，实非续《太史公》，而是西汉后期史事。说到这里，我们需要再给"续补"二字的界说加以严格的定义。班固云《史记》十篇有目无书，魏人张晏及唐人司马贞、张守节等谓褚少孙补十篇亡书，此为"补亡界说"。刘知几认为，太初以后，阙而不录，冯商以下十五人（未计孟柳）是续元成哀平时事，此为"续史界说"。按核实际，褚少孙所补内容，虽有太初以后史事，但其宗旨是补载轶事而下及太初以后，故褚补为补轶，这是本文所立界说。补亡、续史、补轶，这是三种界说。前人考论《史记》亡篇及褚补，不区分界说，既把褚少孙与冯商等人混淆，又把褚少孙补轶与好事者补亡相混淆，故考论虽辨，却不得其真。本文区分续补的三种界说，又以补轶之界说立论，故敢于判定，褚少孙是西汉时代唯一续补《史记》的人。

又《史通·史官建置篇》云："司马迁既殁，后之续《史记》者，若褚先生、刘向、冯商、扬雄之徒，并以别职来知史务。于是太史之署，非复记言之司。"刘氏这段话提供的史影非常重要。据《太史公自序》，西汉太史令并不是"记言之司"，而是职掌天文、图籍，参与礼仪。《封禅书》载司马谈与祠官宽舒议礼，制封禅仪就是明证。发愤修史，乃司马谈、司马迁个人立志，以唐、虞、三代之祖业自励，但以太史身份修书，颇得官家之助，并上奏朝廷。所以《史记》是一部私修性质的官书，从司马谈遗命司马迁必为太史可知。《史记》书成，"藏之名山，副在京师"。"名山"是指国家书府，"京师"指个人私留副本。宣帝时司马迁外甥杨恽宣布了副本。所谓宣布，并非如后世刻板流布，而只不过是个人讲授，或供人抄写。简牍传抄，范围有限。当时的书若要流传，也需得官家之助。正本藏于皇室秘阁，西汉王朝视为宝典，只有特殊恩遇的人才能读到它。《汉书·叙传》云："（班）斿以选受诏，进读群书。上器其能，赐以秘书之副。时书不布，自东平思王以叔父求《太史公》、诸子书，大将军白不许。语在《东平王传》。"班斿是班固的伯祖，成帝时人，与刘向典校秘书，得成帝恩宠赐予《太史公》等秘籍。东平王刘宇求《太史公》，其事在成帝建始五年（前28），未得获准。此事上距汉武帝之卒后元二年（前87），已近六十年，官家所藏《史记》尚未宣布，诸侯王求读，须向皇帝申请，批准后才能赐予副本。由此可见，西汉皇室对《史记》之重视。刘向校书，看到《史记》太初以后不录，奏议成帝续史，于是有诏冯商续《太史公》。冯商是刘向的弟子，当是由于刘向的推荐而得受诏。由于西汉王朝未设国史馆，所以冯商等人才以"别职来知史务"。可以说这是官家修续《史记》之后的西汉史，与褚少孙补轶是两码事。后世学者不察，把《史记》亡缺与褚少孙补轶以及冯商等人续西汉史混为一谈，至今淆乱于学术界，这是应当澄清的。

二、褚少孙续史动机及其内容

《史记·三王世家》云："褚先生曰：臣幸得以文学为侍郎，好览观《太史公》之列传。"又《龟策列传》云"褚先生曰：臣以通经术，受业博士，治《春秋》，以高第为郎，幸得宿卫，出入宫殿中十有余年。窃好《太史公传》。"褚少孙十分喜读《史记》。由于他为郎所以有机会在宫中读到皇家藏书副本。又由于在宫中得知许多轶事，他觉得应该补进《史记》中去。《外戚世家》云："褚先生曰：臣为郎时，问习汉家故事者钟离生。"《田叔列传》云："褚先生曰：臣为郎时，闻之曰田仁故与任安相善。"《日者列传》云："褚先生曰：臣为郎时，游观长安中，见卜筮之贤大夫，观其起居行步，坐起自动，誓正其衣冠而当乡人也，有君子之风。"这说明褚少孙所补都是亲身所闻所见，所以褚补文字，读来亲切，深得司马迁之遗风。褚少孙续补时间，并非为郎之时，而是当博士以后，故称"褚先生"。《三代世表》褚补起首载张夫子与褚先生问答云云，《索隐》云："褚先生名少孙，元成间为博士。张夫子，未详也。"张夫子亦当同时博士或时贤硕儒，故称"夫子"。虽然《太史公》未立学官，当也是博士们学习研讨的范围。在研讨之中，褚少孙据所闻续补，并上奏朝廷。所以刘向校书，以褚补附益《太史公》各篇之后，这就是我们今天见到的本子。褚少孙续补《史记》与冯商等奉诏续西汉史，其动机和内容都是完全不相同的。

褚少孙续补，皆有"褚先生曰"为标识的计十篇，无此标识的两篇，计有十二篇：《三代世表》《建元以来侯者年表》《陈涉世家》《外戚世家》《梁孝王世家》《三王世家》《田叔列传》《滑稽列传》《日者列传》《龟策列传》（中华书局点校本《史记》低一格以为标识）、《将相表》《张丞相列传》①。清姚振宗在《汉书艺文志拾补》中据赵翼立说，谓诸补十五篇，除上列十一篇外（未计《将相表》），有《武帝本纪》《礼书》《乐书》《历书》。但姚氏没有提出论据。这也是姚氏把补轶与补亡混为一谈所致误。赵翼在《廿二史札记》中立"褚少孙补《史记》不止十篇"条，视张晏所列十篇亡书目录全为褚补，故云不止十篇。张晏所列十篇目录是：《景帝纪》《武帝纪》《礼书》《乐书》《兵书》《将相表》《日者列传》《三王世家》《龟策列传》《傅靳列传》。这十篇目录与标识有"褚先生曰"的十篇目录重叠了三篇，即《三王世家》《日者列传》《龟策列传》。若十篇亡书皆为褚补，两项相加为十七篇，再加《张丞相列传》为十八篇。立此说者滥觞于张守节，见《龟策列传》之《正义》。其言曰：

> 《史记》至元、成间十篇有录无书，而褚少孙补《景》《武》纪，《将相年表》，《礼书》《乐书》《律书》，《三王世家》，《蒯成侯》《日者》《龟策》列传。《日者》《龟策》言辞最鄙陋，非太史公之本意也。

张晏只说褚补四篇，云："元、成之间，褚先生补缺，作《武帝纪》《三王世家》，《龟策》《日者》传，言辞鄙陋，非迁本意也。"②张晏说褚补《武帝纪》等篇本是一种妄测，张守节复又扩大这种妄测，所以都没有举列论

---

① 说详见本书《〈史记〉残缺与补窜考辨》一文。
② 《史记》卷一三〇《太史公自序》之《集解》引。

据。不特如此, 张守节还把窜衍亦归之于褚少孙。如《齐悼惠王世家》载城阳戴王恢卒, 子景立, 至成帝建始三年,《正义》云"盖褚先生次之", 这纯属妄臆, 故用"盖"字。

我们只能根据《史记》标注立说, 可以确定有"褚先生曰"的十篇为褚补。《张丞相列传》后之续补,《将相表》武帝之后记事, 虽无"褚少孙曰", 而留下类似褚少孙之所为的痕迹, 可以推论为褚补。《将相表》以征和三年之记事为断限, 前后两部分非一人之作, 后半篇附骥前表, 前后两半篇留下可资考辨的不同书法, 表现了褚补风格, 故可推论为褚补[①]。至于补亡篇目, 即《武纪》《礼》《乐》《律》等篇, 非褚少孙所为。褚补潜精研思, 述所闻以增益《史记》, 言辞练达, 旨意可观,"言辞鄙陋"云云, 可以说是信笔妄议。至于《龟策列传》所补策文, 乃是附列资料, 言词鄙陋, 非出少孙之手, 批评亦为不当。总之, 前人对于褚补所加的不实之词, 应予推倒, 重新评议。

三、褚少孙其人及补史年岁

《史记·孝武本纪》之《集解》引张晏曰:"《武纪》, 褚先生补作也。褚先生名少孙, 汉博士也。"《索隐》云:"张晏云'褚先生颍川人, 仕元、成间'。韦棱云'《褚颙家传》褚少孙, 梁相褚大弟之孙, 宣帝时为博士, 寓居于沛, 事大儒王式, 号为'先生', 续《太史公书》'。阮孝绪亦以为然也。"褚颙始末不详。《隋书·经籍志》杂传类有《褚氏家传》一卷, 褚觊撰。褚颙与褚觊, 当是一人,"颙"与"觊"字形异耳。《新唐书·艺文志》误作"褚结"(音转而误), 褚陶注。褚陶, 吴晋间人, 见《晋书·文苑传》。余嘉锡考证, 褚陶, 褚先生之后, 居钱塘, 褚觊亦当为钱塘褚氏, 所作家传可信[②]。

---

① 详本书《〈史记·将相表〉之结构与倒书》。
② 见《太史公书亡篇考·褚先生事迹》。

据《褚颐家传》，褚少孙为颍川人，寓居沛，大儒王式弟子。但家传云"宣帝时为博士"句有误，或应是"宣帝时为郎，后为博士"。因褚少孙应博士弟子选在宣帝五凤四年（前54），可以考实。

> 《汉书·儒林·王式传》云："王式字翁思，东平新桃人也……式为昌邑王师。昭帝崩，昌邑王嗣立，以行淫乱废……式系狱……减死论，归家不教授。山阳张长安幼君先事式，后东平唐长宾、沛褚少孙亦来事式，问经数篇……唐生、褚生应博士弟子选，诣博士，抠衣登堂，颂礼甚严，试诵说，有法，疑者丘盖不言。诸博士惊问何师，对曰事式。皆素闻其贤，共荐式。诏除下为博士。式征来……博士江公世为《鲁诗》宗……心嫉式……式耻之……遂谢病免归，终于家。张生、唐生、褚生皆为博士。张生论石渠，至淮阳中尉。唐生楚太傅。由是《鲁诗》有张、唐、褚氏之学。"

按：上引一段文字，提供了考证褚少孙生年及行状经历的重要依据，有两个问题值得研究：第一，唐生、褚生应博士弟子选，以高才惊动诸博士，于是诏征王式，引起了江博士的嫉恨，王式谢病免归，考订这一事件的时间即可推定褚少孙的生年；第二，张生、唐生、褚生皆为博士，但唐生、褚生未能参加石渠会议，可推定褚少孙在宣帝时未为博士，可纠《褚颐家传》传写之误。分述于下。

考《儒林·瑕丘江公传》，江博士是瑕丘江公之孙。瑕丘江公受申公所传《穀梁》及《鲁诗》。汉武帝立五经博士，《春秋》用公羊学，董仲舒和公孙弘都是公羊学大师。宣帝即位，因他父亲戾太子好《穀梁》，所以宣帝要立《穀梁》于学官。甘露三年石渠阁会议就是辩论《穀梁》应不应立学官。宣帝元康年间选郎十人从郎中户将蔡千秋习《穀梁》，为立学官造舆论，做准备。蔡千秋病死征江公孙为博士授《穀梁》。江博士死又征周庆、丁姓待诏保官授《穀梁》。《江公传》云：

千秋病死，征江公孙为博士。刘向以故谏大夫通达待诏，受《穀梁》，欲令助之。江博士复死，乃征周庆、丁姓待诏保宫，使卒授十人。自元康中始讲，至甘露元年，积十余岁，皆明习。

据此，江博士死于甘露元年（前53）之前。又据《刘向传》，刘向五凤二年（前56）下狱，逾冬减死，五凤三年受诏习《穀梁》。由此可推江博士之征在五凤三年。五凤共四年，五年改元甘露。也就是说江博士授《穀梁》在五凤三、四年间。王式之征即五凤三年或四年。江博士先征，王式后至，取五凤四年为宜。即褚少孙五凤四年应博士弟子选。汉制十八岁应博士弟子选，习业一年课试，高第者可为郎中。褚少孙以经术为郎即在甘露元年。据《龟策列传》，褚少孙为郎十余岁，然后为博士。甘露元年下推十年已到元帝永光元年。以五凤四年上推十八年是宣帝本始三年（前71年）。依上所考，褚少孙生于宣帝本始三年，五凤四年十八岁应博士弟子选，甘露元年以高第为郎，出入宫禁十余年，元成间为博士。

石渠会议在宣帝甘露三年，张长安为博士，参与会议。张长安在昌邑王入嗣大统前为王式弟子，受《鲁诗》。唐生、褚生为晚辈，是王式家居时的弟子。张生、唐生、褚生虽均为博士，但辈分、年齿不同，时间有先后。张长安当是与王式同时应征的。石渠会议后两年宣帝即崩殂。褚少孙才是二十三四的青年郎官，入宫四五年。由此可证，褚少孙在宣帝时未为博士，与前一条考索完全吻合。

依上述考论，褚少孙为博士在元帝永光元年之后，时年三十左右。褚少孙续补《史记》在元、成之间。《张丞相列传》续史至韦玄成之薨，匡衡始为丞相的元帝建昭三年（前36），褚少孙三十六岁。《将相表》续史至成帝鸿嘉元年（前20），褚少孙五十二岁。所以这两篇有可能出自褚少孙之手。

1957年中华书局出版《文史哲》丛刊第三辑《司马迁与史记》一书，收入了程金造的《司马迁年月四考》一文，程先生仍据本文所引史料，推定褚少孙年岁与司马迁相接。程先生说：

> 王式授诗于褚少孙，是在昭帝以后、宣帝的时候。那时褚先生的
> 年岁已不会很小，因为他已是曾受业于博士，学过《春秋》了。司马
> 迁生于景帝中五年，到昭帝末，年不过七十二岁。如果诸少孙在此时
> 是十三四岁。那么和司马迁也算得上是上下同时的人。

由于程先生未考褚少孙应博士弟子选的时间，所以他的推论误差较大，
应予纠正。

第二节 《史记》补窜内容数据统计

对《史记》字数，以及褚补、补亡、增窜、附记各项字数进行全面的
数据统计，可以对《史记》的真伪别择提供核心证据，甚至可以说是铁证。
因为《太史公自序》对《史记》全书字数作了交代：五十二万六千五百字。
司马迁"附记"已在"《史记》断限及附记考论"中作了统计为 1544 字。
此题对"补窜"字数分项进行全面数据统计，再以《史记》全书 526500
字对照，即可得到今本《史记》司马迁保留的原文字数为 511323，占比
97%，《史记》基本保持了原貌。下分三表统计补窜内容的字数数据。

表一 褚少孙等续史篇目内容

篇 目	续史内容	说 明	字数
三代世表	张夫子问褚先生曰："《诗》言契、后稷皆无父而生。今察诸传记咸言有父，父皆黄帝子也，得无与《诗》谬乎？"褚先生曰："不然……一言有父，一言无父，信以传信，疑以传疑，故两言之……"	释司马迁"信以传信，疑以传疑"之旨。	810

续表

篇　　目	续史内容	说　　明	字数
建元以来侯者年表	后进好事者褚先生曰："太史公记事尽于孝武之事，故复修记孝昭以来功臣侯者，编于左方，令后好事者得览观成败长短绝世之适，得以自戒焉……"	补昭宣之世侯者，兼武帝征和以后四侯。褚序 240 字，补表 2812 字，总 3052 字。	3052
陈涉世家	褚先生曰："地形险阻，所以为固也；兵革刑法，所以为治也。犹未足恃也。夫先王以仁义为本，而以固塞文法为枝叶，岂不然哉！吾闻贾生之称曰……"	引贾谊《过秦论》上篇述秦亡之由。《集解》引徐广说："一作太史公。"	953
外戚世家	褚先生曰："臣为郎时，问习汉家故事者钟离生。"	述所闻以续补《太史公书》。	1180
梁孝王世家	褚先生曰："臣为郎时，闻之于宫殿中老郎吏好事者称道之也……"	述所闻以续补《太史公书》。	1153
三王世家	褚先生曰："臣幸得以文学为侍郎，好览观《太史公》之列传。传中称《三王世家》文辞可观，求其世家终不能得，窃从长老好故事者，取其封策书，编列其事而传之，令后世得观贤主之指意……"	述所闻以释三王封策文之旨意。	1888
田叔列传	褚先生曰："臣为郎时，闻之曰田仁故与任安相善……"	述所闻以续补《太史公书》。	1158
滑稽列传	褚先生曰："臣幸得以经术为郎，而好读外家传语。窃不逊让，复作故事滑稽之语六章，编之于左。可以览观扬意，以示后世好事者读之，以游心骇耳，以附益上方太史公之三章……"	此篇褚序述著所闻以续补《太史公书》之旨意，最为明彻。	4145
日者列传	褚先生曰："臣为郎时，游观长安中，见卜筮之贤大夫，观其起居行步，坐起自动，誓正其衣冠而当乡人也，有君子之风……"	述所闻以续补《太史公书》。	409

续表

篇　目	续史内容	说　明	字数
龟策列传	褚先生曰："臣以通经术，受业博士，治《春秋》，以高第为郎，幸得宿卫，出入宫殿中十有余年。窃好《太史公传》。太史公之传曰：'三王不同龟，四夷各异卜，然各以决吉凶，略窥其要，故作《龟策列传》。臣往来长安中，求《龟策列传》不能得，故之太卜官，问掌故文学长老习事者，写取龟策卜事，编于下方……'"	太史公本未作传，褚少孙述所闻以补传。"编于下方"应作"编于左方"。	7664
张丞相列传	太史公赞后补续车千秋至昭宣丞相魏相、丙吉、黄霸、韦玄成、匡衡等六人事。起句："孝武时丞相甚多，不记，莫录其行起居状略，且纪征和以来。"末段有"太史公曰"云云，论及宣帝丞相匡衡、御史大夫郑弘。	起句大类褚少孙他篇所述续史之意，当为褚少孙所补。篇首因脱"褚少孙曰"，好事者误为司马迁文而在篇末窜加"太史公曰"。	1204
汉兴以来将相名臣年表	仿迁表格式续征和四年以后事尽鸿嘉元年。	疑为褚少孙所补。	1439
共 12 篇	凡褚补皆述其续补之意，并非妄作。		25055

按：《孝武本纪》之《索隐》引韦棱云："《褚颙家传》，褚少孙，梁相褚大弟之孙，宣帝时为博士，寓居于沛，事大儒王式，号曰'先生'，续《太史公书》。"司马贞又曰："阮孝绪亦以为然。"据此褚少孙是续太史公书，并非补亡，上表所列各篇，标明"褚少孙曰"的有十篇，确为褚少孙所补无疑。据《后汉书·班彪传》注及《史通·正史篇》所载，在班彪之前续补《太史公书》的有褚少孙、刘向父子及冯商等十六人。大多单独别行，《艺文志》载"冯商所续《太史公》七篇"，就是明证。褚少孙所续附骥《太史公书》流传，加注"褚少孙曰"以为标识。《张丞相列传》赞后记事、《汉兴以来将相名臣年表》征和四年后记事，辞采风格，大类褚补。其他凡未有褚少孙述著作之意的篇章，特别是零星增窜之文，皆非褚补。三家注及

后世学者动辄斥为褚补者皆臆测之词，不足为据。《陈涉世家》引《过秦论》褚少孙亦有交代，可证《孝武本纪》绝非褚少孙所补。

表二　好事者补亡篇目内容

篇目	补亡方法	字数
孝武本纪	篇首 60 字抄自《孝景本纪》，以下全录《封禅书》。	6416
礼书	存太史公序 721 字。"礼由人起"以下割取荀子《礼论》及《议兵篇》之文。	1671
乐书	存太史公序 604 字。"又尝得神马渥洼水中"一段为后人窜乱之文。"凡音之起"以下割取《乐记》之文。	6236
律书	篇首之序乃《兵书》遗文。"七正二十八舍"以下割取《律历书》之文。	2555
共 4 篇	好事者割取成书以补亡，并非言辞鄙陋。	16878

按：《史记》三家注《集解》《索隐》皆谓《孝武本纪》为褚少孙所补。后世王鸣盛《十七史商榷》、赵翼《廿二史札记》、俞樾《湖楼笔谈》等从之。钱大昕《廿二史考异》、臧庸《拜经日记》、余嘉锡《太史公书亡篇考》等斥其为非。余嘉锡曰："褚先生当时大儒，以文学经术为郎，虽不善著书，亦何至于此。且其所补缀附益，皆自称'褚先生曰'，以别于太史公原书，往往自言其作意及其事之所以得者。未尝有依托剽窃之意。《武纪》一篇，全自抄袭，可谓至愚极陋，而篇末独不缀一字，其必不出少孙之手，尤大彰明著者矣……今察，裴氏《集解》于此篇引用徐广《史记音义》语甚多，广为东晋人（原注：广以宋元嘉二年卒，年八十，见《建康实录》卷十二），所见本已如此。以此考之，盖两晋间人所为也。"[①] 余先生辩证《孝武本纪》不是褚少孙所补极是，其他三篇亦然。只是"剽窃""至愚极陋"云云尚需商榷。补亡者并未著名，岂不是无名氏在"剽窃"吗？补亡者取成书补缺，示己不

---

① 《太史公书亡篇考》，载《余嘉锡论学杂著》。

妄作，由此可证《礼书》《乐书》《律书》三书之序是司马迁亡篇逸文。

表三　读史者增窜篇目内容

篇目	增窜内容	说　明	字数
秦始皇本纪	"秦孝公据殽、函之固"以下贾谊《过秦论》上篇、中篇以及"襄公立"以下秦世系之文。	读史者书后之文被窜入，与史公赞论相抵牾。	2872
乐书	"又尝得神马渥洼水中"以下至丞相公孙弘曰"黯诽谤圣制，当族"止。	读史者备注之文被窜入。	158
历书	史公本文只书七十六年岁名。今本岁名下所书年号乃后人据《正义》之注误入。①	从太初元年至建始四年。	196
孔子世家	安国生卬，卬生欢。	司马迁问故于安国，至于孙欢，年辈差小，未必相及。	8
楚元王世家	王纯立，地节二年，中人上书告楚王谋反，王自杀，国除，入汉为彭城郡。	地节，宣帝年号。地节二年上距武帝末已历十九年。	27
齐悼惠王世家	（一）（城阳）荒王四十六年卒，子恢立，是为戴王。戴王八年卒，子景立，至建始三年，十五岁卒。（二）（菑川顷王）三十六年卒，子终古立，是为思王。二十八年卒，子尚立，是为孝王。五年卒，子横立，至建始三年，十一岁卒。	本篇记太初以后事至成帝建始三年，其间七一年。《正义》云"盖褚先生次之"，妄臆之也。城阳"荒王四十六年卒"以下31字，菑川顷王"三十六年卒"以下40字，皆读史者之旁注字窜入正文。	71
屈原贾生列传	（贾嘉）至孝昭时，列为九卿。	旁注字窜入。	8
郦生陆贾列传	"初，沛公引兵过陈留"至"遂入破秦"645文，重叙郦生事，与本传赞语"郦生被儒衣往说汉王，乃非也"相矛盾，显系窜入。	梁玉绳曰："初沛公引兵过陈留……考《御览》三百六十六引《楚汉春秋》与此正同。则是后人因其小有异同而附之"。②	645

---

① 见朱文鑫《十七史天文诸志之研究》。
② 《史记志疑》卷三二。

续表

篇目	增窜内容	说　明	字数
平津侯主父列传	"太皇太后诏"以下至"累其名臣，亦其次也"827字。	《集解》引徐广曰："此诏是平帝元始中元后诏，后人写此及班固所称，以续卷后。"元后诏是褒奖公孙弘，班固语即录自《汉书》公孙弘本传赞。此为汉末读史者备注之文窜入正文。	827
司马相如列传	扬雄以为靡丽之赋，劝百风一，犹驰骋郑卫之声，曲终而奏雅，不已亏乎？	东汉末读史者旁注《汉书》本传赞语，而后窜入正文。	28
共10篇	读史者之备注字窜入正文，并非妄人续貂。	4840	4839

　　按：以上10篇共窜入4840字。《秦始皇本纪》，司马迁引《过秦论》下篇为始皇赞，强调"壅蔽之伤国"，读史者复又引《过秦论》上、中篇，强调秦亡之祸始自始皇，并加后论以难司马迁。又由于司马迁另立《秦本纪》，故读史者列秦世系备注，亦窜入正文。《郦生陆贾列传》篇后窜入之文亦与司马迁论赞相矛盾，显然不是司马迁的手笔。其他各篇寥寥数语，皆武帝身后事，杂乱无条理，亦是增入的旁注字，更不待辨说了。

表四[①]　**司马迁附记太初以后事篇目内容**

　　凡十六篇，附记太初以后事尽武帝之末，附记字数已在本书《史记断限考略》的专论中列表讨论，兹从略。司马迁附记太初以后大事一为巫蛊案，一为李陵案，兼及武帝封禅，涉及16个篇目，22人，总计1541字。由于附记是对特大事件的"咸表终始"，所以一千余字，涉及十六个篇目，内容主题集中，而增窜是杂乱的为读史者窜入，这一标志是两者的分界。

---

　　① 表四，指本书下编第三章"《史记》断限与附记考论"中的"表三：太初以后附记资料字数统计表"（204页，页码以最终页码为准），列于此处即为本章的"表四"，兹从略。

十六个篇目如下：《封禅书》《高祖功臣侯者年表》《惠景间侯者年表》《建元以来侯者年表》《汉兴以来将相名臣年表》《外戚世家》《曹相国世家》《梁孝王世家》《韩信卢绾列传》《樊郦滕灌列传》《田叔列传》《李将军列传》《匈奴列传》《卫将军骠骑列传》《酷吏列传》《大宛列传》。

综上四表所列：

1. 褚少孙等续史 12 篇，字数 25055 字。

2. 好事者补亡 4 篇，字数 16878 字。

3. 读史者增窜 10 篇，字数 4840 字。

4. 司马迁附记 16 篇，字数 1541 字。

总计续、补、窜、附共涉及 37 篇，总字数 48314 字。

第三节　对《史记》补窜内容字数数据统计的意义

本题"《史记》补窜考论"，与前一题"《史记》断限与附记考论"直接关联，两个专题共列四表，涉及《史记》一书续补窜附内容字数全面的数据统计，具有非常重大的意义，即别择真伪，对《史记》断限、原书面貌提供数据支撑，是一种科学的考辨。下面对四表的数据价值作具体分析。

四表所列统计，在篇目和字数中各有一个减数。篇目中有四篇作了重复计算。其一，《乐书》是补亡篇目，又杂有增窜。其二，《外戚世家》《梁孝王世家》《田叔列传》三篇既有褚少孙续补，又有司马迁附记。总篇目数四十一减去重复篇目数四，应为三十七篇。也就是说今本《史记》一百三十篇中有三十七篇存在着续、补、窜、附的问题，约占全书篇目的三分之一。字数统计中，《律书》2555 字和附记 1541 字两项共 4096 字为《太史公书》原文，别择真伪应减去这一数字。即《史记》中的续补窜附字数为：48314 减去 4096，等于 44218 字。也就是说今本《史记》中有 44218 字非司马迁所作。《太史公自序》总括原书 526500 字，可作为验证本文考辨的一个标尺。今本《史记》555660 字，减去补窜 44218 字，保存了原书字数 511442 字，则《史记》之残缺字数为：526500−511442=15058 字。

这个数字与好事者补亡的四篇字数 16878 字相差无几，仅有 1820 字之差。这就说明本文的考辨是接近于《太史公书》的实际的。

今本《史记》残缺 15058 字，约占原书 526500 字的 3%。《史记》97% 的原文流传至今，基本上保持了原貌。这是第一个意义即价值。

综上考辨，张晏所列《史记》亡书十篇目录不可尽信。从实考校，实亡四篇，即《今上本纪》《礼书》《乐书》《兵书》，可以认为是《艺文志》班固注语"省《太史公》四篇"的内容，或者是一种巧合。我们统计了今本《史记》全书的字数，分辨了续、补、窜、附，统计了各项数字，用司马迁自己总括的原书字数来验证，基本相符。也就是说，我们的考辨接近了原书的实际。这一结果，推倒了《史记》有十篇亡佚的说法，还历史之真，这是第二个意义即价值。

前代学者考辨《史记》真伪，取得了很大的成果，提供了本文开辟新路的基础，其功不可没。但是前代学者忽视本证，且又孤立地去审察一条条的材料，不仅支离漫衍，纷论歧出，而且往往夸大其词，似乎《史记》已被窜乱得面目全非，例如崔适满纸的"妄人所续"云云，就十分耸动视听。对于具体的例证，因囿于成说，也往往以讹传讹，一误再误。例如把补亡和增窜都归之于褚少孙就是一种臆测。梁启超有元狩以后皆为后人所续的先入之见，因此也把一些具体材料弄错了。例如《酷吏列传》载杜周为执金吾捕治桑弘羊、卫皇后昆弟子事，本是天汉二年间事，梁启超误认为是昭帝元凤间事[①]。《酷吏列传》之《集解》引徐广说，杜周天汉三年为御史大夫，太始三年卒。杜周既然卒于武帝太始三年，他怎么会在昭帝的元凤年间去捕系桑弘羊及卫皇后昆弟子呢？再查《汉书·百官公卿表》，杜周

---

① 《要籍解题及其读法——史记》，《史地学报》第二卷第七期，1923 年。

为执金吾在天汉二年，一年迁御史大夫，四年卒，与徐广说相吻合。大约徐广就是据《汉书》以注《史记》的。梁启超的这条误论并为郑鹤声的《史汉研究》所转引，这就是一误再误了。又，《史记》之赞论往往补传文之未备，故《田儋列传赞》述蒯通语是因事连及，赵翼以为是窜入①。以上这些误解都是考辨家们疑古过勇，弃其丘山，取其毫末，就事论事造成的错觉。

本文考辨超脱于群喙喧嚣之闹市，另辟蹊径，系统地列表分析，进行全面的比较，取得了两大发现。第一，对于《史记》这部引人注目的名著，根本不存在"妄人所续"的问题。褚补有明确的"褚少孙曰"为标志，并述续作之意。补亡者取成书补亡，并截《封禅书》补《今上本纪》而更名《孝武本纪》，分《律历书》以补《兵书》而更名《律书》，示意己不妄作，由此可证《礼书》《乐书》《律书》三书的序文是搜求的史公逸文。第二，分辨了增窜与附记，基本是以武帝之末为断限。司马迁附记太初以后事，从天汉元年（前100）至后元二年（前87）长达十四年，仅载巫蛊、李陵两案寥寥一千余字，增窜则基本为武帝之后事。这就证明《史记》下限至太初而讫为确凿可信。也就是对《史记》断限提供有力佐证，这是第三个意义即价值。

此外，全面的各项字数数据统计具有合成效应。《史记》断限，下讫太初，为我们考辨《史记》的残缺与补窜提供了依据，反过来，数据统计又为《史记》断限提供佐证。太初以后，尽管增窜与附记涉及了许多篇目，但累计起来并没有多少字数，可见包括司马迁本人在内，都没有对定稿后的《史记》作长篇补续。今本《史记》除残亡的四篇外，基本上保持了原貌。这是最核心的意义即价值。

---

① 《廿二史札记》卷一。

第六章　《史记》倒书考论

第一节　问题之提出与破读方法

《史记》十表，最具笔法义例。而十表中又当推《汉兴以来将相名臣年表》（下称《将相表》）最为奇特。此表有三大疑案，引人注目。第一，《史记》十表，九表有序以阐发作表义例及史学理论，而唯独此表无序。第二，《史记》十表又唯独此表有倒书，更是古今史籍中的罕见现象，成为《史记》研究中的一大谜团。第三，《将相表》记事下限至成帝鸿嘉元年。这些疑案直接与《将相表》的真伪问题相交织，更加引起了人们的迷惑。正由于此，读《将相表》如置身五里雾中，不辨东西南北，故论《史记》者，对《将相表》的疑案都不加深究。或沿袭成说，或就事论事猜哑谜，互相抵牾排斥，不得其解。学术界迄今还没有一篇通盘研究《将相表》疑案的文章，这是再不能忽视的。本文试对《将相表》之结构作一分析，解开无序、倒书、载武帝后事之谜，表陈愚见，以供讨论，并未必是。

《将相表》之结构分为五栏，即"帝纪""大事记""相位""将位""御史大夫位"，年经而人纬。帝纪系年，大事记载国家大事，相位、将位、御史大夫位各栏载将相之相承。丞相之相承，必记任职之年；将则有年者，有不年者；御史大夫皆不记年。各栏的这一不同笔法，既表现了封建秩序的等级序列，同时也表现了司马迁对相、将、御史大夫的轻重地位。将相之下场皆提升一栏倒书。丞相薨卒、免、自杀倒书于大事记栏，太尉罢、置倒书于相位栏，御史大夫抵罪、自杀、薨卒倒书于将位栏，御史大夫位无倒书。这一有规律的倒书，真是一大新奇的创造，寄寓了司马迁不言的深微喻义。

第一个对倒书做研究的是清代学者汪越。他在《读史记十表》中认为提升一栏倒书，"是便于观览，未必有深义"。近人陈直先生在《汉晋人对史记的传播及其评价》一文和《史记新证》一书中用排比归类方法研究倒书，归纳倒书内容有八种体例：一纪官职之罢废，二纪官职之初置或复置，三纪大臣之死，四纪大臣之薨，五纪大臣之卒，六纪大臣之抵罪，七纪大臣之免相，八纪大臣之自杀。结论："倒书之例，为太史公所特创，学者从未注意，亦从未有人阐明其体例。而后代史家亦无仿效之者。一顺一倒，使读者易于分明，当日设用朱墨颜色顺写，固无不可，然在竹简用两色，比较复杂，故改创倒书之例。"① 陈直认为倒书为太史公所特创，这一见解甚是。但陈直先生的解释还不周洽。一是对倒书的体例概括，只是罗列现象，没有揭示出其中的规律性。二是认为一顺一倒"使读者易于分明"，仍是汪越的观点。果真如此，则倒书"未必有深义"。事实上将倒书正过来放入同栏观览更方便。《汉书·百官公卿表》无倒书，比《将相表》更便观览，就是有力的佐证。

1981 年，中华书局出版的《学林漫录》第三集刊载了李解民的专论《史记表中的倒文》，依据余嘉锡的考证《太史公书亡篇考》的结论，认为《将相表》是汉成帝时冯商的草创之作，从而推论倒书是冯商写在简背的草稿。由于"后人不明其义，转抄时就将简背文字用倒文的形式来表示了"。李解民并且断言："如果天假冯商时日得以从容完成续作，那么这些倒文必然会成为顺文而置于'表'中适当的位置上，这个谜一样的倒文问题就不存在了。"后人误抄未定稿而成有规律的倒文，这一见解可以说是谜上加谜，显然是不能成立的。再说，制表如制图，应是书于方版之上，而非简书，这是不言而喻的。

---

① 《史记新证》第 63 页，中华书局，2006 年。

《将相表》并非天书。清人汪越《读史记十表》，阐发精深，很有见地。他说："读《将相名臣年表》以大事为主。"可以说是抓住了破读《将相表》的一把钥匙，但未解开倒书之谜。而与汪越一起商榷史学的徐克范在《补》中说："读《将相名臣表》固以大事为主，但观其所书，必于其所不书者，参互考核，乃知所书之义。"这是破读《将相表》的又一把钥匙，可惜徐氏未用此方法分析倒书。陈直与李解民的排比归类是破读《将相表》的第三把钥匙。也就是说，汪、徐、陈、李诸人对《将相表》的研究方法并不误，但都没有彻底解破倒书之谜，我认为其失有二：一是各自解读的方法单一，未能运用各种方法进行综合分析；二是未能把握《将相表》的总体结构和司马迁的总体思想，而就事论事，封闭了视线，因此功亏一篑。

《将相表》是司马迁精意构思的奇特创作，隐而显，深而微。司马迁述史寓论断于序事之中，有互见之法，有对比之法，有纵横比较之法。本文在汪越等人的研究基础上，从辨正真伪入手，运用司马迁述史的各种方法进行综合分析，以解破无序、倒书之谜。试按层次分述于后。

第二节　运用对比法可证《将相表》为司马迁所作不容置疑

主《将相表》为伪说者以崔适和余嘉锡两人最力。李解民谓"余嘉锡先生对此加以论证，凿凿有据，可信无疑"。其实细按崔、余两人的考证，并没有坚实的论据，所谓"凿凿有据，可信无疑"云云，是值得商榷的。

崔、余两人各有两条论据。崔适《史记探源》卷四的两条论据是：第一，指出孝景元年相位栏倒书"置司徒官"与史实有出入；第二，述事至孝成帝鸿嘉元年，于是据以断定《将相表》是"非才妄续"。余嘉锡《太史公书亡篇考》的两条论据是：第一，"十表之中，有序者九，独此表不著一字，与全书异"；第二，"表与录不相应，其不出太史公手明甚"。

《史记》三家注《将相表》之《集解》《索隐》，梁玉绳《史记志疑》卷十四，日泷川氏《史记会注考证》卷二十二等书认为"天汉以后，后人所续"，"此表无叙，盖缺亡也"。但是上述诸书未提出论据证明，所以后来有崔、余两人的置疑。破读《将相表》，它的真伪是首先要辩证的问题。

《太史公自序》云："国有贤相良将，民之师表也。维见汉兴以来将相名臣年表，贤者记其治，不贤者彰其事。作《汉兴以来将相名臣年表》第十。"这是司马迁自述的作表之旨，即验证《将相表》真伪的依据。余嘉锡先生称之为"录"。他以"录"证"表"，方法不误，但脱离了司马迁的总体思想，只作简单的形式对照，其分析和结论都是错误的。余先生分析说："今表中所谓大事记者，皆国家之事，至于将相，但载封拜罢免薨而已，其治未记，其事不彰，恶睹所谓贤不贤邪？"于是作出结论："表与录不相应，其不出太史公手明甚。"对余先生的这一错误结论，以下各节逐层辨正。这里先用对比法以辨正余先生分析之误。

先以《史记》《汉书》两表相对比。

《汉书·叙传》云："汉迪于秦，有革有因，粗举僚职，并列其人。述《百官公卿表》第七。"查《汉书·百官公卿表》，内容分序与表两个部分。"序"述汉承秦制，"有革有因"；"表"备载西汉一代三公九卿，的的确确是"但载封拜罢免而已"，与"粗举僚职，并列其人"的宗旨完全吻合。《将相表》则不然。司马迁是通过载述贤相良将的治行来表达尚贤的政治理想，故只载丞相、将军、御史大夫，而特创"大事记"。《史记》《汉书》两表即便是同样记载将相的薨卒免死，立论角度也不一样。《汉书》表备载，《史记》表笔削。汪越已经看到这一点。他说："《汉书·百官公卿表》详一代官制，《史记》但表相与将、御史大夫，意在论世知人，以备劝惩，故举其大者，不在备官。若曰于此得贤任职，斯可也。"由此可见，《将相表》之有大事记生动地证明了非司马迁莫能创，余氏谓"表与录不相应"云云，是未解《史记》表之旨。

再以《将相表》前后两个部分对比，书法迥异，内容不相统一，非一时一人所作，可证余嘉锡推论的冯商补缺云云是不能成立的。

《将相表》前后两个部分的分界应以武帝之末征和三年为断限。《集解》《索隐》在"太始元年"下注云："天汉已后，后人所续。"这是沿袭《汉书·司马迁传》班固的成说。班固并未指明是《将相表》，裴骃、司马贞未加考核，随手注引，不可为据。

征和三年断限的依据可从三个方面来证明。为了行文简洁、明确，本文称征和三年以前记事为"原表"；称征和四年以后记事为"补表"。三个方面的论据如下。

第一，"原表"内容丰富，"补表"简略，书法不同。

1.大事记书法。《索隐》谓："诛伐、封建、薨、叛。"试以武帝后元两年当书而不书之例为证。

"原表"书"叛"，"补表"不书。

"原表"武帝元狩元年书："十月中，淮南王安、衡山王赐谋反，皆自杀，国除。"考《汉书·武帝纪》，武帝后元元年"夏六月，侍中仆射莽何罗与弟重合侯通谋反，侍中驸马都尉金日磾、奉车都尉霍光、骑都尉上官桀讨之"。按例，武帝后元元年表当书"夏六月，侍中仆射莽何罗与弟重合侯通，谋反，诛"，而"补表"为空白。高帝八年贯高谋反，十年陈豨反，景帝三年吴楚七国反，"原表"皆书；而宣帝地节四年霍禹谋反，"补表"亦不书。

"原表"书皇帝"崩、葬"，"补表"不书。

"原表"高帝十二年书："夏，上崩，葬长陵。"惠帝七年书："上崩，九月辛巳，葬安陵。"高后八年书："七月，高后崩。"孝文帝后元七年书："六月乙亥，孝文皇帝崩。民出临三日，葬霸陵。"孝景帝后元三年书："正月甲子，孝景皇帝崩。"《汉书·武帝纪》后元二年云："二月丁卯，帝崩于五柞宫，入殡于未央宫前殿。三月甲申，葬茂陵。"按例，武帝后元二年表当书："二月丁卯，今上崩。三月甲申，葬茂陵。"而"补表"为空白。孝昭以后大事记亦不书昭、宣、元诸帝之崩葬。

举一反三，大事记"原表"与"补表"书法之迥异，不一一列举。

2. 将位栏书法。《索隐》云"命将兴师"。"原表"载二十条"命将兴师"的军事活动，不书将军封拜。"补表"记事二十二条，书"命将兴师"的军事活动仅五条，而书将军封拜的竟有十七条，不符"原表"书法。试以武帝征和三年与后元二年的记载对照如下。

"原表"征和三年，"春，贰师将军李广利出朔方，以兵降胡。重合侯莽通出酒泉，御史大夫商丘成出河西，击匈奴。""补表"后元二年："二月己巳，光禄大夫霍光为大将军、博陆侯；都尉金日磾为车骑将军、秺侯；太仆安阳侯上官桀为大将军。""原表"记载的主旨是"击匈奴"，即"命将兴师"；"补表"只是载将军封拜，书法迥异。

3. "原表"与"补表"相位、将位两栏倒书之书法亦迥异，将在第四节中详论。

第二，以《将相表》与《建元以来侯者年表》对照，可证"补表"为褚少孙所补。

褚少孙在补《建元以来侯者年表》中说，"太史公记事尽于孝武之事，故复修记孝昭以来功臣侯者，编于左方"。《史记》五体所载史事大势，断限在太初四年，故太初以后名臣显宦，概不作传。但司马迁为了"咸表终始"，而附载大事尽武帝之末，一为李陵、贰师降匈奴事，一为巫蛊事[1]。司马迁的这一总体思想也是验证《将相表》真伪的一个标准。所以《建元以来侯者年表》只载太初以前封侯，太初以后所封四侯不载。褚少孙补《建元以来侯者年表》，述孝昭以后事，并补武帝朝太初以后四侯。田千秋为太初以后四侯之一。故《将相表》征和四年相位栏记事非司马迁所书。此栏记事，"六月丁巳，大鸿胪田千秋为丞相，封富民侯"，乃褚少孙所补。因《将相表》的续补与《建元以来侯者年表》的褚补极为相似。司马迁"原表"

---

① 详本书《〈史记〉断限考略》。

述事至武帝征和三年，咸表巫蛊案、贰师降匈奴两事之始末，褚少孙补孝昭以后事至孝成帝鸿嘉元年，同时续补武帝征和四年以后两条记事。一记田千秋为相，二记霍光等三人拜将封侯。考褚少孙约生于宣帝本始三年，元、成间为博士，至成帝鸿嘉元年为五十二岁，年事相及 [①]。褚少孙补史，附骥《史记》而行；冯商续史，单独别行，故《将相表》非冯商所补。

褚少孙补史皆用"褚先生曰"以序其续补之由。《将相表》"补表"无"褚少孙曰"，这是因为《补建元以来侯者年表》已经作了交代，无须赘言。又《将相表》无序，为划一起见，褚少孙亦不作序。武帝后元二年不书崩葬，这大约是褚少孙有意留下的考证痕迹，以示与"原表"有别。

第三，《将相表》之"原表"书法合符司马迁的总体思想，可证为司马迁原作。

司马迁推尊汉文帝，称其为"德至圣"的"仁"君。大事记突出书载孝文帝的仁政。徐克范云："孝文元年书除收孥相罪律，首施仁也。"二年书"除诽谤律"，十三年书"除肉刑及田租税律、戍卒令"，后元七年书崩葬，特出一笔"民出临三日"，这些都是旨在称颂文帝。太初以后咸表贰师降匈奴及巫蛊之始末，以及天汉四年不书立皇子刘髆为昌邑王等均与司马迁思想符合若节。武帝封立四子为王。元狩六年封三子，司马迁作《三王世家》。天汉四年封刘髆为昌邑王，在太初后，司马迁不入世家，故表亦不载。

如上所证，《将相表》征和三年以前记事为司马迁所作是不容置疑的。下面两节的分析还将提供进一步的论证。

第三节　《将相表》大事记之分析

大事记之分析，又分为三个层次。汪越《读史记十表》，徐克范《补》，

分析精微深透，是本文立论的基础。

一、何为大事记？汪越说："大事者，天子之事也，而见于《将相名臣表》者何？将相代天子而行之者也。观其事，可察人君治忽之机，即可定人臣贤、不肖之分。非极有关系者不屑屑书，故曰大事记。"《索隐》释大事记书法，谓"诛伐、封建、薨、叛"，这只是举其要者，"然不止此也"。汪越说："如高祖二年立太子，五年入都关中，皆冠于上。如破项籍，春践皇帝位，如尊太公为太上皇，其后如城长安，赦无所复作，赦齐除诸侯丞相为相，置孝弟力田，行八铢钱，除收孥相罪律，除谤诽律，除肉刑，郊见上帝，见渭阳五帝，地动，河决，改历，以夏正月为岁首，皆《索隐》所未该。"至于"高后立少帝，废少帝更立弘，王吕产、吕禄，其后大臣诛诸吕，迎代王即皇帝位，汉不绝如带，仅而复兴，表于此者正以明后之诛乱定策不为无功，则前之阿吕后，乱汉约，恶得无罪也"！这就是司马迁"论世知人，以备劝惩"而作的大事记。汪越的分析，卓识精警，深味司马迁作表之意。梅文鼎在《读史记十表序》中说："然则十表者，岂非太史公作史精意所在哉……汪子此编能一一为之疏别，使《史记》百三十篇之大义微旨，皆炳然跃然于诸表之中，可谓好学深思而心知其意者也。"梅氏的评论，恰如其分，毫不过誉。余嘉锡谓《将相表》记事"无以异于诸史表，非有文字高下可辨也"，并断言"表与录不相应，其不出太史公手明甚"，而对于汪氏的卓识论断不置一辞，是何也？

二、《将相表》各栏记事寓有笔削之旨，皆为国家大事。"原表"所载，相位栏两条，将位栏二十条，御史大夫位栏一条，共二十三条。

相位栏两条为高帝元年，"丞相萧何守汉中"；二年，"守关中"。《萧相国世家》云："汉王引兵东定三秦，何以丞相留收巴、蜀，填抚谕告，使给军食。"此何守汉中也。又云："何守关中……计户口转漕给军，汉王数失军遁去，何常兴关中卒，辄补缺。上以此专属任何关中事。"此何守关中也。汉中、关中为汉立国之根本，萧何固守根本，特书记之以"褒元功也"。

将位栏书二十条"命将兴师"的军事活动，往往与大事记栏呼应互见。如文帝三年匈奴大入上郡，十四年匈奴大入萧关，后元六年匈奴入上郡，景帝三年吴楚七国反，武帝元朔五年匈奴杀代都尉朱英，元狩二年匈奴入雁门，三年匈奴入右北平、定襄，元鼎五年南越反，六年东越反等九条，都是大事记栏与将位栏同时记载，呼应互见，褒国家"命将兴师"之得宜。武帝元光二年设谋马邑，大事栏不书，只书于将位栏中，"夏，御史大夫韩安国为护军将军，卫尉李广为骁骑将军，太仆公孙贺为轻车将军，大行王恢为将屯将军，太中大夫李息为材官将军，篡单于马邑，不合，诛恢"。值得注意，诛恢未倒书于上一栏，大事记栏又不载，此讥武帝多事，王恢之当诛也。天汉二年李陵出居延北，兵败降敌，司马迁为言受祸，故不书，为李陵讳而削也。徐克范云，读《将相表》，当"观其所书，必于其所不书者，参互考核，乃知所书之义"。

御史大夫位栏一条为高帝九年，"御史大夫昌为赵丞相"，这条记事应与将位栏惠帝六年倒书"尧抵罪"结合分析。《张丞相列传》载，高帝忧虑自己死后，吕后将加害戚夫人之子赵王如意，他采纳了符玺御史赵尧的主意，为赵王置贵强相。高祖徙御史大夫周昌为赵相，以赵尧代周昌为御史大夫。高帝死后，吕后欲害赵王，"使者三反"皆被周昌挡回。吕后不得已召周昌入京，罢了他的官，然后得召赵王到京药死。后来吕后得知计出赵尧，于是以莫须有之罪杀赵尧，除其封邑。抵，即"牴"字，《说文解字》云："牴，触也。"司马迁倒书"尧抵罪"，即赵尧触犯了罪，而不言所坐何罪，是鸣尧之冤，讥吕后之虐也。

三、倒书皆为大事。《将相表》三栏倒书，书法有别。三栏倒书之笔削微旨，将在下一节详论。

总上三点，可以看出，司马迁创制《将相表》，不在备官，而是精意构思大事记，用以臧否将相，"贤者记其治，不贤者彰其事"。司马迁在《刘敬叔孙通列传赞》中说，任何一个人不能独占智慧，治理国家不是一个人所能办到的。楚汉相争，并不是刘、项两个人的决斗，而是两大集团的斗争。刘邦之所以取得胜利，靠的就是萧何守关中、周苛守荥阳、韩信等将领的攻城野战。除吕安刘，靠的是陈平、周勃将相合谋。平吴楚之乱，有晁错谋之于内，有周亚夫御之于外。武帝伐匈奴，有卫青、霍去病、韩安国、李广等统其兵。贤相良将，民之师表，他们的贤与不贤，关系国家的兴衰，故其薨、卒、死、免皆为国家大事。余嘉锡把将相的封、拜、薨、卒、死、免与国家大事对立起来的论点，不符司马迁创表之旨，显然是错误的。

第四节　倒书书法之微旨与无序之谜

分析倒书，要运用排比归纳和对比比较两种方法交叉分析，才能把握其中的规律性，揭示出它的笔削之旨。李解民误以《将相表》出自一人之手，未用对比法比较"原表"与"补表"的不同书法，因此他的排比归纳得不出有意义的结论，也就不难理解了。

由于大事记栏倒书备载丞相的薨、卒、免、死，"原表"与"补表"的书法，在形式上无别，所以我们先分析相位栏和将位栏的倒书，而后及大事记栏。

一、相位栏倒书。共十八条，"原表"倒书八条如下：

1.高皇帝五年，"罢太尉官"。

2.高后四年，"置太尉官"。

3.孝文三年，"罢太尉官"。

4.孝景元年，"置司徒官"。

5.孝景三年，"置太尉官"。

6.孝景七年，"罢太尉官"。

7.孝武建元元年，"置太尉"。

8.孝武建元二年，"蚡免太尉，罢太尉官"。

"补表"倒书十条如下:

1. 孝昭始元元年,"九月,日碑卒"。

2. 孝宣本始三年,"田广明、田顺击胡还,皆自杀。充国夺将军印"。

3. 孝宣地节二年,"三月庚午,将军光卒"。

4. 孝宣地节四年,"七月壬寅,禹腰斩"。

5. 孝宣元康四年,"八月丙寅,安世卒"。

6. 孝宣五凤二年,"五月己丑,曾卒"。

7. 孝宣甘露元年,"三月丁未,延寿卒"。

8. 孝元永光元年,"七月子长免,就第"。

9. 孝成建始三年,"八月癸丑,遣光禄勋诏嘉上印绶免,赐金二百斤"。

10. 孝成阳朔四年。"七月乙丑,右将军光禄勋平安侯王章卒"。

"原表"中第四条倒文"置司徒官",崔适据以为《将相表》伪作之证,非。《史诠》《史记志疑》指出它是"错简衍文",是。其余七条倒文都是记太尉官的罢置,不倒书将军之薨、卒、免。值得注意,元光二年书诛大行王恢,元朔元年书卫尉韩安国屯渔阳卒,皆顺书,而不提升一栏倒书,这是司马迁不倒书将军薨、卒、免的有力佐证。这两条书诛卒,一贬一褒。书"诛恢",前文已指出讥其有罪而应得;书韩安国卒,徐克范云,"以安国尝行丞相事也",《韩长孺列传》详载其事,兹不赘。孝武建元二年"田蚡免太尉,罢太尉官",只是强调自田蚡免太尉后,官省,再未设置。"补表"所载十条倒书都是记将军之卒免自杀,不符司马迁书法,不论。

考西汉太尉的罢置,前后五次。第一次,高帝二年置,委心腹卢绾为太尉,五年后九月,绾为燕王,官省。此时全国统一,高帝收臣下兵权,罢太尉。第二次,高帝十一年,周勃为太尉,攻代,平陈豨,定燕,兵罢即省。这是一次临时性的设置,使周勃以太尉衔领兵,故"置"与"罢"皆未倒书。第三次,高后四年周勃复为太尉。据《绛侯周勃世家》及《汉书·百官公卿表》应在惠帝六年,《将相表》及《吕太后本纪》误为高后四年。这次置太尉是吕后以虚衔笼络周勃，实际军权掌握在上将军吕禄手中。《世家》云："勃为太尉，不得入军门。"然而诛诸吕，周勃终借太尉之职立功。文帝即位，勃为右丞相，灌婴继任，文帝三年，婴为丞相，官省。第四次，景帝三年吴楚七国反，因用兵使周亚夫为太尉，七年亚夫入相，官省。第五次，武帝初即位，年少，窦太皇太后与王太后干预朝政，田蚡与王太后合谋分窦婴权，由王太后出面讽武帝，安排窦婴为丞相，田蚡为太尉。此策出于策士籍福。汉武帝为平衡宫廷两太后争权而采取的权宜之计。所以建元二年即罢太尉官。自此以后，武帝大权独断，虽几十年用兵，不再设置太尉。五次设置太尉总计二十二年，因用兵而设的三次总共才九年。可见西汉承秦制，掌兵权的最高武职太尉是不常设的。司马迁用倒书突出了这一层意义，揭示了西汉加强中央集权制，帝王与臣下在兵权上的斗争。

二、将位栏倒书。共十二条，"原表"倒书五条如下：

1.高皇帝四年，"周苛守荥阳，死"。

2.孝惠六年，"尧抵罪"。

3.孝景后二年，"六月丁丑，御史大夫岑迈卒"。

4.孝武建元六年，"青翟为太子太傅"。

5.孝武元鼎二年，"汤有罪，自杀"。

"补表"倒书七条如下：

1.孝元永光元年，"二月，广德免"。

2.孝元建昭二年，"弘免"。

3.孝元竟宁元年，"延寿卒"。

4.孝成建始三年，"谭免"。

5.孝成建始四年，"十月己亥，尹忠自刺杀"。

6.孝成阳朔二年，"张忠卒"。

7.孝成阳朔四年，"闰月壬戌，永卒"。

原、补两表倒书在形式上看似无差别，皆书御史大夫之死、免。其实不然。我们只要对两表作一综合统计分析，书法不同，顿然显现。

"原表"载御史大夫二十九人，升丞相者九人，迁职者二人，其余十八人，只倒书了五人的抵罪、死、免，而有十四人不倒书薨、卒、免，即任敖、曹窋、冯敬、蚡（据《汉》表当作"介"）、直不疑、牛抵、赵绾、韩安国、张欧、卜式、儿宽、延广、杜周、暴胜之。可见倒书五人是精意选择的，寓有笔削之旨。书周苛守荥阳死，是表彰他慷慨殉难的死节。书尧抵罪，是为无罪的赵尧昭雪。特书张汤有罪自杀，是谴责他的不仁。庄青翟是升丞相的九人之一，大事记栏有倒书，"青翟有罪，自杀"，与张汤之死在同一行内，即元鼎二年，而且书法相同，皆书"有罪自杀"。因他和张汤之死是由于争权而同归于尽的。建元六年倒书"青翟为太子太傅"，是贬官，特作倒书记载，为的是引起读史者注意，在张汤死一行上去对照青翟之死。孝景后二年倒书岑迈卒，《汉书》表无其人，《史记》纪传无载。徐克范云："惟孝景后二年书御史大夫岑迈卒，未知何义，《汉书》表亦无其人。"徐氏此论是存疑。查表，孝景六年书"御史大夫阳陵侯岑迈"，于孝景七年书"御史大夫舍"，可知岑迈只做了一年御史大夫就被免职，而后又活了九年卒于孝景后二年。书岑迈卒是示例免官臣僚的善终。在大事记栏中孝文后二年倒书"八月戊辰，苍免相"，又于孝景五年倒书"丞相北平侯张苍卒"是同一书法。司马迁特书丞相张苍和御史大夫岑迈免官后之善终，旨在与后段将相多危作对比，同时示例二人之幸运，讥汉家德薄，将相善终之不易也。

"补表"载御史大夫二十二人，升丞相者九人，迁职者三人，其余十人，倒书七人卒免死，仅有三人未倒书薨卒免：杜延年、陈万年、贡禹。这三人未倒书，可能是缺漏。也就是说"补表"载御史大夫去职的倒书只是备载，无笔削之微旨，是不符合司马迁书法的。

三、大事记栏倒书。大事记栏倒书丞相之去职，由于是备载其薨卒死免，"原表"与"补表"无笔削之微旨，故只分析"原表"倒书。"原表"

倒书共二十五条，又以张苍之卒分为前后两段。前段倒书十条如下：

1. 孝惠二年，"七月辛未，何薨"。

2. 孝惠五年，"八月乙丑，参卒"。

3. 高后八年，"后九月，食其免相"。

4. 孝文二年，"十月，丞相平薨"。

5. 孝文三年，"十一月壬子，勃免相，之国"。

6. 孝文四年，"十二月己巳，婴卒"。

7. 孝文八年，"太仆汝阴侯滕公卒"。

8. 孝文后二年，"八月戊辰，苍免相"。

9. 孝景二年，"嘉卒"。

10. 孝景五年，"丞相北平侯张苍卒"。

后段倒书十五条如下：

1. 孝景七年，"青罢相"。

2. 孝景中元三年，"亚夫免相"。

3. 孝景后元年，"舍免相"。

4. 孝武建元元年，"绾免相"。

5. 孝武建元二年，"婴免相"。

6. 孝武建元六年，"昌免相"。

7. 孝武元光四年，"蚡卒"。

8. 孝武元朔五年，"泽免相"。

9. 孝武元狩二年，"弘卒"。

10. 孝武元狩五年，"蔡坐侵园壖，自杀"。

11. 孝武元鼎二年，"青翟有罪，自杀"。

12. 孝武元鼎五年，"八月，周坐酎金，自杀"。

13. 孝武太初二年，"正月戊寅，庆卒"。

14. 孝武征和元年，"冬，贺坐为蛊死"。

15. 孝武征和三年，"六月，刘屈氂因蛊斩"。

大事记栏备载丞相的下场是全表倒书的重心所在。汪越说："大事记附表丞相薨卒免及自杀者何？重相也。相得其人则书，惜之也。相非其人则亦书，幸之也。不于相位书，而表于大事记，正以见相之重也。"汪氏此论极是，但升堂而未入室。读《将相表》应与《张丞相列传》互证。该传虽以专传名篇，而实为西汉将相类传。司马迁在传中示例说：

> 自申屠嘉死之后，景帝时开封侯陶青、桃侯刘舍为丞相。及今上时，柏至侯许昌、平棘侯薛泽、武强侯庄青翟、高陵侯赵周等为丞相。皆以列侯继嗣，娖娖廉谨，为丞相备员而已，无所能发明功名有著于当世者。

这就是我们以张苍卒作为"前表"倒书划分两段的依据。从绝对年代上断限，应依照上引《张丞相列传》之交代以孝景二年申屠嘉之卒为断限，实际是以高惠文三朝与景武两朝来划分西汉前期的政治为两段。前段从高帝元年至景帝二年（前206—前155）共五十二年，历十丞相，倒书九条（其中王陵免相未倒书）；后段从景帝三年至武帝征和三年（前154—前90）共六十五年，历十五丞相，倒书十五条。对照前后两段倒书的内容，可以鲜明地看到，前段丞相皆开国功臣，功勋显赫，皆得善终。大书张苍之卒[1]，寓意丞相善终之意甚明，象征政治清平、君臣信赖。后段丞相，娖娖廉谨，下场多凶。特别是武帝一朝，走马灯似的撤换丞相，前后十二任，免职者四人，犯轻罪而被迫自杀者三人，被斩二人，只有阿顺苟合的公孙弘和文深醇谨的石庆幸而善终。"田蚡卒"，实际是畏罪被斩而死于精神分裂症。大事记前后两段也形成鲜明对比。前段记载内容丰富，政治、经济、军事、

---

[1]　张苍薨，特大书称其职名"丞相北平侯"。此外丞相陈平、太仆夏侯婴亦大书职名，皆寓有褒扬之意，此太史公书法也。

文化纲举略备，示贤相良将之所为。后段记载多缺略。武帝一朝之建树，诸如封禅、改官制、巡狩、盐铁专卖、杨可告缗、独尊儒术、罢黜百家等大事一概忽诸。这些施设，司马迁在《封禅》《平准》两书中持批评态度，故于《将相表》不言以喻讽。

至于前段文帝八年倒书"太仆汝阴侯滕公卒"，是一条破例。徐克范云："太仆汝阴侯滕公卒则书，贤之也。"考《樊郦滕灌列传》，夏侯婴从高祖起于沛，常从左右，以太仆官历仕高、惠、文三朝，是一位开国元老重臣。而且高后"德婴之脱孝惠、鲁元于下邑之间也，乃赐婴县北第第一，曰'近我'，以尊异之"。可以想见，夏侯婴之卒隆重如丞相礼。立例而破例，正是司马迁笔法。他用丞相规格倒书夏侯婴之卒，褒贤也。

分析至此，倒书和无序之谜，可以说已经是水落石出了。视丞相之薨、卒、免、死为国家大事，与皇帝、皇后之崩葬同书一栏，只能是具有古代民主思想倾向的司马迁才能思能作。那么何以用倒书呢？这有三层意义。其一，表现封建秩序的等级序列。这一层汪越已经看出。他说，书丞相薨卒与书皇帝、皇后之崩葬"是无别也"，但"辍朝临祭大臣有异数，而书之遂同国恤可乎"？于是作倒书以别其等第。其二，作倒书更突现出所载内容的醒目地位，启迪后人去深思倒书的书法微旨。其三，倒书皆升一栏，使全表结构如环之无端，紧密地联结成一个整体。假若丞相之薨卒免不倒书于大事记栏，就正如余嘉锡所说，大事记为国家之事，与丞相之薨卒免有何干系？由于升一栏倒书，二者就紧密地结合起来了，这就是司马迁苦心经营的书法命意之所在。

《将相表》无序，其作用正如倒书一样，是故作悬案，启迪后人深思，以进一步凸显倒书的醒目地位。排比倒书，就可鲜明地看出景武之世将相的危境。请看："丞相北平侯张苍卒"与"冬，贺坐为蛊死""六月，刘屈氂因蛊斩"，这是多么触目惊心的对比。这一对比鲜明地表现了司马迁批判武帝独断君权的思想倾向，这是不能在序中明述的。司马迁在《匈奴列传赞》中突兀议论说: "孔氏著《春秋》，隐、桓之间则章，至定、哀之际则微，为其切当世之文而罔褒，忌讳之辞也。"接着，司马迁深深叹惋汉伐匈奴建功不深，"且欲兴圣统，唯在择任将相哉! 唯在择任将相哉"! 择任将相关系国家兴亡，而汉武帝用人赏轻罚重，亲亲疏贤，顺我者昌，逆我者亡，将相多危，非明圣之君也。从司马迁的笔削讥评中，朦胧地表现了他反对君权专断的思想倾向，这是进步的历史观，值得肯定。

最后，再将全文的考辨作一总括的复述。《将相表》为司马迁精心所作，述事至武帝征和三年。《将相表》以独特的倒书与大事记交相互证，又以无字之序衬托倒书，使其寄寓深微的笔削之旨，显豁于字里行间。倒书丞相之下场，以张苍卒分为前后两段，形成鲜明对照，表现了司马迁对高惠文三朝清平尚贤政治的肯定和对景武之世，尤其是对汉武帝多欲专断政治的批评，这就是《将相表》的大旨精神。

第七章 《史记》中的抵牾与疏漏

《汉书·司马迁传》赞语说："自刘向、扬雄博极群书，皆称迁有良史之才，服其善序事理，辨而不华，质而不俚，其文直，其事核，不虚美不隐恶，故谓之实录。"这是班固对《史记》的总体评价与肯定。但他同时又提出批评说："司马迁据《左氏》《国语》，采《世本》《战国策》，述《楚汉春秋》，接其后事，讫于天汉。其言秦汉，详矣。至于采经摭传，分散数家之事，甚多疏略，或有抵牾。"这说明班固对司马迁也并不完全满意。后人在研究过程中，也提出了不少有关《史记》谬误和自相矛盾的问题。各种考证、纠谬、辨惑、志疑、探源之作，数量甚夥。晋谯周作《古史考》二十五篇"皆凭旧典，以纠迁之谬误"（《晋书·司马彪传》）。金王若虚著《史记辨惑》十一卷，分采摭之误、取舍不当、议论不当、文势不相承接、姓名冗复、字语冗复、重叠载事、疑误、用虚字多不安、杂辨等十类，对《史记》提出了严厉的指责。明清以后，对《史记》的考辨更取得了长足的进步，提出的问题也就更多。清梁玉绳《史记志疑》就是一本代表作。如何评价前人的研究成果，以及如何对待《史记》中的抵牾与疏漏，本章从两个方面作简要评说。

第一节 《史记》存在抵牾与疏漏是客观事实

综览前人的研究成果，以及阅读的体会，《史记》中的抵牾与疏漏，主要有两大类。

一、各篇记载不一，前后参差。例如：

1.《晋世家》书晋公子重耳出亡，过卫在前，适齐在后。《十二诸侯年表》则是重耳先适齐，后过卫。

2.《晋世家》云："赵衰曰：'求霸莫如入王尊周。'"《十二诸侯年表》则系为咎犯之言曰："求霸莫如内王。"

3.《晋世家》载"以原封赵衰"系"于文公四年十二月"。《十二诸侯年表》载赵衰为原大夫在"文公元年"。

4.《晋世家》载："（晋）出公十七年"出公奔齐，道死。《六国年表》则载出公在位"凡十八年"。

5.《赵世家》载，赵襄子"立四年"，四卿共攻晋出公，出公出奔齐，道死，而《六国年表》系年在赵襄子"元年"。

6.《楚世家》载：楚怀王二十四年，"秦昭王初立，乃厚赂于楚。楚往迎妇"。《六国年表》则云："秦来迎妇。"

7.《楚世家》载楚烈王六年，秦围邯郸，赵告急楚，"楚遣将军景阳救赵。"而《六国年表》及《春申君列传》以救赵者为春申君本人。

二、史实谬误。其中又可分为以下几种主要的类型。如：时间不合，人名、地名、官名、数字不确，史实有误，叙事不明，这里试各举数例。

1.《项羽本纪》云："汉之二年冬，项羽遂北至城阳，田荣亦将兵会战。田荣不胜，走至平原，平原民杀之。"梁玉绳曰："案：'冬'当作'春'，事在春也。"（《史记志疑》卷六）施之勉曰："按：《月表》项籍击荣走平原、平原民杀之，在汉之二年正月。《汉书·高纪》亦在二年春正月。是羽击田荣，在汉之二年春也。"（《史记会注考证订补·项羽本纪》）

2.《高祖本纪》载，高祖五年，"十月，燕王臧荼反"。《史记会注考证》云："中井积德曰：'十月'是'七月'之讹，《汉书》可证。愚按：《秦楚之际月表》，八月，帝自将诛燕。盖七月反八月得之也。"施之勉曰："按：《荀纪》，八月，燕王臧荼反，上自将击燕；九月，虏臧荼。"（《史记会注考证订补·高祖本纪》）

3.《高祖本纪》："（七年）立兄刘仲为代王。"梁玉绳曰："刘喜之王在六年正月，与封荆、楚、齐三王同时，此误书于七年二月前也。《吴王濞传》同误。"（《史记志疑》卷六）泷川资言曰："《汉书·高纪》云："六年正月，以云中、雁门、代郡五十三县立兄宜信侯喜为代王。"（《史记会注考证·高祖本纪》）施之勉曰："按：《功臣表》六年正月立仲为代王，《将相表》六年刘仲为代王。"（《史记会注考证订补·高祖本纪》）

以上三例为时间有误之例。

1.《高祖功臣侯者年表》有"曲城侯蛊达"。陈直曰："《汉表》作'虫'。古有虫姓无蛊姓。班固十八侯铭、陆机高祖功臣颂皆作虫达可证。"（《汉书新证·高祖功臣侯者年表第六》）

2.《货殖列传》云："当魏文侯时，李克尽地力。"《索隐》："案：《汉书·食货志》李悝为魏文侯尽地力之教，国以富强。今此及《汉书》言'克'，皆误也。刘向《别录》则云'李悝'也。"《平准书》言"魏用李克尽地力"，与此同误。

以上二例为人名有误之例。

1.《惠景间侯者年表》有齐悼惠王子刘罢军封"管"侯。泷川资言曰："'管'，当作'菅'，菅县属济南。"（《史记会注考证》）陈直曰："《齐鲁封泥集存》十四页有'菅侯相印'封泥，与本表正合。"

2.《绛侯周勃世家》云："（周勃）攻曲逆，最。还守敖仓，追项籍。"钱大昕曰："《汉书》作'曲遇'，'逆'字误。（《二十二史考异》卷四）梁玉绳曰："案：'曲逆'误也，《汉书》作'曲遇'是。曲遇在中牟，故下文云'还守敖仓。'若曲逆，属中山，不相值也。"

以上二例为地名有误之例。

1.《绛侯周勃世家》云："（周勃）击下蓟，得绾大将抵、丞相偃。"梁玉绳曰："《樊哙传》云'破绾丞相抵蓟南'，此误以抵为绾将，当是得绾丞相抵、大将偃耳。"

2.《韩长孺列传》云："（韩安国）为北地都尉，迁为大司农。"梁玉绳曰："（大司农）当为大农令。"（《史记志疑》卷三十三）据《百官公卿表》，景帝后元年治粟内史更名大农令，武帝太初元年更名大司农。韩安国之卒在元朔二年，不当有大司农之名。

3.《酷吏列传》云："乃拜都为济南太守。"钱大昕曰："据《汉表》，都自济南太守迁中尉，在景帝前七年。而郡守更名太守，乃在景帝中二年，则其时不得称'太守'也。'太'字衍。"（《二十二史考异》卷五）

以上三例为官名有误之例。

1.《平准书》云："汉兴三十九年，孝文时河决酸枣，东溃金堤……其后四十有余年，今天子元光之中，而河决于瓠子。""四十余年"《汉书·沟洫志》作"三十六年"。齐召南曰："自孝文十四（当作十二）年河决东郡，至元光三年河决濮阳，实三十六年，无四十余年也。"（《汉书补注》引）

2.《刺客列传》云："其（聂政）后二百二十余年而秦有荆轲之事。"《集解》："徐广曰：'聂政至荆轲百七十年耳。'"

3.《匈奴列传》云："后秦灭六国，而始皇帝使蒙恬将十万之众北击胡，悉收河南地。"按："十万"，《汉书·匈奴传》作"数十万"，此误。《秦始皇本纪》《六国年表》《蒙恬列传》俱云蒙恬将兵三十万。

以上三例为数字有误之例。

1.《田敬仲完世家》云："（田乞）杀高昭子。晏孺子奔鲁。"钱大昕曰："'晏孺子'乃'晏圉'之误也。使孺子果奔鲁，安得迁之骀而杀之？"（《二十二史考异》卷四）

2.《李斯列传》云："（赵高）引玺而佩之，左右百官莫从，上殿，殿欲坏者三。"李笠曰："上文云'赵高使其客十余辈诈为御史、谒者、侍中，更往覆讯斯'。又云'乃献鹿，谓之马'。二世问左右："此乃鹿也？"左右皆曰："马也。"则高之私人甚盛也，何佩印上殿，而无从之者乎！此盖恶高之为人之故事性传说，史公偶用之耳。观下云'殿欲坏者三'，直是神话。

此种传说,虽不足信,却可见时人心理及史公之爱憎也。"(《广史记订补》卷九)

3. 顾炎武曰:"《淮阴侯传》先云范阳辩士蒯通,后云齐人蒯通,一传互异。韩王信说汉王语,乃淮阴侯韩信语也,以同姓名而误。"(《日知录》卷二十六)

以上三例为史实有误之例。

1.《高祖本纪》云:"其明年,立张耳为赵王。汉军军荥阳南。"《史记会注考证订补》曰:"瞿方梅曰:案此因事叙及明年,惟及张敖一语。自汉王下,则仍为三年事也。明年,盖汉之四年。"

2.《高祖本纪》云:"二月,高祖自平城过赵、洛阳,至长安。"梁玉绳曰:"案:《汉纪》高祖十二月过赵,二月至长安,非二月自平城至长安也。"(《史记志疑》卷六)

3.《高祖本纪》云:"陈涉之将周章军至戏而还。"梁玉绳曰:"案:章为章邯所败自刭而死,非还也。"(《史记志疑》卷八)

以上三例为叙事不明之例。

综上所列,可知《史记》史料,确实存在着一些问题,这一点毋庸讳言。而且,随着研究的深入,必定还会发现一些新的问题。

第二节 有谬必纠,而疑古过勇,则会迷失方向

《史记》史料,确实存在着一些问题,加以抉发和纠正,应该说是《史记》研究中的一大内容。有谬必纠,这也是一个严肃的史学工作者应有的态度。但是也不能疑古过勇,如王若虚与崔适,务以浮言猎奇为功,那就偏离了方向。须知《史记》全书五十二万六千五百字,系统记载了自黄帝迄汉武二千多年的历史,规模宏大,有如原始森林,又像是浩瀚无垠的大海,森林里有几根枯枝,几片败叶,海面上有些许漂浮物,本不足为怪。

吴汝煜说："就像'人无完人，金无足赤'一样，在史学史和传记文学史上还没有出现过一部不可补充和没有失误的巨著。《汉书》的失误之多，只要读一读王鸣盛的《十七史商榷》就不难知道。新、旧《唐书》的错误、矛盾和重出现象也是很多的。吴缜的《新唐书纠缪》虽然指出了不少，但还只是有限的一部分。《汉书》《唐书》的史料价值谁能否定呢？"① 司马迁从一大堆相当散乱的资料中取材，在一无依傍的情况下自创体例，叙述古今，自然也不可能十全十美。但从总体而言，它仍是一部准确性相当高的信史。一些学者片面夸大《史记》存在的问题，是不恰当的。1988 年 1 月 1 日，《社会科学报》刊登一则题为《外国学者怀疑〈史记〉的史料价值》的综合消息，对《史记》的史料价值有基本否定的倾向，尤不足取。

疑古过勇而失误者，有以下几种情况。

一、《史记》不误，反将其优点指责为缺点。自班固批评《史记》"甚多疏略，或有抵梧"以来，后世学者也发现《史记》本纪、世家、列传、年表各体之间有许多记载不一致的地方。其实，这部分内容，大多不能看做记载有误，而是作者有意存异。疑则传疑是《史记》处理史料的一个重要方法。司马迁作《史记》"厥协六经异传，整齐百家杂语"，对当时所存史料作了全面的综合。各种史料来源不一，而一时又无法判定其正确或是谬误，故两说或多说并存，留待后人进一步研究、判断。如，《吴太伯世家》云："初，楚边邑卑梁氏之处女与吴边邑之女争桑，二女家怒相灭，两国边邑长闻之，怒而相攻，灭吴之边邑。"《楚世家》则云："初，吴之边邑卑梁与楚边邑钟离小童争桑，两家交怒相攻，灭卑梁人。卑梁大夫怒，发邑兵攻钟离。楚王闻之怒，发国兵灭卑梁。"吴、晋黄池之会，《吴太伯世家》云："吴王与晋定公争长。吴王曰：'于周室我为长。'晋定公曰：'于姬姓我为伯。'赵鞅怒，将伐吴，乃长晋定公。"《晋世家》则云："定公与吴王夫差

---

① 《就〈史记〉的史料价值问题答记者问》，载《古典文学知识》1998 年第 5 期。

会黄池，争长，赵鞅时从，卒长吴。"面对存在歧异的史料，如果文献足征，则通过考辨，加以折中；文献不足，则疑以传疑。这是对待史料的极其慎重的方法。如果证据不足而强作判断，很可能弄巧成拙，贻误后学。后人能从《史记》的记载中发现"抵牾"之迹，正受惠于作者此种史料处理的方法；后人以出土文献或其他资料相印证，解决这一类的问题，也有赖于《史记》提供的材料。这样处理，比随心所欲，以意取舍，要高明许多。

二、《史记》不误而指责有误。顾颉刚论《史记》云："今试其所记，自秦以上，时见抵牾，至于不胜指摘。第我辈指摘之者是一事，而古史真相又为一事。以甲校乙，固足以明乙之非，然又何足以知甲之必是？故不得谓我辈一加指摘，即可揭发事实之真相也。"① 事实证明，后人对《史记》本不误而指责、怀疑有误的，也不在少数。这里试举数例。

《孙子吴起列传》云："孙子武者，齐人也。以兵法见于吴王阖闾。"又云："孙武既死，后百余岁有孙膑。"又载孙膑败庞涓事，云"孙膑以此名显天下，世传其兵法"，孙武、孙膑分别为春秋、战国时期著名军事家，都有兵书传世，《史记》记载甚明，《汉书·艺文志》"兵权谋家"著录《吴孙子兵法》八十二篇，图九卷，又录《齐孙子》已不见著录，中外学者便产生了种种怀疑和猜测：有人认为孙子是一人而非二人，有人认为《孙子兵法》是一书而非两书，更有人认为《孙子兵法》源出于孙武，而完成于孙膑，实则本是一书。1972 年，山东临沂银雀山汉墓同时出土《孙子兵法》和《孙膑兵法》的竹简和残简，经整理，《孙膑兵法》共 440 余简，字数在 11000 字以上，这一考古成果完全证实了《史记》记载的可靠性。

《秦本纪》载："（秦昭王）四十一年夏，攻魏，取邢丘、怀。"梁玉绳认为文中的"邢丘"为"郹丘"之误而且旁征博引，以为找到了"确据"（见《史记志疑》卷四）。但是，1976 年湖北云梦睡虎地出土秦简《大事记》却

---

① 《史记》点校本序文。

明明记载着"四十一年，攻邢丘"。说明梁玉绳所作结论未必正确。

　　三、不顾事实，未加考辨，依靠地下残篇断简急于为功而失误。学术界关于苏秦与张仪孰先孰后的论辨是一个典型例证。1973 年底，长沙马王堆三号汉墓出土了大批帛书，其中的一种，后来被定名为《战国纵横家书》。帛书有几章主名为苏秦，而所记内容与《史记·苏秦列传》《张仪列传》时间有较大的出入。不少学者根据帛书的记载，认为苏秦不是在张仪之前，而是在其后，苏秦合纵本无其事，而《史记》《战国策》中关于苏秦合纵、张仪连横的说辞，全是后人杜撰，尤其是《苏秦列传》的记载错误百出，多出伪造，可信者十无一二 [①]。一时间，似乎《史记》关于苏秦的记载真的完全被推翻了。

　　其实，真正有误的不是《史记》，而是《战国纵横家书》。

　　《战国纵横家书》一类的材料，本无纪年，时间概念相当模糊，加上许多篇章没有主名，或主名不确定（如泛称"苏子"之类），非常容易窜改伪托，仅据此种材料根本无法编次人物传记。《苏秦列传》赞语说："苏秦起闾阎，连六国从亲，此其智有过人者。吾故列其行事，次其时序，毋令独蒙恶声焉。"《史记》各篇记载苏秦、张仪事亦多有准确编年，单是《六国年表》就有八条。如燕文公二十八年云"苏秦说燕"，秦惠文王十年云"张仪相"，秦惠文王后元元年云"相张仪将兵取陕"，二年云"相张仪与齐、楚会啮桑"，三年云"张仪免相，相魏"，八年云"张仪复相"，楚怀王十六年云"张仪来相"，秦武王元年云"张仪、魏章皆出之魏"，魏哀王十年云"张仪死"。《苏秦列传》《张仪列传》"次其时序"，确认苏秦合纵在前，张仪连横在后，且张仪主要活动是在苏秦死后，当有充分的根据。否则，只好依《孟子荀卿列传》写墨翟的口气云苏秦"或曰在张仪前，或曰在其后"了。

　　《战国策》的整理者刘向也确认了司马迁的判断。《战国策书录》明确

---

　　① 详见文物出版社 1976 年版《战国纵横家书》附录各文。

记载了"苏秦为纵，张仪为横"的时序："苏秦结之，时六国为一，以傧背秦……及苏秦死后，张仪连横，诸侯听之，西向事秦。"《战国策》录七国纵横之事，都是苏秦合纵在前，张仪连横在后，无一例外。刘向校书时，有关纵横家的资料极多。除据以校订《战国策》的各种底本外，据《汉志》著录，尚有"从横十二家，百七篇"。其中包括《苏子》三十一篇，班固注："名秦，有列传。"《张子》十篇，班固注："名仪，有列传。"其余诸子百家之书，更是举不胜举。根据这些资料，刘向判定苏秦、张仪的活动时间，本是极其简单的事情，所以《战国策书录》对此所下的断语，也与《史记》一样，毫不含糊。很难想象他会数典忘祖，把有关苏秦、张仪最基本的事实搞错。

不少学者认为《战国纵横家书》的一些史料为司马迁、刘向所未见，这种说法也缺乏根据。《苏秦列传》赞语说："世言苏秦多异，异时事有类之者皆附之苏秦。"说明司马迁见到了不少类似的资料。司马迁又在《张仪列传》"太史公曰"中作了交代说："夫张仪之行事甚于苏秦，然世恶苏秦者，以其先死，而仪振暴其短以扶其说，成其衡道。"原来苏秦的恶名，多是张仪制造的，所以司马迁不平，将两人对照，为苏秦翻案。《史记》在《秦本纪》《燕世家》《魏世家》《六国年表》中记载二人活动年代，苏秦用世在公元前334年至前320年，张仪用世在公元前328年至前309年。两人同事鬼谷先生，年辈相若。由于苏秦早于张仪用世，又横死未尽天年，早死张仪十一年，所以张仪才得以"振暴其短"，使苏秦蒙受不白之冤。司马迁是经过了周密的考证，才在两人的传记中反复交代为苏秦翻案。再以历史大势考之，苏秦活动年代，合纵占上风，秦兵不敢东出者十五年，没有什么大战役。苏秦死后，张仪连横占上风，从公元前317年至前293年，秦兵连年东出，发动修鱼之战、观泽之战、岸门之战、丹阳之战、蓝田之战、宜阳之战、重丘之战、析之战、伊阙之战，称雄诸侯，二十五年间，发动了九次大战。事实胜于雄辨，历史大势生动地说明张仪得势在苏秦之后。

王国维用地下资料证明地上资料，发明二重证据法，恰恰是证明《史记·殷本纪》为可信。时贤用《战国纵横家书》欲证史公失误，反而自己陷入了泥潭。那么失误在哪里呢？因为客观事实是，无论地上材料还是地下材料，其中都有失误，谁的失误少，看谁的依据是第一手材料。司马迁写史，依据了大量第一手材料。王国维据卜辞考史，因卜辞是第一手材料。《战国纵横家书》未必是第一手材料，也许恰恰是司马迁所唾弃的材料，或者是后人附会的记录，因为司马迁已经说清楚了，由于苏秦的成功，故后人喜托名苏秦造舆论。也就是说，帛书的出土，不仅不足以否定《苏秦列传》《张仪列传》的史料价值，反而又一次证明了太史公论断的正确性："异时事有类之者皆附之苏秦。"

要精确地评估《史记》的史料价值，必须彻底摸清其史源，并对所有的资料加以稽核考辨，定其正误，辨其致误之由。尽管前辈学者在这方面付出了大量的劳动，但由于时代悬隔，文献散佚，今天仍不具备这样的条件。对《史记》史料价值的认识，仍是值得研究的一个课题。

我们既不护史公疏略之短，也不要夸大其非，以揭短为功，最要紧的是扎扎实实做工作，认认真真地细心体会。猎奇好胜，一些时贤大家，失误在此，可以引为教训。

第八章 《史记》取材与司马迁所见书考论

　　编纂历史著作，不同于文学作品，以抒情见意，辞必己出；也不同于哲理著作，以纯言论道，设寓说理。一部传世的历史名著，应当做到言有所据、事有所托、字字句句，均有来历。所以研究《史记》取材，不仅是揭示司马迁史学思想的一个重要侧面，而且也是评价《史记》科学性的重要依据，因此是《史记》研究中的一个重大课题。司马迁十分重视这一问题。在《太史公自序》中有着多方面的交代，一则曰"十岁诵古文，二十南游，奉使西征"云云；再则由"绌史记石室金匮"之书；三则曰"厥协六经异传，整齐百家杂语"云云。这只是一个提示，可概括为司马迁"读万卷书，行万里路"。由于《史记》缺失一篇"经籍志"，司马迁取材及其所见书，实为一大疑案。金德建著《司马迁所见书考》[①]，洋洋三十万言，为我们研究《史记》取材提供了方便的论著资料，是一部很有价值的参考书。有不少的专家论文亦有涉及，郑鹤声在《太史公司马迁之史学》一文中就设有专节论述[②]。本章会通前人研究成果，参以己意，比集司马迁所论载的资料，作一概略的考论归纳，供研读《史记》者以简明的参考，不无意义。

第一节　载于《史记》中的司马迁所见书

　　郑樵曰："大著述者必深于博雅，而尽见天下之书，然后无遗恨。当迁

---

① 《司马迁所见书考》，上海人民出版社，1963年。
② 《太史公司马迁之史学》，载《史地学报》二卷五期、六期，1923年。

之时，挟书之律初除，得书之路未广，亘三千年之史籍，而踞蹐于七八种书，所可为迁恨者，博不足也。"又谓迁书"间以俚语"，"时插杂言"，疏于笔削，"所可为迁恨者，雅不足也"①。按，郑氏本是推重《史记》的，称它是"《六经》之后，惟有此作"②。对《史记》作如此跌宕抑扬的，郑樵是第一人。观郑氏之意，不过是借《史记》以自重其书，一抑一扬皆为自衬。以实考校，郑樵之讥，既未深究《史记》本书，亦曲解班氏父子之言，班彪、班固父子对《史记》虽致不满之词，但并没有说《史记》采录不博，恰恰是指责司马迁采录泛滥。兹录班氏父子之论以观其词：

——班彪曰：孝武之世，太史令司马迁采《左氏》《国语》，删《世本》《战国策》，据楚、汉列国时事，上自黄帝、下讫获麟，作本纪、世家、列传、书、表，凡百三十篇，而十篇缺焉。迁之所记，从汉元至武以绝，则其功也。至于采经摭传，分散百家之事，甚多疏略，不如其本，务以多阅广载为功，论议浅而不笃②。

——班固曰：故司马迁据《左氏》《国语》，采《世本》《战国策》，述《楚汉春秋》，接其后事，讫于天汉。其言秦汉详矣，至于采经摭传，分散数家之事，甚多疏略，或有抵梧，亦其涉猎者广博，贯穿经传，驰骋古今。上下数千载间，斯以勤矣③。

班氏父子均讥《史记》"甚多疏略"，探其源"务以多阅广载为功"，"亦其涉猎者广博"也。班氏父子的评论是否允当，姑置不论，然谓司马迁采录广博则是事实。其所举《左氏》《国语》《世本》《战国策》《楚汉春秋》等书，仅举其要，说明《史记》之所自出，并不是指司马迁仅凭数种书就编撰出了贯穿几千年的通史。郑樵所言"踞蹐于七八种书"，乃曲意贬抑《史

---

① ② 《通志·总序》。

② 《后传略论》，载《后汉书·班彪传》。

③ 《汉书》卷六二《司马迁传赞》。

记》以自炫《通志》之宏博，真是用心良苦，大言无根，是不足为据的。

司马迁作史，采录至为宏博。他十分自谦，一则曰："余所谓述故事，整齐其世传，非所谓作也"；又曰："厥协《六经》异传，整齐百家杂语。"[①]其实司马迁称《史记》为"述"而非"作"，这话并非纯然自谦，亦是窃比圣人之意，谓《史记》言之有故，持之有本。孔子编纂《六经》，自谓"述而不作"[②]。历史著作，贵在信而有征，以"述"见长。其实"述"亦"作"，融会贯通百家学说，剪裁熔铸古今典籍，自成一家之言，这非有大学问大手笔而不能作。《史记》能以"实录"见称于世，这博采古今典籍是成功的一个重要因素。单以《史记》本书考校，司马迁所见古书即达一百零六种。

班氏父子论《史记》取材，示例性地具列了五种书：《左氏》《国语》《世本》《战国策》《楚汉春秋》。这几种都是言事为主的历史书，司马迁作了大量引载，所以班氏具列以示例。《国语》《战国策》两种虽以"语"见长，而"事"贯其中。这五种书司马迁竟有三种未论及，即《世本》《战国策》《楚汉春秋》。《世本》《楚汉春秋》二书亡，无法按核。《战国策》今传本三十三篇、四百八十余条，《史记》采用了九十二条，约占全书内容的五分之一。司马迁为什么没有论及呢？原来载于《史记》中的司马迁所见书，仅仅是因事论及，而不是有意识地论载。所以表列的一百零六种书仅仅是司马迁所见书的一小部分[③]，载于《史记》中的篇目四十篇，也只及全书一百三十篇的四分之一。由此可见班氏父子之言，"务以多阅广载为功"，"亦其涉猎者广博"，是信而有征；郑樵所谓"跼蹐于七八种书"之说，毋庸置喙矣。

《史记》中所载司马迁所见书一百零六种，为了便于分析数据，我们以

---

① 《史记》卷一三〇《太史公自序》。

② 《论语·述而》。

③ 《史记》中所载书表章奏，如《乐毅列传》载乐毅《遗燕惠王书》；《鲁仲连邹阳列传》载鲁仲连《遗燕将书》，载邹阳《狱中上梁王书》；《李斯列传》载李斯《谏逐客书》及其他章奏等，表中未一一列及。

传统的四分法归类，用简表列载如下。

1.《六经》及其训解书二十三种

序号	书　名	存	亡	残	载于《史记》之篇目、表列数序	
1	《春秋》	存			《五帝本纪赞》：予观《春秋》《国语》。	1
					《十二诸侯年表序》：是以孔子明王道，干七十余君莫能用。故西观周室，论史记旧闻，兴于鲁而次《春秋》。上记隐公，下至哀之获麟。约其辞文，去其繁重，以制义法；王道备，人事浃。	2
					《孔子世家》：（孔子）乃因史记作《春秋》。	3
2	《国语》	存			《太史公自序》：左丘失明，厥有《国语》。	
3	《左氏春秋》	存			《十二诸侯表序》：鲁君子左丘明……故因孔子"史记"，具论其语，成《左氏春秋》。	4
4	《谷梁春秋》	存			《儒林列传》："瑕丘生为《谷梁春秋》。"又云："故汉兴至于五世之间，唯董仲舒名为明于《春秋》，其公羊氏也。"	
5	《公羊传》	存				
6	《春秋灾异之记》			残	《儒林列传》：董仲舒以《春秋》灾异之变，推阴阳所以错行……著《灾异之记》。	
7	《春秋繁露》	存			《十二诸侯年表序》："上大夫董仲舒推《春秋》义，颇著文焉。"《索隐》曰："作《春秋繁露》是。"	5
					《太史公自序》引孔子语："子曰：我欲载之空言，不如见之行事深切著明也。" 按："子曰"云云引自《春秋繁露·俞序篇》，文略小异。	
8	《春秋杂说》		亡		《平津侯主父列传》：公孙弘者……年四十余，乃学《春秋杂说》。 按汉人自谦，称自著书为"说"。《儒林列传》云，公孙弘学胡毋《春秋》，"尝集比其义"。《汉志·六艺略》春秋类有《公羊杂记》八十三篇，金德建氏谓即公孙弘之《春秋杂说》。	6

续表

序号	书　名	存	亡	残	载于《史记》之篇目、表列数序	
9	《易》	存			见《孔子世家》及《儒林列传》。	
10	《周官》（周礼）	存			《封禅书》:《周官》曰"冬日至，祀天于南郊"云云。 按:《周官》即《周礼》，序言所引见《周礼·太师》。	7
11	《礼记》 《王制》 《中庸》	存			《六国年表序》:《礼》曰:"天子祭天地，诸侯祭其域内名山川。" 按:"礼曰"云云引自《礼记·曲礼》及《王制》。 《封禅书》:文帝使博士诸生刺六经中作《王制》。 《孔子世家》:子思作《中庸》。 按:《王制》及《中庸》皆《礼记》中篇名。	8
12	《大戴礼记》 《五帝德》 《帝系姓》 《夏小正》	存			《五帝本纪赞》:予观《春秋》《国语》，其发明《五帝德》《帝系姓》章矣。 《夏本纪赞》:孔子正夏时，学者多传《夏小正》云。 按:《五帝德》《帝系姓》《夏小正》，皆《大戴礼记》中篇名。	9
13	《士礼》（仪礼）	存			均见《儒林列传》，不具引。 按:《士礼》即《仪礼》;《汉礼仪》叔孙通所作。	
14	《汉礼仪》		亡			
15	《今文尚书》	存			《今文尚书》伏生所传;《古文尚书》孔氏壁中书，未立学官而亡，司马迁私学于孔安国。	
16	《古文尚书》		亡			
17	《书序》	存			《三代世表序》:孔子……序《尚书》，则略无年月。 按:泷川氏云，"史公尧舜三代纪事，采《书序》尤多"。	10
18	《周书》		亡		《货殖列传序》:《周书》曰:"农不出则乏其食，工不出则乏其事，商不出则三宝绝，虞不出则财匮少。" 按:此引自《逸周书》。	11

续表

序号	书　　名	存	亡	残	载于《史记》之篇目、表列数序	
19	《诗三百五篇》	存			《孔子世家》:"古者诗三千余篇,及至孔子,去其重。取可施于礼仪,三百五篇,孔子皆弦歌之","以备王道,成六艺"。	
					《太史公自序》:《诗》三百篇,大抵圣贤发愤之所为作也。	11
20	《申公诗训》		亡		《儒林列传》:"申公独以《诗》经为训以教,无传","韩生推诗之意,而为《内外传》数万言,其语颇与齐鲁间殊"。	
21	《韩诗内外传》	存				
22	《乐》		亡		《太史公自序》:《乐》,乐所以立,故长于和。	
23	《孝经》	存			《仲尼弟子列传》:曾参作《孝经》	12
小计	二十三种	16	6	1		

2. 诸子百家及方技书五十三种

序号	书　　名	存	亡	残	载于《史记》之篇目、表列数序	
1	《管子》	存			《管晏列传赞》:吾读管氏《牧民》《山高》《乘马》、《轻重》、《九府》,及《晏子春秋》,详哉其言之也。至其书,世多有之,是以不论,论其轶事。	13
2	《晏子》	存				
3	《老子上下篇》	存				
4	《老莱子十五篇》		亡		均见《老子韩非列传》。	14
5	《庄子》	存				
6	《申子二篇》		亡			
7	《韩非子》	存				
8	《商君书》	存			《商君列传赞》:余尝读商君《开塞》《耕战》书。	15

续表

序号	书 名	存	亡	残	载于《史记》之篇目、表列数序	
9	《司马兵法》			残	《司马穰苴列传》：齐威王使大夫追论古者《司马兵法》，而附穰苴于其中，因号曰《司马穰苴兵法》。太史公曰：余读《司马兵法》……	16
10	《孙子十三篇》	存			均见《孙子吴起列传》，不具引。	17
11	《孙膑兵法》			残		
12	《吴起兵法》		亡			
13	《魏公子兵法》		亡		《魏公子列传》：公子威震天下，诸侯之客进兵法，公子皆名之，故世俗称《魏公子兵法》。	18
14	《王子兵法》		亡		《太史公自序》：《司马法》所从来尚矣。太公、孙、吴、王子，能绍而明之。	19
15	《太公兵法》		亡		按：《太公兵法》又见《齐世家》及《留侯世家》。	
16	《计然七策》		亡		《货殖列传》：范蠡既雪会稽之耻，乃喟然而叹曰："计然之策七，越用其五而得意。"	20
17	《论语》	存			《仲尼弟子列传赞》：太史公曰：……论言《弟子籍》，出孔氏古文近是。余以弟子名姓文字悉取《论语》弟子问，并次为篇，疑者阙焉。	
18	《弟子籍》		亡			
19	《孟子》	存			《孟子荀卿列传》：（孟子）退而与万章之徒，序《诗》《书》，述仲尼之意，作《孟子》七篇。	21
20	《荀卿子》	存			同上：荀卿赵人……于是推儒、墨、道德之行事兴坏，序列著数万言而卒。	
21	《李克书》		亡		同上：魏有李悝尽地力之教。 按：《货殖列传》云："当魏文侯时，李克务尽地力之教。"《艺文志·诸子略》法家类有《李子》三十二篇，李悝著；儒家类有《李克》七篇。李悝、李克实为一人，魏文侯相。	
22	《终始》		亡		同上："其次驺衍，后孟子……深观阴阳消息而作怪迂之变，《终始》、《大圣》之篇十余万言。"至燕，"作《主运》"。 按：《艺文志·诸子略》阴阳家类有《邹子》四十九篇，《邹子终始》五十六篇，皆驺（邹）衍著。驺衍谈天，谈历运天命，谈终始五德说，有多种著书。	
23	《大圣》		亡			
24	《主运》		亡			

续表

序号	书　　名	存	亡	残	载于《史记》之篇目、表列数序	
25	《邹衍子》		亡		同上: 自邹衍与齐之稷下先生, 如淳于髡、慎到、环渊、接子、田骈、邹奭之徒, 各著书言治乱之事, 以干世主, 岂可胜道哉。	21
26	《淳于髡子》		亡			
27	《慎子》			残		
28	《环渊子》		亡			
29	《接子》		亡			
30	《田骈子》		亡			
31	《邹奭子》		亡			
32	《公孙龙子》	存			同上: 赵亦有公孙龙, 为坚白同异之辩; 剧子之言; 魏有李悝尽地力之教; 楚有尸子、长卢; 阿之吁子焉。自如孟子至吁子, 世多有其书。	
33	《剧子》		亡			
34	《李子》		亡			
35	《尸子》		亡			
36	《长卢子》		亡			
37	《吁子》		亡			
38	《墨子》	存			同上: 墨翟宋大夫, 善守御, 为节用。	
39	《公孙固子》		亡		《十二诸侯年表序》: 及如荀卿、孟子、公孙固、韩非之徒, 各往往捃摭《春秋》之文以著书, 不可胜记。	
40	《周书阴符》	存			《苏秦列传》: 于是得《周书阴符》, 伏而读之, 期年以出《揣摩》。	22
41	《揣摩》		亡			
42	《吕氏春秋》	存			《吕不韦列传》: 是时诸侯多辩士, 如荀况之徒, 著书布天下。吕不韦乃使其客, 人人著所闻。集论以为八览、六论、十二纪, 二十余万言; 以为备天地万物古今之事, 曰《吕氏春秋》。按: 又见《十二诸侯年表序》。	23
43	《贾谊新书》			残	《秦始皇本纪》引贾谊《过秦论》下为赞。	24
44	《蒯通书》		亡		《田儋列传》: 蒯通者, 善为长短说, 论战国之权变, 为八十一首。按: 金德建氏考证, 《蒯通书》即《战国策》, 但《汉志》纵横家录有《蒯子》五篇。	25

续表

序号	书名	存	亡	残	载于《史记》之篇目、表列数序	
45	《郦生书》		亡		《郦生陆贾列传赞》："世之传郦生书"云云。	26
46	《新语》	存			同上：余读陆生《新语》书十二篇，固当世之辩士。	26
47	《槃盂诸书》		亡		《魏其武安侯列传》：蚡辩有口，学《槃盂诸书》。	27
48	《兒宽书》		亡		《儒林列传》：宽为人温良，有廉智自持，而善著书、书奏，敏于文，口不能发明也。	27
49	《札书》		亡		《封禅书》：齐人公孙卿有《札书》曰云云。	27
50	《黄帝扁鹊之脉书》			残	《扁鹊仓公列传》：太仓公……要悉以禁方予之，传《黄帝扁鹊之脉书》。	27
51	《星经》			残	《天官书》："昔之传天数者，……周室，史佚、苌弘；于宋，子韦；郑则裨灶；在齐，甘公；楚，唐昧；赵，尹皋；魏，石申。"又云："皋、唐、甘、石，因时务，论其书传，故其占验，凌杂米盐。"又云："甘、石历五星法，唯独荧惑有反逆行。" 按：各家《星经》为《天官书》所本。甘德有《天文星占》八卷，石申有《天文》八卷，成书约在公元前370年至公元前270年之间，比希腊著名天文学家伊巴谷的活动年代早两个世纪。这两书已佚。今传《甘石星经》系宋人辑录。1973年长沙马王堆三号汉墓出土帛书有《五星占》约八千字，亦多甘石星占。	29
52	《历术甲子篇》	存			《历书》摘载《历术甲子篇》。	30
53	《淮南子》	存			《五帝本纪》《屈原列传》皆熔铸《淮南子》之文。	31
小计	五十三种	17	30	6		

3. 历史地理及汉室档案二十三种

序号	书　　名	存	亡	残	载于《史记》之篇目、表列数序	
1	《百家》		亡		《五帝本纪赞》：《百家》言皇帝，其文不雅驯，荐绅先生难言之。	31
2	《谍记》		亡		《三代世表序》：余读《谍记》，黄帝以来，皆有年数，稽其《历谱谍》《终始五德之传》……于是以《五帝系牒》《尚书》集世，纪黄帝以来，讫共和为世表。	
3	《历谱谍》		亡			
4	《终始五德之传》（历谱五德）		亡			
5	《五帝系谍》		亡		按：《终始五德之传》即《十二诸侯表序》所载张苍著书《历谱五德》。	
6	《春秋历谱谍》		亡		《十二诸侯年表序》：太史公读《春秋历谱谍》，至周厉王，未尝不废书而叹也。	
7	《禹本纪》		亡		《大宛列传》：《禹本纪》言"河出昆仑。昆仑其高二千五百余里，日月所相避隐为光明也，其上有醴泉瑶池"……至《禹本纪》《山海经》所有怪物，余不敢言之也。	32
8	《山海经》	存				
9	《铎氏微》		亡		《十二诸侯年表序》："铎椒为楚威王傅，为王不能尽观《春秋》，采取成败，卒四十章，为《铎氏微》。""赵孝成王时，其相虞卿上采《春秋》，下观近势，亦著八篇，为《虞氏春秋》。"	
10	《虞氏春秋》		亡			
11	《史记》		亡		《天官书》：余观史记，考行事。	
					《太史公自序》：䌷史记石室金匮之书。	
12	《秦记》		亡		《六国年表序》：太史公读《秦记》，……余于是因《秦记》，踵《春秋》之后，起周元王，表六国时事，迄二世，凡二百七十年。	
13	《秦楚之际》		亡		《秦楚之际月表序》：太史公读《秦楚之际》。	33
14	《列封》		亡		《高祖功臣侯者年表序》：余读高祖侯功臣，察其首封。	34
15	《令甲》		亡		《惠景间侯者年表序》：太史公读《列封》，至便侯，曰：有以也夫！长沙王者，著《令甲》，称其忠焉。	35
16	《功令》		亡		《儒林列传序》：太史公曰：余读《功令》，至于广厉学官之路，未尝不废书而叹也。	

续表

序号	书　名	存	亡	残	载于《史记》之篇目、表列数序	
17	《汉律令》		亡		《太史公自序》：于是汉兴，萧何次律令，韩信申军法，张苍为章程，叔孙通定礼仪，则文学彬彬稍进。《诗》《书》往往间出矣。	35
18	《汉军法》		亡			
19	《汉章程》		亡		按：萧、韩等人所定皆汉代典制。张苍《章程》为历算度量衡。叔孙通《礼仪》已列经类（见经14）	
20	《晁错所更令三十章》		亡		《袁盎晁错列传》：错所更令三十章，诸侯皆喧哗疾晁错。	36
21	《世本》			残	此三种见班氏父子评述，按之《史记》有征引，《战国策》被引用达九十二条之多。	
22	《战国策》	存				
23	《楚汉春秋》		亡			
小计	二十三种	2	20	1		

4. 文学书七种

	书　名	存	亡	残	载于《史记》之篇目、表列数序	
1	乐毅、鲁仲连、邹阳、李斯等书	存			乐毅、鲁仲连、邹阳、李斯等传录载章表疏奏及书信多种，见《史记》各本传。	37 38 39
2	屈原赋	存				
3	宋玉赋	存				
4	唐勒赋		亡		均见《屈原贾生列传》。	
5	景差赋		亡			
6	贾谊赋			残		
7	司马相如赋	存			见《司马相如列传》。	40
小计	七种	4	2	1		
总计	一〇六种	39	58	9	载于《史记》篇目共40篇。	40

　　上列诸表具录一百零六种书，姑以四分法统计，计经部之书二十三种，子部之书五十三种，史部之书二十三种，集部之书七种。经部序列依《太史公自序》所论《春秋》《易》《礼》《书》《诗》《乐》六经顺次列表，子部序列基本依《史记》列传所载先后列表。汉时《论语》《孟子》未尊为经，故列于子部。《铎氏微》《虞氏春秋》据司马迁所论，言"事"之书，故列于史部。汉代功令、典制列入史部。集部书寥寥无几。而列于史部的二十三种书，都不能说是真正的史书。像"史记""秦记""列封""功令""律令"等只是一些档案资料，所以亡失殆尽。仅存的《战国策》与《山海经》两部，前者策士之言，后者《山海经》更是一部言志怪的方志，司马迁未予引载。故《汉书·艺文志》无史部，而将有价值的史书包括司马迁的《史记》（称《太史公书》）附于《六艺略》春秋家类。可见先秦时代，虽然典籍大备，而史学还处于童年时代。司马迁"厥协《六经》异传，整齐百家杂语"，集天下之书以为一书，并以《六经》为主要史料，乃是时代使然。

　　再从存亡情况看，经部二十三种，存十七种，亡六种，残一种，四分之三流传至今，可见经部典籍价值之高。子部五十二种，存十七种，亡三十种，残六种，存亡略半。史部二十三种，仅《山海经》与《战国策》两书流传外，全部荡然无存。集部七种存亡各半。总计一百零六种书，存三十九种，亡五十八种，残九种，过半数无存，书之传世，可谓难矣。《史记》汇总了古今典籍成一书，而且基本完整地保存下来，这是中国文化史上的一件划时代的大事。《史记》的价值不单是它的史学成就，而且是保存古代文化典籍的宝库，同时也是鉴别现存古代典籍科学价值的一个尺度。《史记》效《春秋》而作，尊《六经》为群籍之首，不是从尊经出发，而是从史料价值出发，是值得注意的（详后本文第三节）。汉、唐以后，史籍大备，《六经》被道学家引向了经院哲学，其史料价值反被埋没。所以章学诚提出"六经皆史"，为世所惊。从这个意义上说，研究《史记》取材，对于我们研究先秦历史，如何对待《六经》史料，是一个很好的借鉴。

第二节　司马迁用多种途径搜求史料

司马迁用多种途径搜求史料，载于《史记》中的资料，可以归纳为六个方面。

一、阅读皇室所藏图书档案

——《太史公自序》云：百年之间，天下遗文古事靡不毕集太史公。太史公仍父子相续纂其职。

——《报任安书》云：网罗天下放失旧闻，考其行事，稽其成败兴坏之纪，凡百三十篇，亦欲以究天人之际，通古今之变，成一家之言。

按：这两段话十分鲜明地展示了司马谈、司马迁父子两人共同的史学思想。他们要"网罗天下放失旧闻"，用多种途径搜求史料，广泛参证，以"考其行事"，成一家之言。由于秦朝焚灭《诗》、《书》，图籍散乱，单靠个人的力量是不可能获得古今图书的。汉朝建立，大收图籍，广开献书之路，"建藏书之策，置写书之官"①，百年之间，典籍充栋，宫内有天禄阁、延阁、广内等藏书馆，外朝有太常、太史、博士官署藏书。司马迁所读《诗》《书》《春秋》《国语》《谍记》《春秋历谱谍》《秦记》《列封》《功令》等，皆国家所藏图书。故司马谈临终遗言，司马迁必为太史。"卒三岁而迁为太史令，绅史记石室金匮之书"，这是司马迁在《自序》中特地大书的一笔，示承继父志，续纂其业。太史令，秩六百石，是"陪外廷末议"的一个卑官②，但汉制，"天下计书先上太史公，副上丞相"③，却给司马迁修史提供了必要的条件。《曹相国世家》所录曹参军功，即《功令》所载之文。《扁鹊仓公列传》载仓公所

---

① 《汉书·艺文志》。
② 《汉书》卷六二《司马迁传》。
③ 卫宏语，见《太史公自序》之《集解》引《汉仪注》。

对医案为皇室所藏。《樊郦滕灌》《傅靳蒯成》等传亦多录《功令》之文。汉史诸表更是依赖于《功令》《列封》《令甲》等资料而制成。清赵翼评论说：

> 《史记》曹参世家叙功处，绝似有司所造册籍，自后樊哙、郦商、夏侯婴、灌婴、傅宽、靳歙、周緤等传，记功俱用此法。并细叙斩级若干，生擒若干，降若干人，又分书身自擒斩若干，所将卒擒斩若干，又总叙攻得郡若干，县若干，擒斩大将若干，裨将若干，二千石以下若干，纤悉不遗。另成一格，盖本分封时所据功册而迁料简存之者也。然亦可见汉初起兵，即令诸将各立简牍，以纪劳绩，无枉无滥，所以能得人死力以定大业也 ①。

赵翼的评论，十分精当。但他认为这是"《史记》变体"，未免率略，《史记》载百年汉史特详，许多材料都是来自汉室档案簿书。司马迁"绌史记石室金匮之书"，《索隐》引如淳云："抽彻旧书故事而次述之。"又引小颜云："绌谓缀集之也。"可见"绌"就是编录撰述。司马迁将"石室金匮"之中的档案簿书绌绎摘述以入史，与《六经》典籍并重，可以说这是《史记》取材上的一个显著特点。这不是"变体"，而是《史记》的正书。

二、金石、文物、图像及建筑

——《秦始皇本纪》载《泰山石刻》《琅邪石刻》《之罘石刻》。

——《孔子世家赞》：适鲁，观仲尼庙堂车服礼器，诸生以时习礼其家，余祇回留之，不能去云。

——《留侯世家赞》：余以为其人计魁梧奇伟，至见其图，状貌如妇人好女。

——《春申君列传赞》：吾适楚，观春申君故城宫室，盛矣哉！

---

① 《廿二史札记》卷一"《史记》变体"条。

——《蒙恬列传赞》：吾适北边，自直道归，行观蒙恬所为秦筑长城亭障，堑山堙谷，通直道，固轻百姓力矣。

按：秦始皇统一天下，巡游各地，在峄山、泰山、琅邪、之罘、会稽、碣石等地刻石颂功，司马迁采择载入《秦始皇本纪》中，开了金石做史料的先河。孔子庙堂文物，留侯图像，春申君宫室建筑，蒙恬所筑长城、直道，都吸引了司马迁的注意。可惜当时没有摄影技术和图版印刷，这一物质条件限制了司马迁在《史记》中作图版穿插，他只好用文字来描绘了。如说秦始皇"蜂准，长目，挚鸟膺"[①]；汉高祖"隆准而龙颜，美须髯"[②]；陈平"为人长，美色"，"如冠玉"[③]；张苍"身长肥大白如瓠"[④]；李广"为人长，猿臂"[⑤]；公孙弘"状貌甚丽"[⑥]等。有的人物为司马迁所亲见，大多是得之于传闻或见之于文物图像。如说越王勾践"长颈鸟喙"[⑦]；孔子"长九尺有六寸"，"其颡似尧，其项类皋陶，其肩类子产，然自腰以下，不及禹三寸"[⑧]。这些描写，表现了司马迁搜求史料的广泛兴趣，除得之于传闻外，当有古代的文物图像为司马迁所亲见，留侯图像就是一例。

三、游历访问、实地调查

——《五帝本纪赞》：余尝西至空桐，北过涿鹿，东渐于海，南浮江、淮矣，至长老皆各往往称黄帝、尧、舜之处，风教固殊焉。

——《周本纪赞》：学者皆称周伐纣，居洛邑，综其实不然。武王

---

① 《史记》卷六《秦始皇本纪》。
② 《史记》卷八《高祖本纪》。
③ 《史记》卷五六《陈丞相世家》。
④ 《史记》卷九六《张丞相列传》。
⑤ 《史记》卷一〇九《李将军列传》。
⑥ 《史记》卷一一三《平津侯主父列传》。
⑦ 《史记》卷四一《越王勾践世家》。
⑧ 《史记》卷四七《孔子世家》。

营之，成王使召公卜居，居九鼎焉，而周复都丰、镐。至犬戎败幽王，周乃东徙于洛邑。所谓"周公葬于毕"，毕在镐东南杜中。

——《封禅书赞》：余从巡祭天地诸神名山川而封禅焉。入寿宫，侍祠神语，究观方士祠官之意。

——《河渠书赞》：余从负薪塞宣房，悲《瓠子之诗》而作《河渠书》。

——《孟尝君列传赞》：吾尝过薛，其俗闾里率多暴桀子弟，与邹、鲁殊。问其故，曰："孟尝君招致天下任侠，奸人入薛中，盖六万余家矣。"世之传孟尝君好客自喜，名不虚矣。

——《伯夷列传》：余登箕山，其上盖有许由冢云。

——《魏世家赞》：吾适大梁之墟，墟中人曰："秦之破梁，引河沟而灌大梁，三月城坏，王请降，遂灭魏。"说者皆曰魏以不用信陵君故，国削弱至于亡，余以为不然。

——《信陵君列传赞》：吾过大梁之墟，求问其所谓夷门。夷门者，城之东门也。

——《樗里子甘茂列传赞》：樗里子以骨肉重，固其理，而秦人称其智，故颇采焉。

——《淮阴侯列传赞》：吾如淮阴，淮阴人为余言，韩信虽为布衣时，其志与众异。其母死，贫无以葬，然乃行营高敞地，令其旁可置万家。余视其母冢，良然。

——《樊郦滕灌列传赞》：吾适丰、沛，问其故老，观故萧、曹、樊哙、滕公家，及其素，异哉所闻。

——《龟策列传》："余至江南，观其行事，问其长老"云云。

按：司马迁二十壮游，奉使巴、蜀以南，从巡武帝，搜集了全国各地关于上古历史的传说，在调查中考实了西周建国经营洛邑的情况，纠正了学者所传之误。至于调查战国故事、汉初故事、古战场形势、个人遗事，至为详悉。大至秦国的破魏战争，小至一个城门的名字，都要亲历访问。司马迁十分重视普通老百姓的口碑、传颂，并在《史记》中留下了记载。如适大梁之墟，求问夷门及秦灭魏，"墟中人曰"云云；载樗里子事迹，"秦人称其智"云云；"淮阴人为余言"云云……此类例证，不胜枚举。这说明司马迁的调查，深入了社会下层，有时甚至冒着生命危险，也在所不辞。例如他在齐鲁地区考察，就曾厄困鄹、薛、彭城，认识到薛地风俗，其间里"率多暴桀子弟，与邹、鲁殊"。为了弄清原因，司马迁"问其故"。《货殖列传》对全国都市经济和各地物产、习俗的记载，就是从游历调查中得到的。

四、搜求诸侯史记

——《六国年表序》：秦既得意，烧天下《诗》《书》，诸侯史记尤甚，为其有所刺讥也。《诗》《书》所以复见者，多藏人家，而史记独藏周室，以故灭。惜哉，惜哉！独有《秦记》，又不载日月，其文略不具。

——《燕召公世家》载："孝王……三年卒，子今王喜立。"又载："今王喜四年，秦昭王卒。"

按：秦始皇焚灭诸侯史记，司马迁深为痛惜，故在"网罗天下放失旧闻"中搜求诸侯史记是一大目的。燕孝王之卒及燕王喜四年秦昭王卒是公元前255年至公元前251年事，下距司马迁述史一百四五十年，而《燕召公世家》两称"今王"，显然是抄录燕国史记的痕迹。至于年表、世家载各诸侯国史事用第一人称"我"亦是录自诸侯史记的痕迹。

五、接触当事人或他人口述材料

冯王孙：

——《赵世家赞》：吾闻冯王孙曰："赵王迁，其母倡也，嬖于悼襄王。悼襄王废适子嘉而立迁。迁素无行，信谗，故诛其良将李牧，用郭开。"岂不缪哉！

贾嘉：

　　——《屈原贾生列传》：贾生之孙二人至郡守，而贾嘉最好学，世其家，与余通书。

樊他广：

　　——《樊郦滕灌列传赞》：余与他广通，为言高祖功臣之兴时若此云。

田仁：

　　——《田叔列传赞》：仁与余善，余故并论之。

壶遂、韩长孺：

　　——《韩长孺列传赞》：余与壶遂定律历，观韩长孺之义，壶遂之深中隐厚。世之言梁多长者，不虚哉！

李广：

　　——《李将军列传赞》：余睹李将军悛悛如鄙人，口不能道辞。

郭解：

　　——《游侠列传赞》：吾视郭解，状貌不及中人，言语不足采者。

苏建：

　　——《卫将军骠骑列传赞》："苏建语余曰"云云。

　　按：在交游中采访史料，弥补文献记载的不足，也是《史记》取材的一大特色。在战国史中，赵事独详。"有造父御穆王西巡狩之事焉，有屠岸贾灭赵氏与程婴立孤之事焉，有赵简子梦至帝所赐翟犬之事焉，有赵襄子拜受霍泰山三神之令之事焉，有武灵王梦见处女鼓琴歌而得孟姚之事焉，是皆《国语》与《战国策》之所未记而极富于故事性之民间传说也。"又"《史记》中赵之将相若平原君、虞卿、廉颇、蔺相如之俦，及其流寓若乐毅、信陵君，封国若张耳，其中振奇恢诡之故事必有绝大都分为冯氏子所宣扬，故能笔墨生动若此"①。冯氏父子，即冯唐、冯王孙，父子两人相继长期在官

---

　　①　顾颉刚《司马谈作史》，载《史林杂识初编》。

廷做郎官，冯唐官至楚相。冯唐父子与司马谈、迁父子是世交好友。冯氏，祖籍赵人，熟悉赵国掌故，为司马迁提供了丰富的战国史料。至于当代汉史，司马迁得交游之助，更不待具论。

六、采集歌谣诗赋，俚语俗谚

此分三项：

1. 乐府歌谣，文人诗赋

——《项羽本纪》载《项羽之歌》：力拔山兮气盖世，时不利兮骓不逝。骓不逝兮可奈何，虞兮虞兮奈若何！

——《高祖本纪》载汉高祖《大风歌》：大风起兮云飞扬，威加海内兮归故乡，安得猛士兮守四方。

——《吕太后本纪》载赵王刘友《饥饿之歌》：诸吕用事兮刘氏危，迫胁王侯兮强授我妃。我妃既妒兮诬我以恶，谗女乱国兮上曾不寤。我无忠臣兮何故弃国？自决中野兮苍天举直！于嗟不可悔兮宁蚤自财，为王而饿死兮谁者怜之！吕氏绝理兮托天报仇。

——《乐书序》载汉武帝《神马太一之歌》：太一贡兮天马下，沾赤汗兮沫流赭。骋容与兮跇万里，今安匹兮龙为友。

又载《大宛千里马歌》：天马来兮从西极，经万里兮归有德。承灵威兮降外国，涉流沙兮四夷服。

——《河渠书》载汉武帝《瓠子之歌》二章。其一曰：瓠子决兮将奈何？皓皓旰旰兮闾殚为河！殚为河兮地不得宁，功无已时兮吾山平。吾山平兮钜野溢，鱼沸郁兮柏冬日。延道弛兮离常流，蛟龙骋兮方远游。归旧川兮神哉沛，不封禅兮安知外！为我谓河伯兮何不仁，泛滥不止兮愁吾人？啮桑浮兮淮、泗满，久不反兮水维缓。

其二曰：河汤汤兮激潺湲，北渡迂兮浚流难。搴长茭兮沉美玉，河伯许兮薪不属。薪不属兮卫人罪，烧萧条兮噫乎何以御水！颓林竹兮楗石宾，宣房塞兮万福来。

——《宋微子世家》载箕子《麦秀之歌》：麦秀渐渐兮，禾黍油油。彼狡僮兮，不与我好兮！

——《晋世家》载晋大夫《士茪之歌》：狐裘蒙茸，一国三公，吾谁适从。

——《孔子世家》载孔子《去鲁之歌》：彼妇之口，可以出走；彼妇之谒，可以死败。盖优哉游哉，维以卒岁。

又载《太山之歌》：太山坏乎！梁柱摧乎！哲人萎乎！

——《齐悼惠王世家》载朱虚侯刘章《耕田歌》：深耕溉种，立苗欲疏，非其种者，锄而去之。

——《伯夷列传》载伯夷叔齐《采薇之歌》：登彼西山兮，采其薇矣。以暴易暴兮，不知其非矣。神农、虞、夏忽焉没兮，我安适归矣？于嗟徂兮，命之衰矣！

——《刺客列传》载《荆轲之歌》：风萧萧兮易水寒，壮士一去兮不复还。

——《滑稽列传》载《优孟之歌》：山居耕田苦，难以得食。起而为吏，身贪鄙者余财，不顾耻辱。身死家室富，又恐受赇枉法，为奸触大罪，身死而家灭。贪吏安可为也！念为廉吏，奉法守职，竟死不敢为非。廉吏安可为也！楚相孙叔敖持廉至死，方今妻子穷困负薪而食，不足为也！

2. 民歌童谣

——《周本纪》载周宣王时之童谣：檿弧箕服，实亡周国。

——《鲁周公世家》载鲁文成之世童谣：鸲鹆来巢，公在乾侯。

鸱鸮入处，公在外野。

——《田敬仲完世家》载齐人《采艺之歌》：妪乎采艺，归乎田成子。

又载齐人怨王建《松柏之歌》：松耶柏耶？住建共者客耶？

——《曹相国世家》载汉初百姓颂《萧曹之歌》：萧何为法，靓若画一；曹参代之，守而勿失。载其清净，民以宁一。

——《魏其武安侯列传》载《颍川儿歌》：颍水清，灌氏宁；颍水浊，灌氏族。

——《淮南衡山列传》载《淮南民歌》：一尺布，尚可缝；一斗粟，尚可舂。兄弟二人不相容。

3. 俚语俗谚

——《陈杞世家》：鄙语有之：牵牛径人田，田主夺之牛。径则有罪矣，夺之牛，不亦甚乎？

——《郑世家赞》：语有之：以权利合者，权利尽而交疏。

——《赵世家》：谚曰：以书御者，不尽马之情；以古制今者，不达事之变。

又载谚曰：死者复生，生者不愧。

又载民讹言曰：赵为号，秦为笑。以为不信，视地之生毛。

——《陈涉世家》：客曰："夥颐！涉之为王沉沉者！"楚人谓多为夥，故天下传之。

——《楚元王世家赞》：甚矣，"安危在出令，存亡在所任"，诚哉是言也。

——《陈丞相世家》：鄙语曰：儿妇人口不可用。

——《伯夷列传》引载《贾谊新书》：贾子曰：贪夫徇财，烈士徇名，夸者死权，众庶冯生。

——《管晏列传》: 语曰: 将顺其美, 匡救其恶, 故上下能相亲也。

——《孙子吴起列传赞》: 语曰: 能行之者, 未必能言。能言之者, 未必能行。

——《苏秦列传》: 鄙谚曰: 宁为鸡口, 无为牛后。

——《樗里子甘茂列传》: 秦人谚曰: 力则任鄙, 智则樗里。

——《白起列传赞》: 鄙语云: 尺有所短, 寸有所长。

——《平原君列传赞》: 鄙语云: 利令智昏。

——《春申君列传赞》: 语曰: 当断不断, 反受其乱。

——《范雎蔡泽列传》: 语曰: 庸主赏所爱而罚所恶; 明主则不然, 赏必加于有功, 而刑必断于有罪。

又载蔡泽所闻俗语: 吾闻之, 鉴于水者见面之容, 鉴于人者知吉与凶。

——《鲁仲连邹阳列传》载《鲁仲连遗燕王书》: 吾闻之, 智者不倍时而弃利, 勇士不却死而灭名, 忠臣不先身而后君。

又载: 吾闻之, 规小节者不能成荣名, 恶小耻者不能立大功。

又载邹阳《狱中上梁王书》: 谚曰: 有白头如新, 倾盖如故。

——《刘敬叔孙通列传赞》: 语曰: 千金之裘, 非一狐之腋也; 台榭之榱, 非一木之枝也; 三代之际, 非一士之智也。

——《季布栾布列传》: 楚人谚曰: 得黄金百, 不如得季布一诺。

——《袁盎晁错列传赞》: 语曰: 变古乱常, 不死则亡。

——《张释之冯唐列传赞》: 语曰: 不知其人, 视其友。

——《扁鹊仓公列传赞》: 女无美恶, 居宫见妒; 士无贤不肖, 入朝见疑。

——《吴王濞列传赞》: 毋为权首, 反受其咎。

——《韩长孺列传》: 语曰: 虽有亲父, 安知其不为虎? 虽有亲兄, 安知其不为狼?

——《李将军列传赞》: 谚曰: 桃李不言, 下自成蹊。

——《游侠列传》：鄙人有言曰：何知仁义，已飨其利者为有德。

又载谚曰：人貌荣名，岂有既乎！

——《佞幸列传》：谚曰：力田不如逢年，善仕不如遇合。

——《货殖列传》：谚曰：千金之子，不死于市。

又载谚曰：天下熙熙，皆为利来；天下攘攘，皆为利往。

又载谚曰：百里不贩樵，千里不贩籴。

又载：用贫求富，农不如工，工不如商，刺绣文不如倚市门。

按：汉武帝设乐府采诗，《史记》中部分民歌童谣，来自乐府，上引统治阶级上层人士所作之歌，则来自皇室档案。但大部分民歌童谣、俚语俗谚，是司马迁采自民间，往往标明谚曰、语曰、鄙语曰，或融合在叙事之中，挥洒自如，用于刻画人物，用于叙事说理，妙趣横生，寓意透辟。司马迁还采择文人诗赋入史，如《屈原贾生列传》录屈原赋、贾谊赋，《司马相如列传》录司马相如赋，均得其宜。采择歌谣诗赋入史，不仅开拓了史料来源，而且使史文具有文学的形象性，增强了文章的感染力，是应该肯定的。司马迁还大量地将歌谣俚语引入赞中，用以褒贬人物，就像引用经典一样郑重。歌谣俚语，寓有平凡的真理，是人民生活实践的结晶。司马迁引用歌谣俚语，正是他过人的识力表现的一种形式。但这为正统派史学家所不容。班彪所谓的"论议浅而不笃"，郑樵讥之为"雅不足"云云，也就值不得辩驳了。

第三节　司马迁取舍材料的标准

古人著述，如何选取材料和组织材料，称之为"书法"，亦谓之"凡例""义例"。《史记》自成"一家之言"，有着严密的书法、义例，司马迁在论赞及行文中反复提示。今就司马迁别择材料的标准作简要归纳，大致可概括为六条凡例，分论之如下。

一、考信于六艺，折中于夫子

——《伯夷列传》：夫学者载籍极博，犹考信于六艺。

——《孔子世家赞》：孔子布衣，传十余世，学者宗之。自天子王侯，中国言六艺者折中于夫子，可谓至圣矣。

——《殷本纪赞》：太史公曰：余以《颂》次契之事，自成汤以来，采于《书》《诗》。

按：明王守仁说："以事言曰史，以道言曰经。事即道，道即事。《春秋》亦经，五经亦史。"①但未引起史学界的注意。嗣后清章学诚提出"六经皆史"的论断②，因出于著名史学评论家之口，受到史学界的崇高评价。其实早在西汉，司马迁第一个提出了六经皆史的论断，并做出了杰出的实践，以《六经》为史料。《太史公自序》云：

夫《春秋》，上明三王之道，下辨人事之纪，别嫌疑，明是非，定犹豫，善善恶恶，贤贤贱不肖，存亡国，继绝世，补敝起废，王道之大者也。《易》著天地阴阳四时五行，故长于变；《礼》经纪人伦，故长于行；《书》记先王之事，故长于政；《诗》记山川溪谷禽兽草木牝牡雌雄，故长于风；《乐》乐所以立，故长于和；《春秋》辩是非，故长于治人。

又云：

是故《礼》以节人，《乐》以发和，《书》以道事，《诗》以达意，《易》以道化，《春秋》以道义。拨乱世反之正，莫近于《春秋》。

---

① 《传习录》卷一。
② 《文史通义》内篇一《易教上》。

章学诚论六经皆史的根据是"六经皆先王之政典也"。章氏所论与王守仁的说法是一致的，但都没有超出司马迁的认识水平。尧、舜、夏、殷、周诸纪，三代、十二诸侯两年表，齐、鲁、燕、晋、宋、卫、孔子诸世家，仲尼弟子传等篇主要以六艺经传为史料。至于司马迁以孔子言论作为褒贬人物的一个尺度，贯穿于《史记》之中，俯拾即是，不一一具引。

二、择其言尤雅者，总之不离古文者近是

——《五帝本纪赞》：太史公曰：学者多称五帝，尚矣。然《尚书》独载尧以来；而百家言黄帝，其文不雅驯，荐绅先生难言之。孔子所传宰予问《五帝德》及《帝系姓》，儒者或不传。余尝西至空桐，北过涿鹿，东渐于海，南浮江、淮矣，至长老皆各往往称黄帝、尧、舜之处，风教固殊焉，总之不离古文者近是。予观《春秋》《国语》，其发明《五帝德》《帝系姓》章矣，顾弟弗深考，其所表见皆不虚。书缺有间矣，其轶乃时时见于他说。非好学深思，心知其意，固难为浅见寡闻道也。余并论次，择其言尤雅者，故著为本纪书首。

——《三代世表序》：余读《谍记》，黄帝以来，皆有年数，稽其《历谱谍》《终始五德之传》，古文咸不同乖异。

——《仲尼弟子列传赞》：太史公曰：学者多称七十子之徒，誉者或过其实，毁者或损其真，钧之未睹厥容貌，则论言弟子籍，出孔氏古文近是。

按："择其言尤雅者"，司马迁有着明确的释义，有两方面的含义。第一，文献记载要经得起实地调查的考核；反过来，传闻材料要有文献记载的印证，即文献记载与实地调查并重，相互印证。这就是司马迁多方面搜求史料的指导思想。第二，对重大历史事件，要征引多种史料进行排比、考实，然后谨慎地取舍、综合。司马迁作《五帝本纪》就是一个"择其言尤雅者"

的典型例证。这篇三千四百五十字的本纪（未计赞语字数），在文献方面至今犹能按核的典籍就有十余种：古今文《尚书》、《大戴礼记》（即《五帝德》及《帝系姓》）、《国语》《左传》《世本》《庄子》《孟子》《韩非子》《战国策》《吕氏春秋》《礼记》《淮南子》。此外，还有我们至今无法按核的典籍，如《百家》《谍记》等。儒家经典《尚书》，第一篇为《尧典》，所以司马谈发凡起例，上限起自陶唐。但司马迁在游历考察中。从全国各地搜集了关于黄帝的传说资料，修正上限起自黄帝①。传说资料，各地不同，甚至互相抵牾，真伪杂陈，必须和文献资料印证，去伪存真，去粗取精。司马迁认为《五帝德》《帝系姓》是孔子传下来的。实际这两篇文献是战国时人所记载的传说，不过是托名孔子答宰予问。司马迁用《左传》《国语》等古文加以印证，摘取可靠的资料，而对其中不可信的部分，删而去之。例如《五帝德》述黄帝，其中有"黄黼黻衣，大带黼裳，乘龙扆云"的记载；述颛顼，有"乘龙而至四海"的记载；述帝喾，有"春夏乘龙，秋冬乘马，黄黼黻衣"的记载，这都是不合理、不可信的，司马迁均予以删去。至于《百家》《谍记》所载黄帝以来年数，一概予以摒弃。从黄帝以来至西周共和只作一个《三代世表》，以象征历史发展的线索而已。可见司马迁取材，是进行了一番广征、互证的考核工作，才加以别择的。

　　至于古文，系指用先秦文字书写的典籍，《六经》是古文的主体，故"总之不离古文者近是"，与"考信于六艺"是一致的，但含义和范围更宽广。用今天的行话说，就是述史要征用原始资料，愈早愈珍贵。司马迁对古文有很深的造诣，他十岁就能读古文书籍，成年后又向大儒孔安国学习古文《尚书》，故《史记》载《尧典》《禹贡》《洪范》《微子》《金縢》诸篇，"多古文说"②。

---

① 参阅本书《〈史记〉断限考略》一文。
② 《汉书》卷八八《儒林传》。

三、纪异而说不书，所有怪物，余不敢言之也

——《天官书》：幽、厉以往，尚矣。所见天变，皆国殊窟穴，家占物怪，以合时应，其文图籍祥不法。是以孔子论《六经》，纪异而说不书。

——《太史公自序》：星气之书，多杂机祥，不经；推其文，考其应，不殊。比集论其行事，验于轨度以次，作《天官书》第五。

——《刺客列传赞》：太史公曰：世言荆轲，其称太子丹之命，"天雨粟，马生角"也，太过。

——《大宛列传赞》：至《禹本纪》《山海经》所有怪物，余不敢言之也。

按："纪异而说不书"，这是究天人关系的一个原则。司马迁精通天文、律历。但古代的科学知识是与宗教迷信、神话传说杂糅在一起的。实际观察天象，可以验证"星气之书，多杂机祥，不经"；但巫祝的预言也"时或颇中"，于是司马迁又认为"推其文，考其应，不殊"。天道性命到底有无呢？司马迁既怀疑，又相信。"纪异"，就是对天道灾变加以记载；而"说不书"，即对感应的说法不加记载。司马迁是怎样运用"纪异而说不书"的呢？他作《律历书》和《天官书》，把历算天文的科学史纳入了历史编纂的范围，也记载了许多天人感应的资料，但在纪传中载人事时并不加以发挥。天是天，人是人，两者在《史记》五体的分工记载中作了明显的区分。所以七十列传，力求实录人事的历史变化，而对虚妄荒诞之说加以摈斥或揭露。例如《陈涉世家》对鱼腹丹书、篝火狐鸣的记载就揭示了真相。燕太子丹求归，仰天而叹，"天雨粟，马生角"，以及《禹本纪》《山海经》所有怪物，荒诞无稽，一概不录。

四、非天下所以存亡，故不著，至于世传其书者，论其轶事

——《报任安书》：稽其成败兴坏之理……

——《留侯世家》：留侯从上击代，出奇计马邑下，及立萧何相国，所与上从容言天下事甚众，非天下所以存亡，故不著。

——《张丞相列传》：自申屠嘉死之后，景帝时开封侯陶青、桃侯刘舍为丞相。及今上时，柏至侯许昌、平棘侯薛泽、武强侯庄青翟、高陵侯赵周等为丞相。皆以列侯继嗣，娖娖廉谨，为丞相备员而已，无所能发明功名有著于当世者。

按：司马迁以人物为中心，却只用了五十二万言就叙出三千年史事，真正做到了字字精练、要言不烦。这成功的关键就是司马迁以论治为核心叙史，"稽其成败兴坏之理"，对入传人物和行状史事作了严格的选择，"非天下所以存亡，故不著"。留侯佐高祖，奇谋善策至多，只载其著者。汉代丞相，自申屠嘉以后，大多碌碌，无功无过，备员丞相，列名而已。反之，事关治道的下层人物、医卜星象、刺客游侠，皆立专传以载之。还有一类人物，对历史做出了重大贡献，家喻户晓，口碑相传，或著书立说，留言后世，则只载其轶事。这一原则，司马迁反复申言之：

——《管晏列传赞》：吾读管氏《牧民》《山高》《乘马》《轻重》《九府》，及《晏子春秋》，详哉其言之也。既见其著书，欲观其行事，故次其传。至其书，世多有之，是以不论，论其轶事。

——《司马穰苴列传赞》：世既多《司马兵法》，以故不论，著穰苴之列传焉。

——《孙子吴起列传赞》：世俗所称师旅，皆道《孙子》十三篇，《吴起兵法》，世多有，故弗论，论其行事所施设者。

——《孟子荀卿列传》：自如孟子至于吁子，世多有其书，故不论其传云。

但《鲁仲连邹阳列传》《屈原贾生列传》《李斯列传》《司马相如列传》却又大量引载人物著作入史。司马迁在《司马相如列传赞》中示例说："余采其语可论者，著于篇。"上述三种形式：或只著其关系天下兴亡之行事，或论其轶事，或载列著述，形式不同，皆为有益于"治"，考论兴亡之理。手法虽异，而旨归则一。

五、信以传信，疑以传疑，故两言之

——《三代世表序》：五帝、三代之记，尚矣。自殷以前诸侯不可得而谱，周以来乃颇可著……故疑则传疑，盖其慎也。

——《仲尼弟子列传赞》：余以弟子名姓文字悉取《论语》弟子问，并次为篇，疑者阙焉。

——褚少孙补《三代世表》云：张夫子问褚先生曰："《诗》言契、后稷皆无父而生。今案诸传记咸言有父，父皆黄帝子也，得无与《诗》谬乎？"褚先生曰。"不然……一言有父，一言无父，信以传信，疑以传疑，故两言之。"

按：《史记》中有两存之例，如殷始祖契，既曰"母曰简狄，为帝喾次妃"，又曰简狄吞玄鸟卵而生契。周始祖后稷，"其母曰姜原，为帝喾元妃"，又谓"姜原出野，见巨人迹"，践之而生稷。这两例就是褚少孙所释的"信以传信，疑以传疑"的考信精神。五帝三王之本纪年表，只载世系而不记年，其义亦在此。

六、厥协六经异传，整齐百家杂语

——《太史公自序》：凡百三十篇，五十二万六千五百字，为《太史公书》。序略，以拾遗补艺，成一家之言，厥协《六经》异传，整齐百家杂语。

——《报任安书》：究天人之际，通古今之变，成一家之言。

按:"成一家之言"是司马迁的述史理想。因此,他虽然提出了"考信于六艺""折中于夫子"的取材原则,但是引载六艺经传及百家杂语并不墨守教条,而是纳入"一家之言"中,有着独具的特点。《史记》有"述"与"作"之分。大体说来,百年汉史以"作"为主,战国以前的古代史以"述"为主。所谓"述",即熔铸剪裁,摘抄旧史而成。"厥协《六经》异传,整齐百家杂语"是就"述"而言。所谓"厥协"就是综合、贯通;"整齐"就是别择、统一。白寿彝解释这两句话说:"前一句用'协'字,协者,合也,说明他认为经传是比较正确、可靠的,就是要把六经异传综合起来,把它们都吸收到《史记》里面去。后一句用'整齐',则含有批判的意思,意味着百家杂语的正确性差一些。"[①]从第一节司马迁所见书的表列统计数据分析来看,白先生的话是很精练的。

那么司马迁是怎样合协《六经》异传和统一百家杂语以成一家之言的呢? 主要的贯通手法有四种:

1. 剪裁摘要:

——《左传·文公十八年》: 昔高阳氏有才子八人,苍舒、隤敳、梼戭、大临、龙降、庭坚、仲容、叔达。齐圣广渊,明允笃诚,天下之民谓之"八恺"。高辛氏有才子八人,伯奋、仲堪、叔献、季仲、伯虎、仲熊、叔豹、季狸。忠肃共懿,宣慈惠和,天下之民谓之"八元"。此十六族也。世济其美,不陨其名。

——《五帝本纪》: 昔高阳氏有才子八人,世得其利,谓之"八恺"。高辛氏有才子八人,世谓之"八元"。此十六族者,世济其美,不陨其名。

[①] 《史记新论》,求实出版社 1981 年版。

2. 增文补史

——《舜典》：正月上日，受终于文祖。在璇玑玉衡，以齐七政。

——《五帝本纪》：正月上日，舜受终于文祖。文祖者，尧大祖也。于是帝尧老，命舜摄行天子之政，以观天命。舜乃在璇玑玉衡，以齐七政。

3. 训释古文

——《尧典》：

克明俊德

钦若昊天

宅朔方

允釐百工，庶绩咸熙

——《五帝本纪》：

能明驯德

敬顺昊天

居北方

信饬百官，众功皆兴。

4. 熔铸改写

（1）《尧典》：

——帝曰："咨！四岳。朕在位七十载，汝能庸命，巽朕位？"岳曰："否德忝帝位。"曰："明明扬侧陋。"师锡帝曰："有鳏在下，曰虞舜。"帝曰："俞！予闻，如何？"岳曰："瞽子，父顽，母嚚，象傲；克谐，以孝烝烝，乂不格奸。"帝曰："我其试哉！"女于时，观厥刑于二女。釐降二女于妫汭，嫔于虞。帝曰："钦哉！"

——《五帝本纪》：

舜父瞽叟顽，母嚚，弟象傲，皆欲杀舜。舜顺适不失子道。兄弟孝慈，欲杀不可得；即求，尝在侧。

舜年二十以孝闻。三十而帝尧问可用者，四岳咸荐虞舜，曰可。于是尧乃以二女妻舜以观其内，使九男与处以观其外。舜居妫汭，内行弥谨。尧二女不敢以贵骄事舜亲戚，甚有妇道。尧九男皆益笃。舜耕历山，历山之人皆让

（2）《淮南子·泰族训》：

——四岳举舜荐之于尧，尧乃妻以二女，以观其外……既入大麓，烈风雷雨而不迷，乃属以九子。

（3）《韩非子·难一》：

——历山之农者侵畔，舜往耕焉，期年，圳亩正。河滨之渔者争坻，舜往渔焉，期年，而让长。东夷之陶者器苦窳，舜往陶焉，期年而器牢。仲尼叹曰："耕、渔与陶，非舜官也，而舜往为之者，所以救败也。舜其信仁乎！乃躬藉处苦而民从之，故曰：圣人之德化乎！"

或问儒者曰："方此时也，尧安在？"其人曰："尧为天子。"然则仲尼之圣尧奈何？圣人明察在上位，将使天下无奸也。今耕渔不争、陶器不窳，舜又何德而仕？舜之救败也，则是尧有失也；贤舜则去尧之明察，圣尧则去舜之德化；不可两得也。楚人有鬻楯与矛者，誉之曰："吾楯之坚，莫能陷也。"又誉其矛曰："吾矛之利，于物无不陷也。"或曰："以子之矛陷子之楯何如？"其人弗能应也。夫不可陷之楯，与无不陷之矛，不可同世而立。今舜、

畔；渔雷泽，雷泽上人皆让居；陶河滨，河滨器皆不苦窳。一年而所居成聚，二年成邑，三年成都。尧乃赐舜绨衣，与琴，为筑仓廪，予牛羊。瞽叟尚复欲杀之，使舜上涂廪，瞽叟从下纵火焚廪。舜乃以两笠自扞而下，去，得不死。后瞽叟又使舜穿井，舜穿井为匿空旁出。舜既入深，瞽叟与象共下土实井，舜从匿空出，去。瞽叟、象喜，以舜为已死。象曰："本谋者象。"象与其父母分，于是曰："舜妻尧二女，与琴，象取之。牛羊仓廪予父母。"象乃止舜宫居，鼓其琴。舜往见之。象鄂不怿，曰："我思舜正郁陶！"舜曰："然，尔其庶矣！"舜复事瞽叟爱弟弥谨。于是尧乃试舜五典百官，皆治。

尧之不可两誉，矛楯之说也。

（4）《孟子·万章上》：

——万章问："《诗》云：'娶妻如之何？必告父母。'信斯言也，宜莫如舜。舜之不告而娶，何也？"

孟子曰："告则不得娶。男女居室，人之大伦也。如告，则废人之大伦，以怼父母，是以不告也。"

……

万章曰："父母使舜完廪，捐阶，瞽瞍焚廪。使浚井，出，从而掩之。象曰：'谟盖都君咸我绩，牛羊父母，仓廪父母，干戈朕，琴朕，弤朕，二嫂使治朕栖。'象往入舜宫，舜在床琴。象曰：'郁陶思君尔。'忸怩。舜曰：'惟兹臣庶，汝其于予治。'不识舜不知象之将杀己与？"

曰："奚而不知也？象忧亦忧。象喜亦喜。"

曰："然则舜伪喜者与？"

曰："否，昔者有馈生鱼于郑子产，子产使校人畜之池。校人烹之，反命曰：'始舍之圉圉焉，少则洋洋焉，攸然而逝。'子产曰：'得其所哉！得其所哉！'校人出，曰：'孰谓子产智？予既烹而食之，曰：得其

所哉，得其所哉。' 故君子可欺
以其方，难罔以非其道。彼以爱兄
之道来，故诚信而喜之。奚伪焉？"

上述例证是就《五帝本纪》随手摘出，只是简要的示例，实际情况，要复杂得多。剪裁、补史、训释、熔铸等手法常常是交叉运用，综合贯通。熔铸改写，已经是一种创作。熔铸旧史，需有大识力，方能从沙里淘金，在旧籍中摄取有价值的史料。上引《尧典》《淮南子》《韩非子》《吕氏春秋》《孟子》诸书对舜的记载大多是传闻，各书所载意义迥殊，而司马迁运用巧思熔铸成一节生动的历史故事，反映尧舜时代的禅让史影。《孟子》中记载象谋害舜后，前往舜宫，企图霸占二嫂，舜已先归家。按儒家礼教，象是不能玷污二嫂的。他的活动只不过是衬托舜的伟大。司马迁改写，打了一个颠倒。当舜从井中旁出归家时，象已在自己宫中调戏二妻，并且在前面还加了一句"本谋者象"，不仅使故事更加戏剧化，而且使斗争更合情理而激烈。《史记》以实录著称于世，是就历史本质而言，至于细节，往往有改动，甚至虚拟情节，尽管与具体事实的细节不符，但更符合历史发展的真实。这一创造，贵在掌握分寸，唯司马迁能之。再举三例来说明。

其一，《左传》宣公三年记载楚庄王伐陆浑之戎，"遂至于雒，观兵于周疆。定王使王孙满劳楚子。楚子问鼎之大小轻重焉"。《史记·楚世家》载其事，楚庄王与王孙满问对，庄王曰："子无阻九鼎，楚国折钩之喙，足以为九鼎。"这句话是司马迁增加的。在《史记·周本纪》中亦载其事，司马迁又改为楚庄王伐陆浑之戎，次洛，"使人问九鼎"。楚子问鼎周室，这是历史事实。但是问鼎细节，司马迁根据需要却做了不同的处理，旨在突出楚庄王的野心，也就更加符合历史的真实了。

其二，《太史公自序》引古人自况，认为："西伯拘羑里，演《周易》；孔子厄陈蔡，作《春秋》；屈原放逐，著《离骚》；左丘失明，厥有《国语》；

孙子膑脚，而论《兵法》；不韦迁蜀，世传《吕览》；韩非囚秦，《说难》《孤愤》；《诗》三百篇，大抵贤圣发愤之所为作也。"这些都是历史的真实，但各人经历的细节，尤其是遭遇与著书的关系，与《史记》各本传所载就不完全相符。司马迁改动历史细节以突出发愤著书的哲理意义，说明只有那些经受得起磨难的人才能做出一番大事业来。这些地方，类似诸子哲学，以述史为论。不明司马迁之史识者，则大钻牛角，考其真伪。正如司马迁所说："非好学深思，心知其意，固难为浅见寡闻道也。"①

其三，《孔子世家》引载《论语》材料，一一作了时间和场景的定位，形成连贯的史料。这已超出了细节的改写，而是文学构思了。又如《项羽本纪》载鸿门宴，樊哙撞军门、怒目视项王、头发上指的描写，乃是文学夸张。在塑造历史人物时，司马迁更是运用多种文学手法，这已超出本文所论范围，兹从略。

总括本文所述，《史记》取材，有着严密的史法义例，宗旨是"成一家之言"。司马迁取材义例，不仅表现了他的创造精神和卓越史识，而且许多方法至今仍有借鉴意义。班氏父子谓《史记》专务广博而疏略抵牾，郑樵讥《史记》博雅不足，皆皮相之论，贻误后学两千年，亟应辨正。

---

① 《史记》卷一《五帝本纪赞》。

第九章　《史记》体制义例考论

　　《史记》由五体构成：1. 本纪十二篇；2. 表十篇；3. 书八篇；4. 世家三十篇；5. 列传七十篇。凡一百三十篇，五十二万六千五百字，原题《太史公书》，东汉桓、灵之际，始专名《史记》。

　　《史记》五体结构是一个伟大的创造，自班固以下，历代依仿，成为中国传统史学的主干，称为纪传体。纪传体被封建王朝定为国史正体，这是值得认真研究的一个课题。前代学者，从唐刘知几以来，对纪传体得失的探讨，留下了不少的精辟论断，是我们应当继承的遗产。但是，前代学者对纪传体得失的探讨，偏重于史料的编纂方法，疏于从笔法义例上加以研究。本文着重研究五体结构的笔法义例，揭示司马迁创造纪传体的意义，以补前人论述之不足，显然是一件很有意义的工作。本文研究两个问题：五体题名义例、五体序目义例。

第一节　五体题名义例

　　前人探讨《史记》五体，在溯源问题上大钻牛角，认为五体古已有之，司马迁只不过把它汇总在一起以构成一书而已。此种观点很值得商榷。论者引《史记·大宛列传赞》提到的《禹本纪》作为古有本纪一体之证。其实司马迁所言《禹本纪》与《山海经》相提并论，指出是言志怪之书，仅有本纪之名而已，与载述帝王事迹的本纪风马牛不相及。赵翼说："《史记·卫世家赞》，'余读世家言'云云，是古来本有"世家"一体，迁用之以记王侯诸国。"① 泷川资言说："世家言三字，又见《管蔡》《陈杞》各世家，史公自称其书也。"② 按查《史记》，正是如此，可见古代并无世家一体。先秦典籍中有"世卿""世禄""世臣""世家"之称③，均指卿大夫之爵职秩禄世代相传，司马迁"世家"之体，其名称由此演化而来。范文澜说："八书之名，本于《尚书》。"其言可采。但又说："八书之作，则取《尚书》之《尧典》《禹贡》。"④ 这就太板而显得推论太远了。

《史记》五体均为司马迁所创造。刘知几说：

> 夫纪传之兴，肇于《史》《汉》，盖纪者，编年也；传者，列事也。编年者，历帝王之岁月，补《春秋》之经；列事者，录人臣之行状，犹《春秋》之传。《春秋》则传以解经，《史》《汉》则传以释纪。寻兹例草创，始自子长。⑤

此言极是。《太史公自序》反复申说《史记》效《春秋》而作，可见《春秋》之经、传形式对《史记》体例的创作影响是很大的。《三代世表序》云"余读《谍记》"，《十二诸侯年表序》云"余读《春秋历谱牒》"，这是司马迁创造年表所借鉴的蓝本。《吕氏春秋》一书分为十二纪、八览、六论，用以统一百家思想，包容丰富的内容，这一形式也给予司马迁以很大的启示。但是《吕氏春秋》的各体都是短篇的论文，只是名称不同，并无本质的区别，是不能与各具笔法义例的《史记》五体相提并论的。以上说明，司马

---

① 《廿二史札记》卷一。

② 《史记会注考证》卷三一。

③ "世卿"见《公羊传·隐公三年》；"世禄"见《古文尚书·毕命》，又见《孟子·梁惠王下》；"世臣"见《孟子·梁惠王下》；"世家"见《孟子·滕文公下》。这些名词皆指世卿爵禄之家，父子相继，世代相传之意。

④ 《正史考略》"《史记》条"。

⑤ 《史通》卷二《列传》。

迁的创造不宗一书，不祖一体，而是参酌各种典籍体例的长短，匠心独具地汇入一编。《史记》五体，各具笔法，自成系统，而又构成一个严密的整体，不仅是一种史料的编纂方法，而且更是一种历史的表述法，反映了司马迁大一统的历史观，是值得我们去深入研究的。

内容决定形式。《史记》的五体创造是由《史记》的创作宗旨，即《史记》所要包容的历史内容直接引申出来的。《史记》的创作宗旨，《太史公自序》有着明确的表述，主要有四点：其一，"网罗天下放失旧闻，王迹所兴，原始察终，见盛观衰"，即总结古今一切人间社会史事，考治乱之源。其二，究"天人之际，承敝通变"，即探讨天道与人事的关系，展现历史的变化和发展。汉代流行天人感应学说，自然要给司马迁的思想打下时代的烙印，而究"天人之际"。但是"承敝通变"却又打破了"天不变，道亦不变"的框架。其三，确立以人物为中心的述史体系。司马迁认为"运行无穷"的历史，并不只是帝王的政绩，那些"辅弼股肱之臣"的言论行事不应泯没。他的父亲司马谈临终遗言说："今汉兴，海内一统，明主贤君忠臣死义之士，余为太史而弗论载，废天下之史文，余甚惧焉，汝其念哉！"司马迁在《史记》中创作了三十世家和七十列传来实现父亲的遗言。其四，"拾遗补艺"，"厥协《六经》异传，整齐百家杂语"，继《春秋》之后"成一家之言"。总括起来就是：司马迁要完成一部以人事为中心的包容百科全书知识的通史。五体结构的创作能够完满地体现司马迁的创作意图，于是应运而生。

一、本纪

裴松之《史目》云："天子称本纪，诸侯曰世家。"张守节发挥说："本者，系其本系，故曰本；纪者，理也，统理众事，系之年月，名之曰纪。"①

---

① 《史记》卷一《五帝本纪》之《正义》。

刘知几曰："盖纪者，纲纪庶品，网罗万物，论篇目之大者，其莫过于此乎！"又云："盖纪之为体者，犹《春秋》之经系日月以成岁时，书君上以显国统。"① 据此，"本纪"之义有五：

1. "本纪"为法则、纲要之意，它"纲纪庶品"，故为最尊贵之名称。

2. "本纪"为记载天子国君之言事所专用。

3. "本纪"是"网罗万事"的，即国家大事无所不载，不得视为人物传记。

4. "本纪"编年，记正朔，象征天命攸归。从编纂学角度立论，编年记事是我国史法的优秀传统，使叙列的历史事件、兴衰发展的线索分明，它创自《春秋》。

5. "本纪"效《春秋》十二公，故为十二篇。《太史公自序》云："著十二本纪。"

用上述义例来衡量一下二十四史，班固的《汉书》最合标准，而《史记》最不合标准。因为《史记》的十二本纪中，夏、殷、周三《本纪》包括了三代的先公先王，更有《秦本纪》，这均是诸侯入本纪，此其一。《史记》立《吕太后本纪》，而不立《惠帝纪》，竟把帝王逸出了本纪，此其二。《史记》又立《项羽本纪》，却不纪西楚之年，而用"汉之元年""汉之二年"记正朔，且记事章法为传体。实际上司马迁写的是一篇"项羽列传"，只不过定名《项羽本纪》而已，此其三。因此，刘知几的《史通》处处扬班抑马。他在《二体篇》中虽然以《史记》《左传》为纪传、编年二体之祖，但真正许为二体代表作的却是班固的《汉书》和荀悦的《汉纪》。所以他在《二体篇》的结论中说："然则班、荀二体，角力争先，欲废其一，固亦难矣。后来作者，不出二途。"《史记》的十二本纪何以有这些"破例"，刘知几的评

---

① 《史通》卷二《本纪》。

论是否允当，我们将在本节的结论中评述。

二、十表

司马贞曰："《礼》有《表记》，而郑玄云'表，明也'。谓事微而不著，须表明也，故言表也。"[1] 赵翼说："《史记》作十表，仿于周之谱牒，与纪传相为出入，凡列侯、将、相、三公、九卿功名表著者，既为立传，此外大臣无功无过者，传之不胜传，而又不容尽没，则于表载之，作史体裁，莫大于是。"[2] 准上，则"表"之义：

1. 表隐微之事，使之鲜明。

2. 扩大纪、传的记事范围。

3. 表与纪、传互为经纬，是联系纪、传的桥梁。

以上释义仅仅是从组织材料上立论，远远没有揭示出十表的真正价值。尽管赵翼说"作史体裁，莫大于是"，而二十四史中竟有十五史无表。计有：《后汉书》《三国志》《晋书》《宋书》《齐书》《梁书》《陈书》《魏书》《北齐书》《周书》《南史》《北史》《隋书》《旧唐书》《旧五代史》。除《旧唐书》《旧五代史》外，其余十三史皆刘知几所见，故他一方面盛赞表之功用，"使读者举目可详"[3]，同时又有废表之论[4]。刘知几认为史表既不便阅读，又与纪、传重复，只应单独成书，不宜杂厕纪、传中。刘知几未能详考《史记》十表之义例，故立论不确。司马迁十表，用以反映历史发展的线索和阶段性，建立了古代的年代学理论，最有章法义例。本文将在第二节《五体序目义例》中详论，兹从略。

---

① 《史记》卷一三《三代世表·索隐》。

② 《廿二史札记》卷一。

③ 《史通》卷一六《杂说上》。

④ 《史通》卷三《表历》。

三、八书

司马贞曰:"书者,五经六籍总名也。此之八书,记国家大体。"[①]即八书是分门别类的文化制度史。《尚书》是各种体裁的公文档案汇编,略如后世的资料汇编,司马贞以"五经六籍总名"释之最确,司马迁把分门别类记载典章制度和文化发展的八书用"书"之名也是十分恰当的。

四、世家

司马贞曰:"系家者,记诸侯本系也,其言下及子孙常有国。故孟子曰:'陈仲子,齐之系家。'又董仲舒曰:'王者封诸侯,非官之也,得以代为家也。'"[②]刘知几曰:"案世家之为义也,岂不以开国承家,世代相续。"又曰:"司马迁之记诸国也,其编次之体与本纪不殊,盖欲抑彼诸侯,异乎天子,故假以他称,名为世家。"[③]即定名"世家"之义有三:

1. 记诸侯列国史。

2. 载传代家世。

3. 世家与本纪同体,均编年记事,因有别于天子等第而别名"世家"。

但是在实践中,司马迁又有破例:

1. 项梁所立楚王熊心,曾统兵遣将,号令一方。刘邦入关,项羽北救赵,均为楚王心所遣。项羽杀宋义自号上将军犹假号楚王之令,入关后尊楚王为义帝。司马迁既不为之立"本纪",亦不为之立"世家"。

2. 汉初诸侯吴王刘濞,淮南王刘长、刘安,衡山王刘赐,因叛逆降为"列传",而西周诸侯管叔叛逆,宗庙不守,却有《管蔡世家》。

---

① 《史记》卷二三《礼书·索隐》。
② 《史记》卷三一《吴太伯世家·索隐》。
③ 《史通》卷二《世家》。

3.汉初功臣萧何、曹参、张良、陈平、周勃等，爵禄不过封侯而立"世家"，但其他侯国不立"世家"，而且赵王张耳、长沙王吴芮，封为诸侯，又历传数代，亦不立"世家"。

4.三十世家中有《孔子》《陈涉》《外戚》三世家。孔子为布衣，陈涉称王不终，汉帝后妃无世可传，但均立"世家"，其例云何？这些问题均属破例，详见本节后面的详述。

五、列传

司马贞曰："列传者，谓叙列人臣事迹，令可传于后世，故曰列传。"①张守节曰："其人行迹可序列，故云列传。"②

列者，陈也，列传，即众多之传。传，本为注经之书名，司马迁借以传人，记功臣贤人之言行以注本纪，表示人臣拱卫主上。《太史公自序》云："扶义俶傥，不令己失时，立功名于天下，作七十列传。"所以刘知几以《史记》《汉书》之纪传比于《春秋》之经传，议论是很精辟的。

总上所述，本纪编年，广载军国大事，摘载诏令制诰，以象征历史发展的统绪。世家述开国承家的诸侯。列传叙人臣事迹，辅弼君上，如众星之拱卫北辰。这种不同的题名及载述笔法，是一种等级序列。所以纪传史是以帝王将相为中心的历史，形象地照映了封建政体的等级秩序，适应了封建统治者的思想体制，这就是纪传史之被封建王朝颁令为正史的内在原因。也就是说，司马迁创作纪传史，正是为了巩固封建大一统政权服务的。

但是，司马迁又确是一位伟大的史学家，他有别于其他封建史家的可贵之点，突出地表现在《史记》中，主要有如下两个方面。

第一，体大思精。体大，指《史记》的五体形式；思精，指《史记》

---

① 《史记》卷六一《伯夷列传·索隐》。
② 《史记》卷六一《伯夷列传·正义》。

内容的全面性和系统性。《史记》体例完备，内容丰富，包罗万有，贯穿古今。它上起黄帝，下讫太初，汇总古今典籍，"网罗天下放失旧闻"，成为一部百科全书式的古代中国通史，从内容到形式都是划时代的伟大创造。诸如经济、政治、文化、学术、民族、社会，以及自然界的星象、历法、地理、地利等无所不备。人物除帝王将相之外，还记述了农民起义的领袖，如项羽、陈涉等，下层社会的侠客、医卜、商贾、俳优、博徒、渔夫、猎户、妇女、姬妾等，凡在人类活动中起过作用的人物都叙入史中。也就是说，司马迁创作的《史记》虽然以帝王将相为中心，但它却扩大范围，描写了整个社会的各阶层。司马迁不仅首创民族史传，记载周边各民族的历史发展；而且记载了国外民族，远及西亚，是他当时所理解的世界范围，使《史记》具有古代世界史的意义。《史记》内容如此丰富，正是因为五体结构形式体大思精，能容纳丰富的历史素材。

第二，记事实录。西汉学者刘向、扬雄以及东汉班彪、班固父子皆称迁有良史之才，服其善序事理，"辨而不华，质而不俚，其文直，其事核，不虚美，不隐恶，故谓之实录"①。这里着重从体制义例上来讨论一下司马迁的实录精神，用以回答本节前面所提出的本纪、世家中的破例问题。

《史记》破例为体，计有三种类型。

1. 序事首尾完整，便于"察其始终"。夏、商、周三本纪上溯先公先王，使记一代兴衰之历史首尾完具，有利于总结历史经验，洞察历史的发展轮廓。魏收作《魏书》，首列《序纪》，记载拓跋氏的先世起源，就是仿《史记》而创造的。

2. 正名实。司马迁认为，秦至献公之后，"常雄诸侯"②，"昭襄业帝"③，

---

① 《汉书》卷六二《司马迁传·赞》。
② 《史记》卷一五《六国年表序》。
③ 《史记》卷一三〇《太史公自序》。

才有始皇的统一，故特作《秦本纪》。参照《六国年表》，寓意更明。表名为六国，实叙八国，首栏列周，以示尊周天子为共主，次列秦，就是纪实以体现秦国"常雄诸侯"之意。因此周与秦不在六国数中。司马迁立《吕太后本纪》不立《惠帝本纪》也是纪实。因高后孝惠时，惠帝垂拱，吕后称制，故以惠帝附入吕后纪中。司马迁将楚王熊心附入《项羽本纪》中亦同此例。司马迁不为吴芮立"世家"，因其事迹不显，载入年表即足。至于不为赵王张耳立"世家"，是有意将张耳陈余合传。

3. 寓褒贬。司马迁为孔子、陈涉、汉帝后妃以及为汉初萧、曹、张、陈、周等开国功臣立世家，是褒显他们的历史功绩；反之，对汉初叛国诸侯，因为他们没有起到"辅弼股肱"的作用，降为"列传"，以示贬抑。但是周初管叔、蔡叔虽谋叛逆，后因蔡仲悔改，复封为诸侯，故司马迁仍立《管蔡世家》以劝善。由此可见，司马迁的破例为体，是寓有深意的。

班固仿《史记》作《汉书》，改通史体为断代史体，这是另一种创造，二者只可对照，不可并论。《汉书》断代为史。本纪载帝王，并取消世家，陈胜、项籍理应入传。《史记》贯通，本纪兼叙朝代，所以夏、商、周三代本纪上溯先公先王；又，《秦始皇本纪》之前有《秦本纪》，《高祖本纪》之前有《项羽本纪》，完全符合历史发展的序列，章法义例是严谨的。如果形式主义地看问题，就会认为《史记》为例不纯。刘知几以《汉书》为标准绅绎出纪传体的撰述理论。然后反过来用《汉书》的义例范围创始者《史记》的体例，在逻辑上犯了倒果为因的错误，所以是迂阔之论。请看刘知几提出的改造《史记》的意见，其言曰：

　　案姬自后稷至于西伯，嬴自伯翳至于庄襄，爵乃诸侯，而名隶"本纪"。若以西伯、庄襄以上，别作"周、秦世家"，持殷纣以对武王，拔秦始以承周报，使帝王传授，昭然有别，岂不善乎？必以西伯以前，其事简约。别加一目，不足成篇，则伯翳之至庄襄，其书先成一卷，而不共世家等列，辄与"本纪"同编，此尤可怪也。项羽僭盗而死，未得成名，求之于古，则齐无知、卫州吁之类也，安得讳其名字，呼之曰王者乎？《春秋》吴、楚僭拟，书如列国。假使羽窃帝名，正可抑同群盗，况其名曰西楚，号止霸王者乎？霸王者，即当时诸侯。诸侯而称"本纪"，求名责实，再三乖谬。①

又云：

陈胜起自群盗，称王六月而死，子孙不嗣，社稷靡闻，无世可传，无家可宅，而以"世家"为称，岂当然乎？②

刘知几以帝王相接来贯通历史的观点不无可取之处，现代的章节体通史正是这样编撰的，但这和纪传体之义例是不相容的。显然刘知几是以断代之例来绳墨通史体，故其言迂阔。假如真的按照刘氏意见来改造《史记》，势将割裂三代本纪及秦代史事叙述的连贯性。至于《项羽本纪》，司马迁用汉纪年，又用传体叙述，只不过是用"本纪"之名列于《高祖本纪》之前，不仅仅是反映了历史发展的实际，而且构成了楚亡汉兴的强烈对比，增强了文章气势，更加引人深思。张耳被降为列传与陈余合传，亦是此例。司马迁之一升一降，其义则一。司马迁作《陈涉世家》，其因有四：一曰尊汉，二曰反暴政，三曰赞首难，四曰纪实。刘邦反秦是打着楚王陈胜的旗号起事的，得天下后为陈涉置守冢三十家砀。陈涉首难，"其所置遣侯王将相竟亡秦"③。司马迁认为，秦朝暴政应当推翻，陈涉发难之功应予表彰，这在《史记》中多处讲到。西汉人并不认为陈涉是叛逆者。刘知几用强化了的后世封建正统观念抨击司马迁不应为项羽立本纪，为陈涉立世家，当然是迂

---

① 《史通》卷二《本纪》。
② 《史通》卷二《世家》。
③ 《史记》卷四八《陈涉世家》。

阔的了。相映成趣的是，今世时贤用形而上学的分析法引出了与刘知几殊途同归的结论，说什么司马迁"为陈涉这样被统治阶级视为'盗贼'的人立世家"，是"歌颂人民的反抗斗争"，从而否定班固作《陈胜项籍传》，这同样是一种迂阔的议论。假如班固照抄《史记》，在断代的《汉书》中孤标特立《项羽本纪》《陈涉世家》，岂非咄咄怪事？作为断代的《汉书》，体例是严密的，马、班优劣在史识，不在两书体例之得失。比较《史记》《汉书》体例以辨马、班优劣，刘知几正是失足在此，我们应引以为鉴。

第二节　五体序目义例

《史记》的篇章次第，各体均按时间先后为序来排列，这是符合通史体例的。但司马迁往往有打破。尤其是列传、合传、类传、附传四种形式，都有一定的义例，这是研究《史记》不可忽视的。《史记》全书一百三十篇，由十二本纪、十表、八书、三十世家、七十列传五体构成，总体是一个宝塔形的结构，与题名的内涵相吻合，形象地照映了封建政体的等级秩序。下面，分层讨论如次：

一、五体序列及篇数义例

$$
\text{五体目次}\begin{cases}\text{本纪十二}\\\text{年表十}\\\text{书八}\\\text{世家三十}\\\text{列传七十}\end{cases}\text{一百三十篇}
$$

五体序列义例，前节实已述及。篇数寓意，司马贞《补史记序》云：

> 本纪十二象岁星之周；八书有八篇，法天时之八节；十表放刚柔十日；

三十世家比月有三旬；七十列传取悬车之暮齿；百三十篇象闰而成岁①。

张守节《论史例》稍稍作了修正，认为本纪十二象一岁有十二月，其说更详：

> 太史公……作本纪十二，象岁十二月也。作表十，象天之刚柔十日，以记封建三代终始也。作书八，象一岁八节，以记天地日月山川礼乐也。作世家三十，象一月三十日，三十辐共一毂，以记世禄之家辅弼股肱之臣忠孝得失也。作列传七十，象一行七十二日，言七十者举全数也，余二日象闰余也，以记王侯将相英贤略立功名于天下，可序列也。合百三十篇，象一岁十二月及闰余也。而太史公作此五品，废一不可，以统理天地，劝奖箴诫，为后之楷模也。

范文澜认为"本纪十二之数，实效法《春秋》十二公而作"②，这也是正确的。因《春秋》十二公，亦象十二月，所以上起隐公以成十二之数，而使得《春秋》记事晚于平王东迁数十年。《史记》篇数与岁时历法相配乃是反映儒家所宣扬的一种天道观。《论语·尧曰》篇载："尧曰：'咨！尔舜！天之历数在尔躬，允执其中。四海困穷，天禄永终。'舜亦以命禹。"所谓"中"即是"历数"，象征天道运行；"执中"即是得天命，所以受命之君必封禅改正朔。司马迁亲自参与了汉武帝的封禅、改历，而《史记》究"天人之际"，故五体篇数各有象征，寓意天道运行。司马迁将惠帝事迹附于《吕太后本纪》中而不像《汉书》那样分立两纪，在纪实之中包含了不逾十二之数的意义在内。

《史记》五体结构及篇数的寓意，司马迁在《太史公自序》中也有着明确的交代。十二本纪取法《春秋》十二公，示《史记》继《春秋》而作；

---

① 转引自范文澜《正史考略》"《史记》条"。
② 范文澜《正史考略》"《史记》条"。

三十世家寓意"三十辐共一毂"，象征君臣之道如众星环北辰。但是，我们不必去钻牛角，刻意地探求五体结构及篇数的玄妙微意。我们只需从原则上来把握，《史记》五体结构是有意识创作的一个完整体系，它形象地照映了封建政体的等级秩序。数目的限制使司马迁记事简练，把握着严格的取舍标准。篇章次第的排列也遵循着一定的义例，是司马迁史学思想体系的一种反映。因此，司马贞对《史记》序目次第之批评，以及赵翼的"随得随编"之说都是不能成立的。

二、十二本纪、十表、八书序列义例

表、书二体与本纪紧密相连，可以看作是《本纪》内容的扩大和补充，故三体序列义例宜作通盘的综合分析。

本纪目次

上古史
- 五帝　本纪第一………卷一
- 夏　本纪第二………卷二
- 殷　本纪第三………卷三
- 周　本纪第四………卷四

近古史
- 秦　本纪第五………卷五
- 秦始皇　本纪第六………卷六
- 项羽　本纪第七………卷七

今世史
- 汉高祖　本纪第八………卷八
- 吕太后　本纪第九………卷九
- 孝文帝　本纪第十………卷十
- 孝景帝　本纪第十一………卷十一
- 孝武帝　本纪第十二……卷十二

本纪、年表均编年记正朔，篇目按年代顺序排列。本纪编年以王朝为体系，年表以时代的变革划分段落，打破了王朝体系。十表明确地划分古代约两千三百年史事为三个段落（上古、近古、今世），五个时期。上古史表分为《三代世表》和《十二诸侯年表》两个时期。近古史表分为《六国年表》和《秦楚之际月表》两个时期。今世史表为一个时期。分期义例如下：

1.《三代世表》，起黄帝，讫西周共和，表现积德累善得天下的古朴时代。

2.《十二诸侯年表》，起共和，讫孔子卒，即公元前841年—公元前476年，表现王权衰落的霸政时代。

以上两个时期为上古史。

3.《六国年表》，起周元王元年，讫秦二世之灭，即公元前475年—公元前207年，表现暴力征伐得天下的战国时代。

4.《秦楚之际月表》，起陈涉发难，讫刘邦称帝。即公元前209年—公元前201年，详著月表以表现五年之间天下三嬗的剧烈变革时代。从秦亡至西汉统一是五年，但月表溯及陈涉发难。

以上两个时期是近古史。

5.汉兴以来诸表，分类条析，表现大一统的今世时代。

司马迁的历史分期，是以社会的伦理变化为标准的，这在十表《序》中阐述得很清楚，这当然是不科学的。但是，司马迁是我国古代第一个具体划分历史发展阶段的历史家。用以表现历史之"变"，具有作规律性探讨的卓识远见。而且司马迁找出历史的大事变，用共和、孔子卒、秦亡、陈涉起义、刘邦称帝等大事记作为分期断限的临界点。这是十分光辉的思想。明白了司马迁的时代断限，是我们研究《史记》的一把钥匙。

司马迁的这一光辉思想也是有继承的。战国时代的百家争鸣，各家学说都在探讨治乱的根源，对历史发展的规律做试探。《礼记·礼运篇》记载了孔丘儒家学说的观点，认为尧舜时代为大同之世，三代为小康之世，春秋以来为乱世，历史的发展向着衰败的方向演进，要治天下就得法尧舜，妄图把历史拉回到西周的时代。《韩非子·五蠹篇》记载了法家时移世异的进化论历史观，并有明确的上古、中世、近古、今世的提法。西汉时的《春秋》公羊学大讲《春秋》十二公，分为所见、所闻、所传闻三阶段。同时又流行五德终始说、三统说等循环论历史观。无疑这些都是司马迁所继承借鉴的历史思想资料。但是，在司马迁以前的百家学说对历史发展规律的探索，仅仅停留在思辨哲学的猜测和囫囵的描绘上，而司马迁却第一次用叙述历史的方法来研究历史的发展规律，做出了明确的断限划分，不能不说是一个伟大的贡献。《春秋》亲近疏远的笔法，在司马迁手里发展为详今略古法后王的历史观，当然这也受到了荀子法后王思想的启迪。

八书分专题记载典章制度。《史记》原有《兵书》、《律历书》，由于《兵书》亡，补阙者分《律历书》为《律书》《历书》补缺（依司马贞说）。《礼书》《乐书》亦亡佚，补缺者摘取荀子《礼论》及《议兵》补《礼书》，摘取《礼记·乐记》补《乐书》。礼、乐、兵、律历、天官、封禅、河渠、平准八个方面都是当时人们认为的经国大事，故司马迁各列专题论列。但是地理、职官、食货（具体说是"食货"中之"食"，即土地制度）、艺文等几个方面未受到司马迁的重视，这给班固留下了创造的英雄用武之地。《汉书》十志比《史记》八书的内容更丰富，结构更严密，在这一点上班固发展了司马迁的史学，这是不必讳言的。

三、三十世家序列义例

目次如下：世家第一吴太伯；二齐太公；三鲁周公；四燕召公；五管蔡；六陈杞；七卫康叔；八宋微子；九晋；十楚；十一越王勾践；十二郑；十三赵；十四魏；十五韩；十六田敬仲完；十七孔子；十八陈涉；十九外戚；二十楚元王；二十一荆燕；二十二齐悼惠王；二十三萧相国；二十四曹相国；二十五留侯；二十六陈丞相；二十七绛侯；二十八梁孝王；二十九五宗；三十三王。三十世家，按时代序列可分为六组：

　　第一组，吴太伯至郑世家共十二世家，载周初所封诸侯，其始祖皆有
德于人民，子孙享其德泽为诸侯。但世家篇目序列与《十二诸侯年表》序
列不同，对照如下：

周、鲁、齐、晋、秦、楚、宋、卫、陈、蔡、曹、郑、燕、吴

　　　　　　　　　　　　　　——《十二诸侯年表》序列

吴、齐、鲁、燕、蔡、陈、卫、宋、晋、楚、越、郑

　　　　　　　　　　　　　　——三十世家序列

　　年表反映春秋之世的霸政，以诸侯强弱为序列。周列第一栏，尊天下
共主；鲁列第二栏象征以《春秋》当一王之法，故周、鲁均不在十二之数
中。鲁后为齐、晋、秦、楚、宋，即春秋五霸之序列。吴殿后，示意内诸
夏而外夷狄之义。这些都是《春秋》笔法。世家按诸侯始祖与周之亲疏关
系和开国时功劳大小排列，象征诸侯夹辅周室，所以与年表序列不同。司
马迁嘉吴太伯之让国，列为第一。第二组赵世家至田敬仲完四世家，乃战
国之世以暴力篡夺而得的诸侯，即赵、魏、韩三家及田齐。第四、第六两
组共七世家，载当世刘姓宗室王。楚元王至齐悼惠王四世家为高祖高后所
封，梁孝王文帝子，五宗诸王景帝之后，三王武帝子。第三组为孔子、陈涉、

外戚，第五组萧相国至绛侯汉初功臣，仍按时代序列排列的专题世家。

四、七十列传序列义例

目次如下：列传第一伯夷，附叔齐；二管仲、晏婴；三老子、韩非，附庄子、申不害；四司马穰苴；五孙武、孙膑、吴起；六伍子胥；七仲尼弟子；八商君鞅；九苏秦，附苏代、苏厉；十张仪，附陈轸、犀首；十一樗里子、甘茂，附甘罗；十二穰侯、魏冉；十三白起、王翦；十四孟轲、荀子，附齐三邹子——邹忌、邹衍、邹奭，又附齐稷下学者淳于髡、慎到、田骈、接子、环渊，又附公孙龙、李悝、尸子、长卢子、吁子、墨子；十五孟尝君田文，附冯驩；十六平原君赵胜、虞卿，附毛遂、李同、楼缓；十七魏公子信陵君无忌，附侯嬴、朱亥、毛公、薛公；十八春申君黄歇，附朱英、李园；十九范雎、蔡泽，附须贾、王稽、郑安平；二十乐毅，附乐间、乐乘；二一廉颇、蔺相如，附赵奢、李牧；二二田单，附王蠋；二三鲁仲连、邹阳；二四屈原、贾谊；二五吕不韦，附嫪毐；二六刺客：曹沬、专诸、豫让、聂政、荆轲，附聂荣、田光、樊於期、高渐离；二七李斯，附李由；二八蒙恬，附蒙毅、赵高；二九张耳、陈余；三十魏豹、彭越；三一黥布；三二淮阴侯韩信，附蒯通；三三韩王信、卢绾；三四田儋，附田横；三五樊哙、郦商、夏侯婴、灌婴；三六张苍，附周昌、任敖、申屠嘉；三七郦生、陆贾，附朱建；三八傅宽、靳歙、周缲；三九刘敬、叔孙通；四十季布、栾布，附季心、丁公；四一袁盎、晁错；四二张释之、冯唐；四三万石君石奋、张叔，附石建、石庆、卫绾、直不疑、周文；四四田叔，附田仁；四五扁鹊、仓公；四六吴王濞；四七魏其侯窦婴、武安侯田蚡，附灌夫；四八韩安国；四九李将军李广，附李陵；五十匈奴；五一卫将军卫青、骠骑将军霍去病，附公孙贺等十六人；五二平津侯公孙弘、主父偃；五三南越尉佗；五四东越；五五朝鲜；五六西南夷；五七司马相如；五八淮南王刘长、刘安，衡山王刘赐；五九循吏孙叔敖、子产、公仪休、石奢、李离；六十汲黯、郑当时；六一儒林申公、辕固生、韩生、伏胜、董仲舒、胡毋生；六二酷吏郅都、宁成、周阳由、赵禹、张汤、义纵、王温舒、杨仆、减宣、杜周；六三大宛，附乌孙、康居、奄蔡、大月氏、安息、条枝、大夏；六四游侠朱家、剧孟、郭解；六五佞幸邓通、韩嫣、李延年；六六滑稽：淳于髡、优孟、优旃；六七日者司马季主；六八龟策；六九货殖范蠡、子贡、白圭、猗顿、乌氏倮、巴寡妇清、卓氏、程郑、宛孔氏、曹邴氏、师史、刁间、任氏、桥姚、无盐氏，附田啬、田兰等十二人；七十太史公自序司马谈、司马迁。

　　上述七十列传分为四个类型：专传，合传，类传，附传。专传指一人一传，二人以上为合传，以类标题为类传，凡未入传目标题的人物为附传。专传、合传、类传三种传中皆有附传。正传与附传，表示列传人物的主次，并非附传为可有可无的附属物。有的附传仅附其名，一般是载列子孙、戚友；重要附传人物为事类相从。七十列传载正传人物一百四十人，附传人物九十二人。附传人物本多于正传人物，九十二人只指事类相从的附传人物。孔子弟子七十七人。列传人物总计三百零八人。类传人物古今同传，以类相从；合传与类传为同一类型，或对照或连类，故合传人物往往打破时代界限，上溯下及。《白起王翦列传》《鲁仲连邹阳列传》《屈原贾生列传》等是下及；《扁鹊仓公列传》是上溯。《孟子荀卿列传》附列人物十一人，实质是一篇先秦的"诸子列传"，《汲郑列传》实质是"黄老列传"。匈奴、南越、东粤、西南夷等周边民族史传分插在人物列传中，与相关的人物并列，等同天子臣民，此四海一家之观念，表现了司马迁民族一统的进步历史观。《大宛列传》所述为外国民族，单列于类传中。总之七十列传具有组合义例，可分为十四组①，序列如下：

---

① 本文首发分为二十组，这里将原十三至十九各组类传并为一组，是为十四组。

①伯夷列传	列传一……………卷六十一
②管晏至仲尼弟子	列传二至七………卷六十二至六十七
③商君至田单	列传八至二十二……卷六十八至八十二
④鲁邹至屈贾	列传二十三至二十四……卷八十三至八十四
⑤吕不韦至蒙恬	列传二十五至二十八……卷八十五至八十八
⑥张耳陈余至田儋	列传二十九至三十四……卷八十九至九十四
⑦樊郦滕灌至季布栾布	列传三十五至四十……卷九十五至一百
⑧袁盎晁错至扁鹊仓公	列传四十一至四十五…卷一百零一至一百零五
⑨吴王濞至韩长儒	列传四十六至四十八……卷一百零六至一百零八
⑩李将军至卫将军骠骑	列传四十九至五十一……卷一百零九至一百一十一

（列传目次）

⑪平津主父至淮南衡山	列传五十二至五十八……卷一百一十二至一百一十八
⑫循吏至酷吏	列传五十九至六十二……卷一百一十九至一百二十二
⑬大宛至货殖	列传六十三至六十九……卷一百二十三至一百二十九
⑭太史公自序	列传七十……………卷一百三十

（列传目次）

第一组，伯夷列传，是唯一的三代人物入传。此传是一篇以议论为主的文章，可以称之为论传。八书的中心是探讨天道，律历、天官、封禅都是直接讲天道的。天官有等级，百神有等级，人世间也应有等级。各种礼乐制度是合于天道人性的，这就是究天道的目的。但自西周共和以来，天道的权威一次次受到社会变革的打击，至上的天道权威伴随着王权的衰落而动摇了。尤其是秦楚之际，"五年之间，受命三嬗"，这更使得司马迁看到人心的背向对历史的发展起最后的发言力量，因而对佐善惩恶的天道发出了疑问。如果说八书重在讲天道人性，那么列传则是强调人为的作用。司马迁列伯夷为列传之首，不仅是尊其让国和守节不食周禄的节操，而且更主要的是借题发挥，提示义例，表明七十列传是讲人事的。所以司马迁评论历史人物，不以成败论英雄、论形势、论功利，这里是看不到天道的影子的。

第二组，管晏至仲尼弟子六传，传春秋时代人物。第三组，商君至田单共十五传，传战国时代人物。战国四公子排列一起，苏秦与张仪蝉联，都有以类相从之意。第四组，鲁仲连至屈贾四传，表彰品德高尚，壮志不伸，而能以言论德行留照人间的人物，连类相及。鲁仲连、屈原均战国之世人物，故编列于此，下及汉代的邹阳、贾谊。第五组，吕不韦至蒙恬四传，叙辅佐秦国兴起的人物，他们的特点是注重暴力权诈取天下，固轻百姓力，都不得好下场。《刺客列传》是类传，应排在《循吏列传》之后，而司马迁有意穿插在辅秦人物中间，这是对比见义，表现了司马迁反暴政的思想，刺客都是反暴人物。司马迁在李斯、蒙恬两传的赞中，既肯定他们的功绩，又直接地批判他们轻忽百姓的罪责，是值得注意的。白起、王翦有大功于秦，白起冤死，王翦善终。因白起坑降，王翦却无此暴行，所以两人合传以示对比。白起坑降不同于李斯、蒙恬的轻暴百姓，故司马迁将王翦前置白起传，而不是将白起下连王翦，以与第五组的暴政人物分开。第六组，张耳、陈余至田儋六传，叙楚汉相争人物。第七组，樊、郦、滕、灌至季布、栾布六传，皆辅汉功臣义士。第八组，袁盎、晁错至扁鹊、仓公五传，叙文、景时代忠勤于王室的人物。仓公传上连扁鹊以表现医学的承传。第九组，吴王濞至韩长孺三传，叙景、武之际统治集团的内部矛盾。韩长孺卷入魏其与武安两侯的纠葛中，故排列于此。第十组，李将军至卫将军、骠骑三传，叙伐匈奴的专题人物。第十一组，平津侯、主父至淮南衡山七传，叙武帝时的人臣传记和开疆拓土。第十二组，循吏至酷吏四传作两两对比。循吏传无汉代人，酷吏传无汉以前人。汲、郑古朴耿直而不喜儒，武帝倡儒学而多用酷吏。司马迁用这样的强烈对比来讥刺武帝的政治。第十三组是各种专题类传。《大宛列传》是叙外国史事的类传，西域各国附载于该传中。第十四组是总括全书要旨的自序传。

由上分析，七十列传基本以时代为序排列，符合通史原则，但有组合义例，或以类连及，或对比见义。用八个字来概括是："时代为序，以类相从。"上面的分组与评论，未必完全符合司马迁的原意，但总原则的分析不会有错。赵翼评论《史记》篇目是"随得随编"①，其说绝不可信。"时代为序"，勾勒历史发展的线索，是司马迁"通古今之变"的思想反映；"以类相从"是司马迁"成一家之言"的一个方面，反映了他用历史类比法进行古今纵横排比论证，探寻治乱兴衰的规律，这也是一种先进的研究方法。古今类比，有利于吸取历史的经验和教训，即以古为鉴之意。我们掌握了司马迁的历史类比法，以此为解剖刀去阅读和研究《史记》，许多疑难问题迎刃而解。例如附记法，不仅列传中有附传，而且其他各体亦有附记。夏、商、周三本纪上溯先公先王，实质是附记。《十二诸侯年表》《六国年表》附载其他小国，《管蔡世家》附"曹世家"。司马迁对他的附记法并有所交代。《鲁仲连邹阳列传·赞》说："邹阳辞虽不逊，然其比物连类，有足悲者，亦可谓抗直不挠矣，吾是以附之列传焉。"这说明合传、类传以某人物或以某时代为中心上溯或下及，是连类而附。也就是说，《史记》附记法的实质是类比法的引申。

此外，《史记》命篇，司马迁不作统一标准。《汉书》列传一律以人物姓名命篇。司马迁以姓名、封爵、谥号、别名兼用，其义无法考实，但可以肯定司马迁绝不是随意使用，而是根据当时所理解的善恶是非所表现的

---

① 《廿二史札记》卷一。

爱憎感情来决定命名的。例如"循吏"与"酷吏"两类传之命名尤为明显。又如汉初三雄，彭越、黥布皆以其名命篇，而韩信用"淮阴侯"之爵名命篇，表现了一种亲切感，最同情韩信。对石奋用"万石"之别号命篇，是口语化的反映。其他不必一一评述了。

五、序、赞义例 ①

《史记》篇末"太史公曰"云云，仿《左传》的"君子曰"而作，习惯称"赞"。十表、八书及类传篇前之"太史公曰"，习惯谓之"序"。《伯夷列传》《货殖列传》等篇中夹议，亦用"太史公曰"。这是司马迁所创造的议论形式，即篇前作"序"、篇后作"赞"、篇中夹"论"三种史论形式，对于后世影响很大。《太史公自序》则是全书的总论。不过司马迁本人并没有命名曰序曰赞曰论。《史通·论赞篇》正式论列"太史公曰"为"赞"，也就成了通称。

《左传》的"君子曰"是有议而发，后世的编年体如《汉纪》《资治通鉴》均效法它。《史记》则篇篇有"赞"，为纪传体史所效法，只是名称不同而已。《汉书》称"赞"；《后汉书》称"论"而又为"赞"；《三国志》称"评"，官修各史称"史臣曰"。刘知几评论《史记》之"赞"是画蛇添足，认为司马迁给史论的泛滥开了一个恶例。我们认为刘氏的批评是不恰当的。一部历史著作，若无作者的评论和观点，只能算做资料汇编，而不是一部真正的史学。所以刘氏的批评在实践中不能成立，唐以后官修诸史，仍篇篇有"赞"，而且唐太宗亲自为《晋书》作"赞"称"制曰"，因为"论"、"赞"是史家直接发抒议论的重要形式，并非蛇足。刘宋时的杰出史学家范晔作《后汉书》，他以"论曰"发端的史论以及类传中的"序论"，篇篇精彩，足以夺二十四史之冠。但是范书在"论曰"之外又有"赞曰"，确如刘知几所

---

① 本文略述，详论见本书《〈史记〉论赞》一文。

说，是"此皆私狗笔端，苟衒文采"①的蛇足。所以空洞无物的论赞，责任在效颦者而不在司马迁，这是不言自明的。

司马贞对《史记》的论赞却从另一角度提出了批评。他认为司马迁为论失于偏颇，没有全面概括篇中内容。所以司马贞注疏《史记》名曰《索隐》，探索幽隐，阐扬光大，重新——作"赞"，称《索隐述赞》。我们看司马贞的"赞"，内容虽全，却不是真正的史论，只不过是史传内容的复述以韵文形式摘要，是标准的"苟衒文采"之作，是不能与司马迁的史论同日而语的。清代学者章学诚对司马迁的史论作了崇高的评价。他说："太史叙例之作，其自注之权舆乎！明述作之本旨，见去取之从来，已似恐后人不知其所云而特笔以标之，所谓'不离古文'及'考信六艺'云云者，皆百三十篇之宗旨，或殿卷末，或冠篇端，未尝不反复自明也。"②我们认为章氏的评论是中肯的。综观《史记》一百三十篇之"序""赞""论"，它是研究司马迁思想的重要资料，内容极其丰富，计其大端有五：①考证史实，如五帝三代诸本纪之"赞"；②调查研究，叙游历之所得，如《河渠书赞》《齐太公世家赞》等；③对历史人物进行直接的评论，如《项羽本纪赞》、《蒙恬列传赞》、《淮阴侯列传赞》等；④明述作之旨，如《八书序》《十表序》等；⑤提示作史义例，如《苏秦列传赞》交代写翻案文章的原则，《鲁仲连邹阳列传赞》交代连类相及之附记法，《匈奴列传赞》交待对当世历史多微文刺讥……以上内容往往补篇中所未言之事。正如赖襄所说，《史记》之论赞，"自是一体"，"特疏己立传之意，又补传所未及，而有停笔踌躇俯仰今古处，足以感发读者心。是论赞所以有用。子长之后，少得此意者"③。我们认为这一评论是很有见地的。

---

① 《史通》卷四《论赞》。
② 《文史通义》内篇五《史注》。
③ 转引自《史记会注考证·总论》。

过去，史学界似乎流行一种形而上学的观点，凡"封建正统"必斥之为"反动"。所以在研究《史记》时为了肯定它的进步性就千方百计美化司马迁，把他和其他封建史学家对立起来，乃至于称司马迁为"人民歌手"，这是不符合历史实际的。《史记》虽然受到一些封建文人的诋毁，但却更受到整个封建社会各王朝的推尊，被颁令为国史正体。班彪、班固父子虽有批评，但也是很推崇的。本来班彪作的是"《史记》后传"，班固才断代为史的。司马迁本人不仅反复申说效《春秋》作《史记》，而且还提出了"厥协六经异传""考信于六艺""折中于夫子""总之不离古文者近是"等述史原则。我们通过对《史记》五体结构义例的分析，得出了五体结构形象地照应了封建等级秩序的结论，这说明司马迁也是维护封建正统的史学家。《史记》的厚今薄古，却也反映了两汉帝王中心论的历史观。但在当时条件下，司马迁的这些历史观又是进步的。因西汉封建社会处于上升发展时期，大一统的中央集权是新生事物，司马迁为这一新制度呐喊是应该肯定的。《史记》的进步性并不止此。司马迁"成一家之言"，使他在某些方面，例如反暴政、同情人民等，突破了正统思想的束缚，使《史记》的内容无比丰富。司马迁不止创造了容纳丰富历史内容的五体形式，而且还摸索出了新的历史研究法，例如历史的类比研究、划分历史断限的研究，这在整个封建社会都是空前绝后的。这些就是我们研究《史记》体制义例所得到的结论。也许本文所述是一个谬误，这仅仅是一种探索，热诚地希望史学史专家们给予指正。

附录 《史记》疑案研究论文
索引（258篇）

说　明

　　"《史记》疑案研究论文索引"，共收录论文 258 篇，供读者备查。按本书结构的上、下编，"索引"亦分为两题，上编"生年疑案"研究的论文索引包括了"卒年疑案"研究的论文，共 142 篇，而以"司马迁生年疑案研究百年论争论文索引（附卒年）"的形式标出，目的就是要凸显"生年疑案"四字。其他八个方面的专题疑案研究论文共 116 篇，数量还少于"生卒年疑案"，可见学术界最关注的是司马迁生卒年。而"生卒年"，重中之重是"生年"的疑案研究，这一项的论文达 100 篇，占比"史记疑案研究论文"总量的 38%，占比"生卒年疑案"单项论文总量的 77%。故"索引"又将"司马迁生年疑案"研究论文 100 篇单列，并分为"前 145 年说"论者与"前 135 年说"论者两组对照列出。100 篇论文起止时间从 1917 年到 2018 年，共 102 年。参与百年论争的双方学者，"前 145 年说"论者 21 人，论文 40 篇，其中两条为专论；"前 135 年说"论者 29 人，论文 60 篇。后者人数、论文，数量均占优，而论文质量是两个"无一"，即"无一考据"与"无一实证"。如果论文混编，彰显不出强烈对照。100 篇"生年疑案"研究论文为笔者所目见。25 篇"卒年疑案"研究论文亦为笔者所目见。还有 17 篇论文，笔者未目见，包括生卒年均有，故以"未目见论文"标出。

一、司马迁生年疑案研究百年论争论文索引
（附卒年，142篇）

司马迁生年"前145年说"论文（40篇，其中专论两条）

1. 王国维《太史公系年考略》，见《广仓学窘丛书》甲类本，1917年；改题《太史公行年考》，收入《观堂集林》第11卷，1923年。

2. 钱穆《司马迁生年考》，《学术季刊》（台湾）1953年第1卷第4期。

3. 包树棠《司马迁及事伏生学古文尚书辩》，《福建师范大学学报》1956年第1期。

4. 郑鹤声《司马迁生年问题的商榷——对郭、刘两先生讨论司马迁生年问题提出一些意见》，收入《司马迁年谱》，商务印书馆，1956年。

5. 程金造《从〈史记〉三家注商榷司马迁的生年》，《文史哲》1957年第2期；或《史记管窥》，陕西人民出版社，1985年。

6. 程金造《从"年十岁诵古文"商榷司马迁生年》，见《司马迁与史记》，中华书局，1957年。

7. 李仲均《读程金造先生〈从史记三家注商榷司马迁的生年〉》，《文史哲》1957年第8期。

8. 黄瑞云《司马迁生年考》，《安徽大学学报》1980年第3期。

9. 张大可《司马迁生卒年考辨辨》，原载1982年《甘肃省历史学会论文集》。摘要内容以"关于司马迁生年的考辨"为题，刊于《上海师范学院学报》1984年第2期；全文收入《史记研究》，甘肃人民出版社，1985年。

10. 何直刚《司马迁生于景帝中元五年之一证》，《河北学刊》1982年第4期。

11. 吉春《太史公生卒年初探》，载《韩城文艺》1982年第4期。

12. 徐朔方《司马迁生于汉景帝中元五年考》，《杭州大学学报》1983年第3期。

13. 张大可《评司马迁生于建元六年说之新证》，《求是学刊》1984年第2期；或《史记研究》，甘肃人民出版社，1985年。

14. 施丁《司马迁生年考——兼及司马迁入仕考》，《杭州大学学报》（哲社版）1984年第3期。

15. 施丁《司马迁受刑之年略考》，《辽宁大学学报》1984年第3期。

16. 程金造《与方国瑜论太史公为郎中奉使西南与其生年书》，见《史记管窥》，陕西人民出版社，1985年。

17. 王重九《从王国维、郭沫若共认的"先汉纪录"考定司马迁父子的生年》，《陕西师范大学学报》1985年第3期。

18. 施丁《司马迁写〈报任安书〉年代考》，《西南师范大学学报》（哲社版）1985年第4期。

19. 赵克《司马迁不可能生于建元六年》，《北方论丛》1986年第2期。

20. 张艳国《司马迁行年之商榷》，《湖北大学学报》1987年第1期。

21. 施丁《司马迁游历考》，收入《司马迁和史记》，北京出版社，1987年。

22. 吉春《司马迁十九岁前在家乡耕读浅探》，《北京师范大学学报》1989年增刊。

23. 施丁《〈史记索隐〉注"太史令"有问题》，《中国社会科学院研究生院学报》1996年第2期。

24. 张家英《王国维〈太史公行年考〉补证三则》，《哈尔滨师专学报》1999年第1期。

25. 易平《司马迁生年考证中的史料鉴别问题》，《光明日报》2000年4月28日。

26. 施丁《司马迁生于汉景帝中元五年》，《光明日报》2005年10月，或《史学史研究》2005年第3期。

27. 陈曦《李长之关于司马迁生于前135年说举证十条无一考据——兼论郭沫若"太史公行年考"有问题》，收入《史记研究》第一辑，商务印书馆，2016年；改题为《李长之"司马迁生于公元前135年说"驳论》，载《史学月刊》2017年第10期。

28. 张奇虹《〈太史公自序〉中没有记载司马迁生年——兼与吴名岗等先生商榷》，收入《史记研究》第一辑，商务印书馆，2016年；后又载《渭南师范学院学报》

2018 年第 1 期。

29. 张大可《司马迁生年十年之差百年论争述评》,《渭南师范学院学报》2017 年第 1 期;或《史记论丛》第十四集,中国文史出版社,2017 年。

30. 张大可《司马迁生年十年之差论争的意义》,见《史记论丛》第十四集,中国文史出版社,2017 年;又载《管子学刊》2017 年第 4 期。

31. 陈曦《评赵生群"司马迁生于前 135 年说"之新证》,《渭南师范学院学报》2017 年第 5 期;或《史记论丛》第十四集,中国文史出版社,2017 年。

32. 张大可《评"司马迁生年前 135 年说"后继论者的"新证"》,《渭南师范学院学报》2017 年第 9 期;或《史记论丛》第十四集,中国文史出版社,2017 年。

33. 陈曦《评袁传璋"司马迁生于前 135 年说"之新证》,《渭南师范学院学报》2017 年第 9 期;或《史记论丛》第十四集,中国文史出版社,2017 年。

34. 张大可《解读"虚妄论"提出的一些问题》,《史记论丛》第十四集,中国文史出版社,2017 年;又载《渭南师范学院学报》2018 年第 13 期。

35. 李小成、冯晓宇《由〈博物志〉中引文看司马迁生年的纷争》,《唐都学刊》2017 年第 6 期。

36. 陈曦《〈报任安书〉作年为基准点不能成立——就〈报任安书〉作年与袁传璋先生商榷》,《渭南师范学院学报》2018 年第 13 期。

37. 朱枝富《新一轮司马迁生年疑案研讨综论》,收入《史记论丛》第十五集,中国文史出版社,2018 年。

38. 朱枝富《评司马迁生年"前 135 年说"论者的两大"曲说"》,见《司马迁生年研究》,商务印书馆,2019 年。

专论两种

39. 施丁《司马迁行年新考》,陕西人民教育出版社,1995 年。

40. 张大可《司马迁生年研究》,商务印书馆,2019 年。

司马迁生年"前 135 年说"论文（60 篇）

1.〔日〕桑原骘藏《关于司马迁生年之一新说》,《东洋文明史论丛》(日本,1922 年); 重发《史学研究》(日本,第一卷第一号,1929 年); 再刊《大公报·文学副刊》1930 年第 107 期。

2. 李长之《司马迁生年为建元六年辨》,《中国文学》1944 年第 1 卷第 2 期,后收入《司马迁之人格与风格》一书; 刘际铨冒名发表于《历史研究》1955 年第 6 期。

3. 施之勉《〈太史公行年考〉辨疑》,《东方杂志》1944 年第 40 卷第 16 期;《大陆杂志》(台湾) 1953 年第 7 卷重发, 改题为《〈太史公行年考〉辨误》。

4. 郭沫若《〈太史公行年考〉有问题》,《历史研究》1955 年第 6 期。

5. 王达津《读郭沫若〈太史公行年考有问题〉后》,《历史研究》1956 年第 3 期。

6. 陈监先《太史公生年问题》,《山西师院学报》1957 年第 3 期。

7. 黄烈《关于〈史记〉三家注的关系问题——读程金造先生〈从"史记"三家注商榷司马迁的生平〉一文以后》,《文史哲》1958 年第 4 期。

8. 施之勉《司马迁生于武帝建元六年——读〈史记会注考证〉札记》,《大陆杂志》(台湾) 1967 年第 34 卷第 11 期。

9. 李伯勋《司马迁生卒年考辨——驳王国维〈太史公系年考略〉》,《兰州大学学报》1980 年第 1 期。

10. 李伯勋《关于司马迁的生年问题——答黄瑞云先生》,《安徽大学学报》1981 年第 1 期。

11. 苏诚鉴《司马迁行年三事考辨》, 收入《秦汉史论丛》第 1 辑, 陕西人民出版社,1981 年。

12. 罗芳松《"何时为郎"及"何自为郎"——司马迁生年问题考索》,《成都大学学报》1982 年第 1 期。

13. 吴汝煜《论司马迁的生年及与此有关的几个问题》,《南开学报》1982 年第 6 期。

14. 陈尽忠《对司马迁生卒年的一些看法》，《厦门大学学报》1982 年增刊。

15. 赵光贤《司马迁生年考辨》，《北京师范大学学报》1983 年第 3 期。

16. 陆永品《太史公行年考辨》，见《司马迁研究》，江苏人民出版社，1983 年。

17. 李伯勋《再谈〈报任安书〉的写作年代与司马迁的卒年问题》，《青海社会科学》1985 年第 5 期。

18. 吴汝煜《关于"父子相继纂其职"》，收入《史记论稿》，江苏教育出版社，1986 年。

19. 魏明安《司马迁生卒年考辨的考辨——考辨文章必须尊重前人的成果》，《固原师专学报》1986 年第 4 期。

20. 罗芳松《司马迁生年问题辨析（上、下）》，《成都大学学报》（社科版）1986 年第 4 期、1987 年第 3 期。

21. 袁传璋《〈报任安书〉"会东从上来"辨证》，《安徽师范大学学报》1987 年第 1 期。

22. 袁传璋《从任安的行迹考定〈报任安书〉的作年》，《淮北煤炭师范学院学报》1987 年第 2 期。

23. 袁传璋《司马迁生于武帝建元六年新证》，《陕西师范大学学报》1988 年增刊。

24. 苏诚鉴《从"诵古文""南游""北涉"到"仕为郎中"——司马迁生年及其与当时儒林关系的再探索》，《贵州文史丛刊》1989 年第 3 期。

25. 崔铮《司马迁生年补证》，《南都学坛》1990 年第 10 卷第 4 期。

26. 赵生群《司马迁生年研究综述》，《文教资料》1993 年第 2 期。

27. 崔抗生《司马迁生平管见》，《中州今古》1994 年第 2 期。

28. 袁传璋《〈史记·三王世家〉"太子少傅臣安行宗正事"为刘安国考》，《大陆杂志》（台湾）第 89 卷第 1 期，1994 年 7 月；收入《太史公生平著作考论》，安徽人民出版社，2005 年。

29. 袁传璋《从书体演变角度论〈索隐〉〈正义〉的十年之差——兼为司马迁生于武帝建元六年说补证》，《大陆杂志》（台湾）1995 年 4 月第 90 卷第 4 期；收入《太史公生平著作考论》，安徽人民出版社，2005年。

30.袁传璋《太史公"二十岁前在故乡耕读说"商酌》，（台湾）《大陆杂志》1995年12月第90卷第6期；收入《太史公生平著作考论》，安徽人民出版社，2005年。

31.刘大悲《司马迁生年探源》，《西昌师范高等专科学校学报》1997年第4期。

32.赵生群《司马迁生年新考》，《文教资料》1999年第6期。

33.赵生群《从〈正义〉佚文考定司马迁生年》，《光明日报》2000年3月3日。

34.赵生群《司马迁生于建元六年考》，《苏东学刊》2000年9月。

35.赵生群、尤德艳《也谈司马迁生年考证中的史料鉴别问题》，《文教资料》2001年第1期。

36.赵生群《司马迁生年以及相关问题考辨》，《南京师大学报》2001年第4期。

37.〔日〕藤田胜久《司马迁的生年与二十南游》，见《司马迁与史记论集》第五辑，陕西人民出版社，2002年。

38.赵生群《论司马迁生于建元六年》，见《司马迁与史记论集》第五辑，陕西人民出版社，2002年。

39.赵生群《〈玉海〉中一条〈博物志〉佚文的文献价值》，见《海峡两岸古典文献学学术研究论文集》，上海古籍出版社，2002年。

40.赵生群《〈太史公行年考〉商榷》，《文哲研究通讯》（台湾）2002年9月。

41.赵生群《〈报任安书〉的文献价值》，《南京师大学报》2002年第6期。

42.赵生群《司马迁行年新考》，见《安大史学》第一辑，安徽大学出版社，2004年。

43.袁传璋《司马迁的生年》《司马迁与中华文明》之二（4），收入《太史公生平著作考论》，安徽人民出版社，2005年。

44.袁传璋《王国维之司马迁"卒年与武帝相终始说"商兑》，见《太史公生平著作考论》，安徽人民出版社，2005年。

45.袁传璋《司马迁"卒于武帝之后说"斠误》，见《太史公生平著作考论》，安徽人民出版社，2005 年；又载《中国古典文学论丛》1985 年第 2 期。

46. 袁传璋《为卫宏之司马迁"下狱死说"辩诬补证》，见《太史公生平著作考论》，安徽人民出版社，2005 年。

47. 陈红《司马迁生年辩证》，《贵州社会科学》2008 年第 11 期。

48. 张韩荣《司马迁生年及其回乡葬父新证》，见《司马迁与史记论集》第九辑，陕西人民出版社，2011 年。

49. 杨永康《司马迁生于汉武帝建元六年——对〈史记索隐〉所引〈博物志〉佚文的再认识》，《渭南师范学院学报》2012 年第 9 期。

50. 曾维华《司马迁生年新证》，《中华文史论丛》2013 年第 1 期。

51. 王根林《〈司马迁生年新证〉之旁证》，《中华文史论丛》2013 年第 2 期。

52. 袁传璋《〈玉海〉所录〈正义〉佚文为考定司马迁生年提供确证》，收入《司马迁与〈史记〉研究年鉴》（2011 年卷），商务印书馆，2013 年。

53. 曾志雄《从文内文外读〈史记〉》，《信阳师范学院学报》2014 年第 2 期。

54. 王芳《司马迁生平及二十南游考》，《文学教育》2015 年第 2 期、《硕博论坛》2015 年 5 月。

55. 张韩荣《司马迁未参与元封元年泰山封禅大典考》，收入《司马迁新证》，三秦出版社，2015 年。

56. 吴名岗《司马迁自叙生于建元年间——兼论张守节〈史记正义〉不可尽信》，《渭南师范学院学报》2016 年第 21 期；后收入《史记研究》第一辑，商务印书馆，2016 年。

57. 袁传璋《王国维之〈太史公行年考〉立论基石发覆》，《史记论丛》第十四集，中国文史出版社，2017 年；《渭南师范学院学报》2018 年第 1 期。

58. 袁传璋《"司马迁生年前 145 年论者的考据"虚妄无征论》，见《史记论丛》第十四集，中国文史出版社，2017 年；又载《渭南师范学院学报》2018 年第 5 期。

59. 张韩荣《从〈太史公自序〉考证司马迁生年》，《渭南师范学院学报》2017 年第 13 期。

60. 吴名岗《"二十南游江淮"证明司马迁生于建元年间——兼答张大可先生〈司马迁生年述评〉》，《渭南师范学院学报》2018 年第 5 期。

司马迁生年疑案研究论文（25 篇）

1. 吴敬之《论史公卒年》，见张鹏一《太史公年谱》卷首"吴敬之来书论史公卒年"，1933 年。

2. 施之勉《太史公昭帝初尚在考》，《大陆杂志》（台湾）1952 年第 5 卷第 3 期。

3. 郭沫若《关于司马迁之死》，《历史研究》1956 年第 4 期。

4. 程金造《从报任安书商榷司马迁的卒年》，《文史哲丛刊》1957 年 9 月第 3 辑。

5. 朱似愚《从史记的整理说到司马迁的卒年》，《新建设》1957 年第 10 期。

6. 金惠《司马迁卒年新考证》，《东方杂志》（台湾）1980 年第 104 卷第 1 期。

7. 袁伯诚《报任安书的写作年代与司马迁之死考辨》，《青海社会科学》1984 年第 1 期。

8. 侯廷章《司马迁的死年死因及其他》，《南阳师专学报》1984 年第 2 期。

9. 袁传璋《王国维之司马迁卒年与武帝终始说商兑》，《安徽师大学报》1984 年第 2 期。

10. 久行《试谈报任安书与作者死亡关系》，《河北师范学院学报》1984 年第 3 期。

11. 袁传璋《为卫宏之司马迁下狱死说辩诬补证》，《安徽史学》1984 年第 3 期。

12. 袁传璋《司马迁"卒于武帝之后说"斠误》，《中国古典文学论丛》1985 年第 2 辑。

13. 李伯勋《再谈报任安书的写作年代与司马迁的卒年问题》，《青海社会科学》1985 年第 5 期。

14. 范振国《关于司马迁的结局问题》，《史学月刊》1985 年第 6 期。

15. 袁伯诚《再论司马迁之死——答李伯勋先生》，《固原师专学报》1986 年第 4 期。

16. 王重九《关于司马迁卒年的探讨》，《陕西文史研究丛刊》1987 年第 2 期。

17. 袁传璋《司马迁卒于太始四年说献疑》，《安徽史学》1987 年第 8 期。

18. 唐启耀《司马迁下狱、受刑年代辩证》，《昭通师专学报》1993 年第 2 期。

19. 罗庚岭《史记成书年代及司马迁死因考》，《人文杂志》1994 年第 1 期。

20. 何世华《关于司马迁的卒年和史记的断限、残缺问题》，《新疆师范大学学报》1994 年第 4 期。

21. 赵德政《司马迁卒年及死因考释》，《渤海学刊》1996 年第 3 期。

22. 高巨成《司马迁死因新探》，《史记论丛》2003 年第 1 集。

23. 袁传璋《郭沫若之司马迁"卒于太始 4 年说"质疑——兼论报任安书的作年》，见《太史公生平著作考论》，安徽人民出版社，2005 年。

24. 刘洪生《司马迁之死探隐》，《史记论丛》2008 年第 4 集。

25. 张韩荣《司马迁之死》，见《司马迁新证》，三秦出版社，2015 年。

未目见论文（17 篇）

1. 张惟骧《太史公疑年考》，《小双寂庵丛书》，1925 年。

2. 素痴（张荫麟）《司马迁疑年之讨论》，《大公报·文学副刊》1930 年 6 月第 126 期。

3. 徐震《太史公历年考》，《国学商兑》1933 年第 1、2 期。

4. 萧鸣籁《读史记对王国维太史公行年考之异议》，《现代史学》1933 年第 1 卷第 2 期。

5. 李奎耀《司马迁年表》，《商职月刊》1936 年第 1 卷第 5、6 期。

6. 蒋元庆《太史公年岁考》，《学海》1945 年第 2 卷第 1 期。

7. 曲颖生《太史公行年考辨误补证》，《大陆杂志》(台湾)1954 年第 8 卷第 3 期。

8. 赵燕士等《评新版的司马迁年谱——兼论司马迁的生年问题》，《光明日报》1956 年 8 月 16 日。

9. 郝昺衡《司马迁生年商榷》，《语文教学》1957 年第 8 期。

10. 蒙传铭《司马迁生年问题的重新商榷》，《新亚书院学术年刊》(香港)1971

年第 13 期。

11. 张艳国《司马迁行年之商榷》，《湖北大学学报》1987 年第 1 期。

12. 栾继生《关于汉书不著司马迁生卒年和死因的初步探索》，《黑龙江社会科学》2000 年第 3 期。

13. 杜振虎等《司马迁生卒年及出生地之争议综述》，《兰台世界》2006 年第 20 期。

14. 陈红《司马迁生年辩论》，《贵州社会科学》2008 年第 11 期。

15. 党艺峰《关于"司马迁生平考证"的学术思想史考察》，《渭南师院学报》2010 年第 6 期。

16. 段筱佺《从文本出发：史记研究的本源——兼论司马迁生年探讨》，见《陕西省司马迁研究会学术年会论文集》，2018 年 11 月。

17. 王强、卢梦雨《司马迁生年考》，《中州学刊》2018 年第 12 期。

二、史记疑案专题研究论文索引（116 篇）

司马谈作史（8 篇）

1. 顾颉刚《司马谈作史》，见《史林杂识初编》。

2. 李长之《史记中可能出自司马谈手笔者》，见《司马迁之人格与风格》一书中第六章第二节。

3. 赖长杨《司马谈作史补正》，《史学史研究》1981 年第 2 期。

4. 赵生群《司马谈作史考》，《南京师范学院学报》1982 年第 2 期。

5. 赵生群《论司马谈创史记五体》，《南京师范大学学报》1984 年第 2 期。

6. 张大可《司马谈作史考论述评》，《青海师范学院学报》1984 年第 2 期。

7. 易宁、易平《司马谈作史说质疑》，《北京师范大学学报》2004 年第 1 期。

8. 梁建邦《论司马谈对史记的贡献》，《陕西广播电视大学学报》2008 年第 4 期。

太史公释名与《史记》书名（21 篇）

1. 靳德峻《史记名称之由来及其体例之商榷》,《师范大学国学丛刊》1929 年 1 卷第 1 期。

2. 杨明照《太史公书称史记考》,《燕京学报》1933 年第 26 期。

3. 闻惕《太史公名位考》,《安雅月刊》1935 年第 1 期。

4. 施之勉《史记之名当起班固父子考》,《大陆杂志》(台湾) 1960 年第 108 卷第 6 期。

5. 陈直《太史公书名考》,《文史哲》1956 年第 6 期。

6. 陈瑟洮《史记的名称》,《湖南师范学院学报》1957 年第 2 期。

7. 王叔岷《史记名称探源》,《新潮》(台湾) 1967 年第 12 期。

8. 易平《杨恽与太史公书》,《大陆杂志》(台) 1969 年第 913 卷第 1 期。

9. 张大可《太史公释名》, 载《人文杂志》1983 年第 3 期。

10. 王重九《关于司马迁原名问题》,《古籍论丛》1985 年第 2 辑。

11. 赵生群《太史公为官名新证》,《南京师范大学学报》1988 年第 3 期。

12. 王瑶《太史公辨》,《绥化师专学报》1988 年第 3 期。

13. 金根先《太史公与太史公曰》,《文献》1990 年第 1 期。

14. 陈桐生《太史考》,《人文杂志》1992 年第 4 期。

15. 赵国熙《太史公新论》,《吉林师范学院学报》1994 年第 4 期。

16. 程远芬《太史公考释》,《山东教育学院学报》1997 年第 5 期。

17.《司马迁为什么自称太史公》,《阅读与鉴赏》2006 年第 10 期。

18. 徐玲《谁为史记定书名》,《山西老年》2007 年第 5 期。

19. 薛吉辰《司马迁为何自称太史公》,《阅读与写作》2007 年第 12 期。

20. 石爱华《太史公名义再考》,《滁州学院学报》2008 年第 4 期。

21. 陆茂清《史记 400 年后定书名》,《国学》2008 年第 1 期。

太史公曰（《史记》论赞）（9篇）

1. 李毓善《史记太史公曰探析》，《辅仁杂志》（台湾）1981年第10期。

2. 张大可《简评史记论赞》，《青海社会科学》1983年第6期。

3. 肖黎《关于太史公曰的几个问题》，《学习与探索》1984年第1期。

4. 朱榴明《史记太史公曰抉疑》，《人文杂志》1986年第3期。

5. 金荣权《太史公曰不等于史论评赞》，《安庆师范学院学报》1993年第3期。

6. 刘猛《20世纪史记太史公曰研究述评》，《南京师范大学文学院学报》2004年第1期。

7. 刘猛《史记太史公曰的文体辨析》，《渭南师范学院学报》2005年第6期。

8. 过常宝《论史记的太史公曰和互见法》，《唐都学刊》2006年第5期。

9. 陈金锋《史记太史公曰再研究》，《安徽师范大学硕士论文》2012年。

《史记》断限（16篇）

1. 潘重规《史记记事终讫年限考》，《大陆杂志》（台湾）1959年第108卷第7、8期。

2. 张大可《史记断限考略》，《西北大学学报》1983年第2期。

3. 赵生群《关于史记的两个断限》，《兰州大学学报》1983年第2期。

4. 郭精锐《司马迁为何受官刑》，《文学遗产》1983年第2期。

5. 张大可《太史公释名考辨——兼论史记书名之演变》，《人文杂志》1983年第2期。

6. 朱枝富《司马迁父子撰史断限计划管见》，《汉中师范学院学报》1987年第3期。

7. 赵生群《论史记记事讫于太初》，《汉中师范学院学报》1991年第3期。

8. 赵生群《史记太初以后记事特征初探》，《南京师范学院学报》1991年第1期。

9. 何世华《关于司马迁的卒年和史记的断限、残缺问题》，《新疆师范大学学报》

1994 年第 4 期。

10. 施丁《司马迁史记终讫再考》，《汉中师范学院学报》1995 年第 1 期。

11. 裘新江《史记记事断限与成书关系考》，《渭南师范学院学报》1999 年第 1 期。

12. 赵昌文《司马迁两个断限之重探》，《陕西广播电视大学学报》2001 年第 1 期。

13. 徐健《史记首著黄帝用意之探析》，《池州师专学报》2001 年第 2 期；又载《安徽农业大学学报》2007 年第 3 期。

14. 顾克勇《史记终于天汉考论》，《许昌师专学报》2001 年第 6 期。

15. 刘志平《史记终于太初四年考》，《史学月刊》2005 年第 3 期。

16. 黄庭柏《史记为何首列五帝本纪》，《青年作家》2010 年第 12 期。

《史记》残缺与补窜（17 篇）

1. 余嘉锡《太史公书亡篇考》，载《辅仁学志》第 105 卷第 1、2 期，又收入余嘉锡《辛巳文录初集》《余嘉锡论学杂著》。

2. 靳德峻《史记伪篇考》，《新东》1940 年第 2 卷第 1 期。

3. 吕思勉《太史公书亡篇》，《光华大学半月刊》1935 年第 4 卷第 3 期。

4. 曲颖生《史记八书存亡真伪疏辨》，《大陆杂志》（台湾）1954 年第 9 卷第 12 期。

5. 高葆光《史记终止时期及伪篇考》，《东海学报》（台湾）1973 年第 14 期。

6. 施之勉《史记缺书补书考》，《大陆杂志》（台湾）1976 年第 513 卷第 6 期。

7. 张大可《史记残缺与补窜考辨》，《兰州大学学报》1982 年第 3 期。

8. 黄海德《史记秦纪年考辨》，《南充师范学院学报》，1983 年第 2 期。

9. 赵生群《史记太初以后记事考》，《南京师范大学学报》1987 年第 2 期。

10. 何世华《史记的残缺、断限和增补》，《渭南师专学报》1993 年第 1 期。

11. 赵生群《史记之缺与续补考》，《汉中师范学院学院》1993 年第 2 期。

12. 张新科《史记断限与缺补疑案之梳理》，《西南民族大学学报》2005 年第 6 期。

13. 易平《六朝写本史记散注入篇考》，《南昌大学学报》2006 年第 5 期。

14. 张黎黎《简析史记八书残缺与补缺问题》，《边疆经济与文化》2010 年第 8 期。

15. 李科平《史记之"书"探源兼论褚少孙补写史记的方式》，《渭南师范学院学报》2017 年第 21 期。

16. 夏德靠《两汉之际史记续补考》，《渭南师范学院学报》2018 年第 21 期。

17. 张昊苏《史记早期流传补论》，《文献》2018 年 2 期。

《报任安书》作年（8 篇）

1. 黄振民《报任安书写作年代辨》，《北京师范学院学报》1981 年第 4 期。

2. 何世华《报任安书并非作于太始四年考》，《人文杂志》1982 年第 6 期。

3. 袁伯诚《报任安书的写作年代与司马迁之死考辨》，《青海社会科学》1984 年第 1 期。

4. 久行《试谈报任安书与作者死亡关系》，《河北师范学院学报》1984 年第 3 期。

5. 李伯勋《再谈报任安书的写作年代与司马迁的卒年问题》，《青海社会科学》1985 年第 5 期。

6. 施丁《司马迁写报任安书年代考》，《西南师范学院学报》1985 年第 4 期。

7. 袁传璋《报任安书"会东从上来"辨证》，《安徽师大学报》1987 年第 1 期。

8. 袁传璋《从任安的行迹考定报任安书的作年》，《淮北煤院学报》1987 年第 2 期。

《史记》倒书（4 篇）

1. 李解民《史记表中的倒文》，《学林漫录》1981 年第 3 集。

2. 施丁《试谈将相表之倒书》，《古籍整理论文集》1984 年。

3. 张大可《论史记十表之结构与功用》，《青海社会科学》1985 年第 6 期。

4. 易平《将相表倒书义例考辨》，《安徽师范大学学报》1988 年第 3 期。

《史记》取材与司马迁所见书（4 篇）

1. 金德建《司马迁所见书考序论》，《史学年报》1933 年第 1 卷第 26 期。

2. 张大可《论史记取材》，《社会科学》1983 年第 5 期。

3. 赵生群《司马迁所见书新考》，《南京师范大学学报》1996 年第 2 期。

4. 吕芸芳《司马迁编纂史记的史料来源考辨》，《岱宗学刊》1999 年第 2 期。

《史记》体制义例（36 篇）

1. 逸民《史记体制探源》，《学艺》1936 年第 16 卷第 3 期。

2. 王利器《太史公书题材探源》，《申报》1948 年 1 月 3 日。

3. 胡韫玉《史记体例之商榷》，《国学丛刊》1948 年第 1 卷第 1 期。

4. 程金造《史记体例溯源》，《燕京学报》1949 年第 37 期。

5. 李崇远《史记篇例考述》，《中华学苑》（台湾）1972 年第 9 期。

6. 徐文珊《司马迁创制的史体》，《学园》（台湾）1972 年第 9 期。

7. 林万安《史记体例初探》，《史苑》（台湾）1977 年第 217 期。

8. 阮芝生《论史记五体及太史公曰的述与作》，《台湾大学历史学系学报》1979 年第 6 期。

9. 李少雍《史记纪传的创立问题》，《四川师范学院学报》1980 年第 2 期。

10. 许绍光《司马迁在历史编写体制上的创造和贡献》，《阜阳师范学院学报》1982 年第 2 期。

11. 陈可青《太史公书凡例考论》，《中国史研究》1982 年第 2 期。

12. 张大可《史记体制义例简论》，《兰州大学学报》1983 年第 1 期。

13. 杨燕起《史记的体例与通变》，《史学史研究》1983 年第 4 期。

14. 田汉云《试论史记的编次》，《固原师专学报》1985 年第 1 期。

15. 赵生群《史记体例与褒贬》，《人文杂志》1985 年第 3 期。

16. 陈初定《史记编撰体例管见》，《河南图书馆学刊》1985 年第 4 期。

17. 许志刚《史记中"本纪""世家"体例》，《文学遗产》1986 年第 5 期。

18. 阮芝生《论史记五体的体系关联》，《台湾大学历史学系学报》1989 年第 7 期。

19. 蔡信发《史记合传析论》，《台湾大学人文学报》1991 年第 9 期。

20. 蔡信发《史记附传析论》，《孔孟月刊》(台湾) 1992年第310卷第11期。

21. 赵生群《史记体例平议（上、下）》，《南京师范学院学报》1993年第3期、1994年第2期。

22. 赵生群《史记标题新论》，《江苏社会科学》1997年第6期。

23. 李贤民《史记体例系统的整体特性》，《学习论坛》1999年第5期。

24. 蒋文杰《史记编次问题》，《天人古今》1999年第6期。

25. 李贤民《史记附传探微》，《河南师范大学学报》2000年第2期。

26. 陈桐生《史记八书考源》，《学术研究》2000年第9期。

27. 杨光熙《谈史记的篇章排序顺序》，《史学月刊》2002年第12期。

28. 杨光熙《史记义例发微》，《浙江海洋学院学报》2003年第2期。

29. 罗芹《史记五体结构得失管窥》，《史记论丛》2003年第1集。

30. 吴燕真《史记之本纪体例探究》，《龙门论坛》2005年史记论丛第2集。

31. 谢保成《史记体系再考察》，《求是学刊》2005年第6期。

32. 向燕南《史记编纂体例之数的意义》，《南开学报》2007年第3期。

33. 蒋明芳《浅析史记体例》，《安徽文学》2009年第2期。

34. 牟维珍、张黎黎《史记"世家""破体为例"发微》，《北方论丛》2013年第4期。

35. 陈其泰《史记"世家"历史编纂成就析论》，《文史哲》2015年第6期。

36. 方坚伟《论史记体例编纂的数字思想》，《宁夏大学学报》2019年第3期。